徐复观全集

徐复观全集

两汉思想史

（二）

九州出版社

目 录

自　序 1

《吕氏春秋》及其对汉代学术与政治的影响 1
　一、《吕氏春秋》内容之检别 1
　二、邹衍学派与《吕氏春秋》十二纪纪首 5
　三、从《夏小正》到十二纪纪首 12
　四、十二纪纪首的构造 17
　五、明堂的问题 22
　六、十二纪纪首中的政令与思想的分配 31
　七、《吕氏春秋》中的天人思想 40
　八、《吕氏春秋》政治思想之一端 48
　九、《吕氏春秋》对汉代学术思想的影响 52
　十、《吕氏春秋》对汉代政治的影响 60
　十一、十二纪纪首是古代天的观念演变的结果 72

汉初的启蒙思想家——陆贾 78
　一、刘邦统治集团中的文化问题 78
　二、《新语》的问题 82
　三、五经六艺的真实意义 87

四、秦亡的教训及儒道结合等问题............92

　　五、陆贾启蒙的影响............96

贾谊思想的再发现............99

　　一、时代背景及《贾谊传》............100

　　二、《新书》的问题............102

　　三、贾谊的思想领域............109

　　四、贾谊由秦所得的历史教训（附贾山）............114

　　五、贾谊政治思想中的现实性与理想性............120

　　六、政治思想中礼的思想的突出............128

　　七、贾谊的哲学思想............142

《淮南子》与刘安的时代............159

　　一、问题的起点............159

　　二、时代背景............162

　　三、思想的分野............173

　　四、道家的天、人、性、命............193

　　五、精、神、精神、心............215

　　六、道家政治理想实现的可能性及思想上的融会贯通............227

　　七、由儒家所作的全书的总结——《泰族训》的研究............246

　　八、结论............266

先秦儒家思想的转折及天的哲学的完成

　　——董仲舒《春秋繁露》的研究............268

　　一、董氏思想与大一统专制政治之成熟............268

　　二、董仲舒的生平、人格及社会性............271

　　三、董氏的著作及《春秋繁露》成立的情形............280

　　四、《春秋繁露》的真伪问题............286

- 五、董氏的《春秋》学之一 ... 291
- 六、董氏的《春秋》学之二 ... 310
- 七、董氏《春秋》学之三 ... 333
- 八、董氏的天的哲学之一 ... 344
- 九、董氏的天的哲学之二——方法问题 ... 361
- 十、董氏的天的哲学之三——天人关系 ... 365
- 十一、天与政治 ... 385
- 十二、余论——《贤良三策》 ... 392

扬雄论究 ... 400
- 一、《汉书·扬雄传》及其若干问题 ... 400
- 二、扬雄的时代 ... 414
- 三、扬雄的人生形态 ... 421
- 四、扬雄的辞赋 ... 427
- 五、扬雄的《太玄》 ... 435
- 六、扬雄的《法言》 ... 461
- 七、扬雄的政治思想 ... 500

王充论考 ... 513
- 一、引言 ... 513
- 二、《后汉书·王充列传》中的问题 ... 514
- 三、王充的遭遇与思想的关连 ... 525
- 四、王充学术思想的特点 ... 532
- 五、王充在学问上的目的 ... 541
- 六、王充的理解能力问题 ... 543
- 七、王充所运用的方法问题 ... 547
- 八、王充疾虚妄的效率问题 ... 552

九、王充的天道观……558
十、牵涉到的科学与迷信的问题……570
十一、王充的命运观……574
十二、王充的人性论……582

自　序

我在一九七二年三月，由香港新亚研究所出版了《周秦汉政治社会结构之研究》，[①]是作为计划中的《两汉思想史》的背景篇而写的，所以可称为《两汉思想史》卷一。此处所汇印的七篇专论，便称为《两汉思想史》卷二。因为我要继续写下去，预定还有卷三、卷四的印行。

我曾指出过，两汉思想，对先秦思想而言，实系学术上的巨大演变。不仅千余年来，政治社会的格局，皆由两汉所奠定。所以严格地说，不了解两汉，便不能彻底了解近代。即就学术思想而言，以经学史学为中心，再加以文学作辅翼，亦无不由两汉树立其骨干，后人承其绪余，而略有发展。一般人视为与汉学相对立的宋明理学，也承继了汉儒所完成的阴阳五行的宇宙观、人生观；而对天人性命的追求，实亦顺承汉儒所追求的方向。治中国思想史，若仅着眼到先秦而忽视两汉，则在"史"的把握上，实系重大的缺憾；何况乾嘉时代的学者们，在精神、面貌、气象、规模上，与汉儒天壤悬隔，却大张"汉学"之帜，以与宋儒相抗，于是两汉的学术思想，因乾嘉以来的所谓"汉学"而反为之隐晦。

[①] 此书增加了两篇重要文章后，于一九七四年五月，由台湾学生书局出台湾版。

我以流离琐尾的余年，治举世禁忌不为之旧学，也有一番用心所在。

这几年来，颇有好学之士，向我问到治思想史的方法。在这里特郑重说一句：我所用的，乃是一种笨方法。十年以前，我把阅过的有关典籍，加以注记，先后由几位东海大学毕业的同学为我摘抄了约四十多万字，其中有关两汉的约十多万字。等到我要正式拿起笔来时，发现这些摘抄的材料，并不能构成写论文的基础。于是又把原典拿到手上，再三反复；并尽可能地追寻有关的材料，这样才慢慢地形成观点，建立纲维；有的观点、纲维，偶得之于午夜梦回，在床上穷思苦索之际。即使是如此，也只能说我的文章，在治学的途辙上，稍尽了点披荆斩棘之劳，断乎不敢说没有犯下错误。李唐有自咏其画之句谓"看之容易作之难"。二十多年来，才渐渐识得一个"难"字。

只有在发展的观点中，才能把握到一个思想得以形成的线索。只有在比较的观点中，才能把握到一种思想得以存在的特性。而发展比较两观点的运用，都有赖于分析与综合的工力。我的这种工力虽然不敢说完全成熟，但每写一文时，总是全力以赴，以期能充分运用发展与比较的观点。这可能是我向读者所提供的一点贡献。

这七篇文章，都是作为独立性的论文来写的，所以重复甚至论点不大一致的地方，在所难免。这只有期待全书写成后，作一次总的调整。几十年来，把王充的分量过分夸张了。本书中的《王充论考》一文，目的在使他回到自己应有的位置。在这种揭破的工作中，应当引起研究者乃至读者自身对感情与理智的反省。就东汉思想而言，王充的代表性不大。所以我把西汉还有几篇文章写完后，便接着写东汉的一群思想家。

此书曾经香港中文大学印行。这里增加了两篇文章，并订正若干内容，恢复被中文大学出刊组删去的侧线，由学生书局的朋友，印行增订版，实感厚意。又本书订正部分，多得力于友人刘殿爵教授的教示，感佩难忘。

一九七五年十二月十日浠水徐复观序于九龙寓所

《吕氏春秋》及其对汉代学术与政治的影响

一、《吕氏春秋》内容之检别

一般地说，经学是两汉学术的骨干，也是支持、规整两汉政治的精神力量。但两汉人士，许多是在《吕氏春秋》影响之下来把握经学，把《吕氏春秋》对政治所发生的巨大影响，即视为经学所发生的影响；离开了《吕氏春秋》，即不能了解汉代学术的特性，这点却被人忽略了。所以为了打开探索两汉学术思想特性之门户，便应先从《吕氏春秋》所及于两汉学术与政治的影响开始。当然，两汉思想，除儒家以外，还有其他思想的重大影响。例如道家思想，在四百年中，一直是一支巨流。而《管子》一书，对西汉前期的影响也相当巨大，其中有的便成篇于汉初。法家对两汉也一直保持一个有力的传承的系统。但第一，道法各家的影响，是界域分明，因而也是有一定范围的影响；不是像《吕氏春秋》那样，以渗透融合之力，发生了几乎是无孔不入的影响。第二，各家的影响，都是系统分明，言者不讳，易为人所把握。但司马迁、刘向们，虽然都很重视吕不韦，可是在一般反秦风气之下，大家都讳其思想之所自出，故这样大的影响，却无人公开加以承认，所以值得特别提出来加以研究。

《吕氏春秋》，是对先秦经典及诸子百家的大综合。我约略统计一下，引《诗》者十五，引逸《诗》者一。引《书》者十，其中称《书》者一，称《商书》者二，称《仲虺》者一，称《洪范》者二，称《周书》者三，称《书》而不明所出者一。引《商箴》、《周箴》者各一，引《易》者四，述《春秋》者一。与政治有关之礼，则皆组入十二纪中。《仲夏纪》、《季夏纪》言音乐，多与《礼记》中之《乐记》相通。引《论语》者一，引《孝经》者一。在诸子百家方面，《吕氏春秋》全书，系统合儒、道、墨、阴阳四家思想而成；因含有反对秦国当时所行法家之治的深刻意味，故一字不提法家外，其余被它个别提到的，孔子者二十四，墨子者六，孔、墨并称者八，又多次提到孔、墨的许多弟子。提到老子者四，孔、老并称者一。提到庄子者二，列子者二，詹何者三，子华子者五，田骈者二，尹文、慎子、田子方、管子者各一。提到出于邹衍之后，与邹衍系统有密切关连之黄帝者十一。提到邓析者一，惠施者六，公孙龙者四，提到白圭者三，提到农家的神农、后稷者各二。里面还有采用了他人的思想而未出其名者更多，有如孟子、荀子即其一例。而我这里举出的姓名和数字，只是粗略的统计，必有不少遗漏的，但即此已可推见其内容的宏富。

由上面简单的陈述，可以了解《吕氏春秋》，应当从各个不同的角度，来作重新发现性的研究。例如其中包含大量的古代史料，便值得与同一史料但分见于先后或同时的各种典籍的，作一番比较性的研究。至于站在思想史的立场，应当把各种有关资料作比较而精密的处理，更不待说。同时，在一篇论文里，几乎不能包括每一重要角度的观点，也是非常明白的。本论文的目的，是站在吕氏门客的立场,来检别出其中他们认为最重要的部分,由此以讨论它所给予两汉学术及政治上的影响。我所以用"检别"两个字,因为即使识力卓绝的司马迁,他所把握的《吕氏春秋》的重点,或者说是骨干,可能便与吕氏门客们自己衡定的,并不相符。这里应顺便提破一点,构成内容骨干部分的,在今日看来,不一定是全书中最有价值的部分。

《史记》卷八十五《吕不韦列传》:

> 庄襄王元年,以吕不韦为丞相,封为文信侯……庄襄王即位三年薨,太子政立为王,尊不韦为相国,号称仲父……当是时,魏有信陵君,楚有春申君,赵有平原君,齐有孟尝君,皆下士,喜宾客,以相倾。吕不韦以秦之强,羞不如,亦招致士,厚遇之,至食客三千人。是时诸侯多辩士,如荀卿之徒,著书布天下。吕不韦乃使其客人人著所闻,集论以为八览、六论、十二纪,二十余万言,以为备天地万物古今之事,号曰"吕氏春秋"。布咸阳市门,悬千金其上,延诸侯游士宾客有能增损一字者予千金。

按史公所重者在"备天地万物古今之事",故先八览、六论而后十二纪。在《答任安书》中谓"不韦迁蜀,世传《吕览》",这很明显地是以八览概括全书。然史公所见,与吕不韦自身之所期,颇有出入。《吕氏春秋》有《序意》一篇,不缀于全书之后,而缀于十二纪之末;且自名其书为"春秋",正系综括十二纪以立名;则在吕氏及其门客的心目中,此书的骨干,是十二纪而不是八览、六论，至为明显。《序意》①说：

> 维秦八年，②岁在涒滩，秋甲子朔，朔之日，良人请问十二纪。文信侯曰，尝得学黄帝之所以诲颛顼矣。爰有大圜在上，大矩在下。汝能法之，为民父母。盖闻古之清世，是法天地。凡十二纪者，所以纪治乱存亡，所以知寿夭吉凶也。上揆之天，下验之地，中审之人，若此，则是非可不可，无所遁矣。

上面一段话，正概括了十二纪的内容；而其著十二纪之目的，乃以秦将统一天下，而预为其建立政治上之最高原则。其十二纪所不能尽，或尚须加以发明补充者，乃为八览、六论以尽其意。八览之八，我以为殆指的是八方。有《始览》中之所谓"九野"，除中央外，实已举八方以为言；所谓"八风"，实指八方之风。则八览云者，乃极八方之观览。六论之六，我以为殆指的是六合。《庄子·齐物论》："六合之外，圣人存而不论。"则六论者，乃穷极六合之论。八览、六论的性格，正如史公之所谓"备天地万物古今之事"。不仅吕氏的主要用心并不在此，并且因为他们太喜爱数字上整齐的形式，于是全书都有分其所不必分，重其所不必

---

① 按《序意》一篇，颇有脱误。篇末引豫让、青荓之故事，就其性质言，疑本属《诚廉》篇，而误入此处。
② 按始皇八年，乃此书初次定稿之年。实则吕氏迁蜀，死于十二年，其后，秦政尚使人继续做整理工作。《孟冬纪·安死》篇"以耳目所闻见，齐、荆、燕尝亡矣，宋、中山已亡矣，赵、魏、韩已亡矣，其皆故国矣"，这分明是秦政二十六年灭六国以后的口气。又秦并天下，以十月为岁首；而十二纪中之九月有"来岁授朔"之语，此亦为秦并天下以后所增入的。

重，以牵就整齐的数字形式。全书到了六论，在内容上似乎有蹶竭之感。

今人杨树达，著有《读吕氏春秋记》。其中颇多精义。但他在《读吕氏春秋书后》一文中谓："古人著书，自序必殿居全书之末，何以吕氏书不尔？及读《史记》，而后知今本《吕氏春秋》经后人易置其次，非吕氏书之旧也。请以五证明之。"杨氏长于训诂而不谙于思想，不能把握当时吕氏及其门客思想之骨干及其渊源，故其所举五证，皆不足置辩。

二、邹衍学派与《吕氏春秋》十二纪纪首

十二纪是综贯天地人以建立政治的最高原则，这表现了他们很大的野心。要对此作一确切的了解，应当自邹衍的思想说起；因为十二纪的成立，是邹衍的阴阳五行思想发展的结果。

（一）有关邹衍的若干考查

有关邹衍最可靠的纪录，还只有《史记》的《孟子荀卿列传》里面的材料。因为邹衍在西汉是一种显学，所以史公在《孟荀列传》中费了相当大的篇幅来写他的生平与思想。《孟荀列传》：

> 齐有三驺（与邹同）子。其前驺忌，以鼓琴干威王……先孟子。其次驺衍，后孟子。……是以驺子重于齐。适梁，惠王郊迎，执宾主之礼。适赵，平原君侧行襒席。如燕，昭王拥彗先驱，请列弟子之座而受业。筑碣石宫，身亲往师之。

按上面所说的"在孟子前","在孟子后",是史公有意以孟子作时间的定位。我们考查邹衍的生平,应以此为准。《史记》卷四十四《魏世家》:"惠王数败于军旅,卑礼厚币以招贤者,邹衍、淳于髡、孟轲皆至梁。"卷四十六《田敬仲完世家》:"威王卒,子宣王辟彊立……喜文学游说之士。自如邹衍、淳于髡、慎到、环渊之徒,七十六人,皆赐第为上大夫。"这都是泛叙,没有各人时间先后的严格意味。《史记》卷三十四《燕召公世家》:"燕昭王于破燕之后即位,卑身厚币,以招贤者……乐毅自魏往,邹衍自齐往。"按此事史公系采自《战国策·燕策》,又见于《韩诗外传》卷七,《大戴记·保傅》第四十八,《新书》卷十《胎教杂事》等。则邹衍在燕昭王初年到了燕国,是无可疑的。试以此一故事为中心,而将其他故事加以连缀,则据《史记·六国年表》,邹忌于西纪前三五八年(周显王十一年)以琴见齐威王;下距孟子游齐,早二十四年,故可谓"先孟子"。孟子于西纪前三二〇年(周慎靓王元年)游梁,梁惠王称之曰"叟",假定此时为五十余岁。若此时邹衍三十多岁,亦可以与孟子相先后游梁,在年岁上可称为"后孟子"。孟子于西纪前三一八年由梁至齐,[①]邹衍本齐人,亦可能由梁返齐,为齐宣王之客。燕昭王嗣位于西纪前三一一年(周赧王四年),若邹衍于燕昭王即位后之两三年内由齐来燕,则他此时约四十余岁。赵胜于西纪前二九八年封平原君,邹衍此时约五十余岁或六十岁左右;他参与燕昭王谋伐齐之策,而出外奔走,则

[①]《史记·孟荀列传》以为孟子先游齐,次游梁。赵岐《孟子注》及《风俗通·穷通》篇并从之。《资治通鉴》则先梁后齐。顾炎武《日知录》、王懋竑《白田草堂集》,任兆麟《孟子考》、江慎修《群经补义》、黄式三《周季编略》诸书,皆详加论列,以为系先梁后齐,今从之。所记孟子游梁年岁,则从梁惠王后十五年之说。

他有"适赵"或"过赵"之可能。刘向《别录》所载邹衍破公孙龙白马非马之论，陈义得当，为后人所不及知，故甚为可信。且平原君以公子的身份而好客，不必始于封平原君之后；史家惯例，常以某人最后之爵位称其人之一生。公孙龙本为赵人，平原君对他的"厚待"，乃因其坚白异同之论，与邯郸解围后他劝平原君勿请封之事无关。则邹衍过赵，亦可在赵胜封平原君之前。乐毅于西纪前二八四年（赧王三十一年）伐齐入临淄，邹衍此时约七十岁左右。他的生平，应以此为准；《御览》十四引《淮南子》"邹衍事燕王尽忠，左右谮之王，王系之狱，仰天哭；夏四月，天为之下霜"；这种传说，恐不太可信了。总结地说，他的活动，应开始于西纪前三二〇年前后；西纪前三一八、三一九年左右，返齐为齐宣王的稷下大夫；到了西纪前三一一年以后入燕。他在齐国约住了十年，他的"深观阴阳消息，而作怪迂之变，《终始》、《大圣》之篇，十余万言"，①应即完成于此时，这是他倾动当时王侯的资本。史公说"如燕，昭王……筑碣石宫身亲往师之，作《主运》"，是《主运》乃入燕以后所作，不同于入燕以前所作的《终始》、《大圣》之篇。所以他大事著书的时代，乃在西纪前三一八、三一九到三〇八、三〇九年的时代；此时的年龄作合理的推测，当在他三十多岁到四十多岁；他应生于西纪前三五六、三五七年，而死于燕伐齐前后，得年当在六十几岁到七十岁之间。

　　吕不韦相秦，在西纪前二四九年（秦庄襄王元年）；他招集宾客，从事著书，应当始于此年；上距邹衍之死，约四十年左右。据《史记·孟荀列传》："驺奭者齐诸驺子，亦颇采驺衍之术以纪

———
①《史记·孟荀列传》。

文……邹衍之术，迂大而闳辩，奭（邹奭）也文具（按文饰其言而更加详尽）难施……故齐人颂曰，谈天衍，雕龙奭。"可知邹奭在邹衍之后，他继承邹衍之说，而更有所发挥。又《史记》卷二十八《封禅书》："自齐威、宣之时，邹子之徒，论著终始五德之运。及秦帝，而齐人奏之，故始皇采用之……邹衍以阴阳主运，显于诸侯；而燕、齐海上之方士，传其术，不能通；然则怪迂阿谀苟合之徒自此兴，不可胜数也。"这段话里面说，始皇因齐人奏之而始采用邹衍五德之说，殊未必然，因为应当是通过合著《吕氏春秋》的吕氏门客而采用其说。燕、齐海上方士所传的，亦系邹说的更加傅会；但由此亦可知邹衍生前死后，其说系不断地在发展传播。[①]而《吕氏春秋》十二纪，正是直承其发展而加以组织化、具体化的。

（二）从邹衍到《吕氏春秋》

《汉书·艺文志》著录有《邹子》四十九篇，《邹子终始》五十六篇，早亡。《史记·孟荀列传》述其思想之内容如下：

> 邹衍睹有国者益淫侈，不能尚德，若《大雅》整之于身，施及黎庶矣。乃深观阴阳消息，而作怪迂之变，《终始》、《大圣》之篇十余万言。其语闳大不经；必先验小物，推而大之，至于无垠。先序今以上至黄帝，学者所共

[①] 我在《阴阳五行及其有关文献的研究》一文中曾谓"邹衍之说，除引起了一部分统治者的兴趣之外，没有引起当时思想界的兴趣"（见拙著《中国人性论史·先秦篇》页五七五。）的说法，应加以修正。（编者注：《阴阳五行及其有关文献的研究》一文现收入《全集》之《中国思想史论集续篇》，见页六三。）

术，大并世盛衰。① 因载其机祥度制，② 推而远之，至天地未生，窈冥不可考而原也……称引天地剖判以来，五德转移，治各有宜，而符应若兹。以为儒者所谓中国者，于天下乃八十一分居其一分耳。中国名曰赤县神州，赤县神州内自有九州，禹之序九州是也，不得为州数。中国外如赤县神州者九，乃所谓九州也……其术皆此类也。然要其归，必止乎仁义节俭，君臣上下，六亲之施。始也滥耳。

按邹氏之书，史公时俱在；篇幅既多，内容当亦庞杂；史公并不信其说，故又谓"驺衍其言虽不轨（不合于常道），倘亦有牛鼎之意乎"。因此，上面的简单叙述，未必能尽其条理。兹就其内容略加分析，可列为四端：

一、其动机及归结，乃在以儒墨之道，解决当时的政治问题。且系以儒家思想为主。此通观上文，即可明了。

二、以阴阳消息言灾异，予以加强对当时统治者行为上的压力。所谓"乃深观阴阳消息，而作迂怪之变"，"因载其机祥度制"者是。

三、以五行言五德终始，对政治上传统的天命，赋予全新的内容，而使其更具体化。所谓"《终始》、《大圣》之篇"，"称引天地剖判以来，五德转移，治各有宜"者是。其所作的《主运》，当亦属此类。

---

① 方苞以"大"当作"及"者是也。"并世"，乃随时之意。全句之意，当为"及随时所以盛所以衰之故"。
② 按"机祥"即灾异。度制者，度灾异之所以然而加以制御。

四、大九州说。此盖燕、齐等地，当时已有海外交通，由此启发而来。

《吕氏春秋》未采第四项的大九州说。惟《应同》篇首段言五德终始一段，一般认为系采用第三项的邹衍之说。此证以《文选·魏都赋》注引"《七略》云，邹子为终始五德，言土德从所不胜，木德次之，金德次之，火德次之"等语，与《应同》篇首段的内容正合，当为可信。惟《应同》篇"代火者必将水……故其色尚黑，其事则水。水气至而不知数备，将徙于土"数语，俞樾以为"浅人不察文理，以上文之例增入"。因"当吕氏著此书时，秦犹未并天下，所谓尚黑者果何代乎"。按邹氏五德终始之说，正所以激励时君，代周之火德而王，故为此悬记，秦乃得因而用之，俞氏见浅不及此。然以五行相胜（克）言历史的递嬗，实过于机械而不能含摄人在历史行为中所应占有的地位。远不及《汉书》卷六十四《严安传》严安上书有谓"臣闻邹衍曰，政教文质者，所以云救也"的话，为有文化的意义。所以史公不信五德终始之说，而于《高祖本纪》赞则沿用文质互救之意，以言历史发展应循的轨迹。吕氏及其门客，虽未否定五德终始的说法，但全书中仅在《应同》篇中引及，可知其并不重视。给吕氏及其门客以最大的影响的，仍在上述第二项。将第二项与第一项加以融合，并扩大其内容，此乃吕氏门客用心之所在。

第二项之所谓"深观阴阳消息"，须作进一步的解释。把向日者为阳、背日者为阴的两个表达经验现象的名词，逐渐抽象化以言天象，乃至由此以言天道运行的法则，开始是在主管天文的这一部分人手上发展出来的。到了战国中期，才慢慢扩展到一般思想界。① 孔子只是以"四时行焉,百物生焉"② 言天道。所谓"阴阳消息",是指阴长(息)则阳消,阳长则阴消而言。阴阳二气,是人的眼睛看不见的;邹衍的"深观阴阳消息",是如何"深观"法呢?《史记》卷二十六《历书》:"是时独有邹衍,明于五德之传(转),而散消息之分,以显诸侯。"张文虎因为不了解"散消息之分"的意义,所以认为"散字分字疑有误"。我以为散消息之分,是开始把抽象的阴阳观点,与经验界中的四时现象,结合在一起;把阴阳的消息,散布在四时中间去,由四时气候的变化,以看出消与息之分。只有这样,邹衍才可以"深观"。本来在通过《诗经》及《春秋》所代表的时代中,阴阳的观念,已由以日光为准,发展而为明暗、冷暖、气候的阴晴等观念。孔子以由四时生物言天道,这是春秋时代下及战国中期,一般的说法。温带气候,四时分明,冷暖殊致;邹衍进而把阴阳融入到四时中去,由四时的冷暖之度,以言阴阳消息之分,这是很自然的,也是他的一个划时期的创说。此一创说,形成了十二纪纪首的骨干。十二纪,是把阴阳融入到四时十二月中去的。但就现在可以看到的材料看,邹衍是不是把五德运转,与阴阳消息,组成一个系统;亦即他是不是把五行视为由阴阳二气所分化而出,因而把五行也融入到四时中去,并不明了,而且我认为其可能性甚小。因为在他,是以阴阳消息为天道运行的法则,以五德终始为历史运行的法则;所以在《史记》中提到时,总是分作两事。

但邹衍的用心,依然是在以仁义、节俭来解决政治问题的。

---

① 详见拙文《阴阳五行及其有关文献的研究》。
②《论语·阳货》。

他所谈的阴阳消息，如何能与政治关连上，以实现他的仁义节俭的要求呢？我觉得《吕氏春秋》卷十三《应同》篇下面的话，值得注意：

> 黄帝曰：芒芒昧昧（高诱注：广大之貌），因天之威，与元同气。故曰：同气贤于同义，同义贤于同力，同力贤于同居，同居贤于同名。帝者同气，王者同义，霸者同力（功），勤者同居，则薄矣。亡者同名，则牺（注：粗恶也）矣。其智弥牺者，其所同弥牺；其智弥精者，其所同弥精。

按先秦黄帝之言，多为各家所假托，不仅出于道家末流。上引黄帝之言，与《序意》"尝得学黄帝之所以诲颛顼矣，爰有大圜在上，大矩在下。汝能法之，为民父母"之言，两相符合，可能皆出于邹衍的这一派。所谓"帝者同气"，是说最理想的政治人物，他以仁义节俭为内容的生活与施为，是与天同其气的。天之气为阴阳，阴阳消息于四时之中；作为最高政治理想人物的"帝"，他以仁义节俭为内容的生活与施为，是与四时中所体现出的阴阳之气，完全相符应的。这样，便把阴阳消息与仁义节俭等政治原则，统一在一起了。这正是《序意》中的所谓"盖闻古之清世，是法天地"。十二纪纪首，是以此一构想为基干所构成的。

三、从《夏小正》到十二纪纪首

但十二纪不是仅凭邹衍学派的思想所凭空构造出来的；它是把许多有历史根据的材料，按照"同气"的原则，作一大的综合与统一。记录一年四季十二个月的节候、产物，以适应农业社会的需要，在我国当起源很早。因为近年考古上的发现，在新石器的仰韶文化时代，生产便是以农业为主。农业与节候有不可分的关系。古人一定加以重视，并记录下来。目前可以看到这方面有系统的材料，有《大戴记》中的《夏小正》，《周书》中的《周月》、《时训》。

《礼记·礼运》："孔子曰，我欲观夏道，是故之杞，而不足征也，吾得夏时焉。"郑注"得夏四时之书，其书存者有《小正》"，是以《夏小正》为夏代所传下来的。《夏小正》的传，是戴德所撰，[①]而《夏小正》的本文，记有十二月中可以作定时标准的星象，及可以表征气候寒暖、节物先后的各种天象及动植物的生态，也加入有季节性的重要人事活动；文字质朴而残缺，这是把长期累积的农业生产中所得的经验，写了出来，作为一年十二个月的全民活动的准据。说它是从夏代传下来，在道理上是可以说得通的。它与后来的此类材料相比较，最显明的区别，在于它没有一丝一毫的阴阳五行的痕迹。

《周书》[②]中有很早的材料，也有少数为后来编进去的材料。卷六《周月》第五十一，统述夏商周的三统，总述一年的十二个月的中气。中谓"夏数得天，百王所同"；结以"亦越我周王，致伐于商，改正异械，以垂三统。至于敬授民时，巡狩祭享，犹自夏焉。是谓周月，以纪于政"，其中已出现有阴阳的观念。如以一月

[①] 《隋书·经籍志》别出《夏小正》一卷，注云戴德撰。余嘉锡《四库提要辨正》卷一，页五三至五四，对此考证甚为明晰，读者可以参阅。
[②] 《隋书·经籍志》称《汲冢周书》，先儒已多辩其谬。又有称为《逸周书》，是以不逸为逸，故宜用《汉志》、《周书》的原名。

（夏之十一月）"微阳动于黄泉，阴降惨于万物"，及"阳气亏"等。这可能出于战国时代，周室主管天文者之手，与《夏小正》似乎没有直接关连。

在《周月》第五十一后面，有《时训》第五十二，述一年之节候，不以月为单位，而以二十四气为单位。由四时而十二中气；由十二中气而二十四气，似乎是在测候上的一种进步。其中对可以征表节候的动植物等的叙述，则很明显地是继承《夏小正》而来。里面所用阴阳的观念，与《周月》有关，且亦无五行观念；但出现有节物不时，即为政治社会将有某种不祥事物出现的思想。这或者是与《周月》同时的东西；《周月》简略，系总论性质，而此则每月皆分为二气，加以叙述，殆系分述的性质。

在《时训》第五十二后面，又有《月令》第五十三。卢文弨据蔡邕《明堂月令论》及《隋书·牛弘传》，谓《礼记·月令》即《周书·月令》，因以《吕氏春秋》十二纪纪首补之。乃朱右曾《周书集训校释》谓："马融《论语注》引《月令》改火之文，蔡邕、牛弘引《月令》论明堂之制，今俱不见于《吕览》，则其同异未可知也。"故以为"《周书》另有所谓《月令》，今已亡失"。然孙诒让《周书斠补》卷三引臧庸《拜经日记》谓："据中郎此言，是《周书·月令》，即《礼记·月令》也。初据《论语集解》言《周书·月令》有改火之文，疑别有《月令》。今考《周礼·司爟》，郑司农引《周书》为邹子……然则《论语注》所言《周书》，实邹子耳。"孙氏亦以"臧说近是"。至蔡邕、牛弘所引《月令》、《明堂》之制，正本于吕氏之十二纪纪首，不知朱氏何以失察。总之，《周书》之《月令》第五十三，实即《吕氏春秋》的十二纪纪首。朱氏所辑《周书逸文》有关这一部分，正可为证。

《吕氏春秋》十二纪纪首,正吸收了《夏小正》及《周书》的《周月》、《时训》,加以整理;而另发展了邹衍的思想,以此为经,再综合了许多因素,及政治行为,以组织成"同气"的政治理想的系统。兹分引"正月"之文如下,以便比较。《夏小正》(据顾凤藻《夏小正经传集解》本):

正月。启蛰。雁北乡。雉震响。鱼陟负冰。农纬厥耒。初岁祭耒。囿有见韭。时有俊风。寒日涤冻涂。田鼠出。农率均田。獭兽祭鱼,鹰则为鸠。农及雪泽,初服于公田。采芸。鞠(当为匏,星名)则见。初昏参中,斗柄县在下。柳稊。梅杏杝桃则华。缇缟。鸡桴粥。

《周书·时训》(据朱右曾《周书集训校释》本):

立春之日,东风解冻。又五日,蛰虫始振。又五日,鱼上冰。风不解冻,号令不行。蛰虫不振,阴气奸阳。鱼不上冰,甲胄私藏。惊蛰之日,獭祭鱼。又五日,鸿雁来。又五日,草木萌动。獭不祭鱼,国多盗贼。鸿雁不来,远人不服。草木不萌动,果蔬不熟。

十二纪《孟春纪》纪首(据许维遹《吕氏春秋集释》本):

一曰:孟春之月,日在营室。昏参中,旦尾中。其日甲乙,其帝太皞。其虫鳞。其音角。律中太簇。其数八。其味酸。其臭膻。其祀户。祭先脾。东风解冻。蛰虫始振。

鱼上冰，獭祭鱼。候雁北。天子居青阳左个。乘鸾辂，驾苍龙。载青旂。衣青衣。服青玉。食麦与羊。其器疏以达。是月也，以立春。先立春三日，太史谒之天子曰：某日立春，盛德在木。天子乃斋。立春之日，天子亲率三公九卿，以迎春于东郊。还，乃赏卿诸侯大夫于朝。命相布德和令，行庆施惠，下及兆民。庆赐遂行，无有不当。乃命太史，守典奉法，司天日月星辰之行；宿离不忒；无失经纪，以初为常。是月也，天子乃以元日祈谷于上帝。乃择元辰，天子亲载耒耜，措之于参保介之御间。率三公九卿诸侯大夫，躬耕帝籍田。天子三推，三公五推，卿诸侯大夫九推。反，执爵于太寝。三公九卿，诸侯大夫皆御，命曰劳酒。是月也，天气下降，地气上腾。天地和同，草木繁动。王布农事，命田舍东郊。皆修封疆，审端径术。善相丘陵、阪险、原隰，土地所宜，五谷所殖，以教道民，必躬亲之。田事既饬，先定准直，农乃不惑。是月也，命乐正入学习舞。乃修祭典，命祀山林川泽。牺牲无用牝。禁止伐木。无覆巢，无杀孩虫胎夭飞鸟。无麛无卵。无聚大众。无置城郭。揜骼霾髊。是月也，不可以称兵，称兵必有天殃。兵戎不起，不可以从我始。无变天之道，无绝地之理，无乱人之纪。孟春行夏令，则风雨不时，草木早槁，国乃有恐。行秋令，则民大疫，疾风暴雨数至，藜莠蓬蒿并兴。行冬令，则水潦为败，霜雪大挚。首种不入。

在这里只指出由《夏小正》到十二纪纪首的发展演变之迹。《夏小正》只单纯记录可以表征节候的事物，及直接与农业生活有关的事情；对节候的变迁，亦未深求其所以然之故。这只是记录，而未把记录者的观念加到里面去，也未牵涉到政治问题。因文字质朴，在传承中可能有些错误。如"梅杏杝桃则华"句，"杏杝桃"三字可能由二月或三月误入。到了《时训》，则将一月分解为两气，加以叙述，对《夏小正》的文字，加以整理。如《夏小正》的"时有俊风，寒日涤冻涂"，整理为"东风解冻"。对节候之变，以阴阳观念加以说明，如"阴气奸阳"。对有关事物的出现，分别安排在每一个五日之中。对节候失调，则关连上政治的问题。但奇怪的是，它完全没有关涉到农业的活动。可以推想这是出于一位知识分子把自己的观念应用到纯朴的记录中去，并把重点转到政治方面，而加以重新组织的。到了十二纪的纪首，不用《时训》的以二十四气为单位，而恢复以十二月为单位。但有关节物的叙述，则多采用经过《时训》上整理了的文句。取回了《夏小正》中的农事活动而更加完备，不以《夏小正》的正月一月二月纪月，而改用春夏秋冬的孟、仲、季纪月，以特别显出"四时"的观念，接受了《时训》上政治的灾异与节物变异的关连。但《时训》上的灾异，不是由施政的得失而来，可以说，人是完全处于被动的。但到了十二纪的纪首，则完全倒转过来，灾异是由于施政没有按着节候而来，人成为主动的。但最大的发展演变，乃在于他们是以由邹衍思想所发展出的"帝者同气"的观念所完成的大综合、大系统。

四、十二纪纪首的构造

我在《阴阳五行及其有关文献的研究》一文中，曾指出阴阳与五行，本是两不相属的系统。把两者组合在一起，可能即始于邹衍。但现在看起来，此一组合，可能完成于邹衍的后学。而成为十二纪纪首骨干的，正是把阴阳二气，运行于四时之中，而将五行分别与四时相配合。例如春是"盛德在木"，夏是"盛德在火"，秋是"盛德在金"，冬是"盛德在水"。邹衍的所谓"盛德"的"德"，指的是五行的五种作用。此处之所谓"盛德"，是指五行之气所发生的"最当令"的作用。"盛德在木"，是指春季最当令的作用，乃在五行中之木，而木德是与春季之阳气相应的。但此时尚未认为五行乃由阴阳二气分化而来，而只是把两者组成一种相关，但并非融合的系统，以作为"天"的完整表现。再把一切生活事物，政治行为，安排得与春季的阳气与木德相合。其他各季，皆可由此类推。此即所谓"同气"，亦即所谓"是法天地"。这样一来，政治领导者的一举一动，皆与天地相通，皆表现为天人合一；形上形下，打成一片。在他们认为这当然是最理想、最强大的政治。

问题是五行有五，而四时只有四；以五行配四时，还多出一行无法安顿；于是他们想了一个很笨的方法，在季夏之月（六月）的末段，加上"中央土，其日戊己，其帝黄帝，其神后土"等七十四个字，以安顿五行中的土。但其他四行，每行都主管四时中的一时三个月；季夏还是属于火德，天子服赤色，与孟仲夏正同。现在突然冒出一个"中央土"出来，把服色改为黄色，这已经是一种混乱。同时，木火金水，在四时中皆是各配一时，故春谓"盛德在木"，夏谓"盛德在火"，秋谓"盛德在金"，冬谓"盛德在水"。至土则仅谓"中央土"，此"中央"应指一年之中央，即是六、七月之交。而六月属火，七月属金，土则完全落空了。这种显明的不合理，《吕氏春秋》的作者，竟无一字说明。淮南王安的宾客，将其采入《淮南·内篇》二十一篇中而称为《时则训》时，补救的办法，是把季夏之月，分配给土；所以把"中央土"改为"季夏之月，招摇指未……其位中央，其日戊己，盛德在土……"这便使土德在季夏——六月有了落脚之处。但问题是：（一）一年十二月，季夏并非一年的中央。（二）这样一来，火德只当令两个月，土德只当令一个月，何以木、金、水却都能当令三个月？所以礼家把它采入《小戴记》中而称为《月令》时，补救的办法是不把"中央土"这一段，附属于季夏之末，而使其介于季夏与孟秋之间，成为独立的一段，这便与"中央土"的中央之义相合。但郑康成在此处注云"火休而盛德在土也"，如此，则究系何月何时而盛德在土的问题，依然是落空而不能解决。所以孔颖达疏不用郑注，谓："以木配春，以火配夏，以金配秋，以水配冬；以土则每时辄寄，王十八日也。虽每分寄，而位本未宜处于季夏之末，金火之间，故在此陈之也。"这是说土在四时中，各分主十八天，共七十二天。孔氏以三百六十日为一年，五行各主七十二日，加起来恰是三百六十日。"而位本未宜处于季夏之末"三句，是斥十二纪纪首对此安排的不当，且申明所以将"中央土"一段改为独立之文的缘故。至此而五行配四时的问题，才算完全解决了。孔氏的这一改变，不是突然出现的。《春秋繁露·五行对》第三十八谓"土为季夏"，此犹秉承十二纪之说。但又谓："五行莫贵于土。土之于四时无所命者，不与火分功名。"董仲舒这种说法，是对"土为季夏"的说法感到有点不安，而想下一转语，尚未转得出。至《白虎通德论·五行》"土王四季，各十八日"，"五行更王，亦须土也；王四季居中央，不名时"，才算勉强说通了。孔疏实据此以为说。我所以把这一问题的演变详加叙述，意在指明五行说盛行以后，把许多事物与五行的五相配合，都是出于这类的牵强附会；由此所说出的一套道理，都是胡诌出来的，并不代表某种真实存在。但在胡诌的演进历程中，却含有一种合理的要求在里面。

对十二纪纪首中五行的性格，应当考查一下。我在《阴阳五行及其有关文献的研究》一文中曾经指出，一直到春秋时代为止，所谓五行，只指的是国计民生所通用的五种材料，所以又称为"五材"；丝毫没有作为构成宇宙的五种基本元素，或由阴阳二气分化而为五气的意味。并且与阴阳的观念，全不相干。在战国初期约百年之间，五行一词，反甚少出现，中间不知如何沦为社会迷信之一，至邹衍而把它提升为"五德终始"。五行的作用（德），各主持一个朝代；以相胜（克）的规律，终而复始。这里的五行之德，便不是原来的五种通用材料所发生的作用，而系宇宙间五种神秘力量所发生的作用。邹衍或其后学把它和阴阳连结在一起，五行至此，便已由具体之物，上升而为抽象之物。但阴阳与五行，究系何种关系，从今日可以考见的材料来看，并不能完全明了。至十二纪纪首，则明确地把五行配合到阴阳所运行的四时之中，五行在四时中轮流作主，发生作用。这正是由各朝代的五德终始，进而为四时的五德终结。它是抽象性的，或者可以说是形而上性的东西。但此五种形而上性的东西，表现在形器世界——经验世界的情形，却依然是由具体的五种材料的情形，所联想构成的。这便说明我国思想的性格，由具体升向抽象时，在抽象的舍象过程中，把由具体而来的属性，舍得并不干净，而成为抽象中含有具体性——具象性。孔颖达在《月令》"中央土"下谓："夫四时五行，同是天地所生；而四时是气，五行是物。"把四时与五行的性格分开，这一方面说明阴阳与五行，在十二纪纪首中，依然是天的两种平行的因素；另一方面说明五行在十二纪纪首中，依然保有"物"的具体性格。把五行视为由阴阳所分化出的五种气，这要到《白虎通德论》成立的前后才出现，但五行所含的具体性格依然保存着。所以对中国思想，仅在纯思辨中作形而上的把握，这与中国思想性格本身是不能相应的，除非在中国另建立一种新的学统。例如以青、赤、黄、白、黑五种颜色，为木火土金水五行的颜色，分明是由经验界中五种具体材料的颜色而来。而以金为白色，这说明了它是以战国中期前后为背景，此时对铁的冶炼，已到达了很高的程度，经过精炼后的铁才是白色，金和铜都不是白色，这是近十多年在考古上所能肯定的事实。

在十二纪纪首中，把许多事物，都组入进去，而成为阴阳与五行所显露之一体，以构成包罗广大的构造，于是使人们感到，我们所生存的世界，都是阴阳五行所支配的世界，由此而成为尔后中国的宇宙观、世界观。例如孟春之月"其日甲乙"，把起源很早的天干组入进去了。"其虫鳞"，把动物组入进去了。"其音角，律中太簇"，音乐组入进去了。"其数八"，把数的观念组入进去了。"其味酸，其臭膻"，把臭味组入进去了。"其祀户，祭先脾"，把祭祀、房屋、身体构造组入进去了。"东风解冻，蛰虫始振，鱼上冰，獭祭鱼，候雁北"，把气候及节物的活动，都组入进去了。"食麦与羊，其器疏以达"，把饮食器具组入进去了。"孟春行夏令，则风雨不时，草木早槁，国乃有恐。行秋令，则民大疫……行冬令，则水潦为败，霜雪大挚，首种不入"，把风雨、草木、疾病、雨水、霜雪、稼穑等，也都组入进去了。其中由《夏小正》来的，本是与时令相关的，这是合理的一部分；其余的都是凭借联想，而牵强附会上去的。但一经组入到阴阳五行里面去，便赋予了一种神秘的意味，使万物万象，成为一个大有机体。若把它在知识上的真实性及由此所发生的影响的好坏，暂置不论，这确要算是吕氏门客的一大杰构，而为以前所没有的具体、完整而统一的宇宙观、世界观。

五、明堂的问题

四时加上中央，都是阴阳五行的体现，也即是天道的体现。"天子"是天的儿子，有法天的责任。并且能法天，也便有天的功效与伟大。从春秋时代起，至战国中期，思想家们所说的天，是表现为道德的法则。此时则表现而为阴阳五行之气，而阴阳五行之气，体现于四时与中央，是可加以描述的。天子法天，首先便要在生活上"与元同气"。春季阳气的功用是生育万物，此时阳气的方位是东方。木在春季发生作用，它的颜色是青的、苍的，它的方位也是东方；天子在生活上为了与元同气，所以便须"居青阳左个。乘鸾辂，驾苍龙，载青旂，衣青衣，服青玉，食麦与羊，其器疏以达"。其他各季，皆可类推。其意义，高诱注都按阴阳五行解释得清楚。"青阳左个"，指的是明堂左边的一间房子，也即是明堂的一部分。这里顺便对明堂的问题稍作考查。

明堂，是古典中引起争论最多的问题之一。到王国维的《明堂庙寝通考》[①]为止，讨论此一问题的文字，前后大概不下二十余万言，而终莫衷一是；主要是因为过去的人，不了解历史上的明

[①] 见《观堂集林》卷三。

堂，与《吕氏春秋》十二纪纪首的明堂，虽有关连，但并非一物。前者是事实地存在，后者是理想地存在。后儒多混而同之，所以便治丝益棼了。首先应当了解，凡十二纪纪首所述各种制度，多有若干历史的根据；但吕氏的门客们，却按照他们自己的理想，来加以重新安排、改造，而赋予他们以所要求的新意义；明堂的问题，正是如此。

《左传·文公二年》："瞫曰，《周志》有云，勇则害上，不登于明堂。"杜注："明堂，祖庙也，所以策功序德。故不义之士不得升。"《周书·大匡》第三十八："勇如害上，则不登于明堂。明堂所以明道。"狼瞫所谓《周志》，当出于此。而《周书·明堂》第五十五："……周公摄政，君天下弭乱，六年而天下大治。乃会方国诸侯于宗周，大朝诸侯于明堂之位……明堂者，明诸侯之尊卑也，故周公建焉，而朝诸侯于明堂之位……"《礼记·明堂位》首段，全袭此文，而文字稍有异同。①《考工记·匠人》："夏后氏世室……殷人重屋……周人明堂。"《孟子·梁惠王下》："明堂者王者之堂也。王如行王政，则勿毁之矣。"《孝经·圣治》章："宗祀文王于明堂以配天。"《荀子·强国》篇："若是，则虽为之筑明堂于塞外②而朝诸侯，可矣。"上面这些材料，都可认为是《吕氏春秋》十二纪纪首以前的材料。《吕氏春秋》卷十五《慎大览》"故

---

① 由文字及词汇言之，《周书》之《明堂》出于先秦，而《礼记》之《明堂位》，则由汉儒将《周书·明堂》之文加以整理抄入，至为明显。《周书·明堂》："天子之位，负斧扆南面立，群公卿士侍于左右。三公之位，中阶之前，北面东上。"《礼记·明堂位》作"天子负斧依南乡而立，三公中阶之前，北面东上"，省"群公卿士侍于左右"一句，而以"三公中阶之前"一句代之。后人又将此句羼入于《周书·明堂》之中，实则《周书·明堂》不应有"三公之位，中阶之前"二句。
② "于塞外"三字，杨注以三字为衍文。

周明堂外户不闭",卷十九《上德》"周明堂金在其后"(注:"作乐金铸在后")。此两处系征引性质,亦为周有明堂之证。如把这些以前的材料稍加条理,则:(一)明堂乃周人太庙之别名,或即系周公所建以祀文王之庙。因周公的关系,鲁亦有太庙,亦即有明堂。鲁悼公之时,"鲁如小侯",① 其明堂废而入于齐,而太庙之礼久废,原义不明,故齐宣王有"人皆谓我毁明堂,毁诸,已乎"之问。(二)周室以宗法制度为封建制度的骨干,重大的政事行为,皆于祖庙行之,则天子朝诸侯于太庙,颁布重大政令于太庙,纪功于太庙,都是可以承认的。其所以称太庙为明堂,或竟如蔡邕之说"圣人南面而听天下,乡明而治","取其乡明,则曰明堂"。②(三)在上述材料中,有祀祖先以配天之意,但不以明堂即是法天,更与阴阳五行无涉。

十二纪纪首中的明堂,与上述的明堂,大异其趣。兹先录其材料如下:

《孟春纪》:天子居青阳左个。韦注:青阳者明堂也……各有左右房,谓之个……东出谓之青阳,南出谓之明堂,西出谓之总章,北出谓之玄堂。

《仲春纪》:天子居青阳太庙。

《季春纪》:天子居青阳右个。

《孟夏纪》:天子居明堂左个。

---

① 见《史记》卷三十三《鲁周公世家》。
② 《全后汉文》卷八十蔡邕《明堂论》。

《仲夏纪》：天子居明堂太庙。
《季夏纪》：天子居明堂右个。
《中央土》：天子居太庙太室。

《孟秋纪》：天子居总章左个。
《仲秋纪》：天子居总章太庙。
《季秋纪》：天子居总章右个。

《孟冬纪》：天子居玄堂左个。
《仲冬纪》：天子居玄堂太庙。
《季冬纪》：天子居玄堂右个。

它与以前的明堂不同之处：（一）以前的所谓明堂，系太庙的别称，明堂即是太庙，此处则太庙乃明堂的一部分。（二）明堂、太庙、太室三个名词，皆于古有据。甲骨文中已出现有七个太室，[1] 都是祭先王先公的地方。其他如青阳、总章、玄堂等名词，则是吕氏门客们自己造出来的。由此可以推知，于古有据的三个名词，他们仅借用其名，并不拘泥于名词原有的内容，因为他们的目的不在述古。（三）他们这个特殊建筑物，不仅与祖宗的祭祀，完全没有关连；乃至与所有的祭祀，也没有关连。甚至是否在此一建筑物内施行重要政令，也是可疑的。因为庆赏等大政，还是在朝廷上施行，更无在此处朝诸侯的规定。他们构想此一理想建筑物的

---

[1] 陈梦家《卜辞综述》页四七六。《考工记·匠人》谓"殷曰重屋"，甲骨中尚未发现此一名词，颇为可疑。

原因，只是要天子的居处，顺应阴阳五行，亦即是在居处上与元同气。

汉初，明堂的观念尚未定形。大体上可分为三支：一是儒生的一支，一是接近道家的一支，再另一是方士的一支。《史记》卷二十八《封禅书》：

> 周公相成王，郊祀后稷以配天，宗祀文王于明堂以配上帝。

这说的是十二纪纪首以前的明堂。西汉首先要实现这一理想的，是汉武即位以后的事。
《史记》卷二十八《封禅书》：

> 而上（武帝）乡儒术……欲议古立明堂城南以朝诸侯。

《史记》卷一〇七《魏其武安侯列传》：

> 魏其、武安俱好儒术，推毂赵绾为御史大夫，王臧为郎中令，迎鲁申公，欲设明堂。

《史记》卷一二一《儒林列传》：

> 兰陵王臧，既受《诗》（于申公）……今上初即位……一岁中为郎中令。及代赵绾亦尝受《诗》申公，绾为御史大夫。绾、臧请天子，欲立明堂以朝诸侯，不能就其事，

乃言师申公。于是天子使使束帛加璧，安车驷马，迎申公……至，见天子，天子问治乱之事。申公时已八十余，老，对曰："为治者不在多言，顾力行何如耳。"是时天子方好文词，见申公对，默然。然已招致，则以为太中大夫，舍鲁邸，议明堂事。太皇窦太后好老子言，不说儒术。得赵绾、王臧之过以让上，上因废明堂事，尽下赵绾、王臧吏，后皆自杀。申公亦疾免以归。

赵绾、王臧所欲实现的明堂，是十二纪纪首以前的明堂。当武帝初即位时的政治问题，在于分封的诸侯王及列侯与朝廷的关系问题。赵、王两人，欲借古明堂之制，以整饬诸侯王及列侯的纲纪。而汉代早另有庙制，与明堂无关。所以他们撇掉了"宗祀文王于明堂"的一面，而只取周公朝诸侯于明堂的一面，这是属于儒生一支的明堂观念。其所以难就，是要在庙制之外，再创造一套建筑与仪式出来的缘故。但式微已久的明堂观念，重新被重视而当作政治上的重大设施，提了出来，依然是受十二纪的影响。

《淮南子》中所述的明堂，有的是属于历史性的。如《主术训》："成康继文武之业，守明堂之制。"明堂之制，即以太庙为基点的宗法制度。《齐俗训》："武王既没，殷民叛之。周公践东宫，履乘石，摄天子之位，负扆而朝诸侯，放蔡叔，诛管叔，克殷残商，祀文王于明堂，七年而致政成王。"这与《周书》的《明堂》，可互相印证。《氾论训》将"明堂太庙"并称，大概也是属于历史性的。《泰族训》"乃立明堂之朝，行明堂之令，以调阴阳之气，以和四时之节，以辟疾病之菑"，这是历史性而又掺糅了十二纪纪首的理想以立言的。其中最表现特别意义的是卷八《本经训》对明堂下面的描述：

> 是故古者明堂之制，下之润湿弗能及，上之雾露弗能入，四方之风弗能袭。土事不文，木工不斲，金器不镂。衣无隅差之削，冠无觚赢之理。堂大足以周旋理文，静絜足以享上帝，礼鬼神，以示民知节俭。

《本经训》主张"同精于阴阳，一和于四时"，这便和十二纪纪首的思想很相一致。但它所说的明堂，由上下关连的文字看，其着眼点在针对当时统治者的奢侈的情形而提倡以道家思想为背景的节俭。其祭祀亦只泛言，而非以祖先为主，也没有与四时同气的意味，这算是道家的一支。

《史记》卷二十八《封禅书》：

> 初，天子封泰山，泰山东北址，古时有明堂处，处险不敞。上欲治明堂奉高（地名）旁，未晓其制度。济南人公玉带上黄帝时明堂图。明堂图中有一殿，四面无壁，以茅盖。通水圜宫垣，为复道。上有楼，从西南入，[①]命曰昆仑。天子从之入，以拜祠上帝焉。于是上令奉高作明堂汶上，如带图。及五年修封，则祠太乙五帝于明堂上坐，令高皇帝祠坐对之。祠后土于下房，以二十太牢。天子从昆仑道入，始拜明堂如郊礼。

---

① 可能取《易·坤卦》卦辞"西南得朋"之义。

按公玉带所献的黄帝明堂图及其意义，与十二纪纪首以前及十二纪纪首之所谓明堂，皆两不相涉。且亦与《淮南子·本经训》上的明堂构造，互不相干，这是方士一支所胡乱凑出来的。但《素问·著至教论》有"黄帝坐明堂"，《事物纪原·礼记·郊祀部·明堂》引"管子曰，黄帝有明堂之议"，是方士将黄帝与明堂傅会在一起，相当的流行，我推测这是邹衍学派中某一支派所繁衍出来的。《大戴记·盛德》第六十六中所说的"故明堂，天法也"，这是十二纪纪首的明堂思想的发展。而《明堂》第六十七，则系西汉初年各种明堂说法的初步综合，我怀疑这是戴德本人的杰作。所以开始说："明堂者古有之也。"接着是："凡九室。一室而有四户，八牖；三十六户，七十二牖；以茅盖屋，上圆下方。明堂者，所以明诸侯尊卑。外水曰辟雍……堂高三尺……九室十二堂……其宫方三百步。在近郊，近郊三十里。或以为明堂者文王之庙也。"在此一初步综合中，还保存有历史性的与理想性的近于模糊的分界线。戴德在这种地方，亦稍露出两者间有某种程度的矛盾之感。

历史上的明堂，早因代远年湮而不易把握。从十二纪纪首起，已经把它变成理想性的东西，大家便可按照自己的理想随意加以构想。但因《礼记·月令》的影响一天天增大，对明堂的观念，便渐渐统一到十二纪纪首的观念方面。而汉代学术基本性格之一，常将许多各有分域的事物，组成一个大杂拌的系统。明堂在《大戴记·明堂》第六十七虽然有了初步的综合，但仍嫌简略而不圆融。到了蔡邕的《明堂论》而完成了以儒家及十二纪纪首为主干的大系统。《明堂论》：

明堂者，天子太庙，所以宗祀其祖，以配上帝者也。夏

《吕氏春秋》及其对汉代学术与政治的影响　29

后氏曰世室，殷人曰重屋，周人曰明堂。东曰青阳，南曰明堂，西曰总章，北曰玄堂，中央曰太室……虽有五名，而主以明堂也。其正中皆曰太庙，谨承天顺时之令，昭令德宗祀之礼，明前功百辟之劳，起尊老敬长之义，显教幼诲稚之学，朝诸侯，选造士于其中，以明制度。生者乘其能而至，死者论其功而祭。故为大教之宫，而四学具焉，官司备焉。譬如北辰，居其所而众星拱之，万象翼之，政教之所由生，变化之所由来，明一统也。故言明堂，事之大，义之深也。取其宗祀之貌，则曰清庙；取其正室之貌，则曰太庙；取其尊崇，则曰太室；取其乡明，则曰明堂；取其四门之学，则曰太学；取其四面之周，水圆如璧，则曰辟雍。异名而同事，其实一也……①

蔡邕不仅把历史的明堂及十二纪纪首的明堂，糅合在一起；并且把从秦及汉初所提倡，至汉武而初步实现的太学乃至小学等，都糅合在一起，成为理想性的政教总机构；明堂至此而始完成至高无上的地位，给后世以很大的向往。而其实，这只是蔡邕由综合所构造的明堂。明堂的理想性愈高，他所含的历史因素便愈小。我现在把有关明堂的来龙去脉，在这里摆清楚了，则后儒要——在历史中证明其存在，其聚讼纷纭，而不能折衷于一是，乃必然之事，因此也可以了解这是根本不必争论的问题。王国维氏，不知在历史的具体情况中，求其发展演变之迹，而仅以室堂等字的文字训诂为基点，由此而把明堂推定为古代宫室堂庙的统一建筑

---

① 《全后汉文》卷八十《蔡邕》。

形式，因而下一结论谓明堂"为古代宫室通制"；此既不合于历史性的明堂，亦不合于理想性的明堂，而只成为王氏一人之臆说而已。

六、十二纪纪首中的政令与思想的分配

阴阳之气的性格及作用，这是通过人对四时气候所得的感受，及四时对万物生存所发生的作用而加以把握的。在今日看，实际是把四时的气候套向假设的阴阳身上去；但在当时，则以为这是由阴阳的真实存在，发而为四时的气候及其作用。理想的政治，是要与元"同气"，即是要与阴阳同气，与阴阳展现而为四时同气；于是政治的设施，便分为四大类，按各类的性质，分别分配到与此性质相同的四时中的各时乃至各月中去。这种分配，有的是合理的，有的是牵强附会的。柳宗元已提出了这种看法，他说：

> 观月令[①]之说，苟以合五事，配五行，而施其政令，离圣人之道，不亦远乎。凡政令之作，有俟时而行之者，有不俟时而行之者。是故孟春修封疆，端径术，相土宜，无聚大众；季春利堤防，达沟渎，止田猎，备蚕器，合牛马，百工无悖于时。孟夏无起土功，无发大众，劝勉农人。仲夏班马政，聚百药。季夏行水杀草，粪田畴，美土疆土功，兵事不作。孟秋纳材苇（按此一句乃季夏非孟秋），仲秋劝人种麦，季秋休百工，人皆入室，具衣裘……孟冬筑城郭，

---

① 按实即《吕氏春秋》十二纪纪首。

穿窦窖……斯固俟时而行之，所谓敬授人时者也。其余郊庙百祀，亦古之遗典，不可以废。诚使古之为政者，非春无以布德和令，行庆施惠，养幼少，省囹圄，赐贫穷，礼贤者。非夏无以赞杰俊，遂贤良，举长大，行爵出禄，断薄刑，决小罪，节嗜欲，静百官。非秋无以选士励兵，任有功，诛暴慢，明好恶，修法制……非冬无以赏死事，恤孤寡，举阿党，易关市，来商旅，审门闾，正贵戚近习，罢官之无事者，去器之无用者，则其阙政亦以繁矣。斯固不俟时而行之者也。①

　　柳宗元的话，说得有点粗疏；例如把十二纪中的五行与阴阳混同起来，这是以后来的观念，代替十二纪纪首的观念。而"审门闾"，有检查修补之意，一般当然在冬季行之。但若不承认吕氏门客的"与元同气"的哲学，则柳宗元的话，是可以成立的。"俟时而行之者"，多半由农业社会的长期经验而来，更进一步使其规律化，这是《夏小正》的发展。"斯不俟时而行之"的部分，若不把它分别安排进四时十二月中间去，则这类的政令、行为，失掉了与天的关连，因而失掉了作为政令、行为得以成立的根据；在他们看来，不仅减轻了它们的意义，而且破坏了帝王与天的圆满关系，破坏了"法天"的政治最高原则。

　　政令、行为，皆顺应阴阳四时五行之气的性格来操作，则帝王与天，政治的规律与天的规律，皆贯通而合一，当然是吉祥而有价值的。相反的，若有"春行秋令"这一类的情形，则是以人

---

① 《柳河东集》卷三《时令论上》。

逆天，以政治逆天道；其发生由错杂之气而来的灾异，这站在他们的逻辑上讲，也是事有必至、理有固然的。《孟春纪》："孟春行夏令，则风雨不时，草木早槁，国乃有恐。"韦注："春，木也。夏，火也。木德用事，法当宽仁；而行火令，火性炎上，故使草木槁落……"即其一例。灾异之说，起源甚早。至此而把过去对灾异的零星解释，重新安放在"与元同气"的反面的基础之上，而赋予以一个可以推论，甚至可以预知的新的解说系统。

《周书》卷六《周月》第五十一："万物春生夏长，秋收冬藏，天地之正，四时之极，不易之道。"生、长、收、藏，是由阴阳展现而为四时的性格、作用。吕不韦的门客们，除了顺着上述性格、作用，以安排各种生活与政令外，更把与生活、政治有关的思想，作一大综合，也按照生、长、收、藏的四种性格、作用，分别安排到四时十二月中间去，每月安排四篇，以表示各种思想，也是顺应着阴阳之气的。但他们所建立的形式太整齐了，也太机械了，这便使他们不能不遇到更大的困难，即过于牵强和过于重复的困难，但我们不应抹煞他们这番苦心。

春的作用是生，春季言思想的十二篇，皆在政治、社会、人生上发挥生或由生所引申之义。夏的作用是长，夏季言思想的十二篇，皆在政治、社会、人生上发挥长或由长所引申之义。秋的作用是收，秋季言思想的十二篇，皆在政治、社会、人生上发挥收或由收所引申之义。冬的作用是藏，冬季言思想的十二篇，皆在政治、社会、人生上发挥藏或由藏所引申之义。

《孟春纪》纪首的第一篇是《本生》，言政治以养育人民之生命为本。所以一开始便说："始生之者天也，养成之者人也。能养天之所生而勿撄之，谓之天子。天子之动也，以全（注：犹顺也）

天为故（注：故事也）者也。此官之所自立也，立官者以全生也。今世之惑主，多官而反以害生，则失所为立之矣。"人主不能独治，必设官以为治。现实上，人君与人民总是处于对立的地位，于是设官，只是为了榨压人民。吕氏门客们，特在这里来一个大回转。

《本生》篇接着便谈养个人之生的问题。养个人之生，在《吕氏春秋》全书中，占有很重的分量，其故有三。一是道家思想，在战国末期，特别向养生方面发展；方士长生之说，是由此傅会出来的。所以《吕氏春秋》之重视养生，可以说是反映当时道家思想的倾向。二是《吕氏春秋》上所说的养生，主要指的是人君；而养生的内容，以节欲为主。人君能节欲，即可少取于人民，让人民能自养其生。三是认为养生可以"全其天"，① 能全其天，则一人之身，即是一个小天地，可以与天地相通；且和天地一样，能发生莫大的感应效果。这也是战国末期由道家所发展出来的一种近于神秘的思想。《吕氏春秋》全书，发挥此一思想的很多。《本生》篇：

> 万物章章，以害一生（纵欲），生无不伤。以便一生，生无不长。故圣人之制万物也，以全其天也。天全则神和矣，目明矣，耳聪矣，鼻臭矣，口敏矣，三百六十节皆通利矣。若此人者，不言而信，不谋而当，不虑而得。精通乎天地，神覆乎宇宙。其于物，无不受也，无不裹也，若天地然。上为天子而不骄，下为匹夫而不惛，此之谓全德之人。

---

① 此处与性同义。性受于天，故亦称之为天，高注《本生训》释天为身，谓"天，身也"。但《淮南·原道训》高注"天，性也。一说曰，天，身也"。应以训性为是。

接着《本生》篇的便是《重己》，即是尊重自己的生命，而尊重自己生命之要点在于节欲。所以说"凡生之长也，顺之也，使生不顺者欲也。故圣人必先适欲（高注：适犹节也）"。

接着《重己》篇的是《贵公》，这代表了《吕氏春秋》的基本政治思想，也直接提出了政治的最基本问题。公与私相对，贵公是说明统治者应以人民的共同意见、利益为贵；必如此，乃能全人民之生。他说：

> 昔先圣王之治天下也，必先公，公则天下平矣，平得于公。尝试观于上志，有得天下者众矣。其有得之必以公，其失之必以偏。凡主之立也生于公……天下非一人之天下也，天下之天下也。阴阳之和，不长一类。甘露时雨，不私一物。万民之主，不阿一人……故智而用私，不若愚而用公。日醉而饰服，私利而立公，贪戾而求王，舜弗能为。

贵公则必去私，故继之以《去私》。他所说的私，是指"传子"而言。所以说："尧有十子，不与其子而授舜。舜有九子，不与其子而授禹，至公也。"最后说："庖人调和而弗敢食，故可以为庖……王伯之君亦然，诛暴而不私，以封天下之贤者，故可以为王伯。"吕氏的门客，及当时儒生，于秦统一天下之后，主张封建，其用意乃在不以天下私之于天子一人，后人多不明了他们的用心。

把一套政治理论安排在"春生"的"生"的观念之下，以为这样便会与春之气相应，自然会流于牵强。并且春有孟春、仲春、季春，孟、仲、季，各须安排四篇性质相同的东西，更不能不重复。所以《仲春纪》的四篇是《贵生》、《情欲》、《当染》、《功名》。《贵生》、《情欲》，是孟春《重己》的重述与发挥。《当染》的主要内容是："凡为君，非为君而因荣也，非为君而因安也，以为行理也。行理生于当染。故古之善为君者，劳于论人，而佚于官事，得其经也。"当染是指人君用得其人，能得到好的薰染。所以这篇实际讲的是人君应为官择人，可以说这是《贵生》"立官者以全生也"的意义的发挥。《功名》在说明严刑重罚，不能使天下归心。但能示民以仁义，而豪杰人民自至。他说："欲为天子，民之所走，不可不察。今之世，至寒矣，至热矣，而民无走者，取则行钧也。欲为天子，所以示民，不可不异也。"这是切指秦的现状以立言，但一定归之于仲春之纪，便有些勉强。《季春纪》的《尽数》、《先己》，是《重己》、《贵己》的重述与发挥；《论人》、《圆道》，乃《当染》的发挥，各有精义要言；但已不如《孟春纪》的四篇，与"生"的观念关连得密切。

夏、秋、冬各纪的政治思想的安排，其用心与春季相同，而其牵强更甚。"夏长"是万物在夏季因阳气正盛而得到发育成长的意思。吕氏的门客们，认为人的发育成长，系来自学问，而从艺术上使人的精神得以舒展的莫如音乐。所以便在《孟夏纪·纪首》后第一篇是《劝学》。《劝学》说：

> 忠孝，人君、人亲之所甚欲也；显荣，人子、人臣之所甚愿也。然而人君、人亲不得其所欲；人子、人臣不得其所愿，此生于不知理义。不知理义，生于不学……是故古之圣王，未有不尊师者也，尊师则不论其贵贱贫富矣。……圣人生于疾学……疾学在于尊师。

次篇为《尊师》，引用了许多圣人尊师的故事，以发挥尊师的意义。这可能受了荀子学说的影响，并开汉儒重师法的先河。他说：

> 君子之学也，说义必称师以论道……说义不称师，命之曰叛。背叛之人，贤主弗纳之于朝，君子不与交友。故教也者，义之大者也。学也者，知之盛者也。义之大者莫大于利人，利人莫大于教。知之盛者莫大于成身，成身莫大于学……天子入太学祭先圣，则齿尝为师者弗臣，所以见敬学与尊师也。

次于《尊师》者为《诬徒》，言教学之方法，在于因人情以施教，并要求"师徒同体"，而不可诬诳弟子。他说：

> 达师之教也，使弟子安焉、乐焉、休焉、游焉、肃焉、严焉……此六者不得于学，则君不能令于臣，父不能令于子，师不能令于徒……为之而乐者，奚待贤者，虽不肖者犹若劝之。为之而苦矣，奚待不肖者，虽贤者犹不能久。反诸人情，则得所以劝学矣。
>
> 不能教者志气不和，取舍数变……失之在己，不肯自非。愎过自用，不可证移……此师徒相与异心也。人之情，恶异于己者，此师徒相与造怨尤也。人之情，不能亲其所怨，不能誉其所恶。学业之败也，道术之废也，从此生矣。善教者则不然，视徒如己，反己以教……所加于人，必可行于己。若此，则师徒同体。人之情，爱同于己者，誉同

于己者,助同于己者。学业之章明也,道术之大行也,从此生矣。

再次,则为《用众》。这是说学者为学之方,在于能用众多之长,以补一己之短。他说:

> 善学者若齐王之食鸡也,必食其跖数千而后足……物固莫不有长,莫不有短,人亦然。故善学者假人之长以补其短,故假人者遂有天下。
>
> 天下无粹白之狐,而有粹白之裘,取之众白也。夫取于众,此三皇五帝之所以立大功名也。凡君之所以立,出乎众也。立已定而舍其众,是得其末而失其本……夫以众者,此君人之大宝也。

《仲夏纪》、《季夏纪》共八篇,皆言音乐之功效、历史,及其度数。虽其中杂有少数神秘思想,然古代音乐艺术之有关资料,以《吕氏春秋》所保存者最为完备,应另为专论。此处我们仅了解他们以音乐与仲夏、季夏相配之用心为已足。

秋收,是万物到了秋天皆因成熟而可以收获。秋是"盛德在金",金主杀戮,所以《孟秋纪》说"始用刑戮",《仲秋纪》说"杀气浸盛,阳气日衰"。分配在秋季的思想,皆应与此种秋气相应。所以《孟秋纪》的《荡兵》、《振乱》、《禁塞》、《怀宠》四篇,皆言用兵之道,而归结于用兵所以救民,救民之兵称为义兵。《怀宠》篇说:

先发声出号曰，兵之来也，以救民之死。子（注：谓所伐国之君）……上不顺天，下不惠民，征敛无期，求索无厌，罪杀不辜，庆赏不当。若此者，天之所诛也，人之所雠也，不当为君。今兵之来也，将以诛不当为君者也。以除民之雠而顺天之道也……故克其国，不及其民，独诛所诛而已矣。

《仲秋纪·论威》，论用兵以威重而胜，而威之立由乎义。《简选》论用兵须"简选精良"，《决胜》论决胜之道在于能"益民之气"，"有气则实，实则勇；无气则虚，虚则怯"。《爱士》言必平时爱士，战时乃能得士之用。此四篇依然是说的军事思想。

《季秋纪》阴气已盛，"乃趣狱刑，无留有罪"，以与季秋之阴气相应。《顺民》乃言不可以刑戮强迫人民，而先"取民之所悦"以"顺民心"为本。《知士》、《审己》、《精通》三篇，皆未直接言及刑罚。我的推测，秦自商鞅以来，以刑罚为治，《吕氏春秋》一书，欲以扭转秦的政治方向为职志，故特略刑罚而不言，特于《精通》篇言精诚感通之道，使君臣上下，如"骨肉之亲"，因而"痛疾相救，忧患相感，生则相欢，死则相哀"；如此，则刑罚亦可措而不用。

冬藏，因冬季是"盛德在水"，"天气上腾，地气下降，天地不通，闭而成冬"，万物此时都把自己的生命凝结隐藏起来。人死则藏于葬，葬之为言藏也；所以《孟冬纪》的《节葬》、《安死》、《异宝》、《异用》四篇，皆言丧葬之事，特伸张《墨子》薄葬的主张。但《仲冬纪》的《至忠》、《忠廉》二篇，所以辨忠臣之分。《当务》一篇，所以辨事理于疑似之间。《长见》一篇，乃言政治上之远见。此皆与冬季无密切关连。《季冬纪》的《士节》、《介立》、《诚廉》、《不侵》四篇，乃所以励士节、明士志，东汉的名节，皆可在这些地方得到一些线索。冬季气象严肃坚定，或即以此为士节士气之象征，所以便安排了这四篇文字。

将各种思想，分配于十二纪之下，以使思想与十二纪之气相适应，本来是说不通的，所以愈到后来，愈见牵强。到了西汉初年，几种典籍采用十二纪时，都摆脱了此一格套。但在吕氏门客的心目中，可能认为与四时之气结合在一起的思想，才能使这些思想更有生命，更有力量。

七、《吕氏春秋》中的天人思想

《吕氏春秋》一书，我已经指出过，内容包罗宏富，可从各种角度加以研究。这里仅提出两点，就全书作一简略的综述。一为天人性命的问题；二为他们所总结的先秦的政治原则的问题。

他们肯定人是由天所生，[1]这是来自久远的传统观念。他们更具体地说"凡人物者阴阳之化也。阴阳者造乎天而成者也"，[2]这却是战国末期所出现的新观念。此一新观念为汉代所继承，并由董仲舒在《春秋繁露》中特别加以推演。由人为天所生，更发展出两个重要观念：一为对生命的尊重，二为由养生而可以与天地相通。

《吕氏春秋》所用的"性"字，实与生命之生，同一意义。大

---

[1]《吕氏春秋》卷一《始生》："始生之者天也。"卷五《大乐》："始生人者天也。"
[2]《吕氏春秋》卷二十《知分》。

概他们因生命由天而来,故亦称生为性,有时亦可称之为天。卷一《本生》:"人之性寿,物者抇(汨)之,故不得寿。物也者所以养性也,非所以性养也。"《重己》:"五者(按指饮食声色等)圣王之所以养性也。"皆说明生与性为一义。所以卷二十《知分》便明说:"生,性也。死,命也。"天所生出的生命的内容,当然有理性的一面,因而发生生命内的欲望与理性的抵抗。但《吕氏春秋》并未把理性的一面特别凸出,这大概因为他们认为生命既是得之于天,生命的整体即是理性的。由养生而全生,全生即是全天,全天即是理性全般呈现;所以在他们这一思想结构中,天理人欲的抵抗性,比之原始道家及儒家,较为轻微,这也表现出战国末期道家的特色。正因为如此,所以生命中最显现的,是情欲。而他们对情欲,是采取肯定的态度。卷二《情欲》:"天生人而使有贪有欲。欲有情,情有节。圣人修节以止欲,故不过行其情也。"高注以"适"释"节",从《吕氏春秋》相关连的文字看,是很确切的。先秦儒家,多主张以礼来节制欲,即是发挥理性的力量来节制欲。吕氏门客们对情欲既加以肯定,又要加以节制,与儒家相同。但节制的根据,不是直接求之于理性的本身,乃由《老子》"五色令人目盲"之意,直接求之于情欲的本身。他反复发挥物质享受太过,则反使情不适而生命为之剥丧。能节制欲望,反可适于情,而保全天所与人的生命;此之谓"全生"、"全性"、"全天"。《本生》篇说:

> 今有声于此,耳听之必慊(注:快也)已。听之则使人聋,必弗听。有色于此,目视之必慊已。视之则使人盲,必弗视……故圣人之于声色滋味也,利于性,则取之。害

于性，则舍之。此全性之道也。世之贵富者，其于声色滋味也，多惑者，日夜求。幸而得之，则遁（注：流逸不能自禁也）焉。遁焉，性恶得不伤……万物章章，以害一生，生无不伤；以便一生，生无不长。故圣人之制万物也，以全其天也。

上面这类的话，全书许多地方皆有发挥。它是以生命的合理要求为准，合于此要求的，可以完成天所给与于人的生命，否则会促短其生命；其真实用意，与今日的生理卫生学是一样的；这对当时希望能得到长生不老的统治者而言，应当是比较容易接受的。但吕氏的门客们，更由此而伸到神秘的境界。他们既认定人的生命是由天所生，便认为"人之与天地也同"，[①]认为"天地万物，一人之身也"。[②] 既能由养生以全其天，则人即可与天地相通，而与天地同其功用。《本生》篇继续说：

> 天全则神和矣，目明矣，耳聪矣，鼻臭矣，口敏矣，三百六十节皆通利矣。若此人者，不言而信，不谋而当，不虑而得。精通乎天地，神覆乎宇宙。其于物，无不受也，无不裹也，若天地然。上为天子而不骄，下为匹夫而不惛（注：惛读忧闷之闷），此谓全德之人。

儒家由人性中理性的扩充而得到与天地相通的精神境界；原始道

[①]《吕氏春秋》卷二《情欲》。
[②]《吕氏春秋》卷十三《有始览》。

家，由"致虚极，守静笃"的工夫，以扩充生命中的虚静之德，而得到与天地相通的精神境界。《吕氏春秋》则以养生而得到与天地相通的精神境界。但依然与原始道家的《老子》思想，有一条可以相通的线索。《老子》二十一章，在对道形容中有谓"窈兮冥兮，其中有精，其精甚真"的话。经验界的万物，对道而言，是粗。创造万物的道，老子则拟之为精。此处可借用《庄子·秋水》篇的话作解释。《秋水》篇说："夫精者小之微也。"这意思是说，所谓精，是指比一般之所谓小还要微细的东西，这是勉强对道所作的形容。又说："可以言论者物之粗也，可以意致者物之精也。"这是说人对精的把握的方法。老子将道称为精，将道的作用称为神；庄子继承此一思想，而合称之为精神。但庄子称道为精神，对于人的心亦称之为精神，以见人之心与道是一体相通而无阻隔。①"精"的观念，至战国末期而大为流行；虽然各家使用精字神字时，不一定有庄子上指道而下指心的严格意义；但承认在人生命之中也有一种可称为"精"的东西，可以与天地之精相通感，也可以与天下之人相通感，则几乎成为共同的趋向。此一趋向在《吕氏春秋》上得到了发扬，与汉代，尤其是与《淮南子》中的道家及董仲舒以很大的影响。兹略举于下：

一、圣人察阴阳之宜，辨万物之利，以便生；故精神安乎形，而年寿得长矣。（卷三《尽数》）

二、大喜、大怒、大忧、大恐、大哀，五者接神，则生害矣。大寒、大热、大燥、大湿、大风、大霖、大雾，七

---

① 请参阅拙著《中国人性论史·先秦篇》第十二章第四节。

者动精,则生害矣。故凡养生,莫若知本……精气之集也,必有入也。集于羽鸟,与为飞扬……集于圣人,与为夐明……流水不腐,户枢不蝼(蠹),动也。形气亦然,形不动则精不流,精不流则气郁。(同上)

三、凡事之本,必先治身。啬其大宝,用其新,弃其陈,腠理遂通。精气日新,邪气尽去,及其天年……昔者先圣王成其身而天下成,治其身而天下治……为天下者不于天下,于身。(卷三《先己》)

四、主道约,君守近。太上反诸己……何谓反诸己也?适耳目,节嗜欲,释智谋,去巧故,而游意乎无穷之次,事心乎自然之途,若此,则无以害其天矣。无以害其天,则知精,知精则知神,知神之谓得一……故知知一,则若天地然。则何事之不胜,何物之不应。(卷三《论人》)

五、何以知天道之圜也?精气一上一下,圜周复杂,无所稽留,故曰天道圜。(卷三《圜道》)

六、日夜思之,事心任精。(卷七《禁塞》)

七、圣人南面而立,以爱利民为心。号令未出,而天下皆延颈举踵矣,则精通乎民也。夫贼害于人,人亦然……神者先告也。身在乎秦,所亲爱在于齐,死而志气不安,精或往来也。德也者万民之宰也……圣人行德乎己,而四荒咸饬乎仁。养由基射兕,中石,石乃饮羽,诚乎兕也。伯乐学相马,所见无非马者,诚乎马也……故君子诚乎此,而谕乎彼;感乎己而发乎人,岂必强说乎哉……神出于忠,而应乎心,两精相得,岂待言哉。(卷九《精通》)

八、故曰天无形而万物以成,至精无象而万物以化。

(卷十七《君守》)

九、圣王……养其神,修其德而化矣,岂必劳形愁(虑)弊耳目哉……神合乎太一……精通乎鬼神。深微玄妙,而莫见其形。今日南面,百邪自正,而天下皆反其情。黔首毕乐其志,安育其性,而莫为不成。故善为君者矜服性命之情,而百官已治矣。(卷十七《勿躬》)

十、凡君也者处乎静,任德化,以听其要。若此,则形性弥羸,而耳目愈精。百官慎职,而莫敢愉绽。(同上)

十一、故诚有诚,乃合于情。精有精,乃通于天。乃通于天水(五字衍文),木石之性,皆可动也,又况于有血气者乎。故凡说与治之务,莫若诚。(卷十八《具备》)

十二、故曰精而熟之,鬼将告之。非鬼告也,精而熟之也。(卷二十四《博志》)

十三、夫骥骜之气,鸿鹄之志,有谕乎人心者,诚也。人亦然,诚有之,则神应乎人矣,言岂足以谕之哉。(卷二十六《士容》)

上面所引材料中的精字、神字,虽含义不能如《老子》、《庄子》中的确定;但就(五)及(八)说,天道之所以为圜,是因精气之一上一下,是天有此精。天之精虽不可见,但万物实因此精的活动而生育成长。就其余各项来看,是人生命之内,亦有此精此神,或合称为精神。就(一)的"精神安乎形"的话来看,是精神亦可不安于人之形体。此生命内之精或神,高注有时以魂魄释之,但就全书看不必如此。似乎可以这样说,天分化自己之精气于各生命之内,以成为各生命之精之神。此精神必由节省嗜欲,并讲求运动等各种养生之道，乃在生命中得以保全而发生作用。此观于（一）（二）（三）（四）（十）等项而可见。以养生的工夫使"形性弥赢"而让精能保存于生命之中，发生作用，此谓"矜服性命之情"（九）。凡《吕氏春秋》中之所谓性命，皆指此种意义而言。精为天所赋予，而为人所得。由养生而保全天所赋予于生命中之精，此即《吕氏春秋》中之所谓"全其生"、"全其天"、"全其德"。其第一效应为人可完成天所赋予之寿命而"年寿得长"。第二效应则生命中之精，本是来自天之精；故此时之生命"若天地然"，而可与天相感通（十一）。既可与天地相感通，则在政治上亦将若天之"无形而万物以成"、"万物以化"。此观于（三）（四）（八）（九）（十）各项而可见。精为万物所同具，故一人之精，即可通于万物。既可通于万物，则可收不言而万物自化之效，此观于（七）（九）（十一）（十三）而可见。在上引材料中，又强调"诚"的观念。它所说的诚，指的是真实爱利人民的精神状态，因诚故精，故后来常将"精诚"连为一词，此乃在养生以外能达到精的一种积极工夫。补出此一积极工夫，《吕氏春秋》这一方面的思想，始有一部分的客观的意义。司马谈《论六家要旨》称述道家"凡人所生者神也，所托者形也……不先定其神，而曰我有以治天下，何由哉"一段话的思想，实由《吕氏春秋》而来。以养生致精而可与天地及天下相通感，这是由战国末期道家发展老子重生贵己的这一部分思想而来。但老子这一部分思想，绝没有进入到这种神秘主义中去。《庄子》的《外篇》、《杂篇》中，虽多敷衍养生之说，但亦未尝由养生以言天人一体。老子的"体道"，亦即是天人一体，必由"致虚极，守静笃"这类的工夫而来。庄子则更将此工夫落实于人的心上而称为"心斋"。所以由《吕氏春秋》所代表的道家思想，乃战国末期与阴阳家相混合以后，一方面是庸俗化，另一方面是神秘化的道家思想。与老庄的原始道家思想，有很大的距离。由养生致精以与天地通应的思想，在当时旁通于神仙方士，在以后发展为道教的炼气炼丹。但这里所提出的诚的观念，却接受了儒家《中庸》、《易传》中的观念；但亦为老庄所应有之义。所以《吕氏春秋》这一方面的思想，以战国末期的道家思想为主，而融合了一小部分儒家的思想。

不论由养生，或由诚，以达到与天地相感通，都是出于人在主观上的努力；也可便宜地称为"自觉的天人通感"。但自战国中期以来，发展出并非出于自觉的天人通感，即是"以类相感"的观念，为《吕氏春秋》所演绎，给两汉思想以莫大的影响。

《易系传》："同声相应，同气相求。"这即是以类相感的观念。《荀子·不苟》篇谓："君子絜其辩（身）而同焉者合矣。善其言，而类焉者应矣。故马鸣而马应之……"因荀子主张天人分途，所以此处不指天人相感而言；但其肯定"同类相感"的原则，并无二致。《吕氏春秋》既强调天人相感相应，又强调灾变与政治是否合乎月令的关系，自必更强调同类相感的观念。卷十三《应同》篇："类固相召。气同则合，声比则应。鼓宫而宫动，鼓角而角动……无不皆类其所生以示人。故以龙致雨，以形逐影。师之所处，必生棘楚。祸福之所自来，众人以为命，安知其所……物之从同，不可为记。"这段话，在卷二十《召类》篇又叙述了一次。全书这类的话很多。《吕氏春秋》应用这种观念，也和《荀子》一样，重在行为所招致的效果。所以《应同》篇继上文之后，接着说："君同则来，异则去。故君虽尊，以白为黑，臣不能听。父虽亲，以黑为白，则子不能从。"但又引"《商箴》云天降灾布祥，并有其职。以言祸福人或召之也"，即是说人以某类的行为，召致天降某类的灾祸，则以类相感的观念，既应用于君主臣民之间，亦用于天人之际。而两汉的灾异思想，主要以同类相感，作解释的根据。这对人自身而言，可以说是不自觉的天人通感。

八、《吕氏春秋》政治思想之一端

《吕氏春秋》的内容，虽包罗宏富，然究以政治问题为主。秦自孝公用商鞅变法以来，以法家的精神法度立国，并且这也是战国中期以后的一般倾向；不过其他六国，没有像秦国行之力而持之久。法家政治，是以臣民为人君的工具，以富强为人君的唯一目标，而以刑罚为达到上述两点的唯一手段的政治。这是经过长期精密构造出来的古典的极权政治。任何极权政治的初期，都有很高的行政效率；但违反人道精神，不能作立国的长治久安之计。秦所以能吞并六国，但又二世而亡，皆可于此求得解答。

吕氏的门客们，在消极方面，便是要扭转这一趋向，改建秦国即将统一天下的政治结构。此一努力，贯彻于全书之中，下面简录若干材料以为例证：

> 一、强令之笑不乐，强令之哭不悲。强令之为道也，可以成小，而不可以成大……以狸致鼠，以冰致蝇，虽工不能。以茹鱼去蝇，蝇愈至，不可禁，以致之道去之也。桀纣以去之道致之也，罚虽重，刑虽严，何益？……今之世，至寒矣，至热矣，而民无走者，取则行钧也（注：钧，等

也。等于暴乱也)。欲为天子,所以示民,不可不异也。(卷二《功名》)

二、当今之世,巧谋并行,诈术递用,攻战不休,亡国辱主愈众,所事者末也。(卷三《先己》)

三、此十圣人六贤者,未有不尊师者也。今尊不至于帝,智不至于圣,而欲无尊师,奚由至哉。(卷四《尊师》)

四、今世之以偃兵疾说者,终身用兵而不自知悖。故说虽强,谈虽辩,文学虽博,犹不见听。(卷七《荡兵》)

五、今天下弥衰,圣王之道废绝。世主多盛其欢乐,大其钟鼓,侈其台榭苑囿,以夺人财。轻用民死,以行其忿……攻无罪之国以索地,诛不辜之民以求利,而欲宗庙之安也,社稷之不危也,不亦难乎?(卷十三《听言》)

六、为天下及国,莫如以德,莫如行义。以德以义,不赏而民劝,不罚而邪止……岂必以严罚厚赏哉。严罚厚赏,此衰世之政也。(卷十九《上德》)

七、故择先王之成法,而法其所以为法。先王之所以为法者何也,先王之所以为法者人也。而己亦人也,故察己则可以知人。(卷十五《察今》)

故治国无法则乱,守法而弗变则悖,悖乱不可以持国。世易时移,变法宜矣。(同上)

八、法也者众之所同也,贤不肖之所以其(疑当作齐)力也。谋出乎不可用,事出乎不可同,此为先王之所舍也。(卷二十五《处方》)

上引材料中,(一)(六)很明显地反对法家政治。再加以全书援

《吕氏春秋》及其对汉代学术与政治的影响　　　49

引各家学说，广博丰富，独无一言援引当时盛行的法家之言，其用心可以概见。但他们反对法家，并不是反对法，更不是反对变法，而是反对法家的法，完全以统治者的权威、目的为基础，片面地加在人民身上的法。他们要把法的基础，安放在人民与统治者一律平等的"人"的基础之上。统治者自己的生活可以接受的法，乃可加之于人民。法家由法所规定的人民生活状态，与统治者自身的生活状态，完全属于两个本质不同的范畴，这就是（八）所说的"事出乎不可同"，所以他们便加以反对。法家反对文化学术，自然无所谓"师"。（三）要求统治者尊师，并且全书在许多地方尊重学术，这也可以说是对法家的抗辩。古代的由君师合一，到孔子以平民立教，而战国百家各尊其师，吕氏的门客更要求人君能尊师，把师的地位安放在君臣关系之外，以达到君师分立，这是一个了不起的大进步。（二）（四）是针对纵横之士说的。（五）是针对统治者的侈靡风气说的。全书所反复叮咛，由节欲以养生的议论，只要想到秦政后来骄奢淫侈的情形，便可承认它的客观意义。

《吕氏春秋》在政治问题上的积极主张，除了前面已经提到的"与元同气"这一类特别观念外，在政治的基本原则上，是尽量发挥"天下为公"的主张。

一、昔圣王之治天下也必先公。公则天下平矣……凡主之立也生于公……天下者非一人之天下也，天下之天下也。故智而用私，不若愚而用公。（卷一《贵公》）

二、尧有子十人，不与其子而授舜。舜有九子，不与其子而授禹，至公也。庖人调和而弗敢食，故可以为庖……

王伯之君亦然。诛暴而不私，以封天下之贤者，故可以为王伯。若使王伯之君，诛暴而私之，则亦不可以为王伯矣。（卷二《去私》）

二、尧舜，贤主也，皆以贤者为后，不肯与其子孙，犹若立官以使之方。今世之人主，皆欲世勿失矣，而与其子孙，立官不能使之方，以私欲乱之也。（卷三《圜道》）

四、凡君之所以立，出乎众也。立已定而舍（捨）其众，是得其末而失其本。得其末而失其本，不闻安居。（卷四《用众》）

五、故克其国，不及（罪）其民，独诛所诛而已矣，举其秀士而封侯之。（卷七《怀宠》）

六、众封建，非以私贤也，所以便势全威，所以（博利）博义。义博利（博），则无敌。（卷十七《慎势》）

七、古之君民者，仁义以治之，爱利以安之，忠信以导之，务除其灾，思致其福。（卷十九《适威》）

八、凡人之性，爪牙不足以自守卫……然犹足以裁万物，制禽兽……不唯先有其备，而以群聚邪（也）？群之可聚也，相与利之也。利之出于群也，君道立也……故废其非君，而立其行君道者。君道何如？利而物（勿）利章（俞樾：章字衍文）。……为一国长虑，莫如置君也。置君，非以阿君也。置天子，非以阿天子也。置官长，非以阿官长也。德衰世乱，然后天子利天下，国君利国，官长利官。此国所以递兴递废也，乱难之所以时作也。（卷二十《恃君览》）

九、安虽长久，而以私其子孙，弗行也。……辛宽见

> 鲁缪公曰：臣而今而后，始知吾先君周公之不若太公望之封之知……吾君周公封于鲁，无山林溪谷之险，诸侯四面以达，是故地日削，子孙弥杀。辛宽出，南宫括入见……对曰……夫贤者岂欲其子孙之阻山林之险，以长为无道哉。小人哉宽也。（卷二十《长利》）

由上面简录的材料，吕氏的门客，把儒、墨、道三家所蕴含的天下为公的思想，作了强烈的表现。把夏禹以来传子的传统，也敢于加以推翻。《说苑》十四《至公》："秦始皇帝既吞天下，乃召群臣面议曰，古者五帝禅贤，三王世继，孰是？将行之……鲍白令之对曰，天下官，则让贤是也。天下家，则世继是也，故五帝以天下为官，三王以天下为家。秦始皇帝仰天而叹曰，吾德出于五帝，吾将官天下。谁可使代我后者……"此虽系秦政一时矫情之言，要不可谓其非受有《吕氏春秋》的巨大影响。汉群臣请汉文帝立太子，而文帝却虚伪地谦逊一番，也是受了此一巨大影响。天下为公的思想，一直为西汉大儒所继承，到东汉后则已归隐没。《吕氏春秋》中有关政治方面所录之嘉言懿德，实集先秦诸家之精英，不可胜数，此处仅揭其根本义。就它全面的政治思想说，却只能算是它的一端。至于全书中特别重视农业生产，可谓补儒家政治思想之所不足。

九、《吕氏春秋》对汉代学术思想的影响

《吕氏春秋》的初稿成于秦政八年，但其补缀之功，直到秦政统一天下之后。卷十《安死》："以耳目所闻见，齐、荆、燕尝亡

矣，宋、中山已亡矣，赵、魏、韩皆亡矣，其皆故国矣。"这分明是秦政二十六年以后所写的。由此可知有的吕氏门客的学术活动，可能与秦代同其终始，甚且一直延至汉初。因此，汉初的思想家，对《吕氏春秋》，有直传或再传的关系。它对汉代思想的影响，实在是至深且巨。《淮南子》及《周官》或称《周礼》的所以成立，都是启发自《吕氏春秋》，这将另有专文论及。其思想及于两汉，尤其是西汉人的著作中的，不可胜数。兹仅就十二纪纪首在汉代发生的影响，略加叙述。

《淮南子》成书于景帝末年，吸收了《吕氏春秋》许多材料，并全录十二纪纪首以为《时则训》，而颇有变更。例如十二纪纪首中的五帝五神，淮南王的门客把它编到《天文训》中而成为五星。《天文训》：

> 何谓五星，东方木也，其帝太皞，其佐句芒……南方火也，其帝炎帝，其佐朱明（高注：旧说云祝融）……中央土也，其帝黄帝，其佐后土……西方金也，其帝少皞，其佐蓐收……北方水也，其帝颛顼，其佐玄冥。

既把十二纪纪首中的五帝五神改编到《天文训》中去了，所以在《时则训》中便把它略去。如以孟春之月为例，《时则训》中增加了"招摇指寅"，"其位东方"，"服八风水，爨萁燧火。东宫御女青色，衣青采，鼓琴。其兵矛，其畜羊"，"修除祠位，币祷鬼神"，"牺牲用牝"，"正月官司空"等。也有前后位置移易，并改变文字的。其中最重要者，十二纪《孟春纪》在"候雁北"之下，接着便是"天子居青阳左个，乘鸾辂……衣青衣，服青玉……"而

《时则训》则在"候雁北"之下，接着是"天子衣青衣……东宫御女青色……其兵矛，其畜羊"，再接着才是"朝于青阳左个，以出春令"。此一改变，意义重大。盖《吕氏春秋》，不以明堂为发号施令之地。天子发号施令，依然是在朝廷之上。而淮南王的门客，则以明堂为发号施令之地。《时则训》在按照十二纪把十二月叙完之后，再加了一段"五位"的叙述，这是在地理上叙述东、南、中、西、北，五方穷极所到之处。配上五帝五佐，中间各加上"其令曰"的五类政治措施。虽然五政也与五个方位有关连，但十二纪是决定于"与元同气"的"气"，《时则训》则加上"与地同位"。再加上一段四季的孟、仲、季的互相配合的"六合"，目的在说明施政不合时令时所引起的灾异。这与先秦之所谓六合，完全另为一物。例如"孟春与孟秋为合"，"正月（孟春）失政，七月（孟秋）凉风不至"等。再加上"天为绳，地为准，春为规，夏为衡，秋为矩，冬为权"的"六度"，而极力在政治作用上加以夸张，这都是淮南宾客在十二纪之外所增益上去的。但他们在十二纪中也有所删节。小的文字删节改变不计外，其重大者，例如孟春之月：

是月也，以立春。先立春三日，太史谒之天子曰，某日立春，盛德在木（此句被移于"其日甲乙"之下），天子乃斋。

《时则训》将上数句删去，而直述"立春之日"；这说明《吕氏春秋》犹承周代官制之遗风，太史有重要的地位。所以下面又说"乃命太史，守典奉法"。此地位至汉初已经失坠，所以淮南的宾客不再提到他。下面的一段，等于完全删掉了。

还（迎春于东郊还），乃赏公卿诸侯大夫于朝。命相布德和令，行庆施惠，下及兆民。庆赐遂行，无有不当（此数句缩为"布德施惠，行庆赏，省徭役"）。乃命太史，守典奉法，司天日月星辰之行，宿离不忒，无失经纪，以初为常。是月也，天子乃以元日祈谷于上帝。乃择元辰，天子亲载耒耜，措之参于保介之御间，率三公九卿诸侯大夫，躬耕帝籍田……（此处省五十四字）王布农事，命田舍东郊。皆修封疆，审端径术。善相丘陵阪险原隰，土地所宜，五谷所殖，以教道民，必躬亲之。田事既饬，先定准直，农乃不惑。是月也，命乐正入学习舞。

由《时则训》之所增所省，可以得出如下的三点看法：

一、反映政治风气之变。《时则训》中"服八风水"，这是淮南重神仙服食的反映。"东宫御女……"是汉代后宫之盛的反映。删去太史的职位，删去祈谷及籍田之礼，这是《吕氏春秋》继承了周初重视农业的政制及其有关礼制，而淮南王安及其宾客们却完全没有这些观念。站在"史的立场"来说，《吕氏春秋》中所保存的古代的"礼"及"礼意"，在《淮南子》的《时则训》中已被涤荡无余。

二、就《时则训》中所增益的来看，可以了解淮南宾客，远较吕氏的门客，好怪异之谈，喜夸张之论，并综括了《管子》中有关的材料，但缺乏条理贯通的合理精神。

三、周初的统治阶级，因文王与周公的提倡，和农民农业，非常接近；到了贵族政治烂熟以后，这种意义已渐渐消失。战国时代，法家们从富强的角度，又注重农业与农民的问题；但在他们，不过是一种工具的意义。吕氏的门客，由此一趋向而唤起了对周初的记忆，所以在十二纪中，特详于农事，详于农政，且其序次皆与实际之要求相合。全书并终于《上农》、《任地》、《辩土》、《审时》四篇。但淮南宾客们，与人民的距离较远，所以《淮南子》全书中，言及农事者不多。

但不论怎样，没有十二纪纪首，便没有《时则训》。甚至可以说没有《吕氏春秋》，便没有《淮南子》。这决不是偶然的、突出的事情，而是《吕氏春秋》在西汉初期所发生重大影响的结果。

就个人而论，受十二纪影响最大者当为董仲舒。他继承了十二纪纪首阴阳五行的观念，并作了极烦琐的发展，此观于《春秋繁露》一书而可见。他的尚德去刑，以春夏为天之德，秋冬为天之刑的观念，也由十二纪发展而来。而《春秋繁露·观德》三十三谓"百礼之贵（贵重者），则编于月，月编于时"，这更是指十二纪纪首而言。《五行对》第三十八"天有五行，木火土金水是也。木生火，火生土，土生金，金生水。水为冬，金为秋，土为季夏，火为夏，木为春。春主生，夏主长，季夏主养，秋主收，冬主藏"，皆本于十二纪纪首。《五行之义》第四十二，《四时之别》第五十五等，莫不如此。要了解汉代学术的特性，便不能不了解董仲舒思想的特性及其在两汉中所占的重要地位。而董仲舒思想的特性，可以说全是由十二纪纪首发展出来的。

汉易学最大的特色，为京房的卦气说。《汉书》卷七十五《京房传》："其说长于灾变。分六十四卦，更直日用事，以风雨寒温为候。"孟康曰：

> 分卦直日之法，一爻主一日，六十四（四字疑衍）卦为

三百六十日。余四卦震离兑坎，为方伯监司之官。所以用震离兑坎者，是二至二分用事之日；又是四时各专王之气，各卦主时，其占法各以其日观其善恶也。

这里不深入讨论卦气问题，而仅指出《易》十翼中有一部分应用到阴阳的观念时，略带有时间的意味，但无明确的划分，且更未应用到五行的观念。十二纪纪首，把阴阳五行之气，表现到十二个月中间去，于是阴阳运行于时间之中，更为具体而明确。由此再进一步地发展，则是把阴阳运行于时间之中，不仅以月为单位，而系以日为单位。六十四卦，抽出震离兑坎四卦各主一时；其余六十卦三百六十爻，各主一日；这样一来，运行于时间之中的阴阳之气，可以日为单位而加以考察按验，就较之十二纪更为具体而细密。由此以言占验，便更可应接人事的纷繁。把阴阳之气，由表现于十二月，进而表现于三百六十日，这是一条直线上的推演，所以卦气说是受了十二纪的影响所发展出来的。

《礼记》四十九篇，凡不以阴阳五行言礼者，多传自战国中期以前，或出自未受阴阳家影响之儒者，尤其是荀子这一系统的儒者。其以阴阳五行言礼者，则多直接间接受有十二纪纪首的影响。凡此皆应重加覆按，以论定其思想之渊源。而将十二纪纪首录入为《月令》，成为四十九篇之一，十二纪纪首的影响，更为扩大。

《经典释文·序录》引晋司空长史陈邵《周礼论序》谓："戴德删古礼二百四篇为八十五篇，谓之《大戴礼》。圣（戴德之弟）删《大戴礼》为四十九篇，是为《小戴礼》。后汉马融、卢植，考诸家同异，附戴圣篇章，去其繁重，及所叙略，而行于世，即今之《礼记》是也。"《隋书·经籍志》因陈说而更加附益，谓："汉河间献王又得仲尼弟子及后学者所记一百三十一篇献之，时亦无传之者。至刘向考校经籍，检得一百三十篇，向因第而序之。而又得《明堂阴阳记》三十三篇，《孔子三朝记》七篇，《王氏史记》二十一篇，《乐记》二十三篇，凡五种，二百十四篇。戴德删其烦重，合而记之为八十五篇，谓之《大戴记》。而戴圣又删大戴之书为四十六篇，谓之《小戴记》。汉末马融遂传小戴之学，融又足《月令》一篇，《明堂位》一篇，《乐记》一篇，合为四十九篇。又郑玄受业于马融，又为之注。"

按陈邵的说法，在可以看到的两汉有关材料中，只有相反的证明，找不出一条正面的证据。陈寿祺《左海经辨》，对此辨之甚为明晰。至《隋志》则将戴德、戴圣与刘向的时间也弄颠倒了，故其说更为无根。谓今《礼记》中的《月令》、《明堂位》、《乐记》三篇，系由东汉马融所补足，尤系不根之论。《隋志》既认《大戴记》所删取，已有《乐记》二十三篇在内，则小戴删大戴书时，即有现成的《乐记》，何待马融补足。孔颖达《义疏》于《乐记》曰："按《别录》四十九篇。"《后汉书·桥玄传》："七世祖仁，著《礼记章句》四十九篇。"又郑康成注《礼》，皆于篇题下注明"此于《别录》属……"可见刘向《别录》及桥仁所见者皆为四十九篇。而《汉书·王莽传》上记群臣奏请王莽居摄的奏议中，引有"《礼·明堂记》曰……"即今《礼记·明堂位》十四。所以《月令》、《明堂位》、《乐记》三篇，系由马融所补入之说，绝不可信。

《礼记》的情形，大抵是这样的。《汉书·儒林传》"由是《礼》有大戴、小戴、庆氏之学"，立于学官，此皆指传承后苍的《仪礼》而言，与大小《戴记》无涉，这点清人毛奇龄、何义门辈已言之。大小《戴记》之内容，由先秦以及汉初，既非出于一人，亦非出于一时，或单篇别行，或汇编成帙，并递有增损；大约在宣帝之世，经大小戴各承其传习而各编为一书，此后便成定本。《小戴记》，即今之《礼记》，以卷数言之，则为四十九。以篇题言之，则为四十六。盖《曲礼》、《檀弓》、《杂记》，卷分上下，共为六卷，而篇题实三，故钱大昕《廿二史考异》，以《小戴记》"实止四十六"之言，为不可易。大小《戴记》，因各人所传承之材料不同，故内容各别；然大较与礼有关，故其中相同者亦复不少，其说具见于陈寿祺《左海经辨》。不是大小戴分取《汉志》著录之"《记》百三十一篇"以成八十五篇之《大戴记》及四十六篇之《小戴记》，乃刘向合八十五篇及四十六篇而统著录为"《记》百三十一篇"。至《隋志》，《礼记》百三十一篇出于河间献王，及有谓出自叔孙通，皆系妄说。西汉最先引用《礼记》者可能是始于匡衡的时代，[①] 此后则常称《礼记》。在匡衡以前，汉人文字中只称"礼曰"或"《记》曰"，内容绝大多数都是今日的《礼记》。由此可以了解，小戴所传承的系统，自汉初年，已占绝对优势。而"礼记"一辞，经小戴编定后始渐显著，而更为流行。此一问题，尚有许多须详加讨论的，这里只谈到此处为止。

  《吕氏春秋》十二纪纪首，在汉初已极有势力。将十二纪改为《月令》，和其他文献编在一起，乃在戴圣以前。《盐铁论·论菑》第五十四的"大夫曰"中，即引有"《月令》，凉风至"的话，即其明证。编《周书》的人，也编为"《月令》第五十三"，可知这

[①]《汉书·梅福传》以孔子世为殷后议，引匡衡之言，中有"《礼记》曰：孔子曰，丘殷人也"。

是西汉初年思想界的大趋势。不过经小戴将《礼记》编为定本后，《月令》的地位更提高，所发生的影响亦更大。

关于《月令》的另一重大争论问题，郑康成以为"本《吕氏春秋》十二月纪之首章"；而蔡邕、王肃等，则以为周公所作。后世由此而继续争论下来。按孔颖达从官制等方面，列举四证，以坚持郑康成的说法。[1] 我现时再从思想史上把十二纪纪首的思想脉络弄清楚了，所以对于这种争论，没有重加讨论的必要。我这里只指出两点：第一，蔡邕们所以认定《月令》是周公所作，乃出自推崇《月令》太过的心理。第二，十二纪纪首中所称述的许多礼制，本有历史的根源。例如藉田之礼，为周初所固有，特吕氏门客，按照他们的观念，重新加以安排，所以十二纪纪首中的藉礼，与《国语·周语》中所记者又有出入。

《月令》全抄十二纪纪首，其不同者，正如孔颖达所说，"不过三五字别"。而这些三五字别，其义多以十二纪为长。可以说，《淮南子》的《时则训》，是加了他们自己的意见和其他材料到里面；而《礼记·月令》，则是对十二纪纪首作全面承认的。《月令》在两汉的影响，即是《吕氏春秋》十二纪纪首的影响。

十、《吕氏春秋》对汉代政治的影响

两汉思想家，几乎没有一个人没有受到十二纪纪首——《月令》的影响，这里特别提到它在政治上的影响。但政治上的影响，几乎都是顺着"与元同气"的这一观念下来的。《吕氏春秋》在与

---

[1] 俱见《礼记正义·月令》第六下的注及疏。

元同气的这一神秘外衣里面,包含有许多政治上的大经大法,却发生影响极少。所以这种影响,可以说是买椟还珠,但这是在专制政体下必然的现象。专制政体与文化思想的关系,都是买椟还珠的关系。

十二纪纪首对政治的影响,是认为政治与天,实际是与阴阳二气,有密切的关连,并且由此而对天发生一种责任感。《汉书》七十四《魏相传》:"臣愚以为阴阳者王事之本,群生之命,自古圣贤,未有不由者也。天子之义,必纯取法天地,而观于先圣。高皇帝所述书《天子所服》第八曰:'大谒者臣章,受诏长乐宫,曰:令群臣议天子所服,以安治天下。'相国臣何,御史大夫臣昌,谨与将军臣陵,太子太傅臣通等议,春夏秋冬,天子所服,当法天地之数,中得人和。故自天子王侯有土之君,下及兆民,能法天地,顺四时,以治国家,身无祸殃,年寿永究,是奉宗庙安天下之大礼也,臣请法之。中谒者赵尧举春,李舜举夏,兒宽举秋,贡禹举冬,四人各职一时。大谒者臣章奏,制曰,可。"西汉开国时由廷议所定的服制及定此服制的观念,全出自十二纪纪首。《史记》第五十六《陈丞相世家》,汉文帝问左丞相陈平:"君所主者何事?"平答以"宰相者,上佐天子,理阴阳,顺四时,下育万物之宜……"从政治上要去"理阴阳,顺四时"的观念,这也是在《吕氏春秋》十二纪纪首以前不会出现的观念。由此可以推知《周官》论三公之职为"论道经邦,燮理阴阳"的观念,必然是《吕氏春秋》以后,在西汉所发展的观念。《周官》的春官、夏官、秋官、冬官等名称,也是由十二纪纪首演变而出。

《汉书》七十四《丙吉传》:丙吉继魏相为相,"尝出,逢清道群斗者,死伤横道,吉过之不问。掾史独怪之。吉前行,逢人逐牛，牛喘吐舌，吉止驻，使骑吏问逐牛行几里矣……或以讥吉，吉曰：'民斗相杀伤，长安令、京兆尹职，所当禁备逐捕……宰相不亲小事，非所当于道路问也。方春少阳用事，未可大热，恐牛近行用暑故喘，此时气失节，恐有所伤害也。三公典调和阴阳，职所当忧，是以问之。'掾史乃服"。丙吉的观念，与陈平完全相同。若不了解十二纪的思想背景，简直是无法使人理解。

如前所述，十二纪纪首中的明堂，只是天子顺时气居处之宫室，至汉初则看作是天子顺四时十二月以发布与元同气的政令的神圣之地。这种思想，是完全顺着十二纪纪首的观念引申出来的。汉初儒者，遂以建明堂，行十二月之令，作为一个最高的政治理想。这在历史上，在现实上，本都是无根之说，可以听任大家随意构想，所以《汉书·艺文志》在《礼》下收录有《明堂阴阳》三十三篇，《明堂阴阳说》五篇；其中较为合理的，保留在大小《戴记》里面。《淮南子》除《时则训》外，《主术训》、《本经训》、《齐俗训》、《氾论训》、《泰族训》等，都谈到明堂。晁错本是学刑名法术的人，在文帝十五年九月应贤良文学策里，也说："臣闻五帝神圣，其臣莫能及，故自亲事，处于法官之中，明堂之上，动静上配天，下顺地，中得人；故众生之类，亡不覆也；根着之徒，亡不尽也……然后阴阳调，四时节……"[①] 由此不难推想当时这种风气之盛。

但十二纪纪首在汉代所发生的作用，主要是发生在：第一，是对灾异的解释与对策；第二，是对刑赏的规正与运用。

在前面引用过的魏相奏议中，曾有下面的一段话：

[①]《汉书》四十九《晁错传》。

臣闻《易》曰：天地以顺动，故日月不过，四时不忒。圣王以顺动，故刑罚清而民服。天地变化，必由阴阳。阴阳之分，以日为纪。日冬夏至，则八分之序立，万物之性成。各有常职，不得相干。东方之神太皞，乘震、执规、司春。南方之神炎帝，乘离、执衡、司夏。西方之神少皞，乘兑、执矩、司秋。北方之神颛顼，乘坎、执权、司冬。中央之神黄帝，乘坤艮，执绳、司下土。兹五帝所司，各有时也。东方之卦，不可以治西方。南方之卦，不可以治北方……臣相伏念陛下恩降甚厚，然而灾气未息，窃恐诏令有未合当时者也。愿陛下选明经通知阴阳者四人，各主一时；时至，明言所职，以和阴阳，天下幸甚。

魏相上面的话，根据《淮南子》的《时则训》，并加上了新起的卦气说，两者皆由十二纪纪首演变而出。汉宣帝中兴，魏相、丙吉，号称贤相。他们都以和阴阳、顺时令，为政治的最高原则，且以此作灾异的解说。自此以后，因戴圣编定《礼记》，而《月令》的影响更为增大。《汉书》卷八《宣帝纪》，元康元年三月诏：

朕未能章先帝休烈，协宁百姓，承天顺地，调节四时。

《汉书》卷九《元帝纪》初元三年六月《求言诏》：

……有司勉之，毋犯四时之禁。丞相御史，举天下明阴阳者三人……

《汉书》卷十《成帝纪》阳朔二年春《顺时令诏》：

> 昔在帝尧，立羲和之官，命以四时之事，令不失其序……明以阴阳为本也。今公卿大夫，或不信阴阳，薄而小之，所奏请多违时政……而欲望阴阳调和，岂不难哉？其务顺四时月令。

《汉书》卷七十五《李寻传·对诏问灾异》：

> ……加以号令不顺四时……夫以喜怒赏罚而不顾时禁，虽有尧舜之心，犹不能致和……故古之王者，尊天地，重阴阳，敬四时，严《月令》。顺之以善政，则和气可以立致……今朝廷忽于时月之令；诸侍中尚书近臣，宜皆令通知《月令》之意；设群下请事，若陛下出令，有缪于时者，当知争之以顺时气。

上面举的例子，实际都说的是施政不合《月令》，则阴阳失和而灾异见，以此作灾异的解释。从成帝的诏书看，当然有许多人并不相信这一套；而以阴阳言灾异，也有并不遵守十二纪纪首的规格的。但顺十二纪的规格以言政治及灾异，在当时成为一股有力的观念，则万无可疑。

十二纪纪首规定春夏阳气当令，应行庆赏宽仁之政，故春夏不行刑，行刑必于阴气当令的秋冬；这种观念，对汉代刑法的运用，发生了更大的影响。而许多对灾异的解释，也是关连到行刑是否合乎时令的。

《汉书》卷七十《陈汤传》，汤上疏：

> 斩郅支首及名王以下，宜县头槀街……事下有司，丞相匡衡……以为……《月令》，春掩骼埋胔之时，宜勿县。

《汉书》卷十《成帝纪》，鸿嘉元年春二月诏曰：

> ……方春生长时，临遣谏大夫理等，举三辅、三河、弘农冤狱……

《汉书》卷七十五《李寻传·对诏问灾异》：

> 间者春三月治大狱，时贼阴立逆，恐岁小收。季夏举兵法，时寒气应，恐后有霜雹之灾。秋月行封爵，其月土湿奥，恐后有雷电之灾。

《汉书》卷七十六《张敞传》：

> 敞使卒捕挞絮舜有所案验，舜以敞劾奏当免，不肯为敞竟事，私归其家。人或谏舜，舜曰："吾为是公尽力多矣，今五日京兆耳，安能复案事。"敞闻舜语，即部吏收舜系狱。是时冬月未尽数日，案事吏昼夜验治舜，竟致其死事。舜当出死，敞使主簿持教告舜曰："五日京兆竟何如？冬月已尽，延命乎？"乃弃舜市。会立春，行冤狱使者出，舜家载尸并编敞教，自言使者。使者奏敞贼杀不辜，天子薄其罪。

《汉书》卷九十九下《王莽传》：

> 地皇元年正月乙未，赦天下。下书曰："方出军行师，敢有趋讙犯法者，辄论斩，毋须时，尽岁止。"于是春夏斩人。

从上面简录的材料看，春天应宣泄冤狱；死罪冬月未及行刑的，便不可于次年春夏行刑，此皆原自十二纪纪首。

《月令》的影响，由东汉所继承，至明、章两帝的时代而更为扩大。《后汉书》二十六《侯霸列传》：

> 建武四年，光武征霸与车驾会寿春，拜尚书令。时无故典，朝廷又少旧臣。霸明习故事，收录遗文……每春下宽大之诏，奉四时之令，皆霸所建也。注："《月令》，春布德行庆，施惠下人，故曰宽大。奉四时，谓依《月令》也。"《集解》：惠栋曰"《续志》，立春之日，下宽大书曰，制诏三公，方春东作，敬始慎微，动作从之。罪非殊死，且勿案验，皆须麦秋"。

可知光武初建政权，《月令》已由侯霸而又成为朝廷行政中的故事。《后汉书》卷十三《隗嚣列传》，移檄告郡国数王莽的罪状中有：

> 冤系无辜，妄族众庶。行炮烙之刑，除顺时之法……

《后汉书》卷二《明帝纪》，明帝于中元二年二月即位，十二月甲寅诏曰：

  方春戒节，人以耕桑，其敕有司务顺时气，使无烦扰。天下亡命，殊死以下，听得赎论。

又：

  是岁（永平二年）始迎气于五郊。

又三年正月癸巳《劝农详刑诏》：

  ……夫春者岁之始也。始得其正，则三时有成。比者水旱不节……有司其勉顺时气，劝笃农桑……

《后汉书》卷三十二《樊宏列传》：

  （宏子鯈）议刑辟宜须秋月，以顺时气。显宗并从之。

《后汉书》卷四十一《钟离意列传》：

  意复上疏曰……愿陛下垂圣德，揆万机，诏有司，慎人命，缓刑罚，顺时气……

《后汉书》卷三《章帝纪》建初元年《丙寅诏》曰：

>……各推精诚，专急人事。罪非殊死，须立秋案验。有司明慎选举，进柔良，退贪猾，顺时令，理冤狱……

又建初五年冬：

>始行《月令》迎气乐。

又元和元年七月丁未《禁酷刑诏》：

>……自往者大狱以来，掠考多酷……宜及秋冬理狱，明为其禁。

又元和三年秋七月《庚子诏》曰：

>《月令》，冬至之后，有顺阳助生之文，而无鞫狱断刑之政。朕咨访儒雅，稽之典籍，以为王者生杀，宜顺时气。其定律无以十一月十二月报囚。

又章和元年：

>《秋令》，是月养衰老，授几杖，行糜粥饮食。

《后汉书》卷二十六《韦彪列传》：

>彪以世承二帝吏化之后，多以苛刻为能。又置官选职，

不必以才。因盛夏多寒，上疏谏曰：臣闻政化之本，必顺阴阳。伏见立夏以来，当暑而寒，殆以刑罚刻急，郡国不奉时令之所致也……

《后汉书》卷四十六《陈宠列传》：

> 元和二年旱，长水校尉贾宗等上言，以为断狱不尽三冬，故阴气微弱，阳气发泄，招致灾旱……帝以其言下公卿议。宠奏曰……秦为虐政，四时行刑。圣汉初兴，改从简易。萧何草律，季秋论囚，俱避立春之月，而不计天地之正……陛下探幽析微……稽《春秋》之文，当《月令》之意。

《后汉书》卷四《孝和帝纪》永元十五年：

> 有司奏以为夏至（当作孟夏）则微阴起，靡草死，可以决小事。是岁，初令郡国以日北至案薄刑。

《后汉书》卷二十五《鲁恭列传》：

> 初和帝末，下令麦秋得案验薄刑。而州郡好以苛察为政，因此遂盛夏断狱。恭上疏谏曰：臣伏见诏书，敬若天时，忧念万民，为崇和气。罪非殊死，且勿案验……旧制，至立秋乃行薄刑。自永元十五年以来，改用孟夏，而刺史太守不深维忧民恤事之原，进良退残之化，因以盛夏征召

农人，拘对考验，连滞无已……自三月以来，阴寒不暖，物当化变而不被和气。《月令》：孟夏断薄刑，出轻系。行秋令则苦雨数来，五谷不熟……夫断薄刑者，谓其轻罪已正，不欲令久系，故时断之也。臣愚以为今孟夏之制，可从此令。其决狱案考，皆以立秋为断，以顺时节，育成万物，则天地以和，刑罚以清矣。

又：

初肃宗时，断狱皆以冬至之前。自后论者互多驳异。邓太后诏公卿以下会议。恭议奏曰：夫阴阳之气，相扶而行。发动用事，各有时节。若不得其时，则物随而伤。王者虽质文不同，而兹道无变。四时之政，行之若一。《月令》周世所造，而所据皆夏之时也……夫王者之作，因时为法。孝章皇帝，深惟古人之道，助三正之微，定律著令……然从变改以来，年岁不熟……者，率入十一月，得死罪贼，不问曲直，便即格杀。虽有疑罪，不复谳正……易十一月，君子以议狱缓死。可令疑罪，使详其法。大辟之科，尽冬月乃断。其立春在十二月中者，勿以报囚如故事。

《后汉书》卷五《安帝纪》元初四年七月辛丑《霖雨诏》：

……又《月令》，仲春养衰老，授几杖，行糜粥。方今按比之时，郡县多不入奉行……甚违诏书养老之意……

又元初六年十二月乙卯《赈贫民养贞妇诏》：

> ……《月令》，仲春养幼小，存诸孤。季春赐贫穷，赈乏绝，省妇使，表贞女，所以顺阳气，崇生长也。

《后汉书》卷七十五《刘焉列传》，张鲁：

> 自在汉中，因其人信行修业，遂增饰之……又依《月令》，春秋禁杀……

由上面简录的资料，可以了解《月令》的影响，东汉大于西汉。《后汉书集解·礼仪志上》第四引"黄山曰：《宋书·礼志》，汉制，太史每岁上其年历，先立春立夏大暑，立秋立冬，常读五时令。皇帝所服，各随五时之色……杜佑《通典》云，读时令，非古制也，自东汉始焉，其后因而沿袭……"司马彪《续汉书》八志中的《仪礼志》及《祭祀志》，由谯周改定蔡邕所立之志而成；而蔡邕的志，是胡广以《月令》作骨干，为东汉所建立的制度。这更可以推见《月令》对东汉影响的既深且巨。而《月令》的意义，在蔡邕手上，更发挥到了极点。他说：

> 《周书》七十一篇，而《月令》第五十三。秦相吕不韦著书，取《月令》为纪号。淮南王安亦取以为第四篇，改名《时则》。故偏见之徒，或云《月令》吕不韦作，或云淮南，皆非也。（《蔡中郎集》）

这是他以《月令》出于周公的根据。《周书序》应出于西汉编集者之手,其中即有"周公制十二月赋政之法,作《月令》",可见蔡邕的说法,其言有自。蔡邕在《月令问答》中说:

问者曰:子何为著《月令说》也?曰:予幼读《记》,以为《月令》体大经问(同),不宜与《记》书杂录并行,而《记》家记之又略。及前儒特为章句者,皆用其意传,非其本旨。又不知《月令》征验,布在诸经;《周官》、《左传》,皆实与《礼记》通;他议横生,纷纷久矣。光和元年,予被谤责,罹重罪,徙朔方……窃诚思之……审求历象,其要者莫大于《月令》。故遂于忧怖之中,昼夜密勿,昧死成之……

问者曰:子说《月令》,多类《周官》、《左氏》。假无《周官》、《左氏传》,《月令》为无说乎?曰:夫根柢植,则枝叶必相从也。《月令》与《周官》,并为时王政令之记,异文而同体;官名百职,皆《周官》解。《月令》甲子,沈子所谓似《春秋》也。若夫太昊、蓐收、句芒、祝融之属,《左传》造义立说,生名者同,是以用之。

十一、十二纪纪首是古代天的观念演变的结果

《吕氏春秋》十二纪纪首,何以在两汉发生这样大的影响,便不能不稍稍总结一下我国古代对天的观念的演变及其意义。

到西周初年止,天、帝,是我国原始宗教的最高人格神。殷多称帝而少称天,西周初年,称天的频度渐渐增加,而后则多称

天而少称帝，但其为人格神的意味并没有两样。可是一方面自周初文王、周公开始，已出现了道德的人文精神，认定人的祸福是决定于人自己的行为，亦即是人自己决定自己的命运，这样一来，便大大减轻了原始宗教的意义与分量。另一方面，中国古代的僧侣阶级，在祭神时只处于助祭的地位，主祭的人是政治领袖的王。所以神的代表是王而不是僧侣，"天子"一词的出现，正说明了这种情形。这样一来，人民对于神的权威信仰，常和对于王的权威信仰，纠缠在一起。当王的权威失坠的时候，神的权威，也随之失坠。在殷纣的时候，殷民很轻松地把祭神的"牺牷牲"偷了吃掉，[①]不难推知殷王权的动摇，同时即是神权的动摇。西周到了厉、幽时代，也正遇着同样的问题。加以平王东迁，王权扫地，作为人格神的天、帝，便再也抬不起头来；于是春秋时代的贤士大夫，把天看作是在人的上面的道德最高法则。天的运行，本来是有它自己的法则，及在此种法则下发生作用的。如从客观事实的角度去看此一法则，则可称为"自然法则"。但从人的道德价值要求的角度去看此一法则，即可称为"道德的法则"。前者是实，而后者是虚。在天的人格神的地位坠落以后，纯自然法则未确立以前，人与大自然的关系，便会出现此一过渡现象。

孔子把春秋时代外在的道德，转化到自己的生命里面生根；于是在他心目中的天，一方面保持了若干传统的观念；同时又将传统的观念，接上了由自己生命内部所发出的道德精神，而赋予感情以真实感，这便使人读到"畏天命"之类的语言时，仿佛把天的古老的人格神的观念，又复活了若干。但从《论语》的全般

[①] 见《尚书·微子》。

语言看，他所把握的，只是在人现实生命中所蕴藏的道德根苗的实体，天乃由此实体的充实所投射出去的虚位。"仁远乎哉？我欲仁，斯仁至矣"，"为仁由己，而由人乎哉？"这类的话，可为我的说法作证。所以他毕生的努力，都是集中在"人事之所当为"，只在"四时行焉，百物生焉"的经验现象上体验天道，不另在天的问题上去费工夫。因而孔子一方面肯定了天，同时又在人的定位上摆脱了天。顺着这一方向发展，出自子思的《中庸》，说了"天命之谓性，率性之谓道"的两句话，正是既肯定而又同时摆脱的表现。人性是由天所命，这是对天的肯定；性乃在人的生命之中，道由率性而来，道直接出于性，这实际是对天的摆脱。所以全书只言"尽性"、"明诚"，不在天的自身多作纠葛。到了孟子说"尽其心者，知其性也；知其性，则知天矣"的话，事实上便完全从天的观念摆脱出来了。心是实而天是虚，至为明显。孟子的意思，到程明道说出的"心即天也"的话，才完全表达明白了。

孔子、子思、孟子，是从道德主体的体验中，体验出道德主体是在人的生命之内的性、心，而不在天；他们在实际上摆脱了天，但在道德精神的无限性及道德精神中的感情上，仍不知不觉地保持了天对人的虚位。荀子则以知识的立场，承认了天的自然法则及其功用。但天的法则与人并不相干，所以干脆主张"惟圣人不求知天"。此一"天人分途"，取径虽然不同，但在古代儒家对天的关系上，实际也可以说是共同的大倾向。此一大倾向，在《礼记》的《祭义》、《祭法》、《祭统》诸篇中，很明显地说出人对鬼神的关系及祭祀的意义，都是活着的人对鬼神，对被祭祀者的精神与感情的关系和意义。所以大约出现于秦将统一天下或统一天下以后的《大学》一篇，便不再谈到天、天命的问题，使人的道德主体的心，向平面的社会性的天下国家中去展现。

老子，我承认他是孔子的前辈的传统说法。但现行《老子》一书，是他的弟子在战国初期录定并增补的。他提出"道"来代替原始宗教中的人格神，以创造宇宙万物，他更用"无"的观念来描述道的体态。他走的是以形上学来代替宗教的路，这正反映出春秋时代对天的宗教性格消褪后，所开出的对万物根源的另一答案。但他依然保有春秋时代天是最高道德法则的影响，所以道创造人时，便非目的地，把"无"的性格赋予于人，而成为人的虚静之德。人由"致虚极，守静笃"而可以体道，但道与原始宗教性的天，是不相关连的。因此，到了庄子，他所说的天，除有时是自然性格的意味外，只是人的精神境界。

墨子重视天志，但墨子并不是通过巫祝及卜筮以知道天志，而是由经验界的观察以推言天志。他不是由自己的经验乃至当时的经验以证明有鬼，而是假借历史中的鬼故事以证明有鬼。他更没有认定自己是天以及鬼的代表，也没有天或鬼的特别语言。因此，墨子心目中的天，是否系人格神的性格，实是模糊不清；而他本人不是许多人心目中的宗教家，则是可以断言的。人格神的建立，要靠人类的原始感情在原始社会中的长期塑造。我国原始宗教中，天的人格神的性格，既已经垮掉了，而代之以合理的人文主义精神，墨子生于春秋之末，便不可能想到，也不可能做到，恢复天的人格神的地位。

总结上面的说法，我国古代文化的总方向，以"天"的问题为中心，是向非宗教的大指标发展，实际是向对天的摆脱的大指标发展。

但其中蕴藏着另一相反的强力要求。我国自新石器时代的仰韶文化起，便证明是以农业为经济的主干。农业生产的丰凶，与气候有不可分的关系；这在农业生产者看起来，即是与天有不可分的关系。而由道德法则及道德精神对天所作的性格转变后的肯定，即是从信仰上加以摆脱，从价值上加以肯定，使其成为虚位的存在，这不是一般人所能体验到，所能了解到的。即使老子所提出的代替人格神的形而上的道，也不是一般人所能推论到，所能了解到的。已垮掉了的人格神的天，已如前述，不可复活；但由气候而来的与天的关系，又随农业生产而永不能忘怀。正于此时，有一部分人，把本系古代天文家由测候所发展、提升上来的阴阳观念，作为天的性格的新说明，以重建天对人的作用。阴阳具现于四时之中，更把五行配合在一起，使其更与农业的气候关连密切；这较之道德法则、精神，及形而上的无，更能为一般人所容易接受，亦即更容易满足农业社会的广泛要求。原来由追求道德价值根源所肯定的天的道德法则与精神，至此而重新配合到阴阳五行上面去，将使听者感到更为具体，更为生动。到了吕氏的门客，把阴阳之气，亦即是天之所以为天的气，表现于十二个月之中，使人的生活、行为，皆与其相应；这样一来，天简直是随时、随处、随事而与人同在了。这怎能不在学术与政治上，发生主导性的影响呢。但它不是人格神，十二纪纪首中的五帝，都是历史中的人物，虽然是出自传说性的历史。后来想把五帝由历史中的人物，升为天上的人格神，纬书中并加上些奇异名称，以资掀动；但这不是由原始感情所塑造出来的，终是四不像的有名无实的神。所以由阴阳五行所构造的天，不是人格神，不是泛神，不是静态的法则；而是有动力、有秩序、有反应（感通）的气的宇宙法则，及由此所形成的有机体的世界。沉浸、宣扬太久，在社会上有点感觉到这好像是精灵的世界，由此而酝酿出道教。总结上面的叙述，可以了解十二纪纪首的思想，是古代天的观念长期演变所出现的结果。

《月令》在汉代影响之得失，应分两方面加以论断。就学术方面言，阴阳五行之说，假《月令》而大行；以想象代推论，由傅会造证据，将愿望作现实，在学术发展中，加入了经两千年而尚不能完全洗汰澄清的弊害。但就政治方面言，把皇帝的权威、意志，及由这种权威意志所发出的行为，镶进了一个至高无上，而又息息相关的宇宙法则中去，使他担负由宇宙法则而来的不可隐瞒逃避的结果，则皇帝的权威，可以不期然而然地压低，他的行为可以不期然而然地谨慎。这在无可奈何地对专制皇帝的控制上，当然有其重大意义。而《月令》的影响，虽然有许多是落在毫无意义的形式中去；但在解释灾异及援引到刑法上的问题时，总或多或少地导向宽厚而合理的道路上去。在整个一人专制的政体结构之内，这点补救之功，依然是非常难得的了。

最后我要指出的是，汉代以阴阳五行言天道，并非仅出于《吕氏春秋》十二纪的系统。并应指出由阴阳五行思想所引发的流弊——流于极端怪异的流弊，是在西汉成帝时代，开始由强调"原始经学"[①]来加以补救的。这都将另有专文论及。

[①] 五经及《论语》、《孟子》、《孝经》，本无阴阳思想，《易传》中的阴阳思想亦未与五行合流。将经学与阴阳五行相结合，这是西汉儒生的杰作。我把未大量掺入阴阳五行思想的经学，方便称为"原始经学"。

汉初的启蒙思想家——陆贾

一、刘邦统治集团中的文化问题

此处所说的启蒙，是指在文化上启汉室统治集团之蒙而言。先秦诸子百家时代，中国文化在社会上已有很高的成就。当时有养士养客的风气，虽然只有法家、兵家、纵横家这类的人，在现实政治上发生了实际作用；但其他诸子百家，也多以其学术思想，受到时君及贵族的尊敬与供养，最著者如齐之稷下，燕之碣石，及孟尝、平原、信陵、春申四君之类。虽品类复杂，其中真能以学术自见者不多，且亦未能在现实政治上发生实质的影响，可是对政治与社会的开放，及一般人民文化水准的提高，有其积极的意义。陈胜、吴广们以雇农戍卒的地位，受一位卜者的暗示，即假狐鬼起兵称王，为推翻暴秦开路，这是真正中国历史上的农民起义，所以司马迁在《史记·自序》中，比之于汤武革命，孔子作《春秋》，给以最高的历史评价。这种很突出的事件，假定不想到诸子百家所给与于当时政治社会以开放的影响，便无从加以解释。所以中国历史上统治集团自身的文化启蒙运动，应推始于周公；[1] 而社会上的文化启蒙运

---

[1] 请参阅拙著《中国人性论史·先秦篇》第二章《周初宗教中人文精神的跃动》。

动,只能确定始于孔子。因此,在这里所用的"启蒙"两字,首须限定其适用的范围。

秦用了若干游士,但未尝养士,所以荀卿以秦为无儒。可是出身商人阶级的吕不韦,早在中原渐染了诸子百家的风教,一旦在秦当政,便吸收了食客三千人,并集结他们思想的精华,写成《吕氏春秋》一书,将之作为统治即将完成的大一统天下的宝典。其十二纪纪首,给了汉代政治学术以颇大的影响。吕氏在政治上失败后,此书仍继续修补。所以由吕不韦引入关中的知识分子,在始皇三十四年焚书,三十五年坑儒以前,仍有积极的活动。[①] 焚书坑儒后,先秦诸子百家的学术活动,在社会上受到了抑制。但广义的儒生,在社会上已形成特出的生活形态,暂时潜伏而未尝绝迹。陈涉起兵后,这些潜伏的儒生,也成为亡秦的一种力量。[②]

《史记·卢绾列传》:"卢绾者,丰人也,与高祖同里……及高祖、卢绾壮,俱学书。"这里是指学识字写字而言。因为他能识字写字,所以出身自耕农的家庭,[③] 能"及壮,试为吏,为泗水亭长"。[④] 因为他个人有特异的感受力,[⑤] 及出生地的丰沛乃东西交通要道,易于扩充见闻,形成他在打天下中所显出的突出的才智。但以他

---

① 《吕氏春秋·孟冬纪·安死》篇:"以耳目所闻见,齐、荆、燕尝亡矣,宋、中山已亡矣,赵、魏、韩已亡矣,其皆故国矣。"此乃吕氏死后此书尚有人加以修补之显证。而在大狱之后,修补之人,必须得到秦政的同意,乃有此可能。《礼记》中的许多篇章,亦可能出于秦统一天下之后。
② 《史记·儒林列传》"陈涉之王也,而鲁诸儒持孔氏之礼器往归陈王",即其一例。
③ 《史记·高祖本纪》:"高祖为亭长时,常告归之田,吕后与两子居田中耨。"则其为自耕农家庭可知。
④ 《史记·高祖本纪》。
⑤ 《留侯世家》:"良数以《太公兵法》说沛公,沛公善之,常用其策。良为他人言皆不省。良曰'沛公殆天授'。故遂从之。"由此可见其感受力之强。

汉初的启蒙思想家——陆贾

的粗野豪放的性格,①看不起诗书上的知识,厌恶以诗书为业的儒生。而这种知识与儒生,在攻城野战中,也确无甚用处。攻城野战所需要的智勇,来自各人的材质及兵家之教,诗书实无能为役。他对当时儒生的归附,常用粗野的态度加以拒绝。《史记·郦生列传》,"骑士曰:沛公不好儒。诸客冠儒冠来者,沛公辄解其冠,溲溺其中。与人言,常大骂。未可以儒生说也"。又"郦生踵军门上谒……使者入通,沛公方洗,问使者曰:'何如人也?'使者对曰:'状貌类大儒,衣儒衣,冠侧注。'沛公曰:'为我谢之,言我方以天下为事,未暇见儒人也。'"《叔孙通列传》:"叔孙通儒服,汉王憎之。乃变其服,服短衣,楚制,汉王喜。"这都可以表现出他厌恶儒生的情形。《陈丞相世家》,陈平答汉王"天下纷纷,何时定乎"之问谓,"项王为人,恭敬爱人,士之廉节好礼者多归之。至于行功爵邑,重之(吝惜之意),士亦以此不附。今大王慢而少礼,士廉节者不来。然大王能饶人以爵邑,士之顽钝嗜利无耻者亦多归汉……然大王恣侮人,不能得廉节之士"。在陈平的话中,可以看出当时浮在社会上面的活动分子,分别归向刘、项两大集团的情形。但不应忽略了陈平在这段话的前面所讲的一段话:"项王不能信人,其所任爱,非诸项即妻之昆弟,虽有奇士不能用。"廉节之士虽未必有益于取天下,最低限度,项羽并不是因用廉节之士而致败。

---

① 《史记·高祖本纪》:"为泗水亭长,廷中吏无所不狎侮。""沛中豪杰吏闻令有重客,皆往贺。萧何为主吏,主进,令诸大夫曰:'进不满千钱,坐之堂下。'高祖为亭长,素易诸吏,乃绐为谒曰:'贺万钱。'实不持一钱……萧何曰:'刘季固多大言,少成事。'高祖因狎侮诸客,竟坐上坐,无所诎。"又"高祖大朝诸侯群臣,置酒未央前殿,高祖奉卮起为太上皇寿曰:始大人常以臣无赖不能治产业,不如仲力……"此皆可见刘邦之性格。

《史记·高祖本纪》,刘邦问:"吾所以有天下者何?项氏之所以失天下者何?高起、王陵对曰:陛下慢而侮人,项羽仁而爱人。然陛下使人攻城略地,所降下者因以与之,与天下同利也。项羽妒贤嫉能,有功者害之,贤者疑之,战胜而不予人功,得地而不予人利,此所以失天下也。高祖曰:公知其一,未知其二。夫运筹策帷帐之中,决胜于千里之外,吾不如子房。镇国家,抚百姓,给馈饷,不绝粮道,吾不如萧何。连百万之军,战必胜,攻必取,吾不如韩信。此三者,皆人杰也。吾能用之,此吾所以取天下也。项羽有一范增而不能用,此其所以为我擒也。"必把高起、王陵及刘邦所说的两种因素合在一起,对当时成败之数,才把握得完全。而高起、王陵所说的因素,首由韩信在汉中向刘邦提出,自后张良、陈平、郦食其等,都顺着这条路线设谋划策,且为能用韩信、彭越、英布等的张本,可知分享富贵,是当时共起亡秦的普遍心理。三杰中,以张良、韩信的文化水准最高。张良曾语刘邦以《太公兵法》。《汉书·艺文志·兵书略》:"汉兴,张良、韩信序次兵法,凡百八十二家。删取要用,定著三十五家,诸吕用事而盗取之。"是他两人对兵书曾做过一番整理工作。而《汉志·兵权谋》十三家中有"韩信三篇",是韩信且有著述。张良、韩信,是中国历史上伟大的谋略家与军事家,但他们皆无预于诗书这一系统的文化。

在刘邦诛戮功臣以后,形成汉室政治骨干的实际是丰沛子弟。在丰沛子弟中,要算"以文无害(通律令)为沛主吏掾"的萧何的文化水准最高。凭他这一文化水准,对汉室也作了重要的贡献。即是刘邦入咸阳"何独先入收秦丞相御史律令图书藏之"。[①] 汉统

[①]《史记·萧相国世家》。

一天下后,"萧何次律令,韩信申军法,张苍为章程,叔孙通定礼仪",①这都是支持统治的重要工作,但也无预于诗书这一系统的文化。其他重要的丰沛人物,则"舞阳侯樊哙者沛人也,以屠狗为事","汝阴侯夏侯婴,沛人也,为沛厩司御","颍阴侯灌婴者,睢阳贩缯者也"。②睢阳与丰沛为邻郡,"周昌者沛人也,其从兄曰周苛,秦时皆为泗水卒史","任敖者故沛狱吏","申丞相屠嘉者,梁人,以材官蹶张从高帝击项籍",③"蒯成侯緤者,沛人也,姓周氏,常为高祖参乘"。④司马迁总结此时朝廷的人事情形说:"自汉兴至孝文二十余年,会天下初定,将相公卿皆军吏。"⑤由此可知当时统治集团中是没有什么文化气氛的。从这种地方,可以了解陆贾对此一集团在文化上所作的启蒙的意义。

二、《新语》⑥的问题

《史记》将郦生(食其)与陆贾同传,因为当时都目为"辩士"。但郦食其急于以功名自见,行径也正如他自称"而公高阳酒徒也"。虽"好读书",而不屑为儒生,他是苏秦型的人物。所以为刘邦下陈留后,即"号郦食其为广野君",得到刘邦的重视。陆

---

① 《史记·自序》及《汉书·高祖纪》。
② 以上皆见于《史记·樊郦滕灌列传》。
③ 以上皆见于《史记·张丞相列传》。
④ 《史记·傅靳蒯成列传》。
⑤ 《史记·张丞相列传》。
⑥ 《新语》用《龙溪精舍丛书》唐晏校本。然唐晏校未参用《群书治要》,实为可异。而唐氏经学固陋,其说多无可取。其序述《新语》流传,竟不知黄东发、王应麟皆见此书,而谬谓"殆亡于靖康之乱","亡于南,存于北",尤可谓俭于见闻。

82　　两汉思想史(二)

贾则似乎并不急于以功名自见，列传说他"以客从高祖定天下，名为有口辩士，居左右，常使诸侯"。在"中国初定"，他奉诏拜尉佗为南越王以前，依然是宾客的地位；即在拜尉佗为南越王后，也不过"拜贾为太中大夫"。这是郎中令（后改称光禄勋）下面的"秩比千石"的官职。通过列传所记，他一生从容暇豫、微赴事机，有点在羿之彀中而能游于羿之彀外的识度。所以吕氏擅政的死结，终赖他使平、勃交欢始得解开，而他只若行其所无事，他的官位也始终是太中大夫。他这种从容暇豫，不急急于功名，也不矫情以干誉的态度，大概是得力于道家知足不辱之教。所以能以卑位而与刘邦相亲近，也能泯其智辩而"游汉廷公卿间，名声藉甚"。但对汉廷文化启蒙之功，更有重大的意义。《史记·陆贾列传》说：

> 陆生时时前说称诗书。高帝骂之曰："乃公居马上而得之，安事诗书。"陆生曰："居马上得之，宁可以马上治之乎？且汤武逆取而顺守之，文武并用，长久之术也。昔者吴王夫差、智伯，极武而亡；秦任刑法不变，卒灭赵氏。乡使秦已并天下，行仁义，法先圣，陛下安得而有之。"高帝不怿而有惭色，乃谓陆生曰："试为我著秦所以失天下，吾所以得之者何？及古成败之国。"陆生乃粗述存亡之征，凡著十二篇。每奏一篇，高帝未尝不称善，左右呼万岁，号其书曰《新语》。

《汉志》儒家录有陆贾二十三篇，当系《新语》十二篇外，尚有其他著作。宋王应麟《汉志考证》谓《新语》仅存七篇，这只因他所看到的是一种残缺的本子，并不是《新语》此时已佚去五篇；所以年长王氏十岁的黄东发①在他的《黄氏日抄》中所看到的《新语》便是十二篇，与现行本相同。《汉志·六艺略·春秋》下录有《楚汉春秋》九篇，班固注明"陆贾所记"，史公著《史记》时为重要资料之一。此书大约亡于南宋。

《四库提要》，举三事以为《新语》"殆后人依托，非贾原本"。所举三事：一、"《汉书·司马迁传》称迁取《战国策》、《楚汉春秋》、陆贾《新语》作《史记》……惟是书（《新语》）之文，悉不见于《史记》"。二、"王充《论衡·本性》篇引陆贾曰……今本亦无其文"。三、"又《穀梁传》至武帝时始出，而《道基》篇末，乃引《穀梁传》曰，时代大相牴牾"。严可均《铁桥漫稿·新语叙》，胡适《陆贾新语考》，②皆逐项驳斥。其中以余嘉锡《四库提要辨证》，最为详密。综计诸人之说：一、《汉书·司马迁传》并没有说迁作史时曾援引《新语》。二、《汉志》著陆贾二十三篇，而《论衡》所引"陆贾曰"，并未说是引自《新语》，则其所引者不见于《新语》，本不足怪。三、《汉书·儒林传》："汉兴，高祖过鲁，申公以弟子从师（浮丘伯）入见于鲁南宫。……申公卒以《诗》、《春秋》授，而瑕丘江公尽能传之。""瑕丘江公受《穀梁春秋》及《诗》于鲁申公。"可见瑕丘江公自申公受《穀梁春秋》，而申公实出于浮丘伯；陆贾与浮丘伯的年辈略同，其传习《穀梁》，更不足异。无所谓时代尤相牴牾的问题。《穀梁》在传承中有所遗失，《新语》所引"《穀梁传》曰"之语，不见于今《穀梁传》，不

---

① 黄东发生于宋宁宗嘉定六年（一二一三年），王应麟生于宋宁宗嘉定十六年（一二二三年）。
② 此文编入《胡适文存》第三卷，页五八九至五九一。

足为异。余嘉锡更引《新语·辨惑》篇述夹谷之会,《至德》篇言鲁庄公"以三时兴筑作之役",《明诫》篇"圣人察物,无所遗失"等,证明皆出于《榖梁》,与《公羊传》无涉。我现在更引《至德》第八下面的一段话,以证明陆贾言《春秋》之义,确本于《榖梁》。

> 昔晋厉、齐庄、楚灵、宋襄,秉大国之权,杖众民之威,军师横出,陵轹诸侯,外骄敌国,内克(刻)百姓。邻国之雠结于外,臣下之怨积于内,而欲建金石之功(统)终传(两字皆误,当作"继")不绝之世,岂不难哉。故宋襄死于泓水(水字衍文)之战,三君弑于臣子(子字衍文)之手,皆轻用师而尚武力,以至于斯。故《春秋》重而书之,嗟叹而伤之。①

按鲁禧公二十二年宋、楚泓之战,《公羊传》称赞宋襄公为"有君而无臣,以为虽文王之战,亦不能过此也"。《左传》则仅述子鱼责襄公的"君未知战",未用"君子曰"加以谴责。仅《榖梁传》述襄公"众败而身伤焉,七月而死",接着加以评论说:"倍则攻,敌则战,少则守。人之所以为人者,言也。人而不能言,何以为人。言之所以为言者,信也,言而不信,何以为言?信之所以为信者道也,信而不道,何以为道(道似当作信)?道之贵者时,其行势也。"由襄公之不识时势,而上推及"何以为人",这可谓嗟叹而伤之。陆贾所说的《春秋》之义,其出于《榖梁》更无可

---

① 以上皆据《四部丛刊·群书治要》校改。

疑。这和书中将"五经"、"六艺"并称，或者"经艺"并称，[1]述春秋之事则引《左氏》，述《春秋》之义，则引《穀梁》，及两引《孝经》等，在经学史上都有很大的启发性。

《新语》十二篇，本为陆贾适应刘邦的文化水准所编的教材。陆贾为了引起刘邦的兴趣，而他又是能作赋的人，[2]所以便出之以韵语，而于用韵过于牵强的地方，便改为不用韵的散文，这是可以推想得到的。但最困难的问题是，因此书今日可以看到的版本，字句讹夺太多，把原来有韵的，讹夺为没有韵。例如《无为》第四，现行本"事逾烦，天下逾乱。法逾滋，而奸逾炽"，意义可通，而无韵。但《群书治要》本这四句是"事逾烦，下逾乱。法逾众，奸逾纵"，是上两句以烦乱为韵，下两句以众纵为韵甚明。则原书用韵之情形，必较现行本为更多。并且若按《群书治要》所摘录之《新语》各条以与现行诸本相校，则现行诸本之文义不明不通或缺失者，《群书治要》本皆明白可通，且未曾缺失。唐晏以明刻子汇本、范氏天一阁本与《汉魏丛书》本相校，被胡适称为善本。

---

[1]《道基》第一："于是后圣乃定五经、明六艺。""故圣人防乱以经艺。"《述事》第二："校修五经之本末。"《怀虑》第九"极经艺之深"，"表定六艺云"。按以"经"字尊重其语言文字的，当始于道家、墨家，故《荀子·解蔽》篇引有"故道经曰"。而据马王堆第三墓帛书，《老子》在汉初已称《德经》、《道经》。《墨子》一书，则有经上经下。儒家六经之名，最早见于《庄子·天运》篇。《天运》篇当成于战国末期。《礼记·经解》篇无六经之名，有六经之实。将六经称为六艺，除《新语》外，当首先见于《史记》之《孔子世家》《伯夷列传》等。五经一名，除《新语》外，当首先见于《史记·乐书》。六经、六艺、五经，文献上皆单举而未尝并列。仅《新语》五经六艺两名并列，且为两名之最早出现。以意推之，以礼乐为主，则称六艺。去乐而以《诗》、《书》为主，则称五经。由此可知乐原无文字，本可不称经。所谓《乐经》亡佚之说，乃因经艺两名既互相混淆，而五经一名，由五经博士之出现，遂成定称。汉儒泥于混淆后六经之名，乃为此想象之辞。
[2]《汉志·诗赋略》有"陆贾赋三篇"。

实则天一阁本、《四部丛刊》之弘治本及《汉魏丛书》本,皆出一源,几无可资校正;唐晏惟由子汇本校补数字,而又未加注明。胡适谓第五篇"邑土单于彊",《汉魏丛书》本"改彊(强)为疆;于第六篇改删许多字,又添上许多字,更失本来面目了"。按《辨惑》第五以鲁定公不能用孔子,以致"权归于三家,邑土单于彊"。单同殚,邑土单于彊者,定公(公室)所有之邑土,尽(单)彊域之所有,皆被三家分掉;是此字当作"彊",不应作彊(强),《汉魏丛书》本不误。而《慎微》第六自"齐夫用人若彼"至"不操其柄者"二百二十八字,应为《辨惑》第五"邑土单于彊"句下之文,弘治本及《汉魏丛书》本皆误入于《慎微》第六之中,此为唐校的一大贡献。但《慎微》第六,我将弘治本及《汉魏丛书》本详校一过,无一字之不同,不知胡氏何以致误?胡氏谓"其(《新语》)思想近于荀卿、韩非",尤为不可解。

三、五经六艺的真实意义

《新语》是通俗教育的性质。它成立的真正根据,是陆贾所身历的现实政治兴亡的经验教训;此与书生闭户著书,自抒由书本而来的心得,或解决书本上的问题者大不相同。他在本书中所提出的结论,是面对着秦汉兴亡,亲自观察反省所得出的结论。换言之,他是以政治上的具体利害为出发点,而不是以道理上的应当不应当为出发点。

因为他是启蒙一个在文化上毫无基础常识的皇帝,所以他在《道基》第一中首先从"传曰:天生万物,以地养之,圣人成之;功德参合,而道术生焉",说到"张日月,列星辰"等等,以描述"天地相承,气感相应"的天地生物养物的情形。接着便说:"于是先圣乃仰观天文,俯察地理,图画乾坤,以定人道,民始开悟,知有父子之亲,君臣之义,夫妇之别,长幼之序。于是百官立,王道乃生。"以见王道出于人道,人道又由仰观俯察所领悟的天道而来。这样便把天、地、人的功用与关连,简单描画出来了。他从天地人的关连说起,是为了能给刘邦一个粗浅而完整的宇宙观。再接着便进入历史的叙述,由神农"教民食五谷",而黄帝的"上栋下宇,以避风雨",后稷的"辟土殖谷,以用养民,种桑麻,致丝枲,以蔽形体";更由禹平治水土,"然后人民得去高险,处平土";而奚仲制车船"以代人力。铄金镂木,分苞烧殖,以备器械",这是人类为求生存在物质条件上的进化历程。在物质条件进化历程中及物质条件具备后,因人民"好利恶难,避劳就逸,于是皋陶乃立狱制罪,悬赏设罚,异是非,明好恶,检奸邪,消佚乱",这是叙述政治的所以成立。再说"民知畏法,而无礼义,于是中圣乃设辟雍庠序之教,以正上下之仪,明父子之礼、君臣之义,使强不凌弱,众不暴寡;弃贪鄙之心,兴清洁之行",这是说明政治中为什么除刑罚外,更需要教育。他更接着说:"礼义不行,纲纪不立,后世衰废,于是后圣乃定五经,明六艺,承天统地,穷本察微,原情立本,以绪人伦……以匡衰乱。"可见五经六艺,乃在政衰教乱后,要由此以维系人伦于不坠。从神农叙到后圣,使刘邦能把握到整个历史演进的历程,给他一个粗浅而完整的历史观。在此进演历程中,先解决基本物质生活,再进而有维持生活秩序的统治工具——刑罚,再进而有辟雍庠序的教化。把辟雍庠序的教化,视为历史进化的最重大里程碑,因为人的价值由此而得逐步发现、实现;人与人的正常伦理关系,由此而始得建立、稳定。历史进到这一步，才敞开了人类不断前进的道路与保证。陆贾更说明后圣——孔子的"定五经，明六艺"，是为了挽救人类的命运。司马迁作《史记》，不仅吸收了陆贾所著的《楚汉春秋》的材料；他在《十二诸侯年表序》中，以孔子"次《春秋》"，乃继幽厉败坏之后，"制义法，王道备，人事浃"，其观点或即本于《新语》。陆贾在《道基》篇中说"故圣人防乱以经艺"，经艺何以能防乱？因为经义的内容是"治情性，显仁义"；治情性，使每个人能从"好利恶难，避劳就逸"，由此所形成人与人相搏相食的混乱中摆脱出来，以显现人生真价的仁义。稍加疏解地说，人必须在群体生活中始能生存、进步。群体生活，中国即称之为人伦。陆贾所说的人道，很明显地指的即是人伦。维系人伦的原则，中国便称为伦理。政治必须立基于人伦、伦理之上，以现代语言说，政治必以合理的社会组织为基础。而人伦、伦理必建立于仁义之上。仁的浅显解释，是相互间的同情、爱护。义的浅显解释，是告诉人以什么是应当负责去做的，什么是应当自制而不去做的共同行为标准。有时把"礼义"连为一词，礼是把义在生活中加以具体化的行为形式。打天下，是以智勇去打倒敌人，征服人民。这是人与人以智勇互搏的非常时期的变态生活，是绝不能持久的。敌人打倒了，人民被征服了，统治者与被统治者之间，应由压制的关系，改变为在合理基础上彼此可以互相承认、互相信赖的关系；即是说，要有五伦中的君臣（加上民）之义，政权才能安定下来。而君臣之义，不是孤立突出可以成立的，必须在包括整个社会的其他四伦中运转。也即是说，政治与社会是不可分的。在没有同情、爱护之心的政治、社会里面，在没有自制与负责的共同标准的政治社会里面，在人与人相接，没有一种合理的行为形式的政治社会里面，必定成为人与人相搏相噬的政治与社会；人类的危机，孰大于此。陆贾说马上可以得天下，不可以治天下，要求以诗书，即是以仁义，作方向的转换，这是他发心立言的真正根据。所以他在《道基》第一中说：

> 齐桓公尚德以霸，秦二世尚刑而亡。故虐行则怨积，德布则功兴。百姓以德附，骨肉以仁亲。夫妇以义合，朋友以义信。君臣以义序，百官以义承。曾闵以仁成大孝，伯姬以义建至贞。守国者以仁坚固，佐君者以义不倾。君以仁治，臣以义平。乡党以仁恂恂，朝廷以义便便……阳气以仁生，阴节以义降。《鹿鸣》以仁求其群，《关雎》以义鸣其雄。《春秋》以仁义贬绝，《诗》以仁义存仁。乾坤以仁和合，八卦以义相承。《书》以仁叙九族，君臣以义制忠。《礼》以仁尽节，《乐》以礼升降。仁者道之纪，义者圣之学。学之者明，失之者昏，背之者亡……

《诗》、《书》，五经六艺，都是活的而不是死的。他虽然把人道、王道与天道扣上关系，这只是顺当时一般学术风气而言。实际因五经六艺以言道，都是浅显易行之道。所以他说"故设道者易见晓，所以通凡人之心，而达不能之行。道者人之所行也。夫大道履之而行，则无不能，故谓之道"（《慎微》第六），没有一点形上的或神秘的意味，这是他理智清明，极为难得的地方。也只有这种浅显易行之道，才可发生切于身、切于今的意义。他在《术事》第二开首便说"善言古者合之于今，能述远者考之于近。故说事者上陈五帝之功，而思之于身。下列桀纣之败，而戒之于己"，"道近不必出于久远,取其至要而有成","故制事者因其则,服药者因其良。书不必起仲尼之门,药不必出扁鹊之方。善可以为法,因世而权行"。对统治者而言,五经六艺是经验的积累,智慧的扩充。而时有古今,政治、社会、人生的形态及所因应的问题有变化,但成败兴亡的最后决定,必以是否在仁义的轨迹上运行为断,则是无间于古今远近的。所以对于五经六艺之教,是要"思之于身"、"达之于心"而断之于事,绝非在章句诂训上落脚。此一治学的方向,尔后一直贯通于西汉经学大流之中。至五经博士出现后,博士们为了能专利固位,凭空制造出古今文的纠纷,并以繁辞琐义自掩其固陋,而此一大方向,乃受到扰乱,经学遂成为统治者装饰之具。

在《辅政》第三中,除强调"是以圣人居高处上,则以仁义为巢"外,并强调"乘危履倾,则以圣贤为杖"。他的真正意思是说仁义之政,必赖圣贤之臣而始能实现。并且所用者是否系圣贤之臣,为人君是否居仁由义的见证。这是由政治的大原则、大方向,而落实到知人用人的问题上面。《辨惑》第五,是说圣贤之人,是"正其行而不苟合于世",常为众邪所不容。人君要用人得当,须能明辨是非。要能明辨是非,须能不为众邪所误。所以郑重地说:"或不能明辨是非者,众邪误之也。"对知人用人的重要性,书中反复叮咛,这是政治中最实际的问题。他在最后一篇的《思务》第十二,以下面一段作结:

> 自人君至于庶人,未有不法圣道(五经六艺之道)而能贤者也。《易》曰:"丰其屋,蔀其家,窥其户,阒其无人。"无人者非无人也,言无圣贤以治之也。故仁人在位而仁人来,义士在朝而义士至。是以墨子之门多勇士,仲尼之门

多道德。文王之朝多贤良，秦王之庭多不详（祥）。故善者必有所主而至，恶者必有所因而来。夫善恶不空作，祸福不滥生；唯心之所向，志之所行而已。[1]

四、秦亡的教训及儒道结合等问题

上面是陆贾凭五经六艺在政治上所提出的大原则，也可以说是他的积极性的主张。他想以此大原则统一当时的政教，巩固大一统的帝国。所以他在《怀虑》第九说："故圣人执一政以绳百姓，持一概以等万民，所以同一治而明一统也。"但他是一个常识家，而不是一个专门学者；他的积极性的主张，不是和一般思想家那样，由自己的思想所导出，出自自己思想的要求，而主要是从秦何以会亡得这样快的事实，反省出来的。秦亡的事实，是他亲闻亲见的事实。他所说的秦何以亡的原因，是得自亲闻亲见所归纳出的原因；而不是光有一套仁义的理想框套，再把秦亡的事实，纳入在自己理想框套中去，加以剪裁，判断出来的结论。所以他陈义不高不深，而特含有真实意义，能给刘邦以感动的原因在此。像刘邦这种才气卓越的人，不是空言腐论所能掀动的。他所说的秦亡的原因：

（一）秦二世尚刑而亡。（《道基》第一）

（二）秦以刑罚为巢，故有覆巢破卵之患。以赵高、李斯为杖，故有倾仆跌伤之过。（《辅政》第三）

（三）秦始王设刑罚，为车裂之诛，筑长城以备胡越。

---

[1] 此段诸书本皆讹脱不可读，此据《群书治要》本。

蒙恬讨乱于外,李斯治法于内。事逾烦,下逾乱;法逾众,奸逾纵。秦非不欲治也,然失之者,举措太众,而用刑太极故也。①(《无为》第四)

(四)秦始王骄奢靡丽,好作高台榭,广宫室,则天下豪富莫不仿之……以乱制度。(同上)

(五)秦二世之时,赵高驾鹿而从行。王曰:"丞相何以驾鹿?"高曰:"马也。"于是乃问群臣,臣半言鹿,半言马。当此时,秦王不敢相信其直目,而从邪臣之言。②(《辨惑》第五)

由上面所录五项来看,秦行的"唯刑主义",再加之以骄奢繁役,使百姓不能生活下去,卒以此亡国,这是陆贾亲闻亲见的结论。西汉像样点的儒生,无不反秦反法,一方面是站在人民要求生存的立场,一方面也是站在统治者政治上的利害立场。因为"唯刑主义",君臣民的关系,还原为简单的相压与被压的关系。臣民因完全处于被动地位而剥夺其人格,因而泯没了他们的仁义之心,唯有凭原始求生欲望的才智以趋利避害,没有真正的人伦关系,亦即是没有有机体的社会结构,仅凭刑的一条线把臣民穿贯起来,以悬挂在大一统专制的皇权手上,此线一断即土崩瓦解。而其势非断不可,刘邦便是在这种情形下崛起的,所以不以陆贾之言为迂阔之论。

秦之亡,与外戚无关,但陆贾已看出由刘邦"好美姬"③的性

---

① 此段据《群书治要》本。
② 此段从《群书治要》本。
③ 《史记·项羽本纪》范增语。

格,及皇权结构的自身必酿成外戚之祸。所以在《慎微》第六说:"夫建功于天下者,必先备于闺门之内。"西汉虽侥幸未亡于吕雉之手,但卒亡于王氏,而外戚的祸害,卒与两千年的皇权专制相终始,陆贾的智慧,真可谓照耀千古。因当时方士神仙的风气很盛,而秦始皇为了求不死之药,也成为消耗国力原因之一,所以陆贾在此书中再三破除此种迷信。并强调"安危之效,吉凶之符,一出于身。存亡之道,成败之事,一起于行……夫持天地之政,操四海之纲,屈伸不可以失法,动作不可以离度。谬误出口,则乱及万里之外。何况刑无罪于狱,而诛无罪于市哉。故世衰道失,非天之所为也,乃国君者有以取之"。所以他虽也提到灾异,认为"治道失于下,则天文变于上",[①] 但他说到灾异的分量很轻,不似由董仲舒起,以灾异为言政的主要手段。并且在《怀虑》第九说:"世人不学诗书,行仁义□圣人之道,极经艺之深,乃论不验之语,学不然之事,图天地之形,说灾变之异,弃先王之法,异圣人之意,惑学者之心,移众人之志,指天画地,是非世事;动人以邪变,惊人以奇怪,听之者若神,观之者如异,然犹不可以济于厄而度其身,或触罪□□法,不免于辜戮。"这种理智清明的情形,与后来宣、元、成时代的学风,也成为一显明的对照。

因为陆贾所把握的是活的五经六艺,而其目的是在解决现实上的问题,所以他把儒家的仁义与道家无为之教,结合在一起,开两汉儒道并行互用的学风。在《无为》第四,一开始便说"夫道莫大于无为",这是来自《老子》。接着说"行莫大于谨敬",这合于《论语》仲弓所说的"居敬而行简"。承秦代严刑峻罚之后,加

[①] 以上皆见《明诫》第十一,并皆据《群书治要》本。

之以五年的逐鹿战争，老子无为之教，自然符应于社会生养休息的要求。下面《至德》第八的一段话，正是把儒道两家思想在政治上作非常合理的融合。

> 夫欲建国强威，辟地服远者，必得之于民。欲建功兴誉，垂名烈，流荣华者，必取之于身……天地之性，万物之类，怀德者众归之，恃刑者民畏之。归之则附其侧，畏之则去其域。故设刑者不厌轻，为德者不厌重。行罚不患薄，布赏不患厚。所以亲近而致远也。夫刑重者则心烦，事众者则身劳。心烦者则刑罚纵横而无所立，身劳者则百端回邪而无所就。是以君子之为治也，混然无事，寂然无声，官府若无吏，亭落若无民。间里不讼于巷，老幼不愁于庭。近者无所议，远者无所听。邮驿无夜行之卒，乡间无夜召之征。犬不夜吠，鸡不夜鸣。老者甘味于堂下（下疑当作上），壮者耕耘于田。在朝者忠于君，在家者孝于亲。于是赏善罚恶而润泽之，兴辟雍庠序而教诲之，然后贤愚异议，廉鄙异科，长幼异节，上下有差，强弱相扶，小大相怀，尊卑相承，雁行相随，不言而诚，不怒而行。岂恃坚甲利兵，深牢刻法，朝夕切切而后行哉。①

在上面所描述的至德之治中，反映出当时人民社会的要求，而其中所含的思想，儒道两家，皆可发现其互相接合之点。这比盖公

---

① 此段参校《群书治要》本。

向曹参所进言的黄老之教,[①] 圆融而实际得多了。这里我顺便指出,汉初黄老法家的结合,乃是先有继承秦代的唯刑主义,再参上若干黄老的清净无为,以适应当时社会的要求,这只能算是现实政治上的一种结合,而不是真正来自思想上的结合。西汉政治思想的大势,由陆贾、贾谊、《淮南子》中的刘安及其宾客、董仲舒的《春秋繁露》、《盐铁论》中的贤良文学,以及扬雄,都是儒道两家思想的结合,当然其中有分量轻重的不同。尤其是以道家的态度立身处世,以儒家的用心言政治言社会,更是由陆贾开其端的两汉知识分子的特色。

五、陆贾启蒙的影响

由秦政所完成的大一统帝国,以法家的"唯刑主义"为运转的工具。从始皇诸刻石的内容看,虽强调"作制明法"(《泰山刻石》)、"端平法度"(《琅琊台刻石》);但其目的仍在要求有一个和平、生产而合于人伦要求的社会。因此,也不能不强调"以明人事,合同父子。圣智仁义,显白道理"(《琅琊台刻石》),"端直敦忠,事业有常"(同上)。这即说明在法令刑罚的后面,必须有更根本的要求。这种要求不能全靠法令刑罚的禁制,而须人民有向善之心,这便有赖于辟雍庠序之教;此在当时诸子百家中,只能选择到以孔子为中心所形成的教材。陆贾是面对着皇帝首先提出此一问题,为汉代逐渐实现的由政府举办学校教育的先声,其意义自为深远。而站在统治者的立场,要"端平法度"(《琅琊台刻

---

① 见《史记·曹相国世家》。

石》）以为"万物之纪"（同上），亦必以"圣智仁义"为前提。此"圣智仁义"前提的建立，事实上统治者的自身也必有赖于《诗》、《书》之教。尤其是西汉知识分子的尊经，是要对大一统的帝国，提供一种政治社会的共同轨辙，使皇权专制能在此种共同轨辙上运行；汉代经学的真实意义，有如近代的宪法；这一点将另作详细讨论。而其端，实自陆贾发之。萧何次法令，只是把秦代的法令，重新加以肯定。一经肯定后，便难加以改变。惠帝四年（前一九一年）除挟书律，与陆贾的启蒙，不能说没有关系。

就刘邦个人而论，我相信也发生了若干直接影响。史公所说的"号其书曰《新语》"，这是刘邦为他所取的名称。因为陆贾的话，为刘邦开启了一个新天地，所以他特别感到很新鲜，由此可知他当时是有真实的感受。《汉志·诸子略·儒家》录有"高祖十三篇"，班固注谓："高祖与大臣述古语及诏策也。"因为刘邦的大臣多鄙野无文，他受陆贾的影响，觉得前言往行之可贵，便向他的大臣讲些他认为有意义的故事，左右加以纪录，因此成篇，这是很合情理的。诏策之语，未必皆合儒家，但刘向父子，既未以之直承《六艺略》中《尚书》之后，转而列入儒家，其中亦多少含有儒家的意味。此十三篇虽亡，但其绪余犹可考见。《汉书·高纪下》，五年五月《罢兵赐复诏》："民前或相聚保山泽，不书名数。天下已定，令各归其县，复故爵田宅。吏以文法教训辩告，勿笞辱。民以饥饿自卖为人奴婢者，皆免为庶人。"《汉书·刑法志》七年《疑狱诏》，规定疑狱处理的程序，以免"有罪者久而不论，无罪者久系不决"之弊。《汉书·高纪下》十一年二月《求贤诏》："盖闻王者莫高于周文，伯者莫高于齐桓，皆待贤人而成名。"此皆与陆贾的尚宽、慎刑、求贤之意相合。尤其是《求贤诏》中所标举的周文、齐桓，其为受陆贾《新语》的影响，更为明显。《古文苑》卷第十录有汉高祖手敕太子五条中有谓："吾遭乱世，当秦禁学，自喜谓读书无益。洎践阼以来，时方省书，乃使人知作者之意。追思昔所行，多不是。"则他不仅肯自己读书，且读书而能切身反省，这也分明得力于陆贾之教。又"尧舜不以天下与子而与他人，此非为不惜天下，但子不中立耳"，这反映出战国末期盛行的天下为公的思想。又勉太子"每上疏，宜自书，勿使人也"，又教太子见"萧、曹、张、陈诸公侯"，"皆拜"，这皆流露出勤学知礼之意。《汉书·高纪下》十二年"十一月，行自淮南，过鲁，以太牢祀孔子"，此为帝王祀孔子之始。若非因陆贾而真有所感发，对孔子存有真诚的敬意，他不会做这种前无所承的虚应故事。

陆贾《新语》在刘邦的全部政治意识与政治行为中所能发生真实的影响，当然比重是很轻的。在两千年大一统的皇权专制政治史中，儒家真正的作用，更是如此。但在此种皇权专制的黑暗中，能浮出若干人生存在的价值观念，能在人伦生活里面由仁义发生若干相濡以沫的作用，能在层层压制之下，能代替人民发出疾苦的呼声，这对于我们民族生命的延续，文化的维持，依然有很重大的意义。在这种地方，我们应给陆贾以相应的评价。

补记：陆贾反对秦的唯刑主义，不重视刑法，但并不是不重视"法度"。所以《怀虑》十九说："故事不本于法度，道不本于天地，可言而不可行也。"仁义须通过法度而实现。《论语·尧曰》章："谨权量，慎法度。"西汉思想家，常承先秦儒家，将礼与法或法度并称。

一九七五年十二月二十五日

贾谊思想的再发现

《汉书·贾谊传》中所录的《治安策》,在西汉政治思想史上,有显赫的地位。惟历来言贾生者,因《新书》之难读,或怀疑其非真而加以唾弃。或虽认为真,并曾作若干文字上的校勘工作,但亦少深入探究其内容,于是亦仅据《治安策》以言贾生的政治思想。《治安策》是为了解决当时的现实政治问题而发的,在对应现实政治问题的后面,贾生更有种伟大的政治理想及奇特的政制构造,由巩固皇权专制,而解消皇权专制,则几乎无人提到。至于贾生融贯儒道两家思想,以组成一奇玮的哲学系统,则埋没了两千余年;因而对贾生在思想上的创发性,及秦汉之际的思想特性,亦同被埋没。本文除由时代背景以把握《治安策》的意义外,更由《新书》之再批判(内容出于贾生,但编定者则系贾生后人),对贾生政治的根源思想及其哲学思想,亦加以阐述,使这一颗彗星的光芒,仍能照射出来,以补思想史上的大缺憾。我在标题上用"再发现"三字,或非夸诞之辞。

一九七五年三月八日

一、时代背景及《贾谊传》

刘邦在五年（纪前二〇二年）击灭项羽，即皇帝位。到十二年（前一九五年）四月死时，异姓诸侯王除无足轻重的长沙王吴芮外，皆已被诛灭，代之以同姓的诸侯王，作为控制大一统天下的基干。惠帝在位七年（前一九四至前一八八年），实由吕后专政。惠帝死，吕后正式专政八年（前一八七至前一八〇年），经过刘氏、吕氏的斗争，卒由八年七月吕后之死，周勃、陈平、刘章合力诛吕禄、吕产及诸吕，迎立代王恒即帝位，是为文帝，重新奠定了刘氏政权的基础。

从刘邦五年到文帝即位，凡二十三年。虽朝廷扰攘不安，但他们执行了"与民休息"的一贯政策，社会经济，由战争破坏中恢复得很快。惠帝四年春举孝弟力田，建立了汉代社会政策的大方向。同年除挟书禁，也为文化敞开了自由活动的大门。在此种背景下，承先秦诸子的学术遗风，以最大的热情与广博的学识，欲为此大一统的皇权专制政治，提出长治久安之策的，当首推贾谊。①

《史记》将贾谊与屈原同传，主要是侧重在"自屈原沉汨罗后百有余年，汉有贾生，为长沙王太傅，过湘水，投书以吊屈原"，所以在列传中特载其《吊屈原赋》及《鹏鸟赋》。盖不仅如冯班所说的史公是"伤其遇，并重词赋"，并且汉赋历景帝及武帝初期而极盛，卒以楚词系统的赋为主流，而楚词系统的汉赋，实由贾谊

---

① 汪中《述学·内篇》卷三《贾谊新书序》附年表，以谊生于高祖七年（前二〇〇年），卒于文帝十二年（前一六八年），以合本传死时"年三十三矣"之数。王耕心《贾子年谱》同。

开其端，启其钥，在文学史上的意义特为重大。史公的着眼点，或侧重在贾生乃处于汉代文学的创辟的重要地位。班固本《史记》之列传以写《贾谊传》，既录其两赋，更大量选录了与当时政治有关的言论，此即一般所称的《治安策》，而贾谊在汉代政治思想上的意味，由此更为显著。《汉书》卷四十八《贾谊传》：

贾谊，洛阳人也。年十八，以能诵诗书属文，称于郡中。河南守吴公闻其秀才，召置门下，甚幸爱。文帝初立，闻河南守吴公治平为天下第一，故与李斯同邑，而尝学事焉，征以为廷尉。廷尉乃言谊年少，颇通诸家之书，文帝召以为博士。是时谊年二十余，最为少。每诏令议下，诸老先生未能言，谊为之对，人人各如其意所出，诸生于是以为能。文帝说（悦）之，超迁岁中至太中大夫。谊以为汉兴二十余年，天下和洽，宜改正朔，易服色，法（正）制度，定官名，兴礼乐。乃草具其仪法，色上黄，数用五，为官名，悉更秦之法。①帝谦让未皇（暇）也。然诸法令所更定，及列侯就国，其说皆谊发之。于是天子议以谊任公卿之位，绛、灌、东阳侯、冯敬之属尽害之，乃毁谊曰："洛阳之人，年少初学，专欲擅权，纷乱诸事。"于是天子后亦疏之，不用其议，以谊为长沙王太傅。谊既以适（谪）去，意不自得。及度湘水，为赋以吊屈原。

上因感鬼神而问鬼神之本，谊具道所以然之故。至夜半，文帝前席。既罢曰："吾久不见贾生，自以为过之。今

---

① 《汉书》此句作"悉更奏之"。王念孙以"奏秦相似而误，又脱法字耳"，故改从《史记》。

贾谊思想的再发现

不及也。"乃拜谊为梁怀王太傅。怀王，上少子，爱而好书，故令谊傅之，数问以得失。是时匈奴强，侵边。天下初定，制度疏阔，诸侯王僭儗，地过古制。淮南、济北王，皆为逆诛。谊数上疏陈政事，多所欲匡建。其大略曰……

梁王胜坠马死，谊自伤为傅无状，常哭泣，后岁余亦死。贾生之死，年三十三矣。……孝武初立，举贾生之孙二人至郡守。贾嘉最好学，世其家。

赞曰：刘向称贾谊言三代与秦治乱之意，其论甚美，通达国体。虽古之伊、管，未能远过也。使时见用，功化必盛。为庸臣所限，深可悼痛。追观孝文玄默躬行，以移风俗。谊之所陈，略施行矣。及欲改定制度，以汉为土德，色尚黄，数用五；及欲试属国，施五饵三表，以系单于，其术固以疏矣。谊以天年早终，虽不至公卿，未为不遇也。凡所著述五十八篇，掇其切于世事者著于传云。

按贾谊两傅藩王，而意义不同。梁怀王为文帝爱子，且系褒封大国，贾谊傅之，有实质之意义，且与朝廷之声气未断。异姓之长沙王吴氏，得国仅二万五千户，尚不及三万户之列侯；其存在，乃崇德报功之点缀性质，在政治上不关痛痒，因而太傅亦属虚名。故谊由太中大夫迁为长沙王太傅，是事实上的贬谪。并非仅如周寿昌所谓"以其去天子侧而官王国"，故称之为"适（谪）去"。

二、《新书》的问题

这里对他所著的五十八篇，即是今日我们可以看到的《新书》，①提出来略加讨论，这是研究贾生思想的基本工作。

《新书》缺《问孝》及《礼容语上》二篇，实存五十六篇。因文字讹夺、简牍错乱的情形，与陆贾的《新语》相似，很少人能耐心与本传中文字对勘细读，遂引起许多不负责任的怀疑、臆说。如：

《崇文总目》卷三："《贾子》十九卷，汉贾谊撰。本七十二篇，刘向删定为五十八篇。隋唐皆九卷，今别本或为十卷。"按《汉书》本传只言五十八篇，《汉书·艺文志》亦只列"贾谊五十八篇"；所谓"本七十二篇"之说，毫无根据。而《隋唐志》皆作十卷，更无所谓"皆九卷"之事。不知《崇文总目》何以讹误至此。

陈振孙《书录解题》卷九："《贾子》十一卷，汉长沙王太傅洛阳贾谊撰……今书首载《过秦论》，末为《吊湘赋》，余皆录《汉书》语。且节略谊本传于第十一卷中。其非《汉书》所有者辙浅驳，不足观，决非谊本书也。"

姚姬传《惜抱轩文集》五《辨贾谊新书》谓："贾生书不传久矣。世所有云《新书》者，妄人伪为者耳。班氏所载贾生之文，条理通贯，其辞甚伟。及为伪作者，分晰不复成文，而以陋辞连侧其间，是诚由妄人之谬，非传写之误也……"

卢文弨《抱经堂文集》卷十《书校本贾谊新书后》："《新书》非贾生所自为也。乃习于贾生者萃其言以成此书耳。犹夫《管子》、《晏子》，非管、晏之所自为。然其规模节目之间，要非无所本而能凭空撰造者。篇中有'怀王问于贾君'之语，谊岂以贾君自称

---

① 用龙谿精舍校刊卢文弨校本，再参考俞樾《诸子平议》，陶鸿庆《读诸子札记》有关《新语》之部分，及刘申叔《贾子新书斠补》。间亦参以鄙见。

也哉……《修政语》称引黄帝、颛顼、喾、尧、舜之辞，非后人所能伪撰。《容经》、《道德说》等篇，辞义典雅，魏晋人决不能为……其去贾生之世，不大相辽绝可知也……"

《四库提要》卷九十一：《新书》十卷，"然今本仅五十六篇。又《问孝》一篇，有录无书，实五十五篇（按实五十六篇），又陈振孙《书录解题》称首载《过秦论》，末为《吊湘赋》……今本末无《吊湘赋》，亦无附录之十一卷，且并非南宋时本矣（按卢校所据之建本、潭本皆南宋本，且与今本同）。其书多取谊本传所载之文，割裂其章段，颠倒其次序，而加以标题，殊瞀乱无条理……其书不全真，亦不全伪……"

陈振孙、姚姬传以溢出于《汉书》本传者皆伪。卢文弨在校勘上用了很大的工夫，但以其书比之于《管子》、《晏子》，"非贾生所自为"。《四库提要》，貌为调停之论，实与陈振孙之意见无大出入。上引诸人所提出的问题，我以为余嘉锡在其所著《四库提要辨证》卷十"《新书》十卷"项下，已作了适当的解答。余氏首在版本上驳正"《提要》未见宋本，又不考之《玉海》，执陈振孙一家之言，以今本为非宋人所见，误矣"。次引"师古曰，谊上疏言可为长叹息者六，今此只三而止，盖史家直取其切要者耳"，认为"凡载于《汉书》者，乃从五十八篇之中撷其精华"，力破《提要》谓《新书》为取本传所载，割裂其章段，颠倒其次序"之说，并"试取《汉书》与《新书》对照，其间斧凿之痕，有显然可见者"，列举例证颇详，同时责"卢文弨以校勘名家。然其校此书……凡遇其所不解，辄诋为不成文理，任意删削"，引俞樾《新书平议》讥其"是读《汉书》，非治《贾子》"，为"深中其（卢）病"。又据刘申叔《左盦集》卷七《贾子新书斠补序》，证明"今本即唐人所见，特传写有脱误，其证甚多"。更以"古人之书，书于竹简，贯以韦若丝，则为篇。书于缣帛，可以卷舒，则为卷。简太多，则韦丝易绝。卷太大，则不便卷舒，故古书篇卷无太长者，而篇尤短于卷。其常所诵读，则又断篇而为章，以便精熟易记。故汉人五经诸子，皆有章句之学……贾谊之书，何为独不可分为若干篇乎"。上面的说法，皆可以成立。惟谓《过秦》三篇，"亦贾生所上之书，且为以后诸篇之纲领"，则未必如此。余说近六千字，可知其用力之勤。现以余氏之说为基础，再补充若干意见。

现在的《新书》五十八篇的内容，全出于贾谊。不仅刘申叔《贾子新书斠补序》中，列举《北堂书钞》、《艺文类聚》、《初学记》、《群书治要》、《意林》、《稽瑞》、《白帖御览》所引《新书》，以校今本，除小有异同外，所得佚文不过三条，刘氏以为此三条即今本诸篇中脱文；而《白帖》以上，皆唐时书，今本即唐人所见。且我发现《新语》卷五《傅职》的内容，为《大戴记·保傅》篇的一部分，不见于《汉书》本传。但梁刘昭注司马彪《续汉书》中之《百官志》，在"太傅上公一人"条下引自"贾生曰，天子不逾于先圣之德"起，至"此少保之责也"止，皆见于《傅职》篇，仅文字稍有裁省。由此可以证知《大戴记》系取自《新书》，而非《新书》取自《大戴记》。更可证明《汉书》本传未载，而为《新书》所有者之出于贾生。尤其是《新书》中未见于本传中的部分，其思想之领域，广阔而富有创造性，绝未受有董仲舒及五经博士成立以后，思想向阴阳五行的格套演进的影响。此不仅书中所引《青史》、黄帝、颛顼、帝喾、帝尧、帝舜、大禹、汤、鬻子、尚父（太公）、王子旦（周公）诸文，皆非后人所得而伪。其所言礼及《容经》，皆为佚礼之余。且《傅职》篇言教太子之内容，举有

《春秋》、《礼》、《诗》、《乐》、《语》、①《故志》、《任术》、《训典》等八项，非五经博士成立以后的教学规模。本传中虽谓贾谊主张"色尚黄，数用五"，受有《吕氏春秋》之影响；但战国中期以后，五行之说，愈演愈盛，经过董仲舒，而影响到文化社会的各方面，建立了不可动摇的地位。《新书》中，仅偶言及阴阳，而未尝言及五行。且卷八《六术》篇由"德有六理"而突出"六"的特殊意义，认为"艺之所以六者，法六法而体六行故也。故曰，六则备矣。六者非独为六艺本也，他事亦皆以六为度。声音之道，以六为度"，"人之戚属，以六为法"，"度数之道，以六为法"，"事之以六为度者不可胜数也"。在数上除三、九、五外，特重视六，这只能说是贾生前无所承、后无所继的特殊思想，非汉中期以后所能出现的，所以也沉埋两千多年而无人道及。尤其是自第六卷起，思想的深度，不仅超出于本传所选用之文字，且在政治及哲学上，自成一奇玮的系统，在两汉思想中，实占一特殊之地位。

《新书》的内容，应分为三部分。一部分是他主动写的，有如《过秦》三篇；②一部分是向文帝上书言事的，如《汉书》本传中所选录者是。而自卷六起，则多系为梁王太傅时教告问答之辞。章太炎《春秋左传读·叙录》谓："贾生引用左氏内外传极多，而

---

① 此"语"疑系指《国语》而言。《新书》中引有《国语》。
② 《汉书》三十一《陈胜传》赞"昔贾生之过秦也"注，应劭曰："贾生书有《过秦》二篇，言秦之过，此第一篇也。"按应劭仅称二篇，诸本亦只作上下篇。惟宋潭州本作上中下三篇，与《史记·秦始皇本纪》赞《索隐》谓：贾谊《过秦论》，以孝公以下为上篇，秦兼并诸侯三十余郡为下篇，则"秦灭周祀，并海内"为中篇；与三篇之数合。应劭所谓二篇者，二当为三之误。汪中《述学·内篇》卷三《贾谊新书序》谓"《过秦》三篇，本书题下无论字……《吴志·阚泽传》始目为论；左思、昭明太子，并沿其文误也"。

106　　　　　　　　　　　　　　　　　　两汉思想史（二）

其中《道术》篇、《六术》篇、《道德说》篇，正是训故之学，有得于正名为政之学者也。"实际，这只是对梁王所用的教材，许多地方不能不作训故性的解释，与正名为政之学无关。所以自第六卷以下，多以"诸侯"、"世子"为对象。

《新书》的内容，虽全出于贾谊；但他三十三岁便死了，将其编成五十八篇，并冠以《新书》的书名，并非出于贾氏自己，可能是出自"至孝昭时列为九卿"[①]的他的孙贾嘉或者是出自他的曾孙贾捐之手。《崇文总目》谓"本七十二篇，刘向删定为五十八篇"，七十二篇既无据，则刘向删定之说亦无据。史公著书，最重述作。凡他知其人有述作，而勒为一书的，在传记中无不加以纪录。《史记·贾生列传》中，已说"贾生数上疏，言诸侯或连数郡，非古之制，可稍削之，文帝不听"，但未提及著书五十八篇。《汉书·陈胜传》赞"昔贾生之《过秦》曰"，是已有"过秦"之名。但《史记·秦始皇本纪》赞"善乎贾生推言之也"，《陈涉世家》赞"吾闻贾生之称曰"，可知当史公著书时，尚无"过秦"之名，亦可知此时尚未编定为一书。其书既由他的后人所编定，则"篇中有怀王（梁怀王）问于贾君之语"（《先醒》篇），卢文弨不必怀疑其"谊岂以贾君自称也哉"。[②]至《汉书·艺文志》仅称"贾谊五十八篇"而未出《新书》之名，不足证明《新书》一名在刘氏校书时尚未成立，因《汉志》中只称篇数而不称书名的其例不少。

《汉书》本传删取《新书》的痕迹，除余嘉锡氏所举外，尚随处可见。试举一例如下：

---

① 《史记·贾谊列传》未有此语，虽为后人所加，要必有所本。
② 卢文弨《抱经堂文集》卷十《书校本贾谊新书后》。

《新书·数宁》：

　　进言者皆曰，天下已安矣，臣独曰未安。或者曰，天下已治矣，臣独曰未治，恐逆意触死罪。虽然，诚不安，诚不治，故不敢顾身，敢不昧死以闻。夫曰天下安且治者，非至愚无知，固谀者耳。皆非事实，知治乱之体者也……陛下何不一令以数日之间，令臣得熟数之于前，因陈治安之策，陛下试择焉，何甚伤哉。

《汉书》：

　　进言者皆曰，天下已安已治矣，臣独以为未也。曰安且治者，非愚则谀，皆非事实，知治乱之体者也……陛下何不一令臣得熟数之于前，试详择焉。

《新书》多出的文字，很明显的不是后人所能加上去的。姚姬传不知奏议之文，首须尽其委曲，而斥"其文辞卑陋"。卢文弨对《新书》上段文字谓"篇中多为后人取《汉书》之文而敷衍之，至多冗长……至如'陛下何不一令臣得熟数之于前'句内，又嵌'令以数日之间'六字，于'令臣'之上；又'陛下试择焉'下，又赘'何甚伤哉'四字，皆不成文理，去之"。卢氏全未理会班固"其大略曰"的"大略"的意义，又后人何不在文义上敷衍，却在文字的格式语气上敷衍？贾谊所陈的有"可为痛惜（哭）者一，可为流涕者二，可为长太息者六"，还有教养太子等问题；所陈者非一事，所指者非一端，若无"数日之间"，岂能如后世得纸笔之

108　　两汉思想史（二）

便，一次上万言书吗？"以数日之间"，正切合当时进言的事实，而卢氏谓为不成文理，何以固陋至此。

我的看法，《新书》卷五以前，错简特为严重；凡《汉书》本传已录其大略者，应依本传的次序，将《新书》重新编定；其因讹夺而语意不通者一仍其旧，则或者可以恢复《新书》一部分的大概面貌。至卷六以后，有的残缺不全，无可勘对，乃无可奈何之事。卢氏于语意全不可通者便谓系后人加入，岂有后人加入而会有语意全不可通之事？

三、贾谊的思想领域

关于贾生的思想领域，也应当先在此处略加考查。

史公《自序》言汉初思想大势谓："自曹参荐盖公言黄老，而贾生、晁错明申、商，公孙弘以儒显。"《汉书·晁错传》谓"错学申商刑名于轵张恢先所"，而《艺文志》亦列晁错三十一篇于法家，则晁错的明申、商，是没有问题的。贾生五十八篇，《汉志》分明列入儒家，所以梁玉绳以史公将贾生与晁错并称为"似未当"。推史公之意，殆就两人皆主张削弱诸侯王的共同点言之。盖削弱诸侯王以加强中央集权与国家的统一，儒法各家大体相同；但儒家有"亲亲"的观念，不似贾、晁两人主张的激烈。贾、晁两人对此问题的态度，同出于法家精神，可无疑义。《治安策》[①]"屠牛

[①] 此后征引，凡本传《治安策》中所有者，皆本《治安策》。其凡未注明出处的，皆用的是《治安策》。若《治安策》的文字意义不全，或为本传所未录者，则用《新书》。此处所引者，在《新书》为《制不定》篇，语气较《治安策》为完足，而《治安策》于义亦为无损。

坦一朝解十二牛，而芒刃不顿者，所排击剥割，皆众理解也。至于髋髀之所，非斤则斧。夫仁义恩厚，人主之芒刃也。权势法制，人主之斤斧也。今诸侯王，皆众髋髀也。释斤斧之用而欲婴以芒刃，臣以为不缺则折"，这分明是出自法家精神。儒家不轻言"权势"，姚姬传在《贾生明申商论》(《惜抱轩文集》卷一)中谓"斤斧以取譬耳，岂刑戮谓哉，此不足为生病"，此乃姚氏自己对上下文义的误解。《治安策》又谓"若夫庆赏以劝善，刑罚以惩恶，先王执此之政，坚如金石。行此之令，信如四时。据此之公而无私，如天地耳，岂顾不用哉"。庆赏刑罚，此法家之所谓二柄，[1]即亦法的骨干，贾谊加以完全的肯定，并吸取其用法的公而无私的精髓。但贾谊在此处认为"法者禁于已然之后"，又以"刑罚积而民怨背"，得不到政治社会的谐和团结，所以他便由法而通到"禁于将然之前"的礼，以期"绝恶于未萌，而起教于微眇，使民日迁善远罪而不自知"，这便由法家通向儒家。不过在贾氏所强调的礼中，也含有浓厚的法家意味。而在探求人生根源的地方，亦即在与文帝所谈的"鬼神之本义"的地方，则通向老子；在境遇挫折，自加排解的地方，则通向庄子。[2]在提倡节俭，重视礼而事实上并不大重视乐的地方，则吸收了墨子思想。《新书》中引用了不少《孟子》、《荀子》的语句，而在教化上重"渐"重"积"，在言礼时，把礼应用到经济生活方面，则受《荀子》的影响为更大。在主张"色上黄，数用五"，受了《吕氏春秋》的影响。其他《发子》、《粥子》等不一而足，正如《史记·贾生列传》中吴公所说"颇通诸

---

[1]《韩非子·二柄》第七，专论此事。
[2] 贾谊的《鵩鸟赋》，很明显地吸收了庄子的思想。

子百家之书"。而作为他的诸子百家的绾带的，当是《管子》。因《管子》一书，本由汇集折衷儒道法三家思想以为其骨干，更广罗战国时期许多角度不同的思想，以形成一部"政治丛书"的性质。通过《史记·文帝本纪》以了解文帝思想的背景，其由《管子》以绾带儒法道三家者颇为明显，或即系受贾生的影响。但贾生所吸收的诸子百家，非仅供繁征博引以供加强自己论点之资。最难得的是由斟酌取舍而融会贯通，以形成他的政治思想、哲学思想上的独特体系，这在后面将详加疏导。

儒家典籍，在贾生思想中，当然占最重要的地位。《汉书·儒林传》"汉兴，北平侯张苍，及梁太傅贾谊，京兆尹张敞，太中大夫刘公子，皆修《春秋左氏传》，谊为《左氏传训诂》"，是他对《左氏传》曾下过一番工夫。但《经典释文·序录》谓："左丘明作传以授曾申，申传卫人吴起……卿（虞卿）传同郡荀卿名况，况传武威张苍，苍传洛阳贾谊……"这种说法，则大有问题。《儒林传》未言张苍与贾谊，有传受关系，而《释文》则凭空加上传受关系。盖五经博士成立以后，为便于统制及专利，特重师承家法；一若不经传受，即无入学之方。不知在此以前，以上推战国之末，学者只要能通阅文字，便可自由修业，学无常师，没有师承家法的拘束。后人常以五经博士出现以后的师承家法的情形，加在以前的经学传承上去，每经都安放一条直线单传的系统，一若每代只有一人传习，这都是出于傅会而非常不合理的。《左氏》未得立博士，故《汉书·儒林传》的叙述，尚反映出一点自由修业，无所谓师传的情形。到了陆德明写《经典释文》时，便按照其他经传的情形，也为它加上一个直线单传的系统。殊不知《左氏》在战国末期，已成为很通行的典籍，《韩非子》中亦已引

贾谊思想的再发现

用。①贾生之习《左氏》，不必传自张苍，且亦无缘传自张苍。张苍于高帝六年封为北平侯，迁为计相。萧何为相国，苍以列侯居相府，后改为淮南王相。据《汉书·百官公卿表》，吕后八年，迁张苍为御史大夫，文帝四年为丞相。贾谊籍洛阳，生于高帝七年；十八岁河南郡守吴公召置门下，时为高后五年。文帝元年召河南郡守为廷尉，因吴公荐，召为博士，这年超迁太中大夫，时谊年二十二岁，也是他开始由洛阳到长安之年，以何因缘，而得张苍传授《左氏》？②且张苍"推五德之运，以为汉当水德之时，尚黑如故"，③ "鲁人公孙臣上书，陈终始传五德事，言方今土德时……当改正朔服色制度。天子下其事，与丞相（张苍）议。丞相推以为今水德始明，正十月，上黑色。以为其（公孙臣）言非是，请罢之"。④按贾谊有关此一问题的看法，与公孙臣相同，与张苍相异；若贾谊为张苍弟子，何得有此歧异？若贾生习《左氏》，乃传自张苍，则他该通六艺及诸子百家，又传自何人？贾生年少时即具有广博知识，一方面是来自他个人的禀赋与努力，也得力于他出生地的洛阳。自周公营建洛邑以来，几近千年，乃文物中心之地，这在了解时局及追求知识上，当然有很大的方便。研究汉代经学史，应首先打破五经博士出现以后所伪造的传承历史。当然，

---

① 学生书局《中国书目季刊》第八卷第二期有郑良树君《论左传君子曰，非后人所附益》一文中谓《韩非子·说难》四篇引有《左传·桓公十七年》郑昭公将以高渠称为卿一段中的"君子谓"及公子达的话。《晏子春秋·内篇杂下》第二十一，则引有《左传·昭公三年》景公欲更晏子之宅一段中的"君子曰"，其言甚确。亦可见《左传》在战国中期后已流行。
② 以上请参阅《史记·张丞相列传》，及《汉书·百官公卿表》。
③ 《史记·张丞相列传》。
④ 《史记·文帝本纪》。

这并非说一切习六艺的人皆无所传承；但我借此指出，并非必有师承家法不可。尤以先秦时代之直线单传系统，十九出于傅会、伪造。

《新书》引《左氏》，[①]他的深通《左氏》自不待论。但《左氏》外，更深于《礼》及《诗》与《易》。他虽统称六艺，如《六术》篇："是以先王为天下设教，因人所有，以之为训，道人之情，以之为真。是故内法六法，外体六行，以与《书》、《诗》、《易》、《春秋》、《礼》、《乐》六者之术，以为大义，谓之六艺。"但他与陆贾一样，没有引用到《书》，而他对《书》的内容，只从字义上加以陈述；如《道德说》篇"是故著之竹帛谓之书，书者此之著也"。我推测，秦政焚书，以对《书》的影响最大。汉初伏生以其残篇"教于齐鲁之间"，[②] 晁错尚未奉诏受读，所以贾生仅知有其名而未尝读其书，此亦经学史上有趣的问题。

《新书》中引用《诗》与《易》，皆妥帖而不泛。《礼》篇释《诗》的《驺虞》，释《易》之"亢龙"、"潜龙"，皆可存古义。《史记·日者列传》，"宋忠为中大夫，贾谊为博士，同日俱出洗沐，相从论议，诵《易》先王圣人之道术"，此亦可证谊对《易》特别有兴趣。《无蓄》篇引了"《王制》曰，国无九年之蓄，谓之不足……"的一段，这是最早征引《王制》的。卢植谓"汉文帝令博士诸生作此篇"。[③] 博士诸生杂采有关传记以成此篇，将以作统

---

① 《审微》篇晋文公请隧，及卫叔于奚请曲县繁缨。《春秋》篇卫懿公喜鹤，及《礼容语下》篇鲁叔孙昭聘于宋。虽其中文字偶有异同，盖一出于篇简繁重，仅凭记忆而引，一则在引用时带有一种解说性质。此皆汉人引书常例。
② 见《史记·儒林列传》。
③ 《礼记注疏·王制》第五下引。

贾谊思想的再发现

治的法式，贾生或曾参与其事，其征引以加强自己的意见，并不足异。至《大戴记·礼察》篇之出于贾生，已有《治安策》可以证明。《保傅》篇乃采用《新书》中之《保傅》、《胎教》、《容经》等而成，有刘昭注可以证明。且贾生本为太子而立教，而《大戴记》将太子改为天子，在文意上实多舛戾。但由此可知贾生所发生影响之大。

四、贾谊由秦所得的历史教训（附贾山）

贾谊对经传诸子百家的热烈追求，首先是要为出现不过二十多年的大一统的专制政治形态，迫切地找出一条长治久安的道路。他的这一思考，是从秦政建立了此种政治型态后，何以便二世而亡的这一切近的历史教训开其端，并且这也是他对诸子百家在思想上选择的标准。因此，他对秦的批评，是了解他的政治主张，把握他的政治思想的起点。《过秦下》："是以君子为国，观之上古，验之当世，参之人事，察盛衰之理，审权势之宜，去就有序，变化因时，故旷日长久而社稷安矣。"《治安策》说："夏为天子，十有余世，而殷受之。殷为天子，二十余世，而周受之。周为天子，三十余世，而秦受之。秦为天子，二世而亡。人性不甚相远也。何三代之君，有道之长，而秦无道之暴也。""秦世之所以亟绝者，其辙迹可见也。然而不避，是后车又将覆也。"这已说得很清楚。

但贾生《过秦》（言秦之过），并非对秦采取抹煞的态度。第一，他承认法家对秦统一天下的功效。《过秦上》："秦孝公据崤函之固，拥雍州之地。君臣固守，以窥周室……商君佐之，内立法度，务耕织，修守战之备，外连横而斗诸侯，于是秦人拱手而取西河之外。"第二，他承认秦统一天下，是时代的要求，有重大的意义。《过秦中》："秦灭周祀，并海内，兼诸侯，南面称帝，以四向养。天下之士，斐然向风，若是者何也？曰，近古之无王者久矣……是以诸侯力政，强凌弱，众暴寡，兵革不休，士民罢弊。今秦南面而王天下，是上有天子也。即元元之民，冀得安其性命，莫不虚心而仰上。当此之时，专威定功，安定之本，在于此矣。"第三，他认秦政死后，秦无必亡之理。《过秦中》："向使二世有庸主之行，而任忠贤，臣主一心，而忧海内之患……轻赋少事，以佐百姓之急，约法省刑，以持其后……即四海之内，欢然皆自安乐其处，惟恐有变；虽有狡猾之民，无离上之心，则不轨之臣无以饰其智，而暴乱之奸弭矣。"《过秦下》且认为："借使子婴有庸主之材，而仅得中佐，山东虽乱，三秦之地，可全而有；宗庙之祀，宜未绝也。"在贾生上面的文字中，实际含有承认在历史中的正当地位的意义。按邹衍五德运转的安排，五行之德，以相克而递嬗。周以火德王，水克火，秦代周，所以秦是水德。土克水，汉代秦，所以汉应是土德。贾生主张"色尚黄，数用五"，即认为汉应是土德。在认汉是土德的后面，承认了秦是水德，担当了五德运转中的一德，是历史的正统。张苍主张汉是水德，这是以汉直承周的火德，不承认秦在历史上分担了正统的一个阶段。因为贾生虽过秦而未尝抹杀秦，所以引起了东汉明帝的批评。[1]在这一态度后面，对秦政政治上的设施，也当承认其若干价值。

现在进一步看他对秦的政治，作了些什么批评，并认为可作

---

[1] 可参阅《史记·秦始皇本纪》后的附录，及班固典引。

汉的鉴戒的是些什么。《过秦上》结尾的"仁义不施，而攻守之势异也"的两句话，可说是他所作的总的批评。但这两句话的意思，在《过秦中》才把它说清楚。《过秦中》有下面一段话：

> 秦王怀贪鄙之心，行自奋之志，不信功臣，不亲士民；废王道，立私权，禁文书而酷刑法，先诈力而后仁义，以暴虐为天下始。夫并兼者高诈力，安定者贵顺权，此言取与守不同术也。秦离战国而王天下，其道不易，其政不改，是其所以取之守之者异（"异"上疑有"无"字）也。孤独而有之，故其亡可立而待。

他认为秦亡之速，是因为他以攻天下取天下之术，为守天下、治天下之具，此与陆贾的看法是完全相同的。更具体地说：

> （一）商君遗礼义，弃仁恩，并心于进取。行之二年，秦俗日坏。故秦人家富子壮则出分，家贫子壮则出赘。借父耰耡，虑有德色。母取箕帚，立而谇语。抱哺其子，与公并倨。妇姑不相悦，则反唇而相稽。其慈子嗜利，[①]不同禽兽者无几耳。然并心而赴时，犹曰蹙六国，兼天下。功成求得矣，终不知反廉愧之节，仁义之厚；信并兼之法，遂进取之业。天下大败，众掩寡，智欺愚，勇威怯，壮陵衰，其乱至矣。(《治安策》)

[①]《汉书》本传《治安策》，此段系取自《新书·时变》篇。《时变》篇作"其慈子耆利而轻简父母也"，本传删去"而轻简父母也"六字，语意不完。

（二）秦灭四维（礼义廉耻）而不张，故君臣乖乱，六亲殃戮，奸人并起，万民离叛。凡十三岁，社稷为虚。（同上）

（三）夫三代之所以长久者，以其辅翼太子有此具（按指《新书·保傅》篇而言）也，及秦而不然。其俗非贵辞让也，所上者告讦也。固非贵礼义也，所上者刑罚也。使赵高傅胡亥而教之狱，所习者非斩劓人，则夷人之三族也。故胡亥今日即位而明日射人。忠谏者谓之诽谤，深计者谓之妖言，其视杀人若艾草菅然。岂惟胡亥之性恶哉，彼其所以道之者非其理故也。（同上）

（四）汤武置天下于仁义礼乐而德泽洽……累子孙数十世，此天下所共闻也。秦王置天下于法令刑罚，德泽无一有，而怨毒盈于世，下憎恶之如仇雠。祸既及身，子孙诛绝，此天下之所共见也。（同上）

（五）二世……重之以无道，坏宗庙与民更始，作阿房宫，繁刑严诛，吏治深刻，赏罚不当，赋敛无度，天下多事，吏不能纪。百姓困穷，而主弗收恤。然后奸伪并起，而上下相遁。蒙罪者众，刑僇相望于道，而天下苦之。自君卿以下，至于众庶，人怀自危之心，亲处危苦之实，咸不安其位，故易动也。（《过秦中》）

（六）当此时也，世非无深虑知化之士也。然所以不敢尽忠拂过者，秦俗多忌讳之禁。忠言未卒于口，而身为戮没矣。故使天下之士，倾耳而听，重足而立，拑口而不言……故秦之盛也，繁法严刑而天下震。及其衰也，百姓怨望而海内畔矣。（《过秦下》）

从陆贾起,认为稳固的政权,必立基于人与人能互信互助的合理的社会。而合理的社会,不是靠刑罚的威压,要靠仁义之政及礼义的教养。(一)所说的是商鞅的法治,收到了一时富强之功,但破坏了人与人的内在关连,因而破坏了合理的社会构造。(二)是切就人伦关系而言,与(一)的根本意义相同。(三)言胡亥的失德,主要因为始皇教之不以其道。《史记·秦始皇本纪》:"赵高故尝教胡亥书及狱律令法事,胡亥私幸之。"与此相应。《李斯列传》赵高向胡亥建议"严法而刻刑,令有罪者相坐诛,至收族,灭大臣而远骨肉,贫者富之,贱者贵之,尽除去先帝之故臣,更置陛下之所亲信者近之……陛下则高枕肆志宠乐矣,计莫出于此。二世然高之言,乃更为法律。于是群臣诸公子有罪,辄下高,令鞫治之"。"法令诛罚日益刻深,群臣人人自危,欲畔者众。又作阿房之宫,治直驰道,赋敛益重,戍徭无已。于是楚戍卒陈胜、吴广等乃作乱……兵至鸿门而却。李斯数欲请间谏,二世不许。而二世责问李斯曰:'吾有私议而有所闻于韩子也……'李斯恐惧,重爵禄,不知所出,乃阿二世,意欲求容,以书对曰……"书的内容是根据申韩之说,"特严督责之术,使群臣百姓救过不给,何变之敢图"。李斯总结地说:"虽申韩复生,不能加也。书奏,二世悦。于是行督责益严……刑者相半于道,而死人日成积于市。"这都与(三)(四)(五)所说的情形相应。《史记·秦始皇本纪》载赵高使其婿咸阳令阎乐,将吏卒千余人攻二世斋居的望夷宫,"郎中令与乐俱入,射上幄坐帏。二世怒,召左右,左右皆惶扰不斗。旁有宦者一人,侍不敢去。二世入内,谓曰:'公何不蚤告我?乃至于此!'宦者曰:'臣不敢言,故得全。使臣蚤言,皆已诛，安得至今。'"推此可以例当时一般的情况，与（六）所说的情况相合。而并《秦始皇本纪》及《李斯列传》以观，则赵高之以法家亡秦，乃历史中的铁案。申商韩的本意并不如此，而其反文化、反教养，使人仅成为相压相伺的狡智动物的结果必至于此。

这里顺便提到年龄可能长于贾谊，但向文帝进言，则约略与贾谊相先后的贾山。因为西汉较好的知识分子，莫不反秦反法；而陆贾、贾谊、贾山三人，皆出于历史成败兴亡的经验教训，非出于学术思想的是非得失，所以说得非常真实恳到。贾山因为"讼淮南王无大罪，宜急令反国"，与文帝的用心不合，所以并未如贾谊样得到文帝的重视。本传只记他"尝给事颍阴侯为骑"，更无其他名位。班氏父子，仅以他的《至言》①而为他立传，由此可知他们对此文的重视，也由此可知良史的用心。《汉书》五十《贾山传》：

> 贾山，颍川人也。祖父祛，故魏王时博士弟子也。山受学祛，涉猎书记，不能为醇儒。尝给事颍阴侯为骑，孝文时言治乱之道，借秦为喻，名曰《至言》。

《至言》中最主要的用心，在希望天子能养士以自闻其过失。亦即是"开道而求谏，和颜色而受之"，"得士而敬之"，"用之有礼义"，以使至高无上，威严过于雷霆的皇帝，能了解人民的疾苦，"用民之力，不过三日；什一而籍，君有余财，民有余力"。他的这种

---

① 王先谦以"至之为言极也"释《至言》，本不算错。但《至言》中谓"言切直，则不用而身危。不切直，则不可以明道"。故所谓《至言》者，即切直之言。

贾谊思想的再发现

意见，主要是来自秦二世而亡的经验教训。他对秦所以亡的原因，认为是"赋敛重数，百姓任罢。赭衣半道，群盗满山"。"劳罢者不得休息，饥寒者不得衣食，亡罪而死刑者无所告诉。人与之为怨，家与之为仇。""秦皇帝计其功德，度其后嗣，世世无穷。然身死才数月耳，天下四面而攻之，宗庙灭绝矣。秦皇帝居灭绝之中，而不自知者何也，天下莫敢告也。其所以莫敢告者何也，亡养老之义，无辅弼之臣，亡进谏之士；纵恣行诛，退诽谤之人，杀直谏之士，是以道谀偷合苟容。比其德，则贤于尧舜；课其功，则贤于汤武。天下已溃而莫之告也。""天下已溃而莫之告"，是法家之治的必然结果。

五、贾谊政治思想中的现实性与理想性

（一）现实政治问题

贾谊对当时政治的积极主张，是针对"是时匈奴强，侵边。天下初定，制度疏阔，诸侯王僭儗，地过古制，淮南、济北王皆为逆诛"（本传），而"陈治安之策"（本传）的。当时，对匈奴委曲求全的态度，虽然使贾生感到"可为流涕"；但他揣情度势，并未曾主张对外用兵，而是要以"耀蝉之术振之"。所谓"耀蝉之术"，是童子以火光照蝉，使蝉因受到火光的炫耀而不能飞动，以便加以捕获，其具体内容即是《新书》卷四《匈奴》篇中所述的"三表"、"五饵"。概括地说，即是要以物质声色的诱惑以弱化匈奴，分化匈奴。班固认为"其术固已疏矣"，未加采录。本传采录的重点，是放在如何解决"制度疏阔，诸侯王僭儗"的问题，这在当时的确是内政上的一个严重问题。贾生所提出的对策，可用

"莫若众建诸侯而少其力"一句话加以包括。因为高祖所封的同姓诸侯王的疆域太大,其制度规模,与朝廷相去无几,随时有分裂叛变之虞。惩秦不分封子弟,以致陷于孤立无援之失,贾生并没有主张根本废除这种过时的封建制度,而只是主张将一国改为数国,且在制度上加以各种限制,以扩大中央的集权,巩固天下的统一。贾生所以一下子受到文帝的重视,其根本原因在此。此一政策,经晁错、主父偃的继续主张,历文、景、武三世而卒得实现。而后的诸侯王,只等于一种剥削的大地主,与列侯无异。到晋武帝复行分封诸侯王制度,卒有八王之乱。所以贾生的这种主张,虽然不算彻底,但实有政治上的现实意义。

在贾生心目中的政治形态,是定于一尊的大一统的皇权专制的政治形态。皇帝是政治结构的顶尖,又是政治的中心。为了使皇帝有绝对统治的能力,贾生便提出政治的"阶级"[1]观念,以巩固并神化皇帝的地位。《阶级》篇说:"天子如堂,群臣如陛,众庶如地,此其辟也。故陛九级,上廉远地,则堂高。陛无级,廉近地,则堂卑。高者难攀,卑者易陵,理势然也。故古者圣王,制为等列。内有公卿大夫士,外有公侯伯子男。然后有官师小吏,延及庶人,等级分明,而天子加焉,故其尊不可度也……君之宠臣虽或有过,刑戮不加其身,尊君之势也……今日王侯三公之贵,皆天子所改容而礼之者也……令与众庶徒隶同黥劓髡刖笞骂弃市之法,然则堂下不无陛乎?"汉初杀戮大臣,令其先受五种残酷刑法,可谓惨绝人寰。贾生不从刑法的本身立论,而援封建时代"礼不及庶人,刑不至君子(大夫)"以主张刑法的阶级性,则其

---

[1]《新书》卷二有《阶级》篇。

建议的出发点，在尊君而不在刑法自身的得失，是可以想见的。

（二）理想的政制

但贾谊的尊君，毕竟与法家大大的不同。法家的君主，是孤头特出，除了法以外，不受任何人的制约的。而法的最高创制权、使用权，都操在皇帝手上，简帛上的黑字，又怎能要求有强大统治权的皇帝来加以信守呢？贾生心目中以皇帝为中心的政治结构，却是为皇帝分担权力，并给皇帝以政治规范、政治制约的政治结构；在此种结构中，皇帝的地位虽很尊，但权力的行使，是出于集体的意志与能力，而不是出于皇帝的孤独意志。《新书·官人》篇，这是把战国时期如何能合理行使政权的各种想法，加以组织而作集约的系统的表现。《官人》篇说："王者官人有六等，一曰师，二曰友，三曰大臣，四曰左右，五曰侍御，六曰厮役。"此六等，不是爵位上的等级，而是随才能品格而来的所能尽的责任上的等级。"知足以为源泉，行足以为表仪"的人"谓之师"。"知足以为砻砺，行足以为辅助，仁足以访议，明于进贤，敢于退不肖"，"谓之友"。"知足以谋国事，行足以为民率，仁足以合上下之欢。国有法，则退而守之……职之所在，君不得以阿私托者大臣也。""修身正行，不怍于乡曲。道语谈说，不怨（怍）于朝廷，知能不困于事业……能举君之失过，不难以死持之者，左右也。不贪于财，不淫于色，事君不敢有二心……虽不能正谏，以其死持之，憔悴有忧色者……侍御也。柔色伛偻，唯谀之行，唯言之听，以睚眦之间[①]事君者，厮役也。"师与友，虽没有直接统治权，

[①] 此处指窥伺人君之喜怒而言。

但因师的人格上的地位在人君之上,所以说"取师之礼,黜位而朝之"。友则与人君处于平等的地位,所以"取友之礼,以身先焉"。统治权在皇帝一人手上,而行使统治权的意志,则出于师友,这实际是人君与师友的共同统治,甚至可以说人君是处于虚位,以持政治之统;而实际代人君来统治的,是品德才能在人君之上的师或友。在以前的儒生及贾谊,认为这才是理想的统治方式。所以说"故与师为国者帝,与友为国者王","取大臣之礼,皮币先焉","与大臣为国者霸","取左右之礼,使使者先焉","与左右为国者强","取侍御之礼,以令至焉","与侍御为国者若存若亡","取厮役之礼,以令召矣","与厮役为国者亡可立待也"。由此可知人君地位之尊,是大一统的政体的要求。而人君在政治结构之内,以自卑而尊臣的程度,为其政治隆污的标志。大臣虽不及师友能代人君统治,但除才能品格外,并守其职所应遵循的法,人君不得以私意干犯,这便是人君的意志,只能通过法表现出来,所以是法治而不是人君的人治。左右并能举君的过失,侍御也要以人主之过失为忧,决不逢君之恶。则人君的过失,也受到消极的限定。因此,贾生为了巩固天下的统一,而把皇帝推尊得至高无上,但在他的官制中,却从道德、政治原则、才能、法制等方面,把政权安放在集体的有机体中去运行,决不许人君以个人的意志随意加以干犯。在贾生心目中,当时人君与人臣的关系,实际只不过是主人与厮役的关系。在这种地方,便表现出他在现实政治中的突破性。

在《辅佐》篇中,他更从职位及职掌上把握这大一统的政权,使其合理地具体化。《辅佐》篇文字既有残缺,又有讹误,今日只能通其大意。他把朝廷的政治结构,分为上、中、下三层,而把

"大相"安置于三层之上。大相是"上承大义而启治道。总百官之要，以调天下之宜。正身行，广教化，修礼乐以美风俗，兼领而和一之，以合治安。故天下失宜，国家不治，则大相之任（责）也"。大相下面的三层结构是：由"大拂""上执正听"，[①]他的责任是"秉义立诚，以翼上志。直议正辞，以持上行。批天下之患，匡诸侯之过。令或郁而不通，臣或鸷而不义，大拂之任也"。由"大辅""中执政要"，他的责任是"闻善则以献，知善则以献。明号令，正法则，颁度量，论贤良，次官职，以时顺修，[②]使百官敬率其业。故经业不衰，贤不肖失序，大辅之任也"。"道行"、"调谇"、"典方"、"奉常"、"挑师"等"下执事职"，分管各种重要职务；其共同之点，是这些主官，皆具备与其职务相称的道德水准，使其职务在合理的目的上运行。同时，在其职务直接间接与人君有关时，皆负有匡正的责任。"大相"实际是代人君负统治之责，大相以次的上、中、下三层的各官职，皆对其官职所应遵守的原则负责，皆应使人君承受这些原则，而不准越出于这些原则之外。这样一来，贾谊虽视皇帝为至高无上，只是为了巩固天下的统一，与加强政治的秩序及效能。而以皇帝为代表的政治结构，却是集天下贤德之人的共同统治，皇帝反垂拱无为，实际是一种"虚君"的制度。这便把皇权专制，在实质上加以解消了。

另一值得注意的是，贾谊所提出的官名，除了"大相"与汉代所承袭秦制中的相国约略相似、奉常完全相同外，其他官名则完全不同。以意推之，他整理了先秦诸子百家中理想性的官制，

[①]《汉魏丛书》本、《四部丛刊》明正德长沙刊本皆作"上执政职"，与"中执政职"重复，此依卢校。
[②] 原作"以时巡循"。此从俞校。

或提出自己对官制的要求，构建一种新的政治构造，所以他所用的官名与时制完全不同，以表示与当时的政治构造，是完全不同的性格和内容。因汉所承的秦制，大部分是用来表现并维护皇帝的绝对身份，而非出自客观政治治理上的需要。[①] 贾谊为了突出自己的政治理想，所以把当时的官制摒弃而不用，其中实含有对当时政治结构加以贬斥的意味。《孟子·告子下》"入则无法家拂士，出则无敌国外患者，国恒亡"，此处的"拂士"，当为"大拂"之所本。王莽政制中有四辅，又系本于贾谊的大辅。此外则未能详考。

（三）在人民上立基，发挥人民在知人用人上的积极功能

贾谊心目中的理想官制，是以道德为基础，这便须落实在人的问题上。知人用人，当然是人君最重要的责任。但贾谊虽重视人君知人用人的能力，可是觉得人君主观的能力是不大可靠的，便凸出人民在知人用人上的积极功用，以树立知人用人的客观标准，这是非常突出的观点。其所以能提出这种突出的观点，则是由继承儒家对人民的信赖，政治的一切是为了人民的大统，直接由孟子"国人用之"、"国人杀之"的观念所发展出来的。《大政》上篇：

> 闻之于政也，民无不为本也。国以为本，君以为本，吏以为本。故国以民为安危，君以民为威侮，吏以民为贵贱，此之谓民无不为本也。闻之于政也，民无不为命也。国以

[①] 请参阅拙著《周秦汉政治社会结构之研究》中《汉代一人专制政治下的官制演变》。

为命，君以为命，吏以为命。故国以民为存亡，君以民为盲明，吏以民为贤不肖。此之谓民无不为命也。闻之于政也，民无不为功也。故国以为功，君以为功，吏以为功。国以民为兴坏，君以民为弱强，吏以民为能不能。此之谓民无不为功也。闻之于政也，民无不为力也。故国以为力，君以为力，吏以为力。故夫战之胜也，民欲胜也。攻之得也，民欲得也。守之存也，民欲存也。故率民而守，而民不欲存，则莫能以存矣。故率民而攻，民不欲得，则莫能以得矣。故率民而战，民不欲胜，则莫能以胜矣……故夫蓄与福也，非降在天也，必在士民也。呜呼，戒之戒之。夫士民之志，不可不要也。呜呼，戒之戒之……天有常福，必与有德。天有常蓄，必与夺民时。故夫民者，至贱而不可简也，至愚而不可欺也。故自古至于今，与民为仇者，有迟有速，而民必胜之。……故纣自谓天王也，桀自谓天子也。已灭之后，民以相骂也。以此观之，则位不足以为尊，而号不足以为荣矣。故君子之贵也，士民贵之，故谓之贵也。故君子之富也，士民乐之，故谓之富也……夫民者，万世之本也，不可欺。凡居于上位者，简士苦民者是谓愚，敬士安民者是谓智。夫愚智者士民命之也。故夫民者大族也，民不可不畏也。故夫民者多力而不可敌也。呜呼，戒之哉。与民为敌者，民必胜之。君能为善，则吏必能为善矣。吏能为善，则民必能为善矣。故民之不善也，吏之罪也。吏之不善也，君之过也。呜呼，戒之戒之。故夫士民者，率之以道，然后士民道也。率之以义，然后士民义也。率之以忠，然后士民忠也。率之以信，然后士民信也。

因为贾谊是以民为本、以民为命、以民为功、以民为力，一切过失都由君与吏负责，决不能诿之于民。他的政治思想，完全立基于人民之上，而直接治理人民的是"吏"；因此，人君用人，是从吏开始。朝廷的卿相，都是从吏中选择出来的。而吏的贤否，是由人民对他的爱戴与否来决定，并使人民参与对吏的选举。《大政》下篇：

> 夫士者，弗敬则弗至，民者，弗爱则弗附。故欲求士必至，民必附，惟恭与敬，忠与信，古今无易矣……故有不能求士之君，而无不可得之士。有不能治民之吏，而无不可治之民。故君明而吏贤矣，吏贤而民治矣。故见其民而知其吏，见其吏而知其君矣。故君功见于选吏，吏功见于治民……王者有易政而无易国，有易吏而无易民……故民之治乱在于吏，国之安危在于政。是以明君之于政也，慎之于吏也，选之然后国兴也。故君能为善，则吏必能为善矣。吏能为善，则民必能为善矣……夫民者贤不肖之材，贤不肖皆具焉。故贤人得焉，不肖者伏焉，技能输焉，忠信饰焉，故民者，积愚也。故夫民者，虽愚也，明上选吏焉，必使民与焉，故士民誉之，则明上察之，见归而举之。故士民苦之，明上察之，见非而去之。故王者取吏不妄，必使民唱，然后和之。故夫民者，吏之程也。察吏于民，然后随之。夫民至卑也，使之取吏焉，必取其爱焉。故十人爱之有归，则十人之吏也。百人爱之有归，则百人之吏也。千人爱之有归，则千人之吏也。万人爱之有归，则万人之吏也。故万人之吏也，选卿相焉。

以人民是否爱戴来判断吏的贤否，究系判断于已用之后，由效果来决定。在未用之前，贾谊则以家庭社会的伦理为选择的标准。因为家庭社会的伦理，是道德的实践；而事君治民，则是此种实践的扩充。《大政》下篇：

> 事君之道，不过于事父。故不肖者之事父也，不可以事君。事长之道，不过于事兄，故不肖者之事兄也，不可以事长。使下之道，不过于使弟，故不肖者之使弟也，不可以使下。交接之道，不过于为身，故不肖者之为身也，不可以接友。慈民之道，不过于爱其子，故不肖者之爱其子，不可以慈民。居官之道，不过于居家。故不肖者之于家也，不可以居官。夫道者行之于父，则行之于君矣。行之于兄，则行之于长矣。行之于弟，则行之于下矣。行之于身，则行之于友矣。行之于子，则行之于民矣。行之于家，则行之于官矣。故士则未仕而能以试矣。

贾谊的官制、选吏上的理想，在政治现实中自然不会实现。但在上述的理想中，也未尝不能看出西汉乡举里选的朦胧面影。

六、政治思想中礼的思想的突出

（一）礼的时代意义

贾谊的政治理想，表现在他所创意的政治结构之中。为实现此种政治结构，并作合理的运行，更需要建立上下共同遵循的轨范，以形成共同的精神纽带，这即是他所突出的儒家所说的礼。而居于决定地位的还是人君，贾生便首先要求人君以礼范围自己，更根据礼来推动整个政治机构。但贾谊想到，已经做了皇帝的人君，很难达到他所要求的理想状态，他便把希望寄托在太子的教养上，并且从怀胎的时候便教养起。而教养的内容当然是礼。合理的政治，须建立在健全的社会制度之上，所以移风易俗，使社会进入到合理的状态，也正是政治的最高目的。移风易俗的手段依然是礼。政治的最基本要求，在解决人民的物质生活。这在贾谊，认为首需在消费上应有合理的限制，以达到节约的目的。而限制的依据还是礼。在贾谊心目中，礼是人的行为规范，是政治结构中、社会结构中的精神纽带及组织原理。而在经济中则又为对一般人民生活的保证，及对特殊利益者的一种限制。儒家礼的内容，到荀子已经有了很大的发展；[1]贾谊所突出的礼的思想，又是受荀子的礼的思想，而继续向前发展的。面对着大一统的帝国，而要赋予以运行的轨迹，使其能巩固、治安；并且要在皇权专制政治之下，建立人与人的合理关系，使每个人能过着有秩序而又谐和的生活，以贾谊为代表的西汉儒生，便只有集结整理儒家由战国中期以来的礼的思想，以作为法治的根据，及教化的手段与目标。真正的法治，只有在礼的政治、社会的精神纽带中，才可运行而不匮。大小《戴记》的成立，淮南门客特长于言法言礼，司马迁著《史记》而特立《礼书》、《乐书》，都是在此一背景之下，约百年之间儒生所追求的合理的政治社会的大方向。经武帝而把秦所立官制中合理的部分，逐渐加以变质，一人专制，已经僵化为集体封建压迫剥削的工具，与儒生所追求的方向，日离日远，已无理想旋回的余地，于是礼的思想，只成

---

[1] 请参阅拙文《荀子政治思想的解析》一文，收入《学术与政治之间》。

为皇权专制下的装饰仪节及典籍上的问题，已无复西汉初年在现实要求中生长出来的生命。

《礼》篇可以说是贾谊的礼的思想的总论。兹节录于下：

> 昔周文王使太公望傅太子发，太子发嗜鲍鱼而太公弗与，曰："礼，鲍鱼不登于俎。岂有非礼而可以养太子哉？"寻常之室无奥剽（恐当作阼）之位，则父子不别。六尺之舆，无左右之义，则君臣不明。寻常之室，六尺之舆，处无礼即上下蹖逆，父子悖乱，而况其大者乎。道德仁义，非礼不成。教训正俗，非礼不备。分争辩讼，非礼不决。君臣上下，父子兄弟，非礼不定。宦学事师，非礼不亲。班朝治军，莅官行法，非礼威严不行。祷祠祭祀，供给鬼神，非礼不诚不庄。是以君子恭敬撙节退让以明礼。礼者所以固国家，定社稷，使君无失其民者也。主主，臣臣，礼之正也。威德在君，礼之分也。尊卑小大，强弱有位，礼之数也。礼，天子爱天下。诸侯爱境内，大夫爱官属，士庶各爱其家。失爱不仁，过爱不义。礼者所以守尊卑之经，强弱之称者也……君仁臣忠，父慈子孝，兄爱弟敬，夫和妻柔，姑慈妇听，礼之至也。君仁则不厉，臣忠则不二，父慈则教，子孝则协，兄爱则友，弟敬则顺，夫和则义，妻柔则正，姑慈则从，妇听则婉，礼之质也……礼者所以节义而没不还。[①]故飨饮之礼，先爵于卑贱，而后贵者始羞。

[①] 俞校："还乃逮字之误。《小尔雅·广诂》，没，无也。方言曰，逮，及也。没不逮者，无不及。故下所言皆逮下之事。"

毂膳下彻,而乐人始奏。觞不下遍,君不尝羞。毂不下彻,上不举乐。故礼者,所以恤下也……国无九年之蓄,谓之不足。无六年之蓄,谓之急。无三年之蓄,国非其国也。民三年耕,必余一年之食,九年而余三年之食,三十岁相通而余十年之积。虽有凶旱水溢,民无饥馑。然后天子备味而食,日举以乐。诸侯食珍,不失钟鼓之县,可使乐也。乐也者上下同之。故礼,国有饥人,人主不飧。国有冻人,人主不裘。报囚之日,人主不举乐。岁凶谷不登,台扉不涂,榭彻于侯,马不食谷,驰道不除,食减膳,飨祭有阙,故礼者自行之义,养民之道也。受计之礼,主所亲拜者二,闻生民之数则拜之。闻登谷则拜之。《诗》曰:"君子乐胥,受天之祜。"胥者相也,祜,大福也。夫忧民之忧者民必忧其忧,乐民之乐者民亦乐其乐。与士民若此者,受天之福矣。礼,圣王之于禽兽也,见其生,不忍见其死;闻其声,不尝其肉。隐弗忍也,故远庖厨,仁之至也。不合围,不掩群,不射宿,不涸泽。豺不祭兽,不田猎,獭不祭鱼,不设网罟,鹰隼不鸷,眭而不逮……取之有时,用之有节,则物莫不多……圣主所在,鱼鳖禽兽,犹得其所,况于人民乎?故仁人行其礼,则天下安而万理得矣。

在上面的文字中,可以了解,所谓礼,是对各种地位的人,承认其适当的存在,而不可对之加以凌越侵犯;要求对他人尽其所应尽的义务,而不可片面地自私。由此以建立相对的伦理关系,亦即是建立人与人的合理关系。在政治上言,礼乃范围在上者合理运用其权力,以实现其爱民之心,此即所谓"礼者自行之义,养民之道也"。而由"仁义道德，非礼不成"，到"是以君子恭敬撙节退让以明礼"的一段，与《礼记·曲礼上》中的一段全同，由两方此段上下相关的文字看，是《曲礼》取之于贾生的。

（二）礼在生活上的实现——容

不仅规定行为的合理内容，合理的内容必表现为合理的生活形式。尤其是至高无上的皇帝，一举一动，更应合乎此种合理的生活形式，此《容经》篇的所以成立。《容经》一开始是：

> 志有四兴。朝廷之志，渊然清以严；祭祀之志，愉然思以和；军旅之志，怫然愠然精以厉；丧纪之志，漻然漼然忧以湫。四志形中，四色发外，维如。[1] 志，色之经也。容有四起。朝廷之容，师师然，翼翼然，整以敬；祭祀之容，遂遂然，粥粥然，敬以婉；军旅之容，湢然肃然，固以猛；丧纪之容，愴然慻然，若不还。容经也。视有四则，朝廷之视，端沵（流）平衡；祭祀之视，视如有将；军旅之视，固植虎张；丧纪之视，下沵垂纲。视经也。言有四术。言敬以固，朝廷之言也；文言有序，祭祀之言也；屏气折声，军旅之言也；言若不足，丧纪之言也。言经也。

容是容貌，是全身姿态的整体表现。色是表现在面部的神情，是容的一部分，但是最与内心相应的一部分。贾谊认为色由志而来，

---

[1] 陶校："愚按，卢校云，下有缺文……今按，如疑妃字之误。妃读为配。《广雅·释诂》：配，当也。色与志合，而内外相当，故曰'维配'。"

由志而决定（"志，色之经也"），欲正其容，应先正其志，这是由内向外的自然流露。但因正其容，也可以反射于内在之志，使志亦可因之而正，这是由外向内的强制作用；礼的最大意义，即在于这种强制作用，这也是礼在生活上的落实。在贾谊的教育思想中，首先便是这些礼的实践。贾谊在上引的容经、视经、言经之后，接着提出了"立容"、"行容"、"趋容"、"跘（盘）旋之容"、"跪容"、"拜容"、"伏容"、"坐车之容"、"立车之容"、"武容"、"兵车之容"。在"立容"中又分"经立"、"卑立"，在"坐容"中又分"经坐"、"共（恭）坐"、"肃坐"。在规定了这些生活规范后，接着说："古者年九岁入就小学，蹍（践履）小节焉，业小道焉。束发就大学，蹍大节焉，业大道焉。是以邪放非辟，无因入之焉。"可以说，贾谊的教育思想，是通过礼以达到人格教育的目的。

尤其是居于政治领导地位的人君，更应把他溶解在礼的规范之中，使其由生理的生命的存在，进而为理性化的生命的存在。由礼所陶铸的这种崇高人格，会发生精神力量，给贾谊的政治理想的实现以保证。所以《容经》篇特别强调下面的一些话：

> 古者圣王居有法则，动有文章，位执戒辅，鸣玉以行。鸣玉者佩玉也……故诗曰："和鸾雍雍，万福攸同。"言动以纪度，则万福之所聚也。故曰：明君在位可畏，施舍可爱，进退可度，周旋可则，容貌可观，作事可法，德行可象，声气可乐，动作有文，言语有章，以承其上，以接其等，以临其下，以畜其民。故为之上者敬而信之，等者亲而重之，下者畏而爱之，民者肃而乐之。是以上下和协而

士民顺一，故能综摄其国，以藩卫天子而行义足法。夫有威而可畏谓之威，有仪而可象谓之文。

上面的材料，我推测，是在当梁王太傅时所整理出来，以作教材之用的。所以他所说的人君，是指诸侯的意味特重。

（三）对太子的教育

贾谊更注意到皇位继承人的问题，这是皇权专制中最无法解决的问题。开创之主，一面或出身低级社会，或有机会与社会接触；另一面，总经过了某种形式、性质的斗争，受到若干锻炼，因而具备有若干才智或较为坚实的性格。继承之主，则生于深宫之中，长于妇寺之手，环境使其骄奢淫佚，昏惰无知，无法让他们为人民着想。皇权专制中的黑暗残酷，多是在这种情形下出现的。贾谊为汉室想到这一点，因而提出对太子的教育问题，这正是他卓越的地方。《治安策》中说："天下之命，悬于太子。太子之善，在于早谕教与选左右。夫心未滥而先谕教，则化易成也。关于道术智谊之指，则教之力也。若其服习积贯，则左右而已……太子正而天下定矣。"他由此而把他的教育理想与制度陈叙了出来。

他对太子的教育，可分为四个阶段。因受荀子教育思想的深刻影响，特注重环境与生活习惯在教育上的重大意义。他说："古之王者，太子乃生，固举以礼，使士负之；有司齐肃端冕，见之南郊，见于天也。过阙则下，过庙则趋，孝子之道也。故自为赤子，而教固已行矣。"这是教育的第一个阶段。接着他以"太公为太保，周公为太傅，召公为太师"，三人教导成王为例，把三公三少的官职，说成都是教导太子的官职；而"少保、少傅、少师，是与太子燕者也"，即是与太子共起居生活的。更"选天下之端士，孝悌博闻，有道术者，以卫翼之，使与太子居处出入。故太子乃生而见正事，闻正言，行正道，左右前后皆正人也。夫习与正人居之，不能毋正，犹生长于齐，不能不齐言也"，这是教育的第二阶段。以上两个阶段，皆在未正式入学以前，由环境熏习之力的教育。"及太子少长知妃色，则入于学"；此处贾谊之所谓学，乃指东学、西学、南学、北学、太学等五学而言，这是综合性的，又带有理想性的学制，其中以太学的地位为最高。"帝入太学，承师问道，退习而考于太傅……"是他以三公等仍在太学中负责，这是教育的第三阶段。"及太子既冠成人，免于保傅之严，则有记过之史，彻膳之宰……大夫进谋，士传民语"等由官吏而来的教育，这是教育的第四阶段。教育的内容，应包括《礼》篇、《容经》篇所说的严格规范，更扼要的是通过"三代之礼"，以达到"明有孝"、"明有度"、"明有仁"的目的。贾谊并进一步追到太子未生之前的胎教。《新书·胎教》篇引有"《青史氏之记》曰"，从"王后有身"起，王后便一直生活在适当的礼法之中，以便塑造胎儿的良好性格。妊妇的生活，对胎儿的生理，应当有影响，但对性格的形成，是否有影响？似乎是值得研究的问题。

（四）礼的社会意义

现在谈到贾谊政治思想中对风俗的问题。所谓风俗，指的是社会的动态。也可以说，社会由风俗而见，所以风俗即是社会。政治必植基于社会之上，有安定巩固的社会，才有安定巩固的政治。而安定巩固的社会，乃由人与人的合理关系而来。贾谊指出秦代刑法之治，告讦之风，把人与人互信互助的社会关系变成为"众掩寡，智欺愚，勇威怯，壮凌衰"的互相窥伺压诈的社会关系，这当然可以说是"其乱至矣"。政权的基础，建立在这种混乱而没有团结力，也因而没有真正的向心力的社会之上，贾谊认为这是秦二世而亡的重大原因之一。可是"曩之为秦者，今转而为汉矣。然其遗风余俗，犹尚未改。今世以侈靡相竞，而上无制度，弃礼义，捐廉耻日甚，可谓月异而岁不同矣。逐利不（否）耳，虑非顾行也。今其甚者杀父兄矣。盗者掇寝户之帘，搴两庙大器，白昼大都之中，剽吏而夺之金。矫伪者出几十万石粟，赋六百余万钱，乘传而行郡国，此其亡行义之尤至者也"。在贾谊心目中，这种风俗所反映出的社会，是危殆不安的社会。从贾谊上面的陈述中，汉初风俗的败坏，不仅是来自秦的"遗风余俗"，也反映出曹参所遵守的盖公清净无为，使社会得以生息休养之教，有其成功的一面，也有其因纵弛而来的增加风俗败坏的一面。贾谊认为风俗败坏，是政治的根本问题，须作一番"移风易俗"的努力。但移风易俗，便不能仅靠刑法，而有赖于以礼为教。因为"礼者禁于将然之前，而法者禁于已然之后。是故法之所用易见，而礼之所为生难知也"。若夫庆赏以劝善，刑罚以惩恶，先王执此之政，坚于金石，行此之令，信于四时；据此之公无私，如天地耳，岂顾不用哉。然而"礼云礼云者，贵绝恶于未萌，而起教于微眇，使民日迁善远罪而不自知也"。"移风易俗，使天下回心而向道，类非俗吏之所能为也。俗吏之所务，在于刀笔筐箧，而不知大礼……夫立君臣，等上下，使父子有礼，六亲有纪，此非天之所为，人之所设也。夫人之所设，不为不立，不植则僵，不修则坏。《管子》曰：'礼义廉耻，是谓四维。四维不张，国乃灭亡。'是管子愚人也则可，管子而稍知治体，则是岂可不为寒心哉。"贾谊要把礼与法结合在一起，而《管子》一书，实即礼与法结合在一起的桥梁。若借用"体用"的观念，贾谊的政治思想，是以礼为体、以法为用；以礼建立人与人的合理关系，以法去掉实现礼的障碍，并发挥以礼为政、以礼为教的效能。礼须通过教育，对太子的礼教而言，贾谊提出了"五学"的构想，至武帝而有太学之设。对社会的礼教而言，便成为推动社会教育的要求，在景帝时，已有郡学的出现。[①]由贾谊所代表的理想，也未尝不发生若干实际上的影响。

（五）礼与经济问题

荀子把礼应用在经济方面，贾谊也继承了礼的这一方面的意义。《荀子·礼论》：

> 礼起于何也？曰人生而有欲。欲而不得，则不能无求。求而无度量分界，则不能不争。争则乱，乱则穷。先王恶其乱也，故制礼义以分之，以养人之欲，给人之求，使欲必不穷乎物，物必不屈于欲，两者相持而长，是礼之所起也。故礼者养也……君子既得其养，又好其别。曷谓别？曰贵贱有等，长幼有差，贫富轻重，皆有称者也。

荀子把政治上的阶级制度，推用到经济的分配上面，以求事与能相称，养与事相称的"皆有称"的标准。贾谊所处的时代，使他考虑到荀子所提出的原则。《史记·平准书》：

[①]《汉书·循吏传·文翁》："景帝末为蜀郡守"，"修起学官于成都市中"。学官即学馆，此为郡县立学之最早纪录。

> 汉兴，接秦之弊，丈夫从军旅，老弱转粮饷，作业剧而财匮。自天子不能具钧驷，而将相或乘牛车，齐民无藏盖……而不轨逐利之民，蓄积余业以稽市物，物踊腾，米至石万钱，马一匹则百金。天下既平，高祖乃令贾人不得衣丝乘车，重租税以困辱之。孝惠、高后时，为天下初定，复弛商贾之律。然市井之子孙，亦不得仕宦为吏。

文帝于西纪前一七九年即位时，天下疮痍渐复，但由惠、吕对商人的让步，可知在长期战争中，以屯积居奇的方法，获得大量财富的商人阶级，有了更进一步的发展。地主阶级，也蓄积了财富。贾谊所要求的政治社会的构造，是以天子为顶点的"别贵贱，明尊卑"的构造。因为贾谊认为只有这种构造，才能使政治社会安定巩固。但是"人之情不异，面目状貌同类；贵贱之别，非人人天根著于形容也。所持以别贵贱明尊卑者，等级势力，衣服号令也……天理（性）则同，人事无别，然则所谓臣主者，非有相临之具，尊卑之经也……君臣同伦，异等同服，则上恶能不眩于其下"（《等齐》篇）。别贵贱明尊卑之礼，本是由封建中的身份制度所定出来的。身份在出生时即被决定，当身份制度为人所承认时，礼只是把大家所承认的事实，用形式表达出来，此时礼的意义，只是附丽于身份制度而存在。及经春秋战国长期的历史演进，不仅平民可以为将相，刘邦且以平民而为天子，由出生而来的身份制度及对此制度的观念，已扫然无存；在贾谊心目中，此时的尊卑贵贱的等级秩序，更要靠人为的礼来加以制造，来加以维持；此时礼的意义，或且较典型的封建时代，更为重要。由衣服所表现的等级，贾谊认为更有普遍而特别的意义。《服疑》篇：

> 衣服疑者，是谓争先；泽厚疑者，是谓争赏；权力疑者，是谓争强；等级无限，是谓争尊……是以等级分明，则下不得疑。权力绝尤，则臣无冀志……制服之道，取至适至和以子民，至美至神进之帝。奇服文章，以等上下而差贵贱。是以高下异，则名号异，则权力异，则事势异，则旗章异，则符瑞异，则礼宠异，则秩禄异，则冠履异，则衣带异，则环佩异，则车马异，则妻妾异，则泽厚异，则宫室异，则床席异，则器皿异，则饮食异，则祭祀异，则死丧异。故高则此品周高，下则此品周下……贵贱有级，服位有等。等级既设，各处其检，人循其度。擅退则让（责），上循（僭）则诛。建法以习之，设官以牧之。是以天下见其服而知贵贱，望其章而知其势。使人定其心，各著其目，故众多而天下不眩，传远而天下识祗。卑尊已著，上下已分，则人伦法矣。

但实际的情形则是：

> 今民卖僮者，为之绣衣丝履，偏诸缘，内之闲中。是古天子后服，所以庙而不宴者也，而庶人得衣婢妾。白縠之表，薄纨之里，緁以偏诸，美者黼绣，是古天子之服。今富人大贾，嘉会召客者以被墙。古者以奉一帝一后而节适。今庶人屋壁得为帝服，倡优下贱，得为后饰……此臣所谓舛也。

富人大贾，以经济的力量，把贾谊所希望的等级秩序冲毁了，他认为这是政治危机之一，所以要以礼来加以分别、限制。

贾谊思想的再发现

上述的奢靡的情形,对经济也发生直接影响。《治安策》在上述的一段话的后面,接着说:

> 夫百人作之,不能衣一人,欲天下无寒,胡可得也。一人耕之,十人聚而食之,欲天下亡饥,不可得也。饥寒切于民之肌肤,欲其亡为奸邪,不可得也。国已屈矣,盗贼直须时耳。然而献计者曰:毋动为大耳。夫俗至大不敬也,至亡等也,至冒上也,进计者犹曰毋为,可为长太息者此也。

贾谊欲兴礼教,概括了上述的各种内容。但仅凭礼制以压制经济生活中的自然倾向,是没有多大意义,也没有太大效果的。

但贾谊在经济方面有积极性的主张,依然是与礼关连在一起的。《瑰玮》篇说:

> 天下有瑰政于此,予民而民愈贫,衣民而民愈寒,使民乐而民愈苦,使民知而民愈不知避县网,甚可瑰也。今有玮术于此,夺民而民益富,不衣民而民益暖,苦民而民益乐,使民愈愚而民愈知不雁县网。陛下无意少听其数与。

以下历述"以末予民,民大贫;以本予民,民大富","以文绣衣而民愈寒,以布帛襦民,民必暖而有余布帛之饶矣","今殴民而归之农,皆著于本,则天下各食于力;末技游食之民,转而缘南亩,则民安性劝业,而无悬愆之心,无苟得之志,行恭俭蓄积,而人乐其所矣","今去淫侈之俗,行节俭之术,使车舆有度,衣服器械各有制数。制度已定，故君臣绝尤，而上下分明矣……故淫侈不得生，知巧诈谋无为起，奸邪盗贼自为止，则民离罪远矣。知巧计不起，所谓愚。故曰使民愚而民愈知，不罹县网"。

贾谊对于货币的意见，这里应顺便提到。《汉书·食货志下》："汉兴，以为秦钱重难用，更令民铸荚钱"，"孝文五年，为钱益多而轻，乃更铸四铢钱，其文为半两。除盗铸令，使民放铸。贾谊谏曰……"综合贾谊的意见有三：一、民自铸钱，必"淆杂为巧"以图利，"虽黥罪日报，其势不止"，这是"县法以诱民，使入陷阱"。二、郡县钱的轻重不同，势必"市肆异用，钱文大乱"，即是引起币制的混乱。三、"今农事弃捐，而采铜者日蕃"，影响到农业生产。他提出的"博祸可除，而七福可致"的对策，主要是"上收铜勿令布"，"上挟铜积以御轻重"，并尽量发挥铜的运用，"以作兵器，以假贵臣，多少有制"，"以临万货，以调盈虚，以收奇羡"，并"制吾弃材以与匈奴，争逐其民"。如此，则可收"黥罪不积"，"伪钱不蕃"，"采铜铸作者反于耕田"，"货物必平"，"用别贵贱"，"官富实而末民困"，"则敌必怀矣"等效果。最重要的，他提出了当时"法钱不立"的"法钱"的观念，为统一币制的张本。他的此一意见，未为文帝所接受；直到武帝元鼎二年[①]"于是悉禁郡国毋铸钱，专令上林三官铸。钱既多，而令天下非三官钱不得行。诸郡国前所铸钱皆销废之，输入其铜三官，而民之铸钱益少，计其费，不能相当"。三官钱等于贾谊所说的"法钱"，而天下将铜输入于三官，也几于贾谊铜由朝廷专有之意。汉初数十年币制的扰攘，至此始得到解决，不能不服贾谊的卓见。

[①]《汉书补注》王先谦谓："此禁令当在元鼎四年。"此从《通鉴》。

七、贾谊的哲学思想

（一）道与术

《新书》中有三篇很特殊的文字，对儒道两家思想加以结合，甚至是将儒道法三家思想加以结合，以形成由形上到形下的哲学系统，表现出贾谊在思想上的创意，这似乎是前无所承，而后无所继的。这即是卷八的《道术》、《六术》、《道德说》三篇，值得特别提出来，以补汉初思想史上的一段空白。陶鸿庆《读新书札记》在《道术》篇下谓"下文纪贾君语，皆称对曰，当是作傅时与王问答之词，当与《先醒》篇相次，或此篇之首有脱文也"。按与梁怀王相问答者非仅此一篇；而《新书》中，除《过秦》、《治安策》，及《食货志》中所摘录者外，虽无问答语气，亦系为太傅时之教材，这在前面已经提过。因为三篇文字中的思想，是后无所承，所以文字的讹夺，更难得到正确的校正。以下只能略述其大意。

《道术》篇是就人君以道应接事物的效用而言的。"曰：数闻道之名矣，未知其事也。请问道者何谓也？""闻道之名"，是指闻道的抽象概念，及其形上的性格。"未知其实"，是指未知道落实在人生政治上之实。此处之所谓道，当然指的是道家所说的道。道术连词，始见于《庄子·天下》篇。《说文》二下行部："术，邑中道也。"又辵部："道，所行道也。"是两字的本义相同，引申之义也可以相同，所以《天下》篇之所谓道术，是一种复词。但贾谊"对曰：道者所从接物也。其本者谓之虚，其末者谓之术。虚者言其精微也，平素而无设储也。术也者，所从制物也，动静之数也。凡此皆道也"。是贾谊将道分解为虚与术，而以虚为本，以术为末。虚乃道在人心中的本来面貌，术乃道在人生中所发生的具体作用。若使用后来的体用两词，则就道体现于人心而言，虚是体而术是用。道以虚为体，心以虚为体，这当然是道家思想。但站在道家的立场，是用消解在体之中，亦即消解在虚之中，而不要求有什么用，有什么术。法家则以虚为术之所藏的深渊，为运用术的枢纽。而所谓术，指的是以赏罚为骨干，由申不害所发展出来的法术之术。贾谊接受了道家之所谓道，所谓虚，接受了法家以虚为人君运用统治之术的枢纽；但在术的具体化中，却在儒家思想上落脚。但其中也包含了若干法家思想。《道术》篇：

曰：请问虚之接物何如？对曰：镜仪（正）而居，无执不臧（藏），美恶毕至，各得其当。衡虚无私，平静而处；轻重毕悬，各得其所。明主者南面而正，清虚而静，令名自宣，命物自定；如鉴之应，如衡之称。有覃（勉）和之，有端随之，物鞠其极，而以当施之，此虚之接物也。曰：请问术之接物何如？对曰：人主仁而境内和矣，故其士民莫弗亲也。人主义而境内理矣，故其士民莫弗顺也。人主有礼而境内肃矣，故其士民莫弗敬也。人主有信而境内贞矣，故其士民莫弗信也。人主公而境内服矣，故其士民莫弗戴也。人主法而境内轨矣，故其士民莫弗辅也。举贤则民化善，使能则官职治。英俊在位，则主尊。羽翼胜任则民显，操德而固则威立，教顺而必则令行。周听则不蔽，稽验则不惶，明好恶则民心化，密事端则人主神。术者，接物之队（隧，通道也）。凡权重者必谨于事，令行者必谨于言，则过败鲜矣。此术之接物之道者也。其为原无屈，其应变无极，故圣人尊之。

按以镜喻虚静之心的作用，始于《庄子》。①《韩非子·主道》篇："故虚静以待令（"令"衍文），令名自命也，令事自定也。虚则知实之情，静则知动者正。有言者自为名，有事者自为形。形名参同，君乃无事焉，归之其情。"贾谊言虚之接事一段，融合道法两家思想，并由此可知法家如何能援道家以为其法术之根据。至谈到术的接物，则仁、义、礼、信，举贤使能，是儒家思想；"稽验"、"密事端"，是法家思想。"公"、"法"是儒法的共同要求；"操德而固"，"教顺而必"，是儒法的混合。贾谊这种将儒道法三家思想加以统一的构造，是反映西汉初年思想的大势，及当时政治社会的要求，不能以"内在的关连"，或纯逻辑推理的角度去加以批评。儒家思想的根据，由《孟子》的"仁义礼智根于心"（《尽心》）所奠定；所以儒家之以仁义礼知的四端言心，仁义等由四端所流出、所扩充，不应以虚静言心。由此可知贾谊的思想，是立基于道家，而非立基于儒家。但《荀子》以"心知"言儒家"礼义之统"，而心的所以能知，由其本性的"虚壹而静"，②这已是道家思想的转用。宋儒朱元晦以"虚灵不昧"言心，明儒王阳明曾谓"无善无恶心之体"，也实系以虚为心之体。由此可知，道家所体悟出的虚静之心，可以通向艺术、道德、认识等等，成为四通八达之地，而法家除了太信任严刑峻罚，以致流于反人生反文

---

① 《庄子·应帝王》："尽其所受乎天，而无见得，亦虚而已。至人之心若镜，不将不迎，应而不藏，故能胜物而不伤。"《天道》："圣人之心静乎！天地之鉴也，万物之镜也。"
② 见《荀子·解蔽》篇。

化的黑暗面外,他们所把握到的提高政治效率等手段,也正可补儒家的不足。并且在"公"、"法"的观点上,两家间未始不可以架上一道桥梁。则贾谊把三家思想,以取长去短的方式,构造成一个统一体,这不仅表现了他的野心,也在把握整个时代的动脉中表现出他天才的创意。其中并没有实质上的矛盾。

《道术》篇接着说:"夫道之详,不可胜述也。曰,请问品善之体何如?对曰……"这是说道的详备的作用,不仅表现在上述的由仁义一直到"密事端"等十六端,而实包含了人间世的一切价值。他借此一问,更将慈、孝、忠、惠、友、悌、恭、敬、贞、信、端、平、清、廉、公、正、度、恕、慈、[①]洁、德、行、退、让、仁、义、和、调、宽、裕、温、良、轨、道、俭、节、慎、戒、知、慧、礼、仪、顺、比、僩(通娴)、辩、察、威、严、任、节、勇、敢、诚、必等五十五品列出,而各加以扼要的解释,并总结之以"凡此品也,善之体(实体)也,所谓道也"。他把道家的道,从虚静落实于一切人生价值之上。而在"术之接物"的一段中所陈述的价值,皆是就政治上着眼的。此段所陈述的价值,则首重在建立人与人的合理关系,如父慈子孝等五伦的关系,即亦是要建立一种合理的社会。其次则是人生的修养,要求每一个人合乎这里所提出的标准。个人的修养与合理的社会,本是不能分开的。此外,五十五个品目,是长期发展出来的观念,贾生在此处加以综合,纳入于道的观念之内,使其成为一种完善的系统。其所作解释,也可视为先秦的训诂。

[①] 前一慈字指父对子而言,此一慈字系就"恻隐怜人"而言。前者为儒家之所谓慈,后者乃《老子》之所谓慈。

（二）从道的创生到六艺

《六术》篇与《道德说》篇，是贾谊融合儒道法三家思想，将《老子》的"道生之，德畜之"的创生历程，再加入《韩非子·解老》篇所提出的理的观念，再接上儒家天命之谓性的基本思想，一直落实到六艺之上，以组成由道家之道到儒家的六艺的大系统，使道的创生历程，得到更大的充实；使道的形上性格，很坚确地落实于现实世界的人生价值之上。这更表现了贾生思想的创造性。《六术》篇说得简单，似乎只陈述一种概略的格架，所以先略加疏导。

> 德有六理。何谓六理，道德性神明命，此六者德之理也。六理无不生也，已生而六理存乎所生之内。是以阴阳天地人，尽以六理为内度。内度成业，故谓之六法。六法藏内，变沨（流）而外遂。外遂六术，故谓之六行。是以阴阳各有六月之节，而天地有六合之事，人有仁义礼智圣之行，行和则乐，与乐则六，此之谓六行。阴阳天地之动也，不失六行，故能合六法。人谨修六行，则亦可以合六法矣。然而人虽有六行，微细难识，唯先王能审之。凡人弗能自至，是故必待先王之教，乃知所从事。是以先王为天下设教，因人所有，以之为训。道（导）人之情，以之为真。是故内法六法，外体六行，以与（兴）《书》、《诗》、《易》、《春秋》、《礼》、《乐》六者之术，以为大义，谓之六艺。令人缘之以自修，修成则得六行矣。六行不（不字疑衍）正，反合六法。艺之所以六者，法六法而体六行故也，故曰六则备矣。

贾谊之所谓道德，皆指《老子》创造天地万物之道德而言。《老子》五十一章"道生之，德畜之"，道生万物，由其变动不居而有所凝聚（畜），道的本身即凝聚于万物之内而为万物所得。"德者得也"，①故即称之为德，德与道是同质的。《庄子·外篇》的《天运》篇"顺之以天理"，是理的观念，首由道家提出。《韩非子·解老》篇："道者万物之所然也，万物之所稽也。理者成物之文也。道者万物之所以成也"；"凡理者，方圆，短长，粗靡，坚脆之分也。故理定而后可得道也。故定理有存亡，有死生，有盛衰"；"短长大小方圆坚脆轻重白黑之谓理，理定而物易割也"。韩非之所谓理，乃"物之有形者"的文理、条理。贾谊之所谓理，乃指德的内涵而言，与韩非所说的，在层次上及内容上皆不相同。但他把理的观念，导入于道家的道德观念之中，可能受有韩非的影响。

　　道是未分化而周流不息之"一"。道创生万物，便分化凝聚而为"德"。贾谊之所谓理，据《道德说》篇，乃条理之理，对道之"混成"状态而言。②"德有六理"，是说德的自身，含有"道、德、性、神、明、命"等六理。六理是德自身的条理。统体言之称为德，条理言之则称为理。此处之理与德，是等同的。道凝聚分化而为德，德中仍有道。德可条理为六理，六理中仍有德，否则失掉了它的本性。所以六理中仍有道德在里面，六理的内容，在《道德说》篇中有详细说明，此处从略。"六理无不生也"，即是六理会创生一切。已生而六理即存乎所生之内，这等于朱元晦所说的"盖合而言之，万物统体一太极也（皆由太极所创生）。分而言之，则万

---

①《老子》三十八章王弼注。
②《老子》二十五章："有物混成，先天地生。"

物各具一太极也"。① 这是中国儒道两家的最基本的观点，这样便赋予了每一被生的人与物以完全自足的价值，此即"是以阴阳天地人，尽以六理为内度"的意思。《说文》三下又部"度，法制也"，此处度与法同义；特以别于下文的"六法"，故称为度。"内度"，是指存于生命之内的法度，即下文的所谓"六法内藏"。此句实际是对六理在阴阳天地人中的作用而言。度与理的性质、层次，完全是相同的。庄子有时把道与天等同起来，老子则道是"先天地生"，天地亦系道所创生。贾谊此处以阴阳天地，也为德所创生，而不以人为阴阳天地所创生，盖本于老子。而把人与阴阳天地并列，则人与阴阳天地是同质的，是平等的。"内度成业，故谓之六法"，"成业"，是指内度可以成为事业；因其可成为事业，而非仅潜存于生命内之理，所以又称之为六法。此处之所谓"六法"，依然是六理的另一名称。在贾谊，以法的观念，可与事业连结起来，易为人所了解，所以此处又以六法解释六理。"六法藏内，变流而外遂。外遂六术，故谓之六行。"《广韵》"遂，达也，进也，成也"；"外遂"，乃外达而有成之意。外遂则为六术，此六术皆表现于人的行为，"故谓之六行"，六行也是对术的解释。六术六行，是六理六法向行为上的落实，亦即是由内在之德，向客观世界的落实。阴阳的六行，表现为六月之节，天地则表现为六合之事，而人六行的内容是"仁义礼智圣"，再加上"乐"。此时以仁义礼智信为五常的观念，似乎尚未形成。五常的观念形成、流行后，而贾谊所提出的六行之说，遂被埋没。"人谨修六行，则亦可以合六法矣"，即是合于道德创生时所赋予于人的价值。由"然而人虽有六行，细微难识，

---

① 朱子《太极图说解》。

唯先王能审之",到"艺之所以六者,法六法而体六行故也"一段,是说明《书》《诗》《易》《春秋》《礼》《乐》六艺之所以成立及其意义。这样,贾谊便把道家形上学的格架,装入了儒家的内容,以组成新的哲学系统。其中最有意义的是先王"因人之所有,以之为训。道(导)人之情,以为之真"。这与《中庸》"天命之谓性,率性之谓道,修道之谓教"的基本意义是相同的。贾谊时代,五行说已流行。但还是停留在具体(五种实用材料)与抽象(五种基本元素)之间,未为贾谊所接受。但数字的神秘意味,可能在春秋时代已经开始了;贾谊不把此一意味的数字安放在"五"上,而安放在"六"上,所以他便说"六则备矣"。后面接着举出许多以六冠称的事物,作"六则备矣"的证明。对六的数字特加以重视,因五行说的五,大为流行,也未为后人所继承。

贾谊的这一从形上到形下的儒道融合的哲学系统,试简表于下:

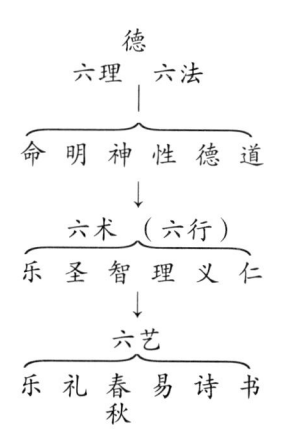

```
            德
         六理  六法
            │
      ┌─────────────┐
       命 明 神 性 德 道
            ↓
         六术(六行)
      ┌─────────────┐
       乐 圣 智 理 义 仁
            ↓
           六艺
      ┌─────────────┐
       乐 礼 春 易 诗 书
              秋
```

贾谊思想的再发现   *149*

（三）《道德说》篇疏释

《道德说》篇①对《六术》篇的思想架构,有较详细的说明。开始说：

德有六理。何谓六理？曰：道、德、性、神、明、命,此六者德之理也。诸生者,皆生于（刘校："生于"二字疑衍）德之所生。而能人象德者独玉也。写德体六理,尽见于玉也。各有状,是故以玉效德之六理。

六理本难为状,因而也难以形容。但贾生由玉可以象德,而认为德之理有状,即可加以形容。下面是他对六德的状所作的形容、陈述。

道："泽者鉴也,谓之道。""鉴生空窍而通之以道","道者无形,平和而神。道物（刘校：'物'衍文）有载物者,毕以顺理和（刘校：'和'衍文）适行。故物有清而泽。泽者鉴也,鉴以（因）道之（而）神。模贯物形,通达空窍,奉一出入为先,故谓之鉴。鉴者所以能见也,见者目也,道德于物精微而为目。是故物之始形也,先分而为目。目成也,形乃从。是以人及有因之在气,莫精于目。目清而润泽若濡,无聂秽杂焉,故能见也。由此观之,目足以明道德之润泽矣,故曰泽者鉴也。生空窍通之以道。"

---

① 此篇《汉魏丛书》本文字错落不可读,此以《四部丛刊》明正德长沙本为底本。

按道为德之本，则德之六理，实即道之六理。但贾生之意，道既凝而为德以生物，德自身可条理为六理，道与德在六理中仍有其最直接的表现。此最直接的表现，是较"为德之本"的道，较"为生之本"的德，落实于所生之物的生命中的表现。此时的道，比较凝定而具体，而有其状（各有状）。道的本性是虚，老子、庄子，以道落实于人生命之内，也是虚；由虚生明，庄子即以镜作喻，此在前面已经疏释过的。《道术》篇中，也是如此。但贾生在此篇中，要把落实于人生命中之虚，说得较为具体，于是以"泽"、"鉴"来形容。他所说的泽，与庄子所说的"清"同义。清、鉴，都是形容"惟道集虚"[1]的虚。顺着这条线索，贾生所说的便都可大概了解了。但儒家到了孟子，道家到了庄子，把由天命之性，道赋之德，都呈显于人生命内之心；而贾生则认为是呈显于人之目，并以为在人的形成过程中，是先有目而后有其他的形，这可能是由《庄子》以镜为喻而直接想到"见"，由"见"以言"知"的缘故，这也是前无所承而后无所继的特见。

德："腜如窃膏之理，谓之德。""德生理，通之以德之毕离状。""德者离无而之有，故润；则腜然浊而始形矣，故六理发焉。六理所以为变而生也，所生有理，然则（刘校：'然则'与'然后'同义）物得润以生，故谓润德。德者变及物理之所出也，未（俞校：'未'当作'夫'）变者道之颂（容）也。道冰（凝）而为德，神载于德，德者道之泽也。道虽神，必载于德，而颂（容）乃有所因以发动

---

[1]《庄子·人间世》。

变化而为变。变及诸生之理,皆道之化也。各有条理,以载于德,德受道之化而发之各不同状。德润,故曰如膏谓之德。德生理,通之以六德之毕离状。"

此段言由道而德的创生历程,至有意义。道是无,道是变(变化)。道的体段不是无,则不能生万有。道的功用不是变,则万有何以能生?德"离无而之有",但并非成形之有;实际,道在变化中凝定而为德,这只是通往有(之有),对道之无而言,则德是有;对道之变化无形而言,则德是凝定而有形;但对现象界之万物而言,则德仍是无,仍是无形。因此,德是将形而未形,在有形与无形之间,虚与实之间的存在;贾生使用"腒如窃膏",用"润",用"腒然浊"来形容此种存在的状态。《说文》四下肉部:"腒,北方谓鸟腊曰腒。"《说文句读》:"《膳夫》、《内则》注,皆曰干雉。"大约干雉之肉很精细,此处用作形容词。《尔雅·释鸟》"桑鳸窃脂",此处之"窃膏"即"窃脂"。《广雅·释言》:"窃,浅也。"《周礼·大司徒》"其植物宜膏物",司农注:"谓杨柳之属,理致,且白如膏。"则所谓窃膏者,乃指浅白色之膏而言。《庄子·人间世》"虚室生白",德是在虚与实之间,故以浅白色之膏形容之。《广雅·释诂一》:"润,湿也。"《释诂二》:"润,渍也。"老庄以"清"形容道。《说文》十一上:"清,朖也,澄水之貌。"段《注》:"朖者明也。澄而后明,故云澄水之貌。"润与浊,较"清"为有形质,德较道向下落实一步,所以贾生便以"润"以"浊"形容德。同时,他在"德润,故曰如膏谓之德"的语言中,也把"恩德"的意味含在里面。《易传》"天地之大德曰生",此德本有"作用"与"恩德"二义。这种形容本没有太大意义,但由此亦可了解，中国思维方法的特性，本有将抽象的东西，化为具象具体的东西去加以把握的倾向。德对道而言是"始形"，无形即无条理可言，始形乃有条理，所以说"腖然浊而始形矣，故六理发焉"。道以变化创生天地万物，但必通过凝聚之德，在德的凝聚点上变化，这种变化始是创生的变化。否则变化于空虚旷荡之中，"不载于德"，与创生一无关涉。所以说德之六理，是"所以为变而生也"。德之理，即成为被创生的诸物之理，此即所谓"所生有理"。然道与德只是一事，道与德之分，乃生化历程中之分；极其究，德之理，即是道之理，所以说"诸生之理，皆道之化也"。道化而为德，亦即"由无之有"，有即有条理，所以说"各有条理以载于德，德受道之化而发之各不同状"。因各不同状，故可分为六理。六理是德之条理，故六理即是六德。但此篇两处有"通之以六德之毕离状"，终不可解。卢文弨谓"旧本华讹毕"，并引《周礼·形方氏》"无有华离之地"为证，义亦不可通，故不如仍依旧本以俟考究。或依"理离状也"之文，而可释为理乃分化（离）之状。所谓"毕离状"者，指六理皆分化之状。创生则必分化于六理之中，而六理又必分化于万物之中。

性："湛而润厚而胶，谓之性"，"性生气而通之以晓"。"性者，道德造物，物有形，而道德之神，专而为一气，明其润益厚矣。浊而胶相连在物之中为物（性），莫（性）生气，（气）皆集焉，[1] 故谓之性。性，神气之所会也。性立，

---

[1] 此句疑当作"浊而相连在物之中为性（原误作物），性（原误作莫）生气。气（原漏气字）皆集焉，故谓之性"。

则神气晓晓然发而通行于外矣，与外物之感相应，故曰润厚而胶谓之性。性生气，通之以晓。"

德较道为凝集，故贾生以"润"以"窃膏"形容之。性较德更为凝集，凝聚到"专而为一气"，故贾生以"润厚而胶"形容之。润厚而胶者，润加厚如胶之状态，"浊而胶"的意义亦与此同。"性生气"的语法，有如"德生理"的语法；德生理，实际德即是理。性生气，实际性即是气，而非由性来生气。性何以是气，因为"道德之神，专而为一气"，专与抟通，即是抟集而为一气，以进入于"物之中"。因为不是如此，道德生物，道德的自身，却浮游于物形之外，而不能具体化于物形之中，以为物形作主。气是无形而有质的，可以与形相连在一起。但此气是道德之神（精微）所抟集，气中有神，所以说"性，神气之所会"。无气则神无所附丽，无神则气只是冥冥之质，没有理性。神与气会而为性，性立（显）则精神气质，得以清朗条畅（晓晓然），由潜伏状态中发动，以通达于客观世界，与客观之世界相应，以成就人生的一切。在贾生这一思想中，已组入了气的概念，但他不以为气生形，把形与气连在一起；而是把气与性连在一起，气与形，有一距离，这在与西汉后来言气，以气贯通上下成为无所不包的系统，是有很大的区别的。或者贾生所说的气，指的是精气或精，这便更容易了解了。因为认气中有所谓精气或简称为精，是生命中所凝聚的道，而由心所乘载，这是战国末期一直到西汉的两百多年间所流行的思想。

神："康若泺流谓之神。""神生变而通之以化。""神者道德神气发于性也。康若乐流，不可物效也，变化无所不

为。物理及诸变之起，皆神之所化也，故曰康若乐流，谓
之神。神（依陶校）生变，通之以化。"

此言由性所发出的精神状态。诸本"康若泺流"，惟建本作"康若乐流"。按泺乃齐鲁间水名，于此无义，当从建本作乐，即音乐之乐。《诗·宾之初筵》"酌彼康爵"笺"虚也"。《尔雅·释诂》："康，安也；康，静也。""康若乐流"，是说精神的活动，既虚且静，有如音乐的流动，而不可以实物验。性是道德凝聚于人形体之内，而为神与气之所会，此在孟子、庄子，则称之为心。神即是庄子所说的"精神"，"精"指的是心，"神"指的是心的作用，贾生则以神为性的作用。人之理、物之理，由精神而表现，由精神而判定。精神的活动，是自由变化的，所以说"物理及诸变之起，皆神之所化也"。

明："光辉谓之明。明生识而通之以知。""明者神气在
内则无光而为知。明则有辉于外矣。外内通一，则为得失事
理是非，皆职于知。故曰光辉谓之明。明生识，通之以知。"

此段是说明德有可以使认识、判断等得以成立的"明"的作用。实际，这依然应通过贾生所说的性的作用，而为上述"神"的作用中的一种。但贾生把它（明）与神并列地提出，这可能是因为他特别重视目（见前），重视知的关系。德有明的作用，当本于庄子。《庄子·德充符》"鉴明则尘垢不止"，《应帝王》"至人之用心若镜"，《天道》"水静犹明，而况精神"，都以心具有"明"的基本作用。贾生说"神气在内，则无光而为知"，应当说，神气本有

贾谊思想的再发现　　　　　　　　　　　　　　　　　　*155*

明的本性，但未与外物相接时，则明的本性，潜伏而不显。明由神气与外物相接而见，由明以成知识，所以说"外内通一，则为得失事理是非，皆职于知"。贾生将识与知分而为二，似乎以识为识见，为有意义的判断；而以知为认知，由明的认知作用而产生识见，所以说"明生识，通之以知"。

  命："礜（石声）乎坚哉谓之命。""命生形而通之以定。""命者物皆得道德之施以生，则泽润性气以明，乃形体之位分数度，各有极量指奏（节奏）矣。此皆所受其（于）道德，非以嗜欲取舍然也。其受此具也，礜然有定矣，不可得辞也，故曰命。命者不得毋生。生则有形，形而道德性形（衍文）神明命，因载于物形。故礜坚谓之命，命生形，通之以定。"

贾生是顺着由道的无形而一步一步地向下落实凝定，以言创生的历程的。在此一历程中，道之"泽"、德之"膏"、性之"胶"、神之"乐流"、明之"光辉"，他们的状都是不太确定的；不太确定的东西，贾生认为不能直接生形，只有"性气神明，及形体之分位数度，各有极量指奏"，而不能由人的好恶（嗜欲）加以取舍的命，这是最确定而不可移易的性格，才可以生物之形，这是"命生形，而通之以定"的意义。物有形，而道德创生某物之功用，始告完成；而德之六理，即全具备于物形，而人遂为理性动物。

  上面德的六理，皆为创生所必需之条件与性格。贾生又认为德"有德有道有仁有义有忠有密"的六美。德有此六美，便与人的行为、价值，有不可分的关系。人成形以后，具备了德的六理，也便具备了德的六美，以成就人的行为。德何以有六美？"物（人）所道（由）始谓之道，所得以生谓之德。德之有也，以道为本，故曰道者德之本也。德生物，又养物……行仁也。仁行出于德，故曰仁者德之出也。德生理，理立而有宜适之谓义。义者理也，故曰义者德之理也……德之过物也忠厚，故曰忠者德之厚也。德之忠厚也，信固而不易，此德之常也，故曰信者德之固（疑当作常）也。德生于道而有理，守理则合于道，与道理密而弗离也，故能畜物养物，物莫不仰恃德，此德之高，故曰密者德之高也。道而勿失，则有道矣，得而守之，则有德矣。行有（疑当作而）无休，则行成矣。"这里值得注意的是，此篇所说德的六美，实等于《六术》篇的六行；惟《六术》篇以仁义礼智圣及乐（音洛）为六行，而此处则以道德仁义忠密为六义，且导入密的观念；由此可以推测，这一体系，尚在贾生构造之中，并未完全成为定案。

《六术》篇以六艺为对六行的阐述教导，本篇也是一样。本篇对六艺与德有六美的关系，有更详细的说明：

> 六理六美，德之所以生阴阳天地人与万物也。固为生者法也，故曰道。此之谓道德，此之谓德行，此之谓行，所谓行此者德也。是故著此竹帛谓之《书》，《书》者此之著者也，《诗》者此之志者也，《易》者此之占者也，《春秋》者此之记者也，《礼》者此之体者也，《乐》者此之乐者也。……《书》者著德之理于竹帛，而陈之令人观焉，以著所从事，故曰《书》者此之著者也。《诗》者志德之理而明其指，令人缘之以自成也，故曰《诗》者此之志者也。《易》者察人之循（原作精，此从俞校）德之理与弗（否），循而

占其吉凶，故曰《易》者此之占者也。《春秋》者，守往事之合德之理之（疑衍文）与不，合而纪其成败以为来事法，故曰，《春秋》者此之纪者也。《礼》者体德理而为之节文，成人事，故曰《礼》者此之体者也。《乐》者，《诗》、《书》、《易》、《春秋》、《礼》五者之道备，则合于德矣。合则欢然大乐矣，故曰《乐》者此之乐者也。

他更对六艺成立之原因说"德之理尽施于人。其在人也，内而难见，是以先王举德之颂（容）而为辞语以明其理，陈之天下，令人观焉，垂之后世，辩议以审察之以转相告。是故弟子随师而问受，博学以达其知，而明其辞以立其诚。故曰博学辩议，为此辞者也"。

《礼记·聘义》有"子曰，昔君子比德于玉焉"一段话，贾生在此篇中也夹入"以玉效德之六理"的说法，无重大意义，从略。

假定贾生的系统，不将道德列为德的六理，也不将道德列为德的六美；而德之理，德之美，不必拘于六的观点，不一定要凑足六的数字，只顺着老子形上学的格架，转换为儒家的内容，以立足于六艺之上，则其系统将更为明白显著。其所以特别重视六的观念，而必配足六的数字，可能是因为立足于六艺之上，由六艺之六而向上推，向下衍的。但不论如何，他把道家的道与德的形上格架，加以详密化，一步一步地向下落实；在落实的过程中，将道家的虚、静、明，将儒家的仁、义、礼、智，都融到里面去，以完成天、地、人与万物的创造，以建立六艺与形上的密切关连；由此而所呈现出的宇宙、人生、学问的庄严形相，实不愧为一位大思想家、大哲学家在哲学上的伟大成就。

《淮南子》与刘安的时代[1]

一、问题的起点

吕不韦在秦将统一天下之际，集其门下宾客，综合检别当时流行的各家思想，弥纶成一特殊系统，以撰集《吕氏春秋》，将作为秦统治大一统天下的宝典，这实表现了思想史上最大的野心。虽其自身终饮鸩以死，而秦之所以统治天下者，实与《吕氏春秋》的思想，背道而驰；但其所及于汉代影响之大，我既已写成《〈吕氏春秋〉及其对汉代学术与政治的影响》专文，加以阐述。其受吕不韦野心的暗示，规抚《吕氏春秋》的规模，以同一方式，抱同一目的，把汉初思想，作另一次大结集的，则为刘安及其宾客

---

[1] 此书若依刘安本人的意思，便应称"鸿烈"，应称"刘氏之书"（俱见《要略》），或"淮南鸿烈"（见高诱注序）。依本传，应称《内篇》；依《汉书·艺文志》，应称为"淮南内二十一篇"，或简称"淮南内篇"。《隋书·经籍志》称为"淮南子"，盖随诸子之例，遂成此书通名，今用之。又世界书局印行庄逵吉校本的《淮南子注》，全书通计页数，征引本文时即以此书为底本。校注参考诸家之说，则除杨树达的《淮南子证闻》外，皆出于刘文典的《淮南鸿烈集解》。又本书许注高注的纠葛，请参阅余嘉锡《四库提要辨证》卷十四《淮南子》二十一卷条下。本文中仅称"注"者，皆指高注。

所集体著作的《淮南子》，这也可算得思想史上的伟迹。①《淮南子》中，全取《吕氏春秋》的十二纪纪首，略加损益，以成为第五篇的《时则训》。②《览冥训》则敷衍《吕氏春秋》之《精谕》、《召类》诸篇之旨。而《吕氏春秋·应同》篇"黄帝曰，芒芒昧昧，因天之威，与元同气"的几句重要话，即见于《泰族训》。其他刺取《吕氏春秋》的材料以成文者，其分量仅次于《老子》、《庄子》。但《要略》历序"太公之谋"以迄"商鞅之法"等著作，却未一言及《吕氏春秋》，这可能是出于当时"反秦"空气的避忌。这与汉儒引《吕氏春秋》者多不著《吕氏春秋》之名，是同一情形。

从《要略》叙述"太公之谋"以下各家思想发生的原因和目的看，刘安及其宾客们认为他们都是出于政治现实的要求，解决政治现实的问题。至于他说到自己所著的"刘氏之书"，则是：

---

① 刘安与吕不韦不同之点，在于吕不韦有识量，但不一定有典籍上的知识，而刘安自身则有很高的文学修养。所以吕不韦只是提出写《吕氏春秋》的要求，而不必一定参加了实际的著书工作。刘安可能本人也参加了一部分实际工作。

② 《苏魏公（颂）文集》卷六十六校《淮南子题序》谓高诱注《淮南》，"每篇之下，皆曰训"，其意以训乃注之别称。刘文典《淮南鸿烈集解·原道训》下引姚范云："疑训字高诱自名其注解，非《淮南》篇名所有，即诱序中所云'深思先师之训'也。《要略》无训字。"按高诱《淮南注序》，"比方其事，为之注解"。又《吕氏春秋注序》自称"作《淮南孝经解》"，是高氏自定名为《淮南注解》（苏颂引作"高题卷首，皆谓之鸿烈解经"，多一"经"字，此缘不通句读而误），断无在每篇下另加一"训"字之理，古今注书家皆无此例。且自《诠言训》以下，皆系许慎注，除《要略》外，何以亦皆有训字？而《四部丛刊》所印影钞北宋本，各卷下皆有"太尉祭酒臣许慎记上"，虽系讹误，要可知此本与许注关系之密切，亦皆有训字。而高诱注《吕氏春秋》，乃在注《淮南》之后，注《吕氏春秋》序中亦有"故复依先师旧训"之语，何以《吕氏春秋》各篇，皆未加训字？故各篇训字，乃《淮南》所固有。意者书成进于天子，希望即真能成为"刘氏之书"，故加一训字，与训诂之诂同义。《要略》乃全书序目，故无训字。

观天地之象，通古今之事。权事而立制，度形（形势）而施宜。原道之心，合三王之风，以储与扈冶。玄眇之中，精摇（注：楚人谓精进为精摇）靡（注：靡，小也）览。弃其畛挈（界），斟其淑静；以统天下，理万物；应变化，通殊类；非循一迹之路，守一隅之旨，拘系牵连之物，而不与世推移也（按上文"非"字，直贯到此句）。故置之寻常而不塞，布之天下而不窕。（页三七六至三七七）

按《氾论训》"百家殊业，皆以为治"。（页二一三），这与《要略》所述各家思想发生的原因及目的相合。上引的一段话，正说明他们的二十篇，较之他人的著作，在内容上更为博大精深，所以用在政治上的效果，较其他各家，更可肆应无穷，永恒不变。但这段叙述，抽象笼统，不似叙述其他各家，都扣紧住现实问题，因之使人有难以捉摸之感。然则在这段话的后面，有没有更具体的时代背景？《要略》中另一段话是："诚通乎二十篇之论，睹凡得要，以通九野，径十门，外天地，捭山川，其于逍遥一世之间，宰匠万物之形，亦优游矣。若然者，挟日月而不烑，润万物而不耗……可以游矣。"（页三七四）这段话与前引的一段话，并不完全相同；前一段话说的是理想的政治，而这一段话却说的是理想的人生。若说前一段话说得抽象笼统，则这一段话说得有些夸诞、诡谲。在这种夸诞诡谲的语言后面，他们有没有真实的要求？为了解答上述的两个问题，便不能不先从产生此一部大书的时代背景作一番探索。

《淮南子》与刘安的时代　　　　　　　　　　　　　　　*161*

二、时代背景

（一）政治背景

谈到他们的政治背景，首先要了解刘安的家世及其置境。据《汉书》四十四《淮南衡山济北王传》，刘安的父亲淮南厉王刘长，是高祖八年（西纪前一九九年）自将击韩王信，由赵经过，赵王张敖献美人得幸，因而怀妊所生的。九年（前一九八年）因赵相贯高等于前一年欲谋害高祖未成被发觉，把赵王一起逮捕，系之于河内狱，美人也在内，大概刘长即在监狱内出世。美人的弟弟赵兼托因辟阳侯审食其转告高祖，高祖不理，美人恚恨自杀，高祖乃嘱吕后收养下来，当时刘长还在襁褓之中，他算是高祖最小的儿子。高祖十一年（前一九六年）击灭黥布，便封刘长为淮南王，时只有二岁左右。

文帝即位时（前一七九年），刘长年十九岁。此时高祖剩下的儿子只有文帝与刘长兄弟两人，所以刘长自以为与文帝最亲，常称文帝为"大兄"。但他"有材力，力扛鼎"，而又骄恣任性，便引起了文帝的猜忌。在六年（前一七四年）诬以谋反，废徙蜀，在道中绝食而死，刘长此时应当是二十五岁。刘长死后，文帝心里有点抱愧，问爰盎应当怎样办？爰盎曰："独斩丞相御史以谢天下乃可。"爰盎当着文帝面前敢讲这种话，而文帝不以为侮，可知当时大家知道这是一个冤狱。由上面简单的叙述，可以了解刘安在帝室中，是两世（高祖、文帝）含冤的一系。刘安弟兄们长大了，当然也会知道得清楚。

据本传，刘长有子四人，刘安居长；八年（前一七二年）皆封侯，刘安此时年约八岁。①由此推算，他当生于文帝元年。十六年（前一六四年）封刘安为淮南王，刘安此时约十六岁。景帝三年（前一五四年），吴、楚七国反，四年（前一五三年）七国皆破灭，刘安时年二十七岁。《汉书》本传说："吴、楚七国反，吴使者至淮南，淮南王欲发兵应之。"若果有此事，便没有安然度过景帝时代的可能，这是后来武帝陷害他的方法之一。武帝即位，刘安入朝献所作《淮南内篇》（即现称之《淮南子》），并奉命为《离骚传》，时田蚡为太尉，当在建元元、二年之间（前一四〇至前一三九年），刘安此时年约为四十至四十一岁。《汉书》本传谓："淮南王安为人好书，鼓琴，不喜弋猎狗马驰骋。亦欲以自行阴德，拊循百姓，流名誉，招致宾客方术之士数千人。作为《内书》二十一篇，②《外书》甚众。又有《中篇》八卷，言神仙黄白之术，亦二十余万言。时武帝方好文艺，以安属为诸父，博辩善为文辞，甚尊重之……初安入朝，献所作《内篇》，新出，上爱重之。"这段话，正是写在七国平定以后，及武帝即位，刘安入朝的中间，由此可知刘安招致宾客，大事著作，正在他二十七岁到四十岁之间的这段年龄里面。治《淮南子》颇有成绩的日本学者金谷治氏，在其《淮南子之研究》的第二节中，认为"把'《内篇》新出'，马上与今日的二十篇的成立连结在一起，不太适切。今本应看作一直到淮南王之卒年（前一二一年），逐次书写，最后由《要略》

---

① 本传谓"王（厉王刘长）有子四人，年皆七八岁"。盖非一母所生，故年齿相差甚少；而刘安居长，故假定为八岁。
② 连同《要略》言之，则为二十一篇。《要略》系全书序目，性质与前二十篇不同；故不连同《要略》言之，则为二十篇。

所统一的，要妥当些"。① 这样一来，不仅使"献所作《内篇》"的明确语句，失掉了着落。且不了解刘安此书的目的，是为统治天下的"刘氏"而作，故自称为"刘氏之书"（《要略》），他是希望皇帝能采用施行的，所以当武帝初即位，而《内篇》又新出，便赶在武帝即位后的第一次朝见时献上。一经献上，便成定篇。

又本传"招致宾客方术之士数千人"一语，是把宾客与方术之士加以分别的。《汉书》卷四十五《伍被传》，"是时淮南王安好学术，折节下士，招致英隽以百数，被为冠首"；这以百数的英隽，应当是属于《淮南王传》所说的"宾客"里面。这以百数的英隽，虽然未必每个人都能著书，但著《内书》二十一篇的，应当是属于宾客中的若干人，或即如高诱《淮南注解叙》中所说的"遂与苏飞、李尚、左吴、田由、雷被、毛被、伍被、晋昌等八人，及诸儒大山、小山之徒"所作。苏飞等属于道家，故下句特标"诸儒"以相分别。我所要说明的是：方术之士，没有参与这《内篇》二十一篇的著作。可能在《内篇》二十一篇完成后，亦即是在他们一整套的政治理想表达完成后，才由方术之士，继续写《外书》、《中篇》。《汉书》卷三十六《刘向传》："上（宣帝）复兴神仙方术之事，而淮南有《枕中鸿宝苑秘书》，书言神仙使鬼物为金之术，及邹衍《重道延命方》，世人莫见；而更生（刘向）父德，武帝时治淮南狱，得其书；更生幼而读诵，以为奇，献之。"这正是出自方术之士，或即是《刘安传》所说的"《中篇》八卷"。而《史记·龟策列传》中的《万毕石朱方》，《隋书·经籍志》中的《淮

---

① 见日本学术振兴会出版的金谷治著《秦汉思想史》页四五九。在此文以前，金谷治氏刊行有《老庄的世界》单行本。

南万毕术》、《淮南变化术》各一卷,应即《刘安传》所说的"外书甚众"之遗。正因为这类著作,乃《内篇》二十一篇完成以后,由方术之士所纂著,所以才到淮南狱事起后,为参与治狱的刘德所得,一直到宣帝时由刘向献之宣帝。

建元六年(前一三五年)闽越复反,武帝遣两将诛闽越,刘安上书谏。"上(武帝)嘉淮南之意,美将卒之功,乃令严助谕意风指于南越。"武帝又使严助谕意于刘安,说明他自己的远见与盛烈;"于是王(刘安)谢曰'虽汤伐桀,文王伐崇,诚不过此。臣安妄以愚意狂言,陛下不忍加诛,使使者临诏臣安以所不闻,臣不胜幸'"。[①] 刘安此时年四十六岁。按刘安之谏,殆欲借此向武帝表示忠悃之忱;武帝使严助谕意,盖欲使刘安了解自己的伟大以相压服。由本传看,武帝此时已加深对刘安的刻忌。

元朔二年(前一二七年)春,武帝从主父偃言,诏诸侯得分国邑封子弟为列侯,以削弱诸侯王,赐淮南王几杖不朝以安其心。刘安此时五十四岁。

元朔五年(前一二四年),刘安的太子刘迁,因与雷被比剑有隙,雷被赴长安"上书自明",以致"逮淮南太子","削二县",这是朝廷对刘安进一步的构陷。我的推测,雷被可能事先是由朝廷授意的。刘安此时五十七岁。

元朔五年,公孙弘为丞相。元朔六年(前一二三年),严正上书谓淮南王孙建,为太子迁所疾害,"今建在,征问,具知淮南王阴事"。公孙弘揣摩武帝意旨,"深探其狱";至次年元狩元年(前一二二年),卒以刘安"有诈伪心,以乱天下,营惑百姓……当伏

---

① 以上皆见《汉书》六十四《严助传》。

《淮南子》与刘安的时代

法"。于是刘安自杀,时年五十九岁。"列侯、二千石、豪桀数千人,皆以罪轻重受诛。"①《汉书·五行志下》则说"坐死者数万人"。

汉初的政治形势,是刘邦以大封异姓诸侯王,而战胜项羽,取得天下。在即帝位的同一年内,即开始剪除异姓诸侯王而代之以同姓诸侯王,以安定天下。从文帝起,开始了对同姓诸侯王的防闲,贾谊、晁错诸人,都先后提出实行削除诸侯王以便达到中央集权的目的,且不惜出之以制造冤狱的手段。到了景帝,更进一步实行此一政策,因而有七国之变,其亲弟梁孝王亦几乎不免。刘安与景帝为堂兄弟,且因刘安是两世含冤,早为朝廷所侧目。②景帝削平七国后,岂能一日忘刘安兄弟?而刘安的惴惴疑惧,自亦为情理之常。同时,汉初士人承战国余习,遨游于诸侯王间,下焉者博衣食,上焉者显材能,尤为朝廷所深恶。随对诸侯王的疑忌压迫倾覆,势必影响摧残到这一批游士的自身。尤以淮南宾客之盛,更成为朝廷欲得而甘心的大目标。③因此可以了解,淮南王刘安及其宾客,乃在此种危机深迫的感觉中而同著此书。这便提供了在《淮南子》的浮夸瑰玮的语言中,了解他们另一真正用心所在的线索。

司马迁将刘安应武帝之命所叙《离骚传》采入《屈原列传》中,后人被班固《离骚序》仅引"《国风》好色而不淫,《小雅》怨诽而不乱,若《离骚》者,可谓兼之。蝉蜕浊秽之中,浮游尘埃之

---

① 淮南冤狱,具见于拙著《周秦汉政治社会结构之研究》中《汉代专制政治下的封建问题》一文。
②《汉书》四十八《贾谊传》,文帝封淮南厉王长之四子为列侯时,贾谊援白公为父报仇事以谏,言之激切,此事当为朝廷及刘安所习知。
③ 拙文《汉代专制政治下的封建问题》一文,对此言之较详,可以参阅。

外,皭然泥而不滓;推此志,虽与日月争光可也"数语,遂以为史公所采于刘安者仅此五十字,实则《离骚序》所引,乃经过了班氏的删节;友人刘殿爵教授指出,《屈原列传》中实由称"屈平"与称"屈原"两种材料所构成,其说甚谛。我以为史公以"屈原者名平"一语,绾合两种材料,此后一直至"王之不明,岂足福哉"止,皆用"屈平"之名,乃史公采自刘安,而略加补缀的。

如我上面的看法可以成立,则刘安的《离骚传》,是借屈原之冤,以明自己之志。其叙述中所流露出的"信而见疑,忠而被谤"的烦冤悲愤之情,不仅是表白屈原,亦实际是表明他自己。这正是把他处境的困惑,及心理的危机感,向一位新即位的青年皇帝的投诉。这一投诉,也收到相当效果,使他的王位,安定了十余年之久。他的这种迫切心情,不能不以某种形式反映在《淮南子》的书里面去。

《淮南子·俶真训》极力铺陈"神无所掩,心无所载;通洞条达,恬漠无事;无所凝滞,虚寂以待。势力不能诱也,辩者不能说也,声色不能淫也,美者不能滥也,智者不能动也,勇者不能恐也"的真人之道(页三〇)。能通于真人之道,则"神经于骊山太行而不能难,入于四海九江而不能濡"(页三一),即是可以达到庄子的逍遥游的境界。但最后的一段文章,突然与前面所夸张的恰恰相反:

> 非有其世,孰能济焉?有其人,不遇其时,身犹不能脱,又况无道乎?……夫忧患之来撄人心也,非直蜂虿之螫毒……而欲静漠虚无,奈之何哉?……人神易浊而难清,犹盆水之类也,况一世而挠滑之,曷得须臾平乎?古者至

德之世，贾便其肆，农乐其业，大夫安其职，而处士修其道……何则？世之主有欲利天下之心，是以人得自乐其间……逮至夏桀、殷纣，燔生人，辜谏者……当此之时，岂独无圣人哉？然而不能通其道者，不遇其世。夫鸟飞千仞之上，兽走丛薄之中，祸犹及之，又况编户齐民乎？由此观之，体道者不专在于我，亦有系于世矣……故世治则愚者不能独乱，世乱则智者不能独治。身蹈于浊世之中，而责道之不行也，是犹两绊骐骥，而求其致千里也……今缯缴机而在上，网罟张而在下，虽欲翱翔，其势焉得？故《诗》云："采采卷耳，不盈倾筐；嗟我怀人，寘彼周行。"以言慕远世也。（页三一至三三）

上面的话，等于把此篇前面所发挥的庄生之指，斥之为梦想。"今缯缴机而在上，网罟张而在下"，把他们所受的由朝廷而来的压迫，所感的由形势而来的危机，完全透露出来了。他们所以作这种"骂题"的透露，一方面是出于难以抑制的内心苦闷，一方面也可能是鼓励刘安不能不抱有政治野心。《人间训》通篇强调死生祸福得失成败之无常，而深叹"夫人伪之相欺也，非直禽兽之诈计也"（页三二九）；他们认为只有勘破了人与人的关系连禽兽之不如，才可"有以倾侧偃仰世俗之间，而无伤乎谗贼螫毒者也"（《要略》页三七二）。这种对人生的迷惘惴栗窥伺的情形，也正是随危机感而来的无可奈何的反映，也说明虚无主义形成的真正根源。

　　上面的两大危机感，一是出自刘安的自身，一是来自他的宾客们的感受。首先应把握这两点来了解《淮南子》一书的具体的、时代的意义。

（二）学术背景

西汉初年，道家思想，在朝廷与社会，有极大的势力。《淮南子》一书，高叙说"其旨近《老子》"，这可以说是受了当时一般思想趋向的影响。但《淮南子》中的道家思想，与当时流行的道家思想，有一个很大的界域。汉初所承继的战国中期以后的道家思想，乃属于"黄老"并称的这一系。这一系假托黄帝以著书的风气之盛，只要看《汉书·艺文志》中，以黄帝冠书名的，有二十种之多，[①]即可一目了然。从二十种书名以窥其内容，可称为方技之士的大合奏。将伪托的黄帝，傅会到老子上面去，而黄老并称，即是把权谋术数乃至许多方技迷信，掺进道家思想中去，这是原始道家思想的变形。但自战国末期以至西汉初年，这是道家中最有势力的一系。所以《史记·外戚世家》："帝及太子诸窦，不得不读《黄帝》、《老子》。"《老子韩非列传》："申子之学，本于黄老。""韩非者……喜刑名法术之学，而其归本于黄老。"《孟子荀卿列传》："慎到赵人；田骈、接子，齐人，环渊楚人，皆学黄老道德之术。"《乐毅列传》："乐臣（巨）公，善修黄帝、老子之言。"《田叔列传》："叔喜剑，学黄老术于乐巨公所。"《日者列

[①]《汉书·艺文志》：道家有《黄帝四经》四篇，《黄帝铭》六篇，《黄帝君臣》十篇，《杂黄帝》五十八篇；阴阳家有《黄帝泰素》二十篇；小说家有《黄帝说》四十篇；阴阳有《黄帝》十六篇；天文有《黄帝杂子气》三十三篇；历谱有《黄帝五家历》三十三卷；五行有《黄帝阴阳》二十五卷，《黄帝诸子论阴阳》二十五卷；杂占有《黄帝长柳占梦》十一卷；医经有《黄帝内经》十八卷；经方有《泰始黄帝扁鹊俞拊方》二十三卷，《神农黄帝食禁》七卷；房中有《黄帝三王养阳方》二十卷；神仙有《黄帝杂子步引》十二卷，《黄帝岐伯按摩》十卷，《黄帝杂子芝菌》十八卷，《黄帝杂子十九家方》二十一卷。以上凡以黄帝为书名者，计二十种。

传》:"夫司马季主者,游学长安,通《易经》,术黄帝、老子。"但《淮南子》中,不仅未将黄帝与老子并称对举;且除在《泰族训》一引《吕氏春秋》所引的"黄帝曰"以外,全书中援黄帝以伸张政治理想的,仅一二见。在本书中,由黄帝所代表的政治理想,还不及伏羲所代表的分量。《览冥训》在"昔者黄帝治天下,而力牧太山稽佐之"一段,已极力敷陈其治道之隆。但接着说"然犹未及虙戏之效也",即其明证。大概门客中精通易学的人,占有相当的势力,而他们又是以八卦及六十四卦皆出于伏羲的。由他们之不重视黄帝,这即说明从事《淮南子》这一集体著作中的道家,他们所抱的道家思想,与"黄老"这一系的道家思想,实系分门别户,另成一派。

江瑔《读子卮言》谓"以老庄并称,实起于魏、晋以后",固系不确。蒋锡昌《老子校诂》后附《老庄并称之始考》引《汉书·王贡两龚鲍传》,"蜀有严君平……依老子、严周(师古注:即庄周)之指,著书十余万言"之语,以此"为汉代老庄并称之始",亦系错误。不仅《淮南子·要略》"考验乎老庄之要",为老庄并称之始;且在书中引用《庄子》一书之多,[①] 及发挥庄子思想之宏,古今未见其比。至传刘安有《庄子略要》及《庄子后解》

[①] 将杨树达《淮南子证闻》一书及王叔岷《淮南子与庄子》一文所举出之称引庄子材料,加以综合,则现行《庄子》三十三篇,被《淮南子》反复称引者达二十八篇之多。计《逍遥游》、《齐物论》、《人间世》、《德充符》、《大宗师》、《应帝王》、《骈拇》、《马蹄》、《胠箧》、《在宥》、《天地》、《天道》、《天运》、《刻意》、《缮性》、《秋水》、《至乐》、《达生》、《山水》、《田子方》、《知北游》、《庚桑楚》、《徐无鬼》、《则阳》、《外物》、《让王》、《盗跖》、《列御寇》。据周骏富《淮南子与庄子之关系》一文,可补入《寓言》、《天下》篇。其所未及者,仅《内篇》之《养生主》、《杂篇》之《说剑》、《渔父》三篇而已。但《精神训》"以不同形相嬗"的思想,可能来自《养生主》的"薪尽火传"的思想,则《淮南》未及者仅《说剑》、《渔父》两篇。

两书,①今虽不可得见,亦不难由此可知刘安及其宾客在思想上与庄子契合之深,成为《淮南子》在西汉思想中的突出地位。

另一值得注意的学术背景,是《淮南子》成书的时代,儒家思想,在朝廷还没有得势;但从《史记·儒林列传》看,作为焚书以后的反弹作用,在社会上已经有强大的势力。同时,这是五经博士尚未成立,由五经博士而来的家法、专经等观念尚未出现的时代。也是阴阳五行,对儒家的掺杂不深的时代。这是一个对学术的评断,一委之于各人的自由,而没有受到朝廷的直接间接影响的时代。因此,《淮南子》一书,不仅采撷鸿博,为后来其他汉代著作所未有,②由此可约略窥知当时学术流行的概略状况。且儒家思想,在《淮南子》一书中所占地位,深入地看,并不次于道家。除大量引用了《诗》、《易》之外,《礼》、《乐》、《春秋》皆为其征引所及,且多发挥六经的微言大义。《春秋传》遍及《公羊》、《穀梁》,更大量援引《左氏》。所以杨树达在《淮南子证闻》中说"《淮南书》在汉初,已属称引左氏所记事,知刘歆伪撰之说为诬辞矣"。又《泰族训》:"《关雎》兴于鸟,而君子美之,为其雌雄之不乖也。《鹿鸣》兴于兽,君子大之,取其见食而相呼也。"乃确取自《毛传》,③由此可确证《后汉书·儒林列传》谓"马融作

---

① 《文选》谢灵运《行旅》诗注,许询《杂诗》注,齐竟陵王《行状》注,皆数引淮南王《庄子略要》。张景阳《七命》注,引有淮南王《庄子后解》。
② 《淮南子》除大量引用了《老子》、《庄子》、《吕氏春秋》外,尚引用了《论语》、《墨子》、《子思子》、《公孙尼子》、《孟子》、《荀子》、《商君书》、《列子》、《尸子》、《管子》、《慎子》、《孙子》、《韩非子》、《晏子春秋》、《战国策》,《礼记》中引有《檀弓》、《王制》、《乐记》、《中庸》、《经解》,及《尚书大传》、《楚辞·天问》等。
③ 《毛诗正义·关雎》毛传:"兴也。关关和声也。雎鸠……鸟挚而有别。"《鹿鸣》毛传:"兴也……鹿得萍呦呦然鸣而相呼。"

《淮南子》与刘安的时代

《毛诗传》"之谬。所以若用心考校，亦未始不可由《淮南子》以窥五经博士未立以前，宏通精要的西汉经学的本来面貌。可以这样地说，形成《淮南子》思想的另一骨干的儒家思想、经学思想，乃未受五经博士制度拘束，未受阴阳五行掺杂的儒家思想、经学思想。

《淮南子》的另一特色，是他们在文字表现上所用的非常繁缛的形式，使读者望而生畏，甚至是生厌。大概他们自己也感到此一问题，所以在《要略》中曾郑重提出加以解释。

> 惧为（衍文）人之惛惛然弗能知也，故多为之辞，博为之说。（页三六九）
>
> 其言有小有巨，有微有粗。指奏卷异，各有为语。今专言道，则无不在焉。然而能得本知末者，其唯圣人也。今学者无圣人之才，而不为详说，则终身颠顿乎混溟之中，而不知觉寤乎昭明之术矣。（页三七四）
>
> 夫道论至深，故多为之辞，以抒其情。万物至众，故博为之说，以通其意。辞虽坛卷（曲折）连漫，绞纷远缓，所以洮汰（注：润也）涤荡至意，使之无凝竭底滞，卷握而不散也。（同上）

上面都是就他们所处理的特殊对象——道与事——在表现上所要达到的目的，以说明他们所用的表现的形式，我以为这只说明了问题的一方面。另一方面，我以为是受了当时辞赋盛行的影响；他们不知不觉地，把作辞赋的手法用到著书上面。

汉高起丰沛，特贵楚声。而自贾谊以来，屈原的遭遇及《离骚》的文体,给汉初文人以莫大感召,酿成新兴的汉赋的文学风潮,倾动朝野。淮南宾客从事著作之时,也是汉赋尚未遭到朝廷政治干扰而滋衍鼎盛之时,自刘安起,及其他许多宾客,也都沉浸在此一风潮之中,有了不少作品。《汉书·艺文志·诗赋略》在以《屈原赋》为首的这一类中,有《淮南王赋》八十二篇,《淮南王群臣赋》四十四篇。《汉书补注》引王应麟曰:"淮南王安招致宾客,客有八公之徒,分造词赋,以类相从,或称大山,或称小山,如《诗》之有大、小《雅》。"由此可见淮南宾客中作赋风气之盛。"赋之为言铺也",即是以尽量铺陈的文体,发抒作者的感情,或表现作者的才智。《淮南子》中,不仅许多地方用了韵;并且全书的表现方式,也有似于刘彦和说汉赋是"极声貌以穷文",而刘彦和"遂使繁华损枝,膏腴害骨"的对赋的流弊的批评,也未尝不可用在《淮南子》身上。[①] 甚至他们所用的奇字异文,也只有《子虚赋》这类的大赋中才可与其比拟。但我们不可因此忘记了《淮南子》中,也有许多圆浑深厚的散文。

以上简单陈述了《淮南子》的时代背景——政治、学术的背景,以约略刊定它在思想史的位置。

三、思想的分野

(一) 在研究方法上新角度的提出

《淮南子》各篇的要旨及全书的结构,在《要略》中有反复的说明。通过这一说明,可以了解这是一部有计划、有系统的著作:

---

① 俱见《文心雕龙·诠赋》篇。

夫作为书论者，所以纪纲道德，经纬人事，上考之天，下揆之地，中通诸理……故言道而不言事，则无以与世浮沉；言事而不言道，则无以与化游息。(页三六九)

上面几句话，是全书的总纲领。将天地人并列，或以天地人为三才，[①]而要由人去参赞贯通，这是战国中期以来，相当流行的思想。而"形而上者谓之道，形而下者谓之器"，亦《易·系传》所明言。所以用另一语言来表达他们著书的总纲领，是要贯通天地人，是要融澈形上形下。他们认为只有这样，才可作为刘氏统治大一统天下的宝典。篇中除分别陈述了各篇的要旨以外，并说：

故言道（《原道训》）而不明终始（《俶真训》），则不知所仿依。言终始而不明天地（《天文训》、《地形训》）四时（《时则训》），则不知所避讳。言天地四时而不引譬援类（《览冥训》），则不知精微。言至精而不原人之神气（《精神训》），则不知养生之机。原人情而不知大圣之德（《本经训》），则不知五行之差。言帝道而不言君事（《主术训》），则不知小大之衰（差等）。言君事而不为称喻（《缪称训》），则不知动静之宜。言称喻而不言俗变（《齐俗训》），则不知合同大旨。已言俗变而不言往事（《道应训》），则不知道德之应。知道德而不知世曲（《氾论训》），则无以耦万方。知氾论而不知诠言（《诠言训》），则无以从容。通书文而不知

[①]《易·系辞下》两称"兼三才而两之"；所谓三才，即指天道、地道、人道。

兵指（《兵略训》），则无以应卒已。知大略而不知譬喻（《说山训》、《说林训》），则无以明事。知公（疑应作天）道而不知人间（《人间训》），则无以应祸福。知人间而不知修务（《修务训》），则无以使学者劝力。欲强省其辞，览总其要，弗曲行区入，则不足以穷道德之意（《泰族训》）。（页三七三）

从上面这一段话中，可以了解他们认为二十篇的本文，是缺一不可的。至于他们何以要本末精粗，说得这样完备呢？他们说：

> 夫五音之数，不过宫商角徵羽。然而五弦之琴，不可鼓也，必有细大驾和，而后可以成曲。今画龙首，观者不知其何兽也。具其形，则不疑矣。今谓之道则多，谓之物则少。谓之术则博，谓之事则浅。推之以论（由道至事，以论推衍推明之），则无可言者（则没有偏于多、少、博、浅之可批评）。（页三七四）

他们虽在《要略》中说明了各篇的要领及各篇相互间之关连，以表明全书的系统结构，但因书中儒、道两家思想的平流竞进，甚至有的是矛盾对立，不可能构成一个像《要略》所说的严密系统。而且写《要略》的人，是偏于道家思想方面的人，他实在消纳不下儒家思想。所以有的说得笼统，有的说得牵强，有的则他们并没有认真说出。因此，研究此书的人，若专倚赖《要略》作探索的导引，依然会堕入迷魂阵中，不易确切地把握到什么。所以我想换一个角度，从全书中思想分野的角度，来探索全书的结构，

《淮南子》与刘安的时代　　　175

乃至接触这一群思想家的若干生态,看出他们有血有肉的思想活动。哪怕只能收到百分之一二的效果。

全书捃摭广博,然道家思想,究居于优势。而老庄同为道家,有的是互相发挥,有的是自分畛域。道家之外,则儒家思想,有的则起而与道家抗衡,有的则儒道又想互相融合,有的以道家而想融合儒家及其他诸家,有的则以儒家为主而想融合道家及其他诸家。故由思想分野以言《淮南子》的结构,则似可在错综复杂中清理出一条线索。

(二) 老庄思想的分野

儒道的抵抗,很容易看清楚。但老庄是同中有异,要区分老庄的同中有异,则相当的困难。因为庄子本是从老子发展下来的,所以他们有共同的主题,有共同的结论,有的是庄子解释老子的,于是一篇之中,常感到老庄是混而难分。并且《淮南子》中的道家们,可能认为老庄本是一体。所以《道应训》只有一处引用《庄子》,其余皆引用《老子》,但《要略》还是笼统地说:"考验乎老庄之术。"(页三七一)

但为了摆清思想的线索,应当把握各篇中的主线、重点,以推断当时着手写某篇的宾客,到底是偏向于老子或偏向于庄子。可用的方法是:

第一,将引用《老》、《庄》两书的语言来比较其分量。但《老子》只有五千余言,而《庄子》则有十余万言。所以这一方法,并不容易接触到思想的内容。

第二,从理想性人物的名称着眼。《老子》一书的理想性人物的名称只称"圣人"。《庄子》则除继续使用"圣人"一词外,在

《逍遥游》特创用"至人"、"神人"两词,[①]《大宗师》又特创用"真人"[②]一词。《淮南子·原道训》称圣人者六,称至人者一;所以这一篇在阐述道的功用创造,及政治上的贵柔贵后等地方,主要是发挥《老子》之义,此外则多出自《庄子》。[③]《俶真训》则九称圣人,五称真人,一称至人。但有的地方,却把真人的地位,安放在圣人之上。如"圣人之所以骇天下者,真人未尝过焉。贤人之所以矫世俗者,圣人未尝观焉"(页二七)。而篇名即标为《俶真训》,可知本篇除言道之创造情形,系出于《老子》外,[④]其余多出于《庄子》。古人用名词不太严格,其中有的圣人与真人可以互换。《精神训》两称真人,两称至人,而未尝一称圣人,则这篇主要的思想是出自《庄子》,且多衍《大宗师》之义。《本经训》内容系由道家归结于儒家,其道家思想的部分,言圣人、真人、至人者各一,与其他因素配合,实亦以庄子思想为主。至《齐俗训》实系《庄子·齐物论》的多方面的发挥,更另有深意。

第三,凡是描写道的体段、功用及创造历程的,多系《老子》思想的推演。凡强调精神、心性等的修养、功效等的,多系《庄子》思想的发挥。因精神一词,乃最先出现于《庄子》;而《老子》的道德,至《庄子》始在人的心上落实、生根。《老子》无性字,《庄子》内七篇似亦无性字,《庄子·外篇》乃出现很多性字。心性是内而形骸是外,凡内外对举,重内而轻外,亦皆出于《庄子》。

[①]《逍遥游》:"故曰至人无己,神人无功,圣人无名。"
[②]《大宗师》"且有真人,而后有真知"以下,共用真人一词者凡八。
[③] 杨树达《淮南子证闻》谓"此篇全衍《老子》之旨",未确。
[④] 开始"有始者"一段,虽出自《庄子·齐物论》;然《齐物论》此段,实衍《老子》"有生于无"之义。

第四，凡以政治问题为主的道家思想多出于《老子》，以人生问题为主的道家思想多出自《庄子》。《庄子》亦承《老子》无为之旨以言政治，但《老子》以无为言政治，比较平实。而《庄子》则比较浪漫而带神秘性，这在《淮南子》中可将两者作很清楚的比较。《老子》之道，亦落实在人生问题之上。但《老子》对人生问题，多仅从消极方面落脚，这以"后"、"柔"、"弱"、"畏"等观念作代表。庄子则转而从积极方面去追求，以达到精神的大自由、大解放——亦即是所谓"逍遥游"、"天游"。《淮南子》追到人生问题时，完全承受了庄子的这一人生态度。

第五，"常"是老子的基本观念之一，"化"是庄子的基本观念之一。《天下》篇"芴漠无形，变化无常。死与生与，天地并与……古之道术，有在于是者，庄周闻其风而说之"，正说明了庄子思想的特性。《大宗师》"化则无常也"，可说是对老子"常"的思想的超克。例如老子说"后其身而身先"，是以"后"为比较近于"常"。但《大宗师》说"不知就先，不知就后"，此即对老子在先后中作选择的超克。《淮南子》中属于道家思想范围的，凡着重变化的，皆出于《庄子》。如《要略》"《俶真》者穷逐终始之化，嬴垺有无之精，离别万物之变……观至德之统，知变化之纪"云云，即其显证。其他各篇中，凡言及"变"、"变化"、"终始"、"生死"等，亦皆出自《庄子》。终始、生死，是具体的变化现象。

由上面老庄思想分野的分析，可知《淮南子》中，《庄子》思想确较《老子》思想更占到优势。其原因或可举出三点。

第一，《庄子》一书，从另一方面讲，实系一部伟大而浪漫的文学作品。《天下》篇说"以卮言为曼衍，以重言为真，以寓言为广……其书虽瑰玮，而连犿（宛转貌）无伤也。其辞虽参差，而诙诡可观",正说明了这一点。此一文学作品,对刘安时代流行的作赋的表现方式,实含有启发、润泽、充实的作用。刘安及其宾客,多是对赋有偏好,甚至也是作赋的能手,便自自然然地陶醉在《庄子》这一伟大文学作品之中,用上了他许多奇诡的辞汇,并力追《庄子》表现的想象能力。

第二,我在《两汉知识分子对专制政治的压力感》一文[①]中已指出,西汉距战国不远,汉初知识分子,一旦进入到大一统的专制政体以后,感到与战国的游士们两相比较,他们的活动,受到了莫大的限制,于是向往自由的心情,也特为迫切。何况淮南宾客,因处境之危,被压迫之感愈甚,因而在精神上要求解放的希望,较当时一般知识分子更甚。在典籍中,代表这种精神解放而获得精神自由的思想,只有《庄子》。这便使他们觉得《庄子》是他们的代言人,而发生了特别亲切的感觉。游、天游、逍遥游,都是《庄子》对精神解放、精神自由的形容,所以在《淮南子》中,出现了不少来自《庄子》的相同观念。例如:

> 执道要之柄,而游于无穷之地。(《原道训》页三)
> 循天者与道游者也。(同上页七)
> 逍遥于广泽之中,而仿佯于山峡之旁。(同上页一六)
> 古之真人,立于天地之本,中至优游。(同上页二一)
> 是故圣人,内修道术,而不外饰仁义;不知耳目之宜,而游于精神之和。若然者,下揆三泉,上寻九天,横廓六合,揲贯万物,此圣人之游也。(同上页二六)

[①] 此已收入拙著《周秦汉政治社会结构之研究》中。

心有所至，而神喟然在之。反之于虚，则消铄灭息，此圣人之游也。(《俶真训》页三〇)

浮游逍遥，道鬼神，登九天，朝帝于灵门。(《览冥训》页九五)

所谓真人者，性合于道也……体本抱神，以游于天地之樊。芒然仿佯于尘垢之外，而消摇于无事之业。(《精神训》页一〇三)

以死生为一化，以万物为一方（注：类也），同精于太清之本，而游于忽区之劳。(同上页一〇四)

终始若环，莫得其伦……是真人之所游也。[①]（同上页一〇五)

若夫至人，量腹而食，度形而衣，容身而游……处大廓之宇，游无极之野。(同上页一一一)

古之人，同气于天地，与一世而优游。(《本经训》页一一五)

道德定于天下而民纯朴，则目不营于色，耳不淫于声，坐俳而歌谣，被发而浮游。(同上页一一六)

夫随一隅之迹，而不知因天地以游，惑莫大焉。(《说林训》页二八九)

以上所略举的皆发挥《庄子·逍遥游》之义，以寄托其在压迫与危机感下对精神自由的祈向。《要略》："故言道而不言事，则无以与世浮沉。言事而不言道，则无以与化游息。"（页三六九）此两

[①] 原文作"是故作真人之所游"，此依俞樾校。

句话，乃对全书宗旨，作总括性的陈述。"浮沉"、"游息"，皆《庄子》一书的态度。当然他没有把儒家总括到里面去。

第三，他们的政治愿望，不敢从正面表达出来，于是除尽量发挥"无为"的思想外，更夸大《庄子·齐物论》中的一部分思想，而强调各地礼俗不同，但皆有同等的价值，不必劳心用力去加以统一，借以表达他们地方分权的愿望。西汉建国，自叔孙通制朝仪，贾谊倡治安之策以来，其意皆在定一尊、明一统，完成中央的集权政治。集权之最大障碍在分封的诸侯王。《汉书》四十八《贾谊传》："天下初定，制度疏阔，诸侯王僭儗，地过古制。……谊数上疏陈政事，多所欲匡建。"贾谊等重言礼制的主要用心之一，即在以礼制裁抑当时诸侯王，以达到彻底统一与集权的目的。自此以后，遂成为中央政府（朝廷）的一贯政策。刘安在这种以裁抑诸侯王集中权力为目的的礼制思想压迫之下，发出了隐微而强烈的反抗。《齐俗训》说：

> 夫礼者所以别尊卑，异贵贱。义者，所以合君臣、父子、兄弟、夫妇、朋友之际也。今世之为礼者，恭敬而忮；为义者，布施而德。君臣以相非，骨肉以生怨，则失礼义之本也，故构而多责。（页一六九）

上面的话，分明对自贾谊以来，皆缘礼以离间君臣骨肉，实即离间朝廷与诸侯王的关系，所提出的抗议。又说"世之明事者多离道德之本，曰礼义足以治天下，此未可与言术也"。表面上他们是站在道家的立场，重道德而轻礼义；实际他们所反对的是由朝廷所制定的，以达到彻底统一与集权的礼义。

《淮南子》与刘安的时代　　　　　　　　　　　　　　　*181*

他们又对于当时朝廷所倡导的作为天下统一标准的礼,提出各地之俗以相抵抗。他们说:

> 故行齐于俗,可随也。事周于能,易为也。(页一七〇)
> 乃至天地之所覆载,日月之所照㠯,使各便其性,安其居,处其宜,为其能……各用之于所适,施之于其所宜,即万物一齐(平等)而无由相过……物无贵贱,因其所贵而贵之,物莫不贵也。因其所贱而贱之,物莫不贱也。(页一七一)
> 故胡人弹骨,越人契臂……所由各异,其于信一也。三苗髽首,羌人括领,中国冠笄,越人劗发,其于服一也。帝颛顼之法,妇人不辟男子于路者,拂于四达之衢。今之国都,男女切踦,肩摩于道,其于俗一也。故四夷之礼不同,皆尊其主而爱其亲,敬其兄,狖犹之俗相反,皆慈其子而严其上……岂必邹鲁之礼之谓礼乎。(页一七四至一七五)
> 礼乐相诡,服制相反;然而皆不失亲疏之恩,上下之伦。今握一君之法籍,以非传代之俗,譬由胶柱而调瑟也。(页一七六)

《齐俗训》表面看,只是从多方面发挥《齐物论》的"因是"[①]的意义,实则是要由承认各地方之俗的价值平等,而无须由朝廷所制之礼来加以统一,以保持诸侯王在所封之国内,有自由活动之可

[①] "因是"是因物之所自以为是者,亦随而承认其为是。此乃《齐物论》的重要论点之一。

182　　两汉思想史(二)

能，亦即有独立存在之可能。这实即对当时要以礼制来削弱诸侯王的反抗，这种性质的反抗，在全书的各篇中，都有流露。

（三）儒道思想的分野

当刘安及其宾客们，驰骋于观念的世界时，自然进入到老庄的分野。当他们面对着现实世界时，便不知不觉地进入到儒家的分野。例如《本经训》强调"太清之始也"及"至人之始也"的浪漫型的政治形态，认为"道德之不足为"，"仁义之不足行"，"礼义之不足修"。但现实上是怎样呢？他们说：

> 今至人生乱世之中，含德怀道，拘无穷之智，钳口寝说，遂不言而死者众矣。然天下莫知贵其不言也。（页一一九）

停留在观念世界中，他们觉得自己是"至人"，是"真人"，神通非常广大。但一进入到现实世界，立即发现自己只是孤芳自赏，自我陶醉；观念中的"体太一"、"牢笼天地"、"含吐阴阳"，在现实上不过是个可怜虫。要有一条路可走，便依然归结到：

> 故兵者所以讨暴，非所以为暴也。乐者所以致和，非所以为淫也。丧者所以尽哀，非所以为伪也。故事亲有道矣，而爱为务。朝廷有容矣，而敬为上。处丧有礼矣，而哀为主。用兵有术矣，而义为本。本立而道行，本伤而道废。（页一二四至一二五）

上面的话，岂不是在政治的现实上，依然落到儒家思想之上吗？这不仅《本经训》一篇是如此。这对于中国思想史在历史中的意义，应当有最大的启发性。

但刘安的宾客中，应分为两大类。第一类是高诱序中所说的"苏飞、李尚、左吴、田由、雷被、毛被、伍被、晋昌等八人"，是以道家思想为主，而又挟有纵横家之术，这是《淮南子》中老庄思想分野的人物。此外则属于儒家分野，有如高序所说的"诸儒大山、小山之徒"。这里顺便谈谈大山、小山的问题。按高序语气，大山、小山，分明系诸儒中的两个人名，"山"或其姓（晋有山涛）而名则遗漏。王逸注《楚辞》，在《招隐士》下谓"《招隐士》者，淮南小山之所作也"，此亦应系人名。乃中谓"自八公之徒，著作篇章，分造辞赋，以类相从，故或称小山，或称大山，其义犹《诗》有《大雅》、《小雅》也"。这样一来，变成为辞赋分类的名称，于是"小山之所作也"，等于是说"《小雅》之作所作也"，复成何意义。《文选注》引王逸上面的话以为"《序》曰"，而将此数语删去，极可见其用心之密。乃自朱子《楚辞集注》以下，皆信"犹《诗》有《大雅》、《小雅》"之谬说，可谓习而不察。

就《淮南子》一书略加考查，其中遍及六经、三传，尤以引《诗》在二十九次以上，为最多。《氾论训》"王道缺而诗作"，殆用三家之说，[1] 与前引以兴说《关雎》、《鹿鸣》之属于《毛诗》系统者不同。其次是引《易》在十次以上，又引孔子说《易》者一，自说《易》者一。刘向《别录》："所校雠中《易传·淮南九

---

[1]《史记·十二诸侯年表》序："周道缺，诗人本之衽席，《关雎》作。仁义陵迟，《鹿鸣》刺焉。"《困学纪闻》三："疑是三家之说。"

师道训》，除重复定著二十篇。淮南王聘善为《易》者九人，从之采获，故中书著曰《淮南九师言》。"今《汉书·艺文志》，录有《淮南道训》二篇，其余早已亡佚，《淮南子》中所用者乃其一鳞半爪。遍引三传，而长于说《春秋》大义。如《主术训》："春秋二百四十二年，亡国五十二，弑君三十六；采善，钽丑，以成王道，论亦博矣。然而围于匡，颜色不变，弦歌不辍，临死亡之地，犯患难之危，据义行理而志不慑，分亦明矣。然为鲁司寇，听狱必为断。作为《春秋》，不道鬼神，不敢专己。"（页一五〇）又如《氾论训》："周室废，礼义坏，而《春秋》作。《诗》、《春秋》，学之美者也。"（页二一三）由此可知诸儒中有人对《春秋》研究之深。两引《尚书大传》，可知今文《尚书》承自伏生。而《说林训》"君子之居民上，若以腐索御奔马"，疑出自孔安国以今文校读孔氏壁中古文，多出二十四篇中的《五子之歌》。[①]书中指名称引孔子者多于老子、庄子，称引《论语》者亦不一而足。《修务训》论学多出于荀子。子思、孟子，为荀子所排斥。[②]但书中儒家思想，实属于《中庸》、《子思子》、《易传》及《孟子》的系统。由此一简单陈述，不难想见在刘安宾客中，实有一儒学的强大阵容，特当时为老庄学者的气势所压，而后又因淮南冤狱，姓名亦因之泯灭不彰。但儒家阵营，对老庄思想抗争之迹，则是历历可数的。

上述的抗争，首先表现在对仁义礼乐的态度上面。《老子》三十八章"故失道而后德，失德而后仁，失仁而后义，失义而后礼。夫礼者忠信之薄而乱之首"的一段话，为《庄子》及其以后

[①] 伪古文《五子之歌》虽伪，但其中"予临兆民，懔乎若朽索之御六马"，此语或采自古文《五子之歌》的剩语。
[②] 见《荀子·非十二子》篇。

的道家所反复承述传播。《淮南子》中凡属于老庄思想分野的,言及仁义礼乐,其论点皆不出此一范围。如《俶真训》:"是故道散而为德,德溢而为仁义,仁义立而道德废矣。"(页二六)《本经训》:"是故仁义礼乐者,可以救败,而非通治之至也。""是故知神明,然后知道德之不足为也。知道德,然后知仁义之不足行也。知仁义,然后知礼乐之不足修也。"(页一一六)全书中这一类的话很多,都是站在老庄思想的分野来说的。他们由此与儒家挈长较短,认为儒家不能从根本上解决人生、政治上的问题。《精神训》:"今夫儒者,不本其所以欲,而禁其所欲;不原其所以乐,而闭其所乐;是犹决江河之源,而障之以手也。"(页一一〇)"故儒者非能使人弗欲,而能止之。非能使人勿乐,而能禁之。夫使天下畏刑而不敢盗,岂若能使无有盗心哉?"(页一一一)"达至道"的至人,才能从根本上解决此一问题。但《泰族训》特强调以礼化民成俗的重大意义(见后)。而《淮南子》中特色之一,为善于言礼。这便都是属于儒家思想的分野。道家之所以贬下礼乐,认为这不是出于人性之本然。所以《齐俗训》说:"衣服礼俗者,非人之性也。"(页一七二)道家不仅以礼乐为在人性之外,亦以仁义为在人性之外。所以《俶真训》说:"孔、墨弟子,皆以仁义之术教导于世;然而不免于僇身,犹不能行也,又况所教乎?是何则?其道外也。夫以末求返于本,许由不能行也,又况齐民乎?诚达于性命之情,而仁义固附矣。"(页三〇)这是以性命为本,以仁义为末,分性命与仁义为二物,所以孔、墨仁义之教,是"以末求返于本",为齐民所不能接受。此意在《庄子》发挥得特多。但《主术训》谓:"凡人之性,莫贵于仁,莫急于智。"(页一五一)《泰族训》谓:"人之性有仁义之资。"(页三五一)这分明是儒家性善思想的传承。《主术训》谓："国之所以存者，仁义是也。人之所以生者，行善是也。"（页一五二）《氾论训》谓："故仁以为经，义以为纪，此万世不更者也。"（页二一四）这分明是属于儒家思想的分野。

儒道两家思想的分野，又表现在对"学"的态度与内容上面。《老子》"绝学无忧"（二十章），"为学日益，为道日损"（四十八章）。①《庄子》以后，属于道家思想分野的，皆演《老子》上述几句话的意旨。《淮南子》中的道家，亦不例外。《俶真训》："是故圣人之学也，欲以返性于初，而游心于虚也。达人之学也，欲以通性于辽廓，而觉于寂漠也。若夫俗世之学也则不然，擢（许注：擢，引也）德搴（注：缩也）性，内愁五脏，外劳耳目，乃始招蛡振缱物之毫芒（按此句乃就追求外物之知识而言），摇消掉捎（按当为招摇、炫惑之意）仁义礼乐，暴（按当为表暴之意）行越（按当为夸耀之意）智于天下，此我所羞而不为也。"（页二九）此处将学分为三等，前两等属于道家之学，第三等之学，实即指儒家之所谓学而言。而儒家之所谓学，道家认为乃起于衰微之世。在上引的一段话前面，另有一段谓："周室衰而王道废，儒墨乃始列道而议，分徒而讼（注：争是非也）。于是博学以疑（疑读曰拟，王引之说）圣，华诬以胁众。弦歌鼓舞，缘饰《诗》、《书》，以买名誉于天下……是故百姓曼衍于淫荒之陂，而失其大宗之本。"（页二八）《精神训》："藏《诗》、《书》，而修文学，不知至论之旨，则拊盆叩瓴之徒也。"（页一〇八）"衰世凑（注：趋也）学，不知原心反本，直雕琢其性，矫拂其情，以与世交。故目虽欲之，禁

---

① 众人因学而过其性。圣人以不学为学，恢复众人因学所过之性。

之以度。心虽乐之，节之以礼……钳阴阳之和，而迫性命之情，故终身为悲人。"（页一一〇）更举出例证来说："夫颜回、季路、子夏、冉伯牛，孔子之通学也。然颜渊夭死，季路菹于卫，子夏失明，冉伯牛为厉。此皆迫性拂情，而不得其和也。"（页一一〇）书中这类的观点，还见于《本经训》等篇，不待遍举。

但《淮南子》中，对学的问题，有与上完全相反的态度。《说山训》："通于学者若车轴，转毂之中，不运于己，与之致千里，终而复始，转无穷之源。不通于学者若迷惑，告之以东西南北，所居聆聆（注：犹了了），背而不得，不知凡要。"（页二八〇）此以"善假于物"[1]说明学的重要。《修务训》一篇，乃站在儒家立场全面对道家思想加以反击，而在学的问题上，多发挥《荀子·劝学》之旨，[2]对道家反学的态度，提出正面的批评。《修务训》："世俗衰废，而非学者多。（他们所以非学，因为认为）人性各有修短……此自然者不可损益。吾以为不然……故其（马）形之为马，马不可化；其可驾御，教之所为也。马，聋虫也（注：无知也），而可以通气志，犹待教而成，又况人乎？"（页三三五）道家以为儒家提倡学，但学而不行，且会流于邪僻。《修务》篇的作者辩解说："且子有弑父者，然而天下莫疏其子，何也？爱父者众也。儒有邪僻者，而先王之道不废，何也？其行之者多也。今以为学者之有过而非学者，则是以一饱（疑当作噎）之故，绝谷不食……惑也。"（页三三六）作者似将人性分为三品，上者不必学，下者

---

[1] 篇中不仅引《荀子·劝学》篇"木直中绳，𫐓以为轮，其曲中规"等语。且以"服习积贯之所致"，"淹浸渍渐靡使然也"，说明学的功用，皆本于《荀子》。"淹浸渍"皆释"渐"的意义。
[2]《荀子·劝学》篇"君子生非异也，善假于物也"，即由学以获取前人经验之意。

不能学，学乃为绝对多数的中品的人而设。所以说，"夫上不及尧舜，下不及商均……此教训之所谕也"（同上）。《修务训》的作者认为道家的非学，乃因其立论走向两个极端。"所谓言者，齐于众而同于俗（以大多数人为准）。今不称九天之顶，则言黄泉之底，是两末之端议，何可以公（平）论乎？"这是对道家的极深刻而恰当的批评。道家的圣人、至人、真人，都不是历史上的人物；而在圣人、至人、真人下的人民，则都是蒙昧的原始性的人民，他们不仅在论学时是从实际上游离了上去；道家主张人只要顺性的自然，即可得到完满的人生。《修务训》的作者则指出："欲弃学而循性，是谓犹释船而欲履水也。"（页三三七）作者认为有的禽兽，"爪牙虽利，筋骨虽强，不免制于人者，知不能相通，才力不能相一也。各有其自然之势，无禀受于外，故力竭功沮"（页三三八）。历史上偶然出现了苍颉造书，容成造历，胡曹为衣，后稷耕稼，仪狄造酒，奚仲造车等不世出的特殊人物，但"周室以后，无六子之贤，而皆修其业；当世之人，无一人之才（无其中某一人之才），而知其六贤之道者何？教顺（训）施（延）续，而知能流通。由此观之，学不可已，明矣"（页三三九）。老庄崇顺自然，《修务训》中则强调"名可强（勉强）立"，"功可强成"，"自强而成功"（页三四〇），正是针锋相对的争论。儒者重视学，所以儒家之所谓道，乃在经验上建立根基，与道家离开经验的空论，成一显明的对照。所以《修务训》的作者说："通于物者不可惊以怪。喻于道者不可动以奇。察于辞者不可耀以名。审于形者不可遁以状（注：遁，欺也；状，貌也）。世俗之人，多尊古而贱今，故为道者必托之于神农、黄帝而后能入说。乱世暗主，高远其所从来，因而贵之……此见是非之分不明。"（页三四二）而他

《淮南子》与刘安的时代

们的所谓学,乃是"有符于中,则贵是,而同今古"(页三四三),学的方针是"贵是",贵于求得知识,而不在于学所读的《诗》、《书》的本身。《诗》、《书》不过是一种工具,所以说"诵《诗》、《书》者,期于通道略(注:达)物(注:事),而不期于《洪范》、《商颂》"(页三四三至三四四)。这便与后来的经生之业大异其趣。

《修务训》下面的一段话,我觉得有很大的意义:

> 且夫精神,滑淖纤微,倏忽变化,与物推移,云蒸风行,在所设施(按此数语乃言精神之自身,是微眇变化,不易把握,须凭借其他事物而始能作有意义的展现)。君子有能精摇摩监(按此乃振奋之意),砥砺其才,自试神明(杨校:当依《说苑·建本》篇作"自诚其神明",按乃把精神的功用,完全实现出来),览物之博,通物之壅,观始卒之端,见无外之境(许注:"所观以远。"按"以"当作"者"),以逍遥仿佯于尘埃(按:世俗之意,许注以窈冥为注,失之)之外,超然独立,卓然离世,此圣人之所以游心若此。而不能闲居静思(杨校:据《说苑·建本》篇,此句上,当有"然晚世之人"五字),鼓琴读书,追观上古及贤大夫,学问讲辩,日以自娱,苏(杨校:当作疏)援(杨校:当作远)世事,分白黑利害,筹策得失,以观祸福……(上"不能"二字,直贯至此。)如此者(指分白黑利害等)人才之所能逮;然而莫能至焉者,偷慢懈惰,多不暇日(于学)之故。(页三三九至三四○)

按道家以学问知识，扰乱精神，使精神得不到自由解放。《修务训》的作者针对此点，认为仅守住精神的自身，只陷于迷离惝恍，并非真得到解放。欲得到真的自由解放，还须凭借知识以通事物终始远近之情。这便把《精神训》的论点，完全推翻了，而接近于古希腊爱智的意味。①

儒道思想最大的分野，则系表现在政治问题上面。《淮南子》中，凡属于道家思想分野的，自《原道训》起，无不强调老子的无为而治。写《修务训》的儒者，则从正面加以反驳。

> 或曰：无为者，寂然无声，漠然不动，引之不来，推之不往。如此者，乃得道之像（法）。吾以为不然。尝试问之矣，若夫神农、尧、舜、禹、汤，可谓圣人乎？有论者必不能废。以五圣观之，则莫得无为明矣。（页三三一）

以下历述五圣如何为人民求生存而勤劳的事迹，而结之以"此五圣者，天下之盛主，劳形尽虑，为民兴利除害而不懈"。（页三三二）因认为历史中的圣人，都是勤劳有为的，于是儒、道两家所谓圣人的形像性格，也完全不同。

> 故圣人不以人滑天，不以欲乱情。不谋而当，不言而信，不虑而得，不为而成。精通于灵府，与造化者为人。（《原道训》页七）

---

① 被译为哲学的 philosophy，乃由希腊原语之爱与智两字合成；爱乃喜悦之意，爱智即是以知识为喜悦，人在喜悦中也有精神解放的感觉。

《淮南子》与刘安的时代

>是故圣人内修其本，而不外饰其末。保其精神，偃其智故，漠然无为而无不为也。（同上页八）

>是故圣人守清道而抱雌节，因循应变，常后而不先。柔弱以静，舒安以定。（同上页十）

上面是道家心目中的圣人。因为他们有个基本认定是"万物固以（已）自然，圣人又何事焉"（页六），所以只是体道修德以"自得"，以求"全其身"。①"自得则天下亦得我矣"（页一五），所谓"得我"，是指天下的人也能自得其我。所以接着说"吾与天下相得，则常相有己"。因圣人的自得，天下之人亦自得，圣人与天下之人，互能全其身（"相有己"），还有什么政治问题呢？

但《修务训》中的圣人，则与上面完全不同。

>夫圣人者，不耻身之贱，而愧道之不行。不忧命之短，而忧百姓之穷……（述禹、汤的情形）圣人忧民如此其明也；而称以无为，岂不悖哉？（页三三二）

>孔子无黔突，墨子无暖席。是以圣人不高山（不以山为高而不越），不广河（不以河为广而不渡），蒙耻辱以干世主，非以贪禄慕位，欲事（从事于）起天下利（此句依杨校），而除万民之害。盖闻传书曰，神农憔悴，尧瘦癯，舜徽黑，禹胼胝。由此观之，则圣人之忧劳百姓甚矣。故自

---

① 《原道训》盛称圣人由修养而"自得"之义。而谓"所谓自得者，全其身者也。全其身，则与道为一矣"（页一五）。

> 天子以下至于庶人，四肢（肢）不动，思虑不用，事治求
> 澹（赡）者，未之闻也。（同上页三三三）

上面对道家圣人无为的说法，可谓反驳得有声有色。但道家可以反问：儒家并不是不讲无为，《论语》"子曰，无为而治者，其舜也欤"（《卫灵公》），即其明证。所以《修务训》的作者，便对名同而实不同的儒家之所谓无为，与道家之所谓无为，加以检别。他说：

> 若吾所谓无为者，私志不得入公道，嗜欲不得枉正术，
> 循理而举事，因资（凭借条件）而立权。自然之势，而曲
> 故（许注：巧诈）不得容者。事成而身弗伐，功立而名弗
> 有。非谓其感而不应，攻而不动者。（页三三三）

由上面所述的两个思想分野的互相抗拒的情形，正可反映出当时学术界的大势。书中除儒、道两家思想外，刘安及其宾客，更采用了法家之长，且将其融入于儒、道两家思想之中，而去其严刑重罚之短，在书中也占相当重要地位，这在后面另有叙述。书中常将孔、墨并称或儒、墨并称，而其反对三年之丧，及提倡节俭薄葬，或系受墨家思想的影响，但和称引其他各家说法一样，在书中不是体系性的存在，所以便都从略。

四、道家的天、人、性、命

自子贡说出"夫子之文章，可得而闻（按了解之意）也。夫

子之言性与天道，不可得而闻也"①以后，这是原始宗教的权威坠落以后，在学术中所出现的重大问题。并且这也是儒、道、墨三家，后来又加上阴阳家的共同问题。学术中的重大问题，只要一经提出，后来的人便会不断努力提出解答。自《中庸》、《易传》以迄《吕氏春秋》，都对此一问题提出过解答。西汉学术的大方向，从某一方面说，可以看作是天人性命之学，此当另有论列。而《淮南子》一书，可以说是站在道家思想的立场来解答天人性命的问题。但应先加说明的是，这里"天人性命"的标题，只是为了语言的方便。所谓天，是把道也包括在里面的。并且由老子所提出之道，乃位置在天的上面，所以下面先由老子的道谈起。

（一）对道的描述

天生蒸民，天生万物，这是中国古老的传统观念。"道，所行道也。"②引申为合理的行为，合理的行为原则，亦即所谓"顺理而不失之谓道"。③道的原义，固然是经验的。引申之道，由行为而见，所以是抽象的，同时也是经验的。但把道赋与以超经验的性格，以"无"表达其特征，并推置在天的上位，将传统的天生万物的功用，改归到道的名下，这的确是老子的创意，为老子以前所未有。《老子》一书，除"天地不仁，以万物为刍狗"（五章），略含有传统的创生意味外，其余不仅天地并称时，只是一种至高至大的客体存在；即使四十七章的"不窥牖，见天道"，七十三章的"天之道，不争而善胜"，七十七章的"天之道，其犹张弓与"，

---

① 《论语·公冶长》。
② 《说文》二下。
③ 《管子·君臣》。

"天之道，损有余而补不足"，八十一章的"天之道，利而不害"，虽都表现了善的倾向，可为人所取法，但依然与人有很大的距离，而为一客体的存在，并且绝没有创生的意味。"王乃天，天乃道"（十六章），"人法地，地法天，天法道，道法自然"（二十五章），分明是道在天的上位，同为道所创生。

老子创造了道的观念以代替传统的天，并赋与以"无"的特性。但"无"不仅易被一般人误会为"没有"，且亦不易为一般人所把握；于是在《老子》一书中，有几个地方，描写了道的体段，如四章、十四章、二十一章、二十五章、三十四章皆是。兹引十四、二十一、二十五三章如下：

视之不见名曰夷，听之不闻名曰希，搏（抟）之不得名曰微。此三者不可致诘（此乃超经验的"无"，故不可致诘），故混而为一（按"混"对"分"而言。凡经验界中的有，皆是分，皆是多。这是无，所以它是混而不可分的一）。其上不皦，其下不昧（按上下就空间之变动言，不受空间变动之影响），绳绳（此就时间之继续言）不可名（无终无始，故不可名）。复归于无物（创生万物，而其自身复归于无物，无物即是无），是谓无状之状，无物（象）之象，是谓惚恍（此三句言"无"并不是没有）。迎之不见其首，随之不见其后（此二句说明道乃一无限的存在）……（十四章）

……道之为物，惟恍惟惚（似有似无之貌，故即称之为无）……惚兮恍兮，其中有物。窈兮冥兮，其中有精，其精甚真，其中有信（此力言道是一个超越的存在。自经验

《淮南子》与刘安的时代 *195*

界言之,故称之为无。但它是一种存在,所以"无"绝非等于没有)……(二十一章)

有物混成(非由他物分化而成,故曰混成),先天地生。寂兮寥兮(是无),独立(道是第一因,所以是独立)不改(因为是第一因,不受其他因的影响,故不改,不改即是常),周行而不殆(他是无限的,所以他的运行无所不到,且绝无险阻),可以为天下母(天下万物皆为其所生,故可为天下母)……(二十五章)

老子对道的体段的描写,略可分为三点。一、道是无,但不是没有。二、道是无限的存在。三、道是在因果系列之上的独立而永恒的存在。

庄子虽然继承了老子的道的观念,但就内七篇看,他似乎把老子的道与天的分量,倒转了过来。《逍遥游》便没有出现一个道字。《齐物论》"道恶乎隐而有真伪","道恶乎往而不存","道通为一",及《大宗师》"人相忘乎道术"这类的说法,是形上形下,混同在一起的说法,减轻了老子之道的超越的性格。甚至隐没了老子之道的"常"的性格。内七篇中,以《大宗师》下面的一段话,是直承老子对道的体段的描述:

夫道,有情[①]有信,无为无形。可传而不可受,可得而不可见。自本自根(不以他物为本为根,而是自本自根),

---

① 按此句是简述《老子》二十一章,"窈兮冥兮,其中有精,其精甚真,其中有信"数句;若如此,则"有情"之情,似应作"精",因形近而误。

未有天地，自古以固存。神鬼神帝（鬼帝由道而神），生天生地。在太极之先而不为高，在六极之下而不为深（此二句言其在空间上的无限）。先天地生而不为久，长于上古而不为老（此二句言在时间上的无限）……

上面一段话，可以说是由上引《老子》几章的话加以精简而成。《淮南子》对道的描述，则是：

夫道者覆天载地，廓（注：张也）四方，柝（注：开也）八极。高不可际（注：至也），深不可测。包裹天地，禀（注：给也）授无形（注：万物之未形者皆生于道）。原流泉浡（注：涌也），冲而徐盈。混混滑滑，浊而徐清。故植之而塞于天地，横之而弥于四海，施之无穷而无所朝夕。舒之幎（注：覆也）于六合，卷之不盈于一握。约而能张，幽而能明；弱而能强，柔而能刚。横四维而含阴阳，纮（注：纲也）宇宙而章三光。甚淖而㴠，甚纤而微。山以之高，渊以之深。兽以之走，鸟以之飞。日月以之明，星历以之行。麟以之游，凤以之翔。（《原道训》页一）

上面是《原道训》开首的一段话，作者用力描述了老子之所谓道的体段与功用。但与老、庄的描述相比较，不难发现，老庄在描述中有严格的推理作用。例如老子既认为道是先天地生，则道之出现，只能是"混成"；庄子对此混成作进一步的解释，便说出"自本自根"四个字。又如"独立而不改"，因为是独立的，才能不改。并且他们对道的描述，皆为道所不可少的属性。例如假定

《淮南子》与刘安的时代

在周行中会遇到危殆，则必有为道所不能及之处，道的存在与功用便不是无限的。《原道训》的作者，则只能作罗列式的铺陈，繁缛而重复；多一句少一句，对道的属性无所损益，无关痛痒。在这种地方，他们实际是以作赋的文学手法，代替了哲学的思维，这是老子思想中形而上学的堕退。

再者，我们应注意的是，老庄对道的描述，是动态的描述；而《原道训》的作者，则可以说是近于静态的描述。因为在老庄心目中，道与创生是不可分的。《原道训》的作者，当然在这一点上继承了老庄的思想。但如后所述，他们在创生过程中，介入了而且加重了气的因素和作用。道并不是气，于是道的创生作用，不知不觉地减轻，而道自身也不知不觉地由动态转为近于静态的存在。

（二）道的功用——创生

老子对道的创生的描述，有下列各章：

> 谷神（喻道）不死，是谓玄牝（喻道的创生作用）。玄牝之门，是谓天地根（天地由玄牝之门而出，所以是天地之根）。绵绵（创生力是永恒继续的）若存（即若有若无，形容创生力是非常柔弱的），用之不勤（若发挥创生作用而有勤劳之时，则创生作用将会停止，所以用之不勤）。（六章）
>
> 反者道之动（道动而创生万有，而其自身复反于无，所以它才能永恒存在），弱者道之用（道创生万物时的作用若不是非常柔弱，则万物不会感到是自然而生）。天下万物生

于有（万物皆以形相嬗，如人皆生自父母），有生于无（无即是道。有之所以成为有，则是由道所生）。（四十章）

道生之，德畜之，物形之，势成之……（五十一章）

万物皆直接自道而生，而道的创生作用，亦无时而停息。庄子喜谈死生问题，对道的创生作用，只在《大宗师》中创用"造化"、"造物"两个名词，① 很少作直接有力的描述。《淮南子》在这一方面倒描述了不少。《俶真训》：

有始者，有未始有"有始者"，有未始有夫"未始有有始者"。有有者，有无者，有未始有"有无者"，有未始有夫"未始有有无者"（以上本《庄子·齐物论》而文字稍有出入）。所谓有始者，繁愤未发，萌兆牙蘖，未有形埒垠堮；无无蠕蠕，将欲生兴，而未成物类。有未始有有始者，天气始下，地气始上，阴阳错合，相与优游竞畅于宇宙之间，被德含和，缤纷茏苁，欲与物接而未能兆朕。有未始有夫未始有有始者，天含和而未降，地怀气而未扬。虚无寂寞，萧条霄霏，无有仿佛，气遂而大通冥冥者也。有有者，言万物掺落，根茎枝叶，青葱苓茏，崔（萑）菢（葟）炫煌（注：采色貌也），蠉飞蠕动，蚑行哙息，可切（注：摩也）循（注：顺也）把握而有数量。有无者，视之不见其形，听之不闻其声，扪之不可得也，望之不可极也。储与扈冶

---

① 《庄子·大宗师》："伟哉造化，又将奚以汝为，将奚以汝适？""夫造化者必以为不祥之人"，"彼方与造物者为人"。

《淮南子》与刘安的时代　　　　　　　　　　　　　　　　　　199

（注：褎大意也），浩浩瀚瀚，不可隐仪揆度，而通光耀者。有未始有有无者，包裹天地，陶冶万物，大通混冥；深闳广大，不可为外；析毫剖芒，不可为内；无环堵之宇，而生有无之根。有未始有夫未始有有无者，天地未剖，阴阳未判，四时未分，万物未生，汪（杨校：《通俗文》云，水亭曰汪）然平静，寂然清澄，莫见其形。（页一九至二十）

按《俶真训》开始所引《庄子·齐物论》的几句话，在庄子的本意，不过力言时间与空间，无可执著，以见人不仅不应囿于是非之见，即无是无非，亦不应变成一种主张而加以坚持。其所列时间空间上之层次，本无具体之内容。且自"未有始"及"无"以上，本属于纯抽象的形上概念，亦不应有具体的内容。但淮南宾客中的道家们，不惯于纯抽象的思考，必将由老子所建立的形上概念，在具体事物上作想象性的描述，使其成为非抽象非具体的奇特状态；在这种地方，可以看出他们的笨拙。例如时间上的有始者，与空间上的有有者，在庄子本是同一层次。但因以具体物填充形上的观念，本是作不通的，于是他们把"有始者"说成是"将欲生兴而未成物类"，把"有有者"说成是"可切循把握而有数量"。在创生过程中，把"有"看成较"始"是前进了一大步；这是只靠想象的安排，而不凭思维的推理所容易犯的错误；从存在的立场去看形上学，可以说，只是观念的游戏。但若从思维法则的立场去看形上学，则西方形上学，或担当了为科学开路的工作。汉人不长于抽象思维，这是思想上的一种堕退。

前引《俶真训》的一段话，只算他们描述了创生历程中各阶段的现象。《天文训》下面的话，才算是他们从正面谈到了创生的问题：

天坠（地）未形，冯冯翼翼，洞洞灟灟（注：冯翼洞灟，无形之貌），故曰太昭。[①] 道始于虚霩（按太昭即是虚霩）。虚霩生宇宙，宇宙生气，气生汉垠。清阳者薄靡而为天，重浊者凝滞而为地。清妙之合专易，重浊之凝竭难，故天先成而地后定。天地之袭（注：合也）精（注：气也）为阴阳，阴阳之专精为四时，四时之散精为万物。积阳之热气生火，火气之精者为日。积阴之寒气为水，水气之精者为月，日月之淫为精者为星辰。天受日月星辰，地受水潦尘埃。（页三五）

按老子以道为创生的原力动，本是一种创说。创生的历程，他只说"道生一，一生二，二生三，三生万物"及"道生之，德畜之，物形之，势成之"。道、德、一、二、三，都是抽象的，不易为一般人所把握。但创生问题提出后，战国时期，便出现各种说法，大约属于道家系统的，则追溯到天地以前；而属儒家系统的，皆以天地为创生的起点。自战国中期，阴阳之说盛行后，便出现以气说明创生的历程。《天文训》的作者，因属于道家系统，所以在气以前，想象有个宇宙，宇宙以前，想象有个虚霩、太昭，而把道安放在虚霩、太昭的位置，而说"道始于虚霩"，即是把道与虚霩

[①]《淮南鸿烈集解》此处引王引之云"书传无言天地未形，名曰太昭者。冯翼洞灟，亦非昭明之貌，太昭当作太始。《易·乾凿度》曰太始者形之始也"云云。按《淮南子》的作者，极力制造新词，而对"无形之貌"，加上太昭的新名词，以表示无形不等于黑暗（黑暗也是无形的），这正流露出他们的基本愿望。而太昭与"形"，尚有一段距离，故此处太昭决非太始之误。清人的思考能力，较汉人更差，王引之在《经义述闻》中，每因此而妄立曲说，与其父的《读书杂志》的缜密谨严，相去甚远。

等同了起来，此一创生的格架是：

（道）

虚霩 → 宇宙 → 气 → 天地 → 阴阳 → 四时 → 万物

老子的道，生天生地，也同时生万物，万物都禀受道之一体以为自己之德。所以老子的道虽然是无，但毕竟与人以亲切的感觉。但《天文训》中的道与万物，中间隔了五个阶段，此时的道，只是虚霩，说不上"其中有精"，"其中有信"，很难赋予人以德，与人是非常疏远的。

《天文训》的创生说是把人列进"万物"之中，没有显出人的特殊地位。《精神训》下面的一段话，则是想要显出人的特殊地位而想象出来的：

> 古未有天地之时，惟像无形。[①] 窈窈冥冥，芒芠漠闵，澒濛鸿洞，莫知其门。有二神混生，经天营地……于是乃别为阴阳，离为八极；刚柔相成，万物乃形。烦（注：乱也）气为虫，精气为人。是故精神天之有也，而骨骸者地之有也。（页九九）

按"有二神混生"，高注以"阴阳之神"释之；在此处的分位，

[①] 对"惟像"的解释是：高注："惟，思也。念天地未成形之时……"俞樾谓："惟乃惘字之误……惘像即罔象也。《文选·思玄赋》：'诚泊飘淟，沛以罔象兮。'"杨树达《淮南子证闻》："《楚辞·天问》……冯翼惟像，何以识之，为淮南此文所本，俞不详考，凭臆改字，殊为疏谬。"按杨说是。

应当指的是道；道是无对之一，"有二神混生"的意思，是已有阴阳二气，但尚未剖判，或者可称为元气。而"烦气为虫，精气为人"的这一想象，却给后来从创生论上人与物之分以很大影响。

总之，老庄以道言创生，是出自思维的推理，是纯抽象的形而上学的性格，其自身含有严格的合理性。但中国一般人的心态，不安心于纯思维的抽象思考，常喜欢把具体物夹杂到里面去，① 尤其是在论创生时，把气夹杂到里面去；仅就气而言，气也是抽象的；但气对道而言，则气是具体的；气在四时中表现，则更是具体的；以具体的东西谈形而上的问题，便只有出之于想象，便不能不夹杂，不能不矛盾。不过有一点应特加注意的是，邹衍的五行新说出现以后，主要受影响的是儒家而不是道家。所以刘安及其宾客们，虽录入《吕氏春秋》的十二纪纪首以为《时则训》，但全书言五行的，除"节四时而调五行"一语，恐系出自五行新说以外，《精神训》之言"五遁"，其所指者皆五种实用材料（见页一二一）。《泰族训》所说的五行，仍根据《左传》的"水火金木土谷"（页三五三）。在《淮南子》一书中谈到创生过程时，尚未将五行加在里面，此犹表现其出自道家的特色。同时《原道训》："夫无形者物之大祖也……其子为光，其孙为水，皆生于无形乎？"（页一〇至一一）这是说由道（无形）生光，由光生水。此一想象的创生过程，与前所述者并不相同，但值得特别提出。总之由《淮南子》所提出的创生的格套，直至宋周敦颐由《易传》加入五行的《太极图》出，乃始将汉人的这种夹杂、矛盾的情形加以解决，

---

① 详见拙译《中国人之思维方法》。

这在思想史上是长期衍变中很大的进步；乃明末以来，许多人说《太极图》是出于道士，抑何固陋可笑。

（三）天与人

老子强调道，但庄子强调天。《荀子·解蔽》篇说庄子"蔽于天而不知人"，但站在庄子的立场，是为了人而始强调天的。在天与人的观念上，刘安及其宾客们，一方面完全接受了庄子的观念，另一方面也补入了当时流行的观念。《精神训》下面的话，因有的与董仲舒的《春秋繁露》的话极相近似，而两方著书的年代约略相同，在思想与政治的观点上又并不同，所以我推测这是当时流行的说法，而为庄子时代所没有的。

故头之圆也象天，足之方也象地。天有四时五行九解（注：一说，八方中央，故曰九解）三百六十日（此从王念孙校），人亦有四支五脏九窍三百六十节（此从王校）。天有风雨寒暑，人亦有取与喜怒。故胆为云，肺为气，肝为风，肾为雨，脾为雷，以与天地相参也，而心为之主。(《精神训》，页一〇〇）

因为人的身体构造，是与天地相参，所以便可说"天地宇宙，一人之身也"（卷八，页一一五）；可以说"遭急迫难，精通于天"（卷六，页八九），可以说"人主之情，上通于天"（卷三，页三六），即是人可以与天相通的。不仅人可与天相通，并且天的作用，须通过人而实现；例如说"天地之和合，阴阳之陶化万物，皆乘人气者也"（卷八，页一一五）。这实际是由以天为中心的天人关系，转到以人为中心的天人关系，这是比较突出的思想。这都可以说是当时流行的思想。但淮南宾客中的道家们，在天人关系上，更发挥了庄子的思想。《庄子·逍遥游》所出现的七个天字，都指的是自然性的天，无特殊意义。《齐物论》的"天籁"、"而照之于天"、"天钧"、"天府"、"天倪"，都有特殊意义，但未明显地与人相对举。《养生主》："天与？其人与？"开始将人与天对举，而秦失责老聃"是遁天倍情"，已说明人应顺天之自然而生。《人间世》出现三个"与天为徒"，说明了人生涉世所应采取的态度。《德充符》的"吾以夫子为天地"的天，乃"天无不覆"的一般所谓之天。"眇乎小哉，所以属人也；謷乎大哉，独成其天"，这是以属于人的"形"是眇乎小，而"独成其天"的"全德"之人为謷乎其大。至此而天人对举的意义，说得比较显明。《大宗师》一开始便说："知天之所为，知人之所为者，至矣。"接着便指出一般的所谓知，并不能把天与人分别得清楚，必有待于真人"而后有真知"。真人之所以有真知，"是知之能登假（至）于道者也若此"；而真人之实，是"不以心（按指心知之心）捐道，不以人助天"。万事万物，千变万化，皆由道出，而道自身不变。不以心捐道，则心与道合，即是"游于物之所不得遁（道乃物之所不得遁）而皆存（而视万物为平等的存在）"。道是一（无分别），心也是一。"故其好之也一（其有所好，是出于心之一），其弗好之也一。其一也一（在变化中不自失其一，固然是一），其不一也一（因应变化之不一，依然是出于一）。其一（自守其一），与天为徒（此时人与天合而与天为徒）；其不一（其因应变化）与人为徒（乃顺随世俗，不特出于众人之上）。天与人不相胜也（内存于己者是天，外应于物者是人，天人得到自然的谐和，故曰不相胜），是之谓真

《淮南子》与刘安的时代　　205

人。"天与人得到自然的谐和，此时的意境是"鱼相忘乎江湖，人相忘乎道术"。"与天为徒"，又称为"入于寥天一"，人的精神，乃进入于寥廓之天，进入于寥廓之一。庄子之所谓天，大概有两层意义。一层是指生来便是如此的自然，此即《骈拇》、《马蹄》诸篇之所谓性；此时的与天为徒，即是全性。另一层指的即是"为天下母"的道，此时的与天为徒，即是体道；此一层的天，稍有客体的意味，而体道有由主体以合客体的意味。"入于寥天一"的"入"字，便是表现这种意味。性是道的分化，全性即是保全分化于我主体内的道。主体内的道，与客体的道，在本质上，是一而非二，所以全性即是体道。理想中的太古之民，固然是全性，但此种无自觉的全性，并不即等于体道。由全性而体道，必须通过一段自觉的工夫，所以《大宗师》便由南伯子葵和女偊的问答以说明"见独"的工夫。《庄子》中的天人关系，大概是如此。

《淮南子·原道训》下面的话，是顺着庄子所说的天人关系而加以敷衍的：

> 故达于道者，不以人易天。（《原道训》页四）
>
> 是故达于道者反于清净，究于物者终于无为。以恬养性，以漠处神，则入于天门。所谓天者，纯粹朴素，质直皓白，未始有与杂糅者也。所谓人者，偶眣（互视）智故，曲巧诈伪，所以俯仰于世人，而与俗交者也。故牛歧蹄而戴角，马被髦而全足者，天也。络马之口、穿牛之鼻者，人也。循天者，与道游者也。随人者，与俗交者也……曲士不可与语至道，拘于俗，束于教也。故圣人不以人滑天，不以欲乱情。（同上页六至七）

上面的"入于天门",系属于庄子的第二层次之天;自"所谓天者"以下,则偏于庄子第一层次之天;所以高注"不以人易天",谓"天,性也……一说曰,天,身也"。"一说曰",可能系引许慎之说。而注"不以人滑天"谓"天,身也。不以人事滑乱其身也"。高氏之注,一方面大概是由《原道训》中特别强调贵身之义所引起的误解,同时也可能系由此处所言之天,偏属于第一层次而来之误解。

由上所述,当时一般的天人关系,及出自《庄子》的天人关系,在性格上大有出入,但《淮南子》一书中,经常是混杂在一起而不自觉。

(四) 身与天下

《老子》及《庄子·内篇》所强调之德,乃由道所分化而来。由此可以引申出两种意义。一种意义是人能把握到自己的德,则自己生命的本身,即圆满自足,而无待于外,由此而引申出贵身的思想。同时德乃天下之人所同具,由此而引申出由全德贵身,即可以兼善天下的思想。《老子》"故贵以(此)身为天下,若可寄天下。爱以(此)身为天下,若可托天下"(十三章)。《庄子·逍遥游》中藐姑射山的神人是"孰弊弊焉以天下为事","孰肯以物为事",但依然"使物不疵疠而年谷熟","将旁礴(广被之意)万物以为一世蕲乎乱",这说的都是只贵自己的身,全自己的德,并不去治天下,却收到天下大治的效果。《在宥》篇:"故贵以身于为天下,则可以托天下。爱以身于为天下,则可以寄天下。故君子苟能无解其五藏(不分解为仁义礼智信),无擢其聪明。尸居而龙见，渊默而雷声，神动而天随。从容无为，而万物炊累焉（万物自然成熟），吾又何暇治天下哉？"更是上述思想最明显的表现。儒家以修身为治国平天下之本，这是合理的。老庄由贵身而清净无为，即可使天下隆于三代，这便带有一厢情愿的神秘思想。这种神秘思想，为《淮南子》中的道家所继承：

> 天下之要，不在于彼而在于我，不在于人而在于我身；身得则万物备矣……夫天下亦吾有也，吾亦天下之有也。天下之与我，岂有间哉？夫有天下者，岂必摄权持势，操杀生之柄，而以行其号令邪？吾所谓有天下者，非谓此也，自得而已。自得，则天下亦得我矣。吾与天下相得，则常相有己，又焉有不得容其间者乎？所谓自得者，全其身者也。全其身，则与道为一矣。(《原道训》页一五)
>
> 故所理者远（天下），则所在者迩（身）；所治者大（天下），则所守者小（身）。(《主术训》页一二七)

以上是说明身与天下，本为一体；所以能自得，则天下亦因我之自得而亦各得其得。

> 夫天地运而相通，万物总而为一（道）。能知一（道），则无一（物）之不知也。不能知一（道），则无一（物）之能知也。(《精神训》页一○一至一○二)

上面是说万物皆出自道，道是万物的总根源；所以能知道（一），则无一物之不知。而"全身"即是知道，即能知万物。因万物都共一个总根源，所以又可以互相感通。只要"块然保真，抱德推诚，天下从之，如响之应声，景之像形，其所修者本（身）也"。①下面一段话，似乎对全身的内容说得更具体：

> 故心不忧乐，德之至也。通而不变，静之至也。嗜欲不载，虚之至也。无所好憎，平之至也。不与物散，粹之至也。能此五者，则通于神明。②通于神明者，得其内者也。是故以中制外，百事不废。中能得之，则外能收（据王校当作牧）之……大道坦坦，去身不远。求之近者，往而复反；感则能应，迫则能动（此二句依王校）……能存之此，其德不亏。万物纷糅，与之转化；以听天下，若背风而驰（注：疾而易也）。（《原道训》页一二）

在上述的观点中，还有另一个大前提是"万物固以自然，圣人又何事焉"；③统治者能全其身，全其德，不以自己的嗜欲扰乱人民的自然，则不言治天下而天下可以自治。但在政治上，身与天下的关系，以《诠言训》下面的话较为平实。可是这段话，已经是儒道思想的混合。其中"未闻枉己而能正人者也"，盖出自孟子的"枉己者未有能直人者也"（《滕文公下》）。

> 詹何曰：未尝闻身治而国乱者也，未尝闻身乱而国治者也。矩不正，不可以为方；规不正，不可以为圆。身者

---

① 《主术训》卷九页一二九。
② 《庄子》及《淮南子》中之所谓"神明"，似皆指道之属性或作用而言，亦即指道而言。
③ 《原道训》卷一页五。

事之规矩也,未闻枉己而能正人者也。原天命,治心术,理好憎,适情性,则治道通矣。原天命,则不惑祸福;治心术,则不妄喜怒;理好憎,则不贪无用;适情性,则欲不过节……凡此四者,弗求于外,弗假于人,反己而得矣……安民之本,在于足用;足用之本,在于勿夺时;勿夺时之本,在于省事;省事之本,在于节欲;节欲之本,在于反性;反性之本,在于去载,去载则虚,虚则平;平者道之素也,虚者道之舍也……故广成子曰:慎守而内,周闭而外,多知为败;毋视毋听,抱神以静,形将自正。不得知己而能知彼者,未之有也。(《诠言训》页二三六至二三七)

儒家的"自天子以至于庶人,壹是皆以修身为本"(《大学》),不仅修身内容,与道家不同,且儒家由本到齐家治国平天下之末,必须有扩充的工夫。但《淮南子》中的道家,认为只要自得,便一切问题都解决了。他们所以说得这样轻松,一面是作为无为而治的张本;一面实际是伸张庄子"外天下"、"外物"[①]的说法,亦即是《要略》所说的为了"贱物(按天下富贵贫贱等皆是物)而贵身","外物而反情"(页三六九)。所以要为《原道训》清理出一条有关的理路,则除首段描写道的情态与功能,及次段体道以行无为之治外,其余的部分,大体是:治天下在于能自得,自得在于自得其心,自得其心则形神志气各居其宜;形神志气之中,又以神为主;养神以和其气,平其形;养神、和气、平形,是自

---

① 《庄子·大宗师》:"参日而后能外天下。已外天下矣,吾又守之,七日而后能外物。"

得的内容；能自得，即可以偶万物之化，应百事之变，不言治天下而天下治。所以下面对自得的内容，略作进一步的考查。

（五）性与命

《淮南子》中所用的"性"字，少数与"生"同义；所谓性，即指的是生命。如《精神训》："是故五色乱目，使目不明；五声哗耳，使耳不聪；五味乱口，使口爽伤；趣舍滑心，使行飞扬；此四者，天下之所养性也，然皆人累也。"（页一〇一）又"养性之具不加厚，而增之以任重之忧"（页一〇六）。这里的"性"字皆等于"生"字。但绝大多数的"性"字，同于《老子》及《庄子》内七篇中之所谓德，《庄子·外篇》之所谓性。即是分得道之一体以为每一生命中之德，以为每一生命中之性；此处的"性"字，同于今日之所谓"本质"。德是分得道之一体，故德可直通于道，德即冥合于道，最后德则即是道。《庄子·外篇》多用"性"字以代替《内篇》的"德"字，以意推之，大概因为此德乃具存于人的生命之中，成为每一生命所固有的本质，用早已出现的"性"字更为适当。因此可以了解，只称为"德"，是没有具体生命的限制；称为"性"，这便指明它（性）是被乘载于人的具体生命之中，凭具体生命以实现，但同时也就受到具体生命的牵连或限制。不过性之自身是可以直通于道，冥合于道，而与道为一体，这是与德相同的。

《淮南子》受《庄子》的影响，更多用"性命"一词；将性与命连为"性命"一词，始见于《庄子·外篇·骈拇》"彼正正者不失其性命之情"。《淮南子》中，也和《庄子》一样，将性与命对举时则有分别。如《俶真训》："古之圣人，其和愉宁静，性也；其志得道行，命也。是故性遭命而后能行，命得性而后能明。"

（页三三）《缪称训》："性者所受于天也；命者所遭于时也。"（页一六二）前一说法的命，虽有命运之意，但依然是理性的；不过较具存于生命之中的性的理性，更为抽象，所以才说"命得性而后能明"。这两句话说得很精。后一说法，则偏重在"命运"的意味上，命的理性不显，这是当时流俗的观点，此一观点实占有很大的优势。但站在学术立场上，应采用前一观点。《淮南子》中将性与命连称为"性命"时，性命即指的是作为所受于天而为人所固有的性，这是理性的存在。

性与道的关系，仅从形式上说，亦即是仅从格架上说，儒道两家完全是一致的，即是都认定性由道出，等于道派在生命中的代表。因此，性善说是儒家的正统，也是道家的正统；尽管道家中没有人像孟子那样，正式举出"性善"的大旗。儒道两家在性论上的不同，在于对道的内容的认定不同。儒家以仁义为道，《淮南子》中的儒家思想占有相当重要的地位，尤其是子思这一系统。所以《主术训》中说："凡人之性，莫贵于仁，莫急于智。"（页一五一）这实际是禀承《中庸》的观点。儒家重视学，重视教，所以《泰族训》说："入学庠序，以修人伦；此皆人之所有于性，而圣人之所匠成也。故无其性，不可教训；有其性，无其养，不能遵道……人之性有仁义之资，非圣人为之法度而教导之，则不可使向方……"（页三五一）上面这段话，是把孟子的性善及荀子的劝学，加以折衷的。而《修务训》："且夫身正性善……不待学问而合于道者，尧、舜、文王也。沉湎耽荒，不可教以道，不可喻以德，严父弗能正，贤师不能化者，丹朱、商均也……夫上不及尧舜，下不及商均……此教训之所谕也。"（页三三六）这里实际已将性分为上、中、下三品，教乃以中品为对象，这与董仲舒的性论非常接近，可知此乃当时儒家性论的通说。但这不是《淮南子》中性的主体，《淮南子》中性论的主体是道家。

道家的道是"无"。"无"落实一步则为虚静，因而由道所赋予于人之性，也是虚、是静。《原道训》"人生而静，天之性也"（页四），这是引《乐记》的话；而《乐记》的这一段话，可能是受了道家的影响。孔子说"仁者静"（《论语·雍也》），所以仅就静的这点来说，儒道未尝不可以相通；《乐记》指点出音乐的最高境界是静，所以便不妨援道家的思想以静言性。此处又被《淮南子》的道家把《乐记》的这段话援引过来。《俶真训》："水之性真清，而土汩之；人性安静，而嗜欲乱之……夫唯易且静，形（见）物之性也。"（页二九）又"古之圣人，其和愉宁静，性也"（页三三），《人间训》"清静恬愉，人之性也"（页三〇五），都是这种意思。但正如《原道训》所引的《乐记》上的话："人生而静，天之性也；感而后动，性之害也。物至而神应，知之动也。知与物接，而好憎生焉。好憎成形，而知诱于外，不能反己，而天理灭矣。"（页四）性不能不与外物（声色富贵等）相接，与物相接而不能不有好憎，好憎即扰乱了性的虚静，因而迷失了性，即是迷失了道。这里"而天理灭矣"的几句话，是《乐记》的作者顺着儒家的理路来说的。《原道训》下面的几句话，更切合于《淮南子》中的道家的理路："夫性命者与形俱出其宗（注：本也。按即道）。形备而性命成，性命成而好憎生焉。"（页一六）按此处"与形俱出其宗"的"其"字，应作"于宗"解。[①] 性命与形俱出于道，[②]

---

① 裴学海《古书虚字集释》卷五页三八六，"其犹于也"。
②《庄子·德充符》："庄子曰，道与之貌，天与之形。"此处之道与天，以互见成文。是形亦出于道。

《淮南子》与刘安的时代

形体完备而性命成于形体之中。当形体未成时，只可谓道而不可谓性。因性命乃成于形体之中，即不能不受形体之影响或限制，而有由个体之私所发生的好憎。好憎与静相反，顺着好憎发展下去，便与性日离日远，亦即与道日离日远。人想超越祸福、权势、死生等一切变化，获得精神的自由，并自由得以使天下之人皆相得，即不能不由体道而与道为一体。而体道之实，即是把由好憎而流放于外的性，恢复它（性）内在于生命之初的原有地位，所以"反诸性"是体道的真实内容。《原道训》："……称至德高行，虽不肖者知慕之。说之者众，而用之者鲜……所以然者何也，不能反诸性也。"（页一四）《俶真训》："是故圣人之学也，欲以反性于初，而游心于虚也。达人之学也，欲以通性于辽廓，而觉于寂寞也。"（页二九）《齐俗训》："夫纵欲而失性，动未尝正也。以治身则危，以治国则乱，以入军则破。是故不闻道者无以反性。"（页一七三）又："故圣人体道反性，不化（返于性即合于道，道是常而性亦是常，所以不迁流变化）以待化（万事万物，随时皆在变化之中），则几于免矣。"（页一八一）《俶真训》："外从其风，内守其性。"（页二三）性是内，是中，而物是外。《原道训》："通于神明者，得其内者也"（页一二），"得其内"，即是反其性。《淮南子》一书，许多地方，强调内（中）外之分，重视内而轻视外，主张"以中制外"（页一二），"以内乐外"（页一四），都是指反其性或心而言。人的最高境界是"真人"，《精神训》说："所谓真人者，性合于道也。"（页一〇三）性合于道，即是反其性；因此，凡书中所描写的真人的情态、功用、神通，皆可以说是反其性的效验。反其性的工夫，书中说得很多，可用《俶真训》下面的一段话作代表：

静漠恬憺，所以养性也。和愉虚无，所以养德也。外不滑（乱）内，则性得其宜。性不动（扰）和，则德安其位。养生（按据上文当作"性"）以经世，抱德以终年，可谓能体道矣。（页三一）

五、精、神、精神、心

现在更进一步对《淮南子》中的道家们所说的心，及其相关的精、神、精神等问题，略加爬梳、清理。

性在人的形体之内，较之"民受天地之中以生，所谓命也"[①]的命，较之老子"道生之，德畜之"的德，固然是向下落实了一步。但此生命本质之性，在生命内究指的是什么？仍属抽象的性格。儒家至孟子，道家至庄子，乃始确切指出，性由心而见，德由心而见。心是生命的一部分，是人可以确切把握到的。把生命中的心指点出来，于是对生命中之理性，乃可由人在一念之间加以把握，此乃中国文化发展的大方向。自此以后，凡谈到自身的问题，必把关键落在人的心上。荀子主张性恶，但必认定心能知道，否则他的思想便无立足之地。但阴阳五行之说所给儒家的影响，远超过给予道家的影响。于是两汉儒生，对人性问题，多绕到阴阳五行上去求解释，反不如《淮南子》中的道家，直承庄子，将道落实于性，将性落实于心，实下开宋明理学心学的格局。《诠言训》谓"能原其心者，必不亏其性；能全其性者，必不惑于道"（页二四二），此与孟子的"尽其心者，知其性者也；知其性，则

[①] 见《左传·成公十三年》周刘子之言。

知天矣"(《孟子·尽心》章)的理路是相同的。所不同的是除了道或天的内容有别外，孟子及宋儒的话，多系由工夫体验而出，所以说得比较深切著明；而《淮南子》中的道家，则多由语言闻见的演绎而出，所以说来有时比较枝蔓夹杂。当然其中也可能是通过一种"追体验"的工夫。尤其是使人看来，他们把性与心，摆在一个平面上，成为平列的关系。但他们实际还是由性落实到心，重点是放在心上面。

（一）精

为了要把《淮南子》中的心的问题弄清楚，首先须把精、神、精神三个连带的观念弄清楚。

精和神，都是《老子》中所分别提出的观念。《老子》的"其中有精"，只是说明道的存在的情况，神则除一般意义外，用作道的功能的形容，《庄子》内七篇也大体是如此。到了《外篇·天道》"水静犹明，而况精神"，《刻意》"精神四达并流，无所不及"，而始将"精"字"神"字合为"精神"一词，所指者实系人的心，及心的作用。《内篇·德充符》："今子外乎子之神，劳乎子之精，倚树而吟……天选子之形，子以坚白鸣。"这里的神与精，也是就人的心而言。心是道在人生命中的屯驻地，也可说心即是道，所以庄子既将道落实于人之心上，故有时即以老子对道所称的精与神转而称人的心。他的后学，即将精与神连为"精神"一词以作心的名称。

在战国末期，阴阳五行之说盛行；而阴阳五行都是气，于是形成了"气的宇宙观"，由气的宇宙观而又形成"气的人生观"。老庄所用的精字，此时也渐与之发生关连；精可以说是一种特殊纯一的气，流贯于天地及人的形体之中，并成为天与人及人与人、人与物，互相感通的桥梁。此一意味，在《吕氏春秋》中表现得很明显，[①]也被《淮南子》中的道家继承了下来。《精神训》说："烦气为虫，精气为人。"（页九九）此分明把气分为烦气与精气。又"是故血气者人之华也，而五藏者人之精也"（页一八），此亦可指气之精者而言。《本经训》谓："天爱其精……天之精，日月星辰雷电风雨也。"（页三〇）此当亦指气之精者而言。高诱在《精神训》下注谓"精者人之气，神者人之守也"，盖以人既为天之精气所生，所以人之气即是精，而可以说"精者人之气"。其实，就《淮南子》而言，人之气并不都是精。并且《本经训》谓："精泄于目，则其视明；在于耳，则其听聪；留于口，则其言当；集于心，则其虑通。"（页一二一）这里值得注意的是，目耳口心皆由气而成，而精则在目耳口心之气的上一层次，所以精与心为二物。"同精于太清之本，而游于忽区之旁。有精而不使，有神而不行；契大浑之朴，而立至清之中。"（页一〇四）又"若此人者，抱素守精，蝉蜕蛇解，游于太清"（页一〇七）。所谓太清、大浑之朴，即是创造万物之道。人之精可以冥合于道，这便不应以气之精作解释。因为不能说"气之精者即是道"，道是远在气的上层的。这精应当是与道为同质的东西，可以说与《老子》所用的"精"字含义极为接近。

下面所用的"精"字，则由感应方面加以描述。《览冥训》："夫瞽师庶女，位贱尚（典）菜，权轻飞羽。然而专精厉意，委务

[①] 请参阅拙文《〈吕氏春秋〉及其对汉代学术与政治的影响》中"七、《吕氏春秋》中的天人思想"。

《淮南子》与刘安的时代

积神，上通九天，激厉至精。"（页八九）又："夫全性保真，不亏其身；遭急迫难，精通于天，若乃未始出其宗者，何为而不成？"（同上）《主术训》："刑罚不足以移风，杀戮不足以禁奸，惟神化为贵。至精为神。夫疾呼不过闻百步，志之所在，逾以千里……故至精之像，弗招而自来，不麾而自往；窈窈冥冥，不知为之者谁。"（页一二九）又："故至精之所动，若春气之生，秋气之杀也。虽驰传骛置，不若此其亟。故君人者，其犹射者乎？于此毫末，于彼寻（八尺）常（丈六尺）矣，故慎所以感之也。夫荣启期一弹，而孔子三日乐，感于和。邹忌一挥，而威王终夕悲，感于忧……县法设赏而不能移风易俗者，其诚心弗施也……至精入人深矣……孔子学鼓琴于师襄，而谕文王之志，见微以知明矣……汤之时，七年旱，以身祷于桑林之际，而四海之云凑，千里之雨至。抱质效诚，感动天地。"（页一三〇）《说山训》："老母行歌而动申喜，精之至也。"（页二七一）上面这些"精"字，实指的心志完全集中于一点，而无半丝半毫杂念夹杂在里面的精神状态，亦即《中庸》、《易传》之所谓诚；大抵道家喜用"精"字，儒家喜用"诚"字。《泰族训》"故精诚感于内，形气动于天"（页三四七），而《泰族训》中，常把精诚两词互用。大概可以这样说，"精"字作名词用，则系通于内外的某种神秘性的存在；切就人身而作形容词用，则系一种精神状态。此种精神状态，乃由神秘性的存在而来；而此神秘性的存在，若摆脱"气"的纠缠，实即是老子"其中有精"的精，即是道。落实于人的身上，即是德、是性、是心。

《览冥训》："昔雍门子以哭见于孟尝君，已而陈词通意；抚心发声，孟尝君为之增欷歔唈，流涕狼戾而不可止。精神形于内，而外谕哀于人心,此不传之道。"(页九〇)下面又引了些故事,以说明"物类之相应,玄妙深微"(同上)。是此处"精神"一词,即等于全篇及上引一段中所用的"精"字,因而精可以说即是精神。《俶真训》:"何况怀瑰玮之道,忘肝胆,遗耳目,独浮游无方之外……而和以天地者乎?若然者,偃其聪明,而抱其太素,以利害为尘垢,以死生为昼夜……则至德,天地之精也。"(页二二)至德是天地之精,则至德亦即是精之在人者。而前面所描述的至德,即是"反性"、"原心"的精神状态。所以至德即是性,即是心;就心的纯粹专一而言,即是精。我们可以暂时得到这样的结论:《老子》、《庄子》内七篇之所谓精,指的是道。《庄子·外篇》中,有时则以精说明心的存在状态。战国中期以后之所谓精,是贯通于天人物我之间的气之精。《淮南子》中的道家们,接受了战国中期以后的气之精的观念,但又不知不觉地落实于庄子所谓精神这一观念之上。如后所述,精神实际指的是人的心及心的作用,则《淮南子》中的所谓精,有的说的是精气之精;而在人身上落实下来,则指的是纯一无二的心,及心的感通作用。《原道训》"精通于灵府"(页七)亦即是《俶真训》所说的"是故圣人托其神于灵府"(页二五),亦即是说心通于灵府。《览冥训》中所强调的"精通于天"(页八九),实即等于说心通于天。此词涵义在《淮南子》一书中的游移,乃来自他们只出之于传承、想象,而缺乏体验之功的原故。

(二)神、精神

现在对"神"的观念试加以考查。《淮南子》中所用的"神"字,作形容词用时,是指微妙不测的作用。例如《精神训》:"精神盛而气不散则理，理则均，均则通，通则神，神则以视无不见，以听无不闻也。"（页一〇〇）又"魂魄处其宅，而精神守其根，死生无变于己，故曰至神"（页一〇三）皆是。但作名词用时，所谓神即指的是人的精神。《原道训》"神失守也"，注："精神失其所守。"（页一七）又"形闭中距，则神无由入矣"。注："神，精神也"（页一八），这都是对的。我更要进一步指出，《淮南子》所说的神，实际指的即是人的心。《诠言训》："故神制，则行从，形胜则神穷。"（页二四九）《原道训》："夫心者五藏之主也，所以制使四支，流行血气，驰骋于是非之境，而出入于百事之门户者也。"（页一四）《原道训》所说的心的作用，与《诠言训》所说的"神制则形从"，全无二致。但《淮南子》的作者，只承认心与神有密切关系，并未明说神即是心；并且神似乎可离心而独在，这便值得研究了。《俶真训》："虽有炎火洪水弥靡于天，神无亏缺于胸臆之中矣。"（页二九）这是说明神乃存在于人的胸臆之中。又谓"心有所至，而神喟然在之"（页三〇），这表明了神随心的活动而活动，这都可以说明神即心之作用。但《精神训》："故心者形之主也，神者心之宝也。"（页一〇三）这说明神与心有密切关系，但不能说神即是心。《精神训》"且人有戒（注：戒或作革，改也）形而无损于心"，注："心喻神，神不损伤也。"（页一〇五）高诱在二者之间用一"喻"字，这说明他也意识到二者并不是等同的关系。又说"夫癞者趋（杨校：趋当读志趣或趣向之趣）不变，狂者形不亏。神将有所远徙，孰暇知其所为？故形有摩（注：灭犹死也）而神未尝化（注：化犹死也）者，以不化应化，千变万桮（同紾：相缠结之意）而未始有极。化者复归于无形也，不化者与天地俱生也。夫木之死也，青青去之也，夫使木生者岂木也？犹充形者之非形也。故生生者未尝死也，其所生则死矣。化物者未尝化也，其所化则化矣"。（页一〇五）上面这段话分明说神可离形而独存；心乃形的一部分，无形即无心，如何可说神即是心呢？如前所说，老庄以精说明道的存在，以神说明道的作用；道分化其一体以为人的德，人的性，则精与神进入于人的生命之中，而为人的精、人的神；精与神乃人与天地万物所共有，人即凭此而与天地万物相感通。人死，此精此神，复回归到道的本位，此即所谓"终则反本未生之时，而与化（造化）为一体"（页一〇九）。所以《庄子·养生主》在收尾时强调"指穷于为（其）薪，火传也，不知其尽也"，此处即以火喻神。但精在人生命之中，必由心的存在而始存在，神必由心的作用而始有其作用；精与神，必由人之心而见。若去掉上面神秘的意味，即可说他们之所谓精与神，实即是指人的心而言。但心的自身既是形之一体，且与其他形体相连，便生而有好憎，"夫喜怒者道之邪也，忧悲者德之失也。好憎者心之过也，嗜欲者性之累也"。（《原道训》页一二）于是心的作用，并非即是神的作用。必通过一种工夫，"执玄德于心，而化驰若神"（同上页七），此时心的作用，才是神的作用。《淮南子》中的道家，有时要把神与心，保持一点距离，乃是以神表现未为好憎嗜欲所杂的心的作用，亦即是"心斋"的心的作用。《人间训》："发一端，散无竟；周八极，总一筦，谓之心。"（页三〇五）这里所形容的心，当然可以称之为神。由孟子下来的明道、象山、阳明这一系统，是认为本心呈现，即是道，即是天，心与道与天不二。《淮南子》中的道家，在工夫与观念上还没有这样澄澈下来，而只感到神与心密切相连，没有心或心为欲所汩没，神即离开人的生命而他去，亦即是在生命中没有神。但在他们以形、

《淮南子》与刘安的时代

神、气，说明人的完整生命时，神即是精神，即是人的心，而到处出现的"养神"，即等于孟子之所谓"养心"，这是绝无可疑的。并且《原道训》说"彻于心术之论（判断），则嗜欲好憎外矣"（页一五），这是说，贯彻于心的自身的判断，即可从嗜欲好恶中解脱出来，这便完全说明了心的自身是与道为一体。《览冥训》"精神形于内，而外谕哀于人心"（页九〇），《精神训》"孔窍者精神之户牖也"（页一〇一），"精神内守形骸而不外越"（同上），这都说明精神是在人生命之内，实即是人之心。但称精神和称神一样，偏指向心的作用、心的活动。精神与神，在《淮南子》中许多地方是可以互用的，并且可以说神是精神的简称。把《淮南子》中切就人自身所说的精、神、精神三个名词，弄清楚了即是庄子"心斋"之心，也即是孟子所说的"本心"（当然心的内涵不同），《淮南子》中这一方面错综复杂的叙述，便容易加以清理了。

（三）心及形、神、气的生命的统一

《淮南子》中的道家们，非常强调心的主宰性；虽然将心与形对举，但明确地可以看出心是形体中的一部分，不过是较为突出的一部分。《原道训》："夫心者五藏之主也，所以制使四支，流行血气，驰骋于是非之境，而出入于百事之门户者也。是故不得于心，而有经（治理）天下之气，是犹无耳而欲调钟鼓，无目而欲喜文章也，亦必不胜其任矣。"（页一四至一五）《精神训》："故头之圆也象天，足之方也象地……以与天地相参也，而心为之主。是故耳目者日月也，血气者风雨也……日月失其行，薄蚀无光；风雨非其时，毁折生灾……夫天地之道，至纮以大，尚犹节其章光，爱其神明；人之耳目，曷能久熏（孙诒让：熏当作勤）劳而不息乎？精神何能久驰骋而不既（注：既，尽也）乎？"（页一〇〇）按此处之精神，直承"而心为之主"，当然指的是心的作用。心既为形之主，心对形能发挥统率的作用，则生命自然进入理想的状态。所以《精神训》接着说："五藏能属于心而无乖，则教志胜而行不僻矣。教志胜而行不僻，则精神盛而气不散矣。精神盛而气不散则理，理则均，①均则通，通则神。"（页一〇〇）这是自庄子以下，重视心者的通义。

但孟子为显示心的地位，特称心为"大体"，而贬称耳目等官能为"小体"。不过他在"养气"章中，强调了"持其志，勿暴其气"，亦即是重视了生理综合作用的气。庄子则为了显示"德"，实际即是为了显示心，将德与形对举，强调亏于形者并不等于亏于德，甚且有助于"全德"之人，此观于《德充符》一篇即可明了。《淮南子》中在某一程度上，继承了此一思想，所以在《精神训》中不给"养形之人"（见页一〇五）以评价，一面为否定当时流行的神仙家的意义，同时也是庄子思想的必然归趋。但作为《淮南子》中的道家们的特色，是把人的生命，分成为形、神、气三部分，认为有相互的影响，实际是承认了形与心有平等的价值，这可能是受了《吕氏春秋》重生贵生的影响，而加以折衷的。他们所说的形，指的五官百体；所谓神，即是精神，即是心的作用，也即是心。所谓气，他们有时称为"志气"、"气志"、"血气"，而以"血气"最为恰当；切就人身而言，志气、气志是指气在活动时，总有志在其中指使，故二者并称，实则以气为主。而"气"

---

① 按《诗经·皇皇者华》"六辔既均"，《传》"调也"，调即调和。此处"均"字亦应作"调"字解释，非平均之均。

《淮南子》与刘安的时代

是"血气"的简称，系由呼吸之气，引申而为生命中所发出的综合性的力量，或者可称为生命力，或者同于俗语中的所谓"有劲"、"没有劲"的"劲"。心虽为形之主，但形、神、气应各得其位，这才可称为"全其身"。"全其身则与道为一矣。"（《原道训》页一五）无形中便否定了庄子以"形亏"为"德全"之符验的极端思想。试略引有关的材料如下：

①是故得道者，穷而不慑，达而不荣……不以贵为安，不以贱为危。形神气志，各居其宜，以随天地所为。夫形者生之舍也，气者生之充也，神者生之制也。一失位，则三[①]者伤矣。是故圣人使人各处其位，守其职，而不得相干也。故夫形者（按"者"字疑衍）非其所安也（按"也"字疑衍）而处之，则废。气不当其所充而用之则泄。神非其所宜而行之则昧。此三者不可不慎守也……今人之所以眣然能视，营然能听，形体能抗，而百节可屈伸，察能分白黑，视美丑，而知能别同异，明是非者何也？气为之充而神为之使也……今夫狂者之不能（俞校：当作"能不"）避水火之难，而越沟渎之险者，岂无形神气志哉？然而用之异也。失其所守之位，而离其外内之舍……形神相失也。（《原道训》页一七至一八）

②故以神为主者，形从而利；以形为制者，神从而害。（同上页一八）

[①] 据王念孙校，三当作二。按一失位，可以伤及其他二者，而失位之一，亦未尝不伤，故仍当作"三"。

③夫精神气志者，静而日充者以壮，躁而日耗者以老（俞校：两句中之两者字皆衍文）。是故圣人将养其神，和弱其气，平夷其形，而与道浮沉俯仰。（同上页一八）

④是故形伤于寒暑燥湿之虐者，形苑（注：枯病也）而神壮（伤）。①神伤乎喜怒思虑之患者，神尽而形有余……是故伤死者其鬼娆，时既（注：尽也）者其神漠，是皆不得形神俱没也。（《俶真训》页二一）

⑤是故血气者人之华也，而五藏者人之精也。夫血气能专于五藏而不外越，则胸腹充而嗜欲省矣。胸腹充而嗜欲省，则耳目清，听视达矣。耳目清，听视达，谓之明。五藏能属于心而无乖，则敹志胜而行不僻矣……（见前引）通则神，神则以视无不见，以听无不闻也，以为无不成也。是故忧患不能入也，而邪气不能袭。（《精神训》页一〇〇）

⑥夫孔窍者精神之户牖也。而气志者，五藏之使候也。耳目淫于声色之乐，则五藏摇动而不定矣。五藏摇动而不定，则血气滔荡而不休矣。血气滔荡而不休，则精神驰骋于外而不守矣。精神驰骋于外而不守，则祸福之至虽如邱山，无由识之矣。使耳目精明玄达而无诱慕，气志虚静恬愉而省嗜欲，五藏定宁充盈而不泄，精神内守形骸而不外越，则望于往世之前，而视于来事之后，犹未足为也，岂直祸福之间哉？……故曰嗜欲者使人之气越，而好憎者使人之心劳。弗疾去，则志气日耗。（同上页一〇一）

---

① 高注"壮，伤也"。按朱骏声《说文通训定声》"壮"字下谓假借为戕，《易·大壮》马注："伤也。"《姤》"女壮"虞注："伤也。"

⑦故心者，形之主也；而神者，心之宝也。形劳而不休则蹶，精用而不已则竭。是故圣人贵而尊之，不敢越也……魂魄（气）处其宅（按指形），而精神守其根（按指精神所自来的道），死生无变于己，故曰至神。（同上页一○三）

⑧故至人之治也，心与神处，形与性调；静而体德，动而理通……（《本经训》页一一七）

按上引资料中的①，是说明形、神、气三大因素在整个生命中有各自的功能，及其相互的影响，而要求三者"各居其位"，以免因某一因素失其位而伤及其他二因素；而失位的因素，固已先受到了损伤。位大别为"外"与"内"，形之位在外，神之位在内，气贯通于二者之间。若神外驰，气外泄，则神与气失其应处之位，形亦因之失去其功能。②的神主而形从，这是功能上的得其位，亦即内外各得其位，故"利"。形制而神从，是功能上失其位，亦即内外失其位，故"害"。③是为使三者能各居其位所须要的工夫。④是特从坏的方面说明形神的相互影响。⑤是从好的方面说明形、神、气三者间的相互影响。而在相互影响中，特强调心的主宰性。⑥则特别强调由外（耳目）对内的一层一层的影响。⑦的"魂魄守其宅"，是气不外泄。"精神守其根"，是精神与道相冥。这是"各居其位"的极致，也是各居其位的目的。⑧的"心与神处"，是说明心不受好憎等的干扰而能发挥其本来的作用。"形与性调"，是说明因神主而形从，以达到形神合一；神即是性，形神合一，则即形即性，而成为"全身"、"自得"之人，故能无为而治。

《淮南子》中的道家，特别强调精神的意义，除了在政治上作为无为而治的一种根据外，切就人生而言，在消极方面是为了避祸。这只要看他们在字句之间，不断提到祸福的问题，便可明白《人间训》一篇，反复于祸福利害的无常，即反映他们对此问题所感的迫切。把精神及气志安顿于形骸之内，而不使其外驰，这是最消极的不向外追求的人生态度，自然可以少撄世网。实际上，这是一种逃避的人生观。在积极方面，是想由此而求得精神的自由解放。在现实上，他们也和庄子一样，知道没有得到自由解放的可能，于是他们只好把庄子所说的精神意境，重新而且加强地展现一次。这是一种虚幻的人生观。而他们既不甘心像庄子样，"曳尾乎泥中"，却想沾溉由皇帝分下来的一份权势；又生当大一统的一人专制之下，朝廷的猜嫌压迫，一天一天地加严，终于像他们所预感的，出现了一个集体的大悲剧。我们可以从这种地方，看出在他们繁复而夸张的语言中，所透出的历史的真实意义。还有，他们认为心，心的作用的神、精神，可以通过一种工夫，与形而上的道相融结；但他们把心、神，与形、气，紧密地关连在一起，便可了解他们所说的心，不是形而上的性质。神只是心的作用，突破他们语言上的形而上的气氛，神也不是形而上的存在。

六、道家政治理想实现的可能性及思想上的融会贯通

《淮南子》一书，是以精神的解放，与政治的理想，两相配合，形成全书的两大骨干。《氾论训》谓"百家殊业而皆务于治"（页二一三），他们援百家以述作，当然也是"务于治"。《汉书·艺文志》说道家是"君人南面之术"，正说明西汉道家的特性，所以政治更是他们的主要问题。道家们的政治理想，当然是无为而治。但《淮南子》中道家们的无为而治，与西汉初年由盖公所进言于

曹参者并不相同；《史记·曹相国世家》所记曹参的作为，及盖公的"治道贵清静而民自定"，只是在原有政治体制之下，少管事，不扰民，而未曾涉及政治的基本问题；黄老之术，所以能在政治中形成一时风气的原因在此。但《淮南子》中所说的无为而治，乃是彻底于老庄思想，涉及整个政治基本问题的无为而治。这大概有两点原因。第一个原因，只有彻底的无为而治，则淮南王国始可免于朝廷的猜嫌控制，有真正存在的可能与意义。第二，关涉到他们对当时政治的基本了解。由这种了解，激起对现实政治的基本否定。书中有许多说到上古的政治如何的好，后世的政治如何的坏；上古与后世的对比，多成为他们表达思想的格套，没有特定的意义。但有的却是反映他们对当时政治的了解的，如：

①夫峭法刻诛者，非霸王之业也。箠策烦用者，非致远之术也。(《原道训》页五）

②至夏桀之时，主暗晦而不明，道澜漫而不修，弃捐五帝之恩刑，推蹶三王之法籍……仁君处位而不安，大夫隐道而不言；群臣准上意而怀当，疏骨肉而自容。邪人参耦比周而阴谋，居君臣父子之间，而竞载骄主而像（注：犹随也）其意，乱人以成其事，是故君臣乖而不亲，骨肉疏而不附。(《览冥训》页九六）

③晚世之时，七国异族，诸侯制法；各殊习俗，纵横间之，举兵而相角……所谓兼国有地者，伏尸数十万，破车以千百数……故世至于枕人头，食人肉，菹人肝，饮人血，甘之于（如）刍豢。故自三代以后者，天下未尝得安其情性。（同上页九七）

④今若夫申、韩、商鞅之为治也,挬拔其根,芜弃其本……凿五刑,为刻削;乃弃道德之本,而争于锥刀之末;斩艾百姓,殚尽太半,而忻忻然常自以为治。(同上页九八)

⑤末世之政,田渔重税,关市急征,泽梁毕禁;网罟无所布,耒耜无以设,民力竭于徭役,财用殚于会赋。居者无食,行者无粮;老者不养,死者不葬;赘妻鬻子,以给上求,犹弗能澹(赡)。愚夫蠢妇,皆有流连(逃亡之意)之心,凄怆之志。(《本经训》页一二三)

⑥衰世则不然。一日而有天下之富,处人主之势,则竭百姓之力,以奉耳目之欲,志专在于宫室……珍怪,是故贫民糟糠不接于口……百姓黎民,憔悴于天下,是故使天下不安其性。(《主术训》页一三八至一三九)

⑦夫民之为生也,一人蹠耒而耕,不过十亩。中田之获,卒岁之收,不过亩四石。妻子老弱,仰而食之。时有涔旱灾害之患,有(又)以给上之征赋车马兵革之费。由此观之,则人之生悯矣。(同上页一四六)

⑧乱国则不然。言与行相悖,情与貌相反。礼饰以烦,乐优以淫,崇死以害生,久丧以招行。是以风俗浊于世,而诽誉萌于朝。(《齐俗训》页一七六)

⑨乱世则不然。为行者相揭以高,为礼者相矜以伪。车舆极于雕琢,器用逐于刻镂。(同上页一八五)

⑩骨肉相爱,谗贼间之,而父子相危。(《说林训》页二九○)

汉代实际是继承了秦代法家的以刑法立国;所以两汉的思想家,

无不反秦，无不反法家，上面的①④所指者在此。⑥指明了当时政权的性格，完全是建立于享受与剥削基础之上。汉至景帝，朝廷已趋于奢靡虚伪；而平民在田赋之外，有口算（人头税）过更及地方官吏各种剥削，奢靡与穷困并行，这是上面⑤⑦⑧所针对的问题。而朝廷对诸侯王的猜嫌构陷，更使刘安及其宾客有切肤之痛，这是由上面的②⑩所痛切指摘的。②骂的是夏桀，但称引到"三王"，其为指桑骂槐，至为明显。③所说的是战国，当然也包涵秦汉之际的中原逐鹿的情形。"故自三代以后者，天下未尝得安其情也"的话，当然是在当时政治情势之上落脚。由此可以了解，汉初黄老之士，对现实政治是采取妥协的态度，较儒生更为妥协。此观于辕固生与黄生在景帝前的争论，①即可见其一端。而刘安宾客中的老庄之徒，对现实政治，是采取彻底批判，甚至是否定的态度；则他们彻底于无为的政治思想，不能与当时的黄老同科，是有一定的背景的。

其次，自老子提出无为而无不为的政治理想后，在现实上如何而始有其实现的可能，自庄子及其后学，提出"不得已"三字以作转语②起，许多人提出了各种各样的说法，其中最重要的是慎到的"因"、"因循"的观念。刘安及其宾客中的道家们，在强调无为而治的理想中，综合了老子以后的这类说法，并在《主术训》中组成一个系统；在此一系统中，因逼于实现的可能性问题，

---

① 见《史记·儒林列传》。
②《庄子·人间世》："一宅（宅于一）而寓于不得已，则几矣。"又"托于不得已以养中"。《刻意》："迫而后动，不得已而后起。"《庚桑楚》："动以不得已之谓德。""有为也欲当，则缘于不得已。不得已之类，圣人之道。"完全无为，是不可能的，所以提出"不得已而后为"，这是不夹杂主动的最低限度的为，所以我说是为"无为"下转语。

而层层向下落实,遂不能不走向对各种思想加以融合贯通的路。尤其是全书中皆反申、韩,而此篇特取法家之"法"而转换其精神,以与《论语·尧曰》篇"谨权量,审法度"之法相通,最为难得。《主术训》在《淮南子》一书中,实系由道家们精心刻意所撰述的巨制。《要略》对此篇反轻轻带过,我以为因为所讲的是皇帝统治天下之术,他们为了避嫌疑而不便加以特别宣扬。下面即以《主术训》为骨干,略述他们的政治思想。由庄子系统下来的过分浪漫浮夸之言,一概略过。

(一) 政权的基本性格问题

首先主要说明的是:"家天下"虽为统治者的共同心理,刘邦直以天下为私人产业。但西汉的思想家们,无不秉承先秦儒、道、墨三家"天下为公"的共同理想,以作为政治的最高准绳。刘安的宾客们,在这一点上,是完全相同的。但因刘安是汉家统治的一支,便把话说得曲折些。如:

①尧之有天下也,非贪万民之富,而安人主之位也;以为百姓力征,强凌弱,众暴寡;于是尧乃身服节俭之行,而明相爱之仁,以和辑之。是故茅茨不剪,采椽不斲,大路不画,越席不缘,太羹不和,粢食不毇(注:细也)。巡狩行教,勤劳天下,周流五岳,岂其奉养不足乐哉?举天下而(俞校:此四字当删)以为社稷,非有利焉。年衰志悯(注:忧也),举天下而传之舜,犹却行而脱蹝也。(《主术训》页一三八)

②夫(人主)至于擥天下,害百姓,肆一人之邪,而长

海内之祸，此大伦之所不取也。所为立君者，以禁暴讨乱也。今乘万民之力，而反为残贼，是为虎傅翼，曷为弗除。（《兵略训》页二五二）

③且古之立帝王者，非以奉养其欲也。圣人践位者，非以逸乐其身也。为天下强掩弱，众暴寡，诈欺愚，勇侵怯，怀智而不以相教，积财而不以相分，故立天子以齐一之（按齐一乃平均平等之意）……所以衣寒食饥，养老弱而息劳倦也。（《修务训》页三三二）

他们没有直接说出天下为公，却转一个弯说，天子只不过是为天下辛勤服务，而绝不是以天下为私人享受的工具，所以很容易让出去。上面①③的意思是如此。在这话的后面，依然是主张天下为公的。至于②的意思，与①③的意思是一贯的，而与孟子论汤武的放伐，是完全相同的。这是法家与当时的黄老所不敢想到的问题。由此可以了解，他们心目中的政权的基本性格，只不过是为了解决人民生存问题的工具。政权的基本性格问题不加以解决，则任何政治理想，皆飘浮而不能生根。所以我首先把他们对政权基本性格的规定，标举出来。

（二）贵后与神化

《主术训》一开始说："人主之术，处无为之事，而行不言之教，清静而不动，一度而不摇，因循而任下，责成而不劳。"（页一二七）这几句是全篇的纲领。

关于无为而无不为的问题，《原道训》有下面的一段话：

232　两汉思想史（二）

是故圣人内修其本，而不外饰其末。保其精神，偃其智故，漠然无为而无不为也，澹然无治也（"也"字疑衍）而无不治也。所谓无为者，不先物为也。所谓无不为者，因物之所为。所谓无治者，不易自然也。所谓无不治者，因物之相然也。（页八）

上面的话，实际只是两个意思：一是"不先物为"；一是"不易自然"。后面接着发挥"柔"与"弱"的意义，及"贵后"的意义。他们说"柔弱者道之要也"（页一一）；实际柔与弱，是消解主观意志的主动性、积极性，这是"不先物为"的前提条件。而他们的所以贵后，是认为："先唱者穷之路也，后动者达之原也"；"先者难为知，而后者易为攻也"；"先者隤陷，则后者以谋；先者败绩，则后者违之。由此观之，先者则后者之弓矢质的也"（以上皆见页九）。又说："所谓后者，非谓其底滞而不发，凝结而不流；贵其周于数而合于时也。"（同上）这种以心理上的窥伺，利害上的比较，解释无为而无不为的可能性，虽在《老子》中可见其端绪，但无疑的，这是由战国的策士所发展出来的。不先物为，而为于物自为之后，固然是为。周于数而合于时的为，则更是为。所以由"贵后"来解释无为，这已经对无为下了转语。何以下此转语？因为必如此而无为之治始有实现的可能性。

　　《主术训》在纲领之后，强调"刑罚不足以移风，杀戮不足以禁奸，唯神化为贵"（页一二九）的"神化"。何谓神化？"至精为神"（同上），由至精的感通作用，而得到无教化之迹而有不知其然的化育的效果。"故至精之所动，若春气之生，秋气之杀也。"（页一三〇）至精由何而来？是来自"块然保真，抱德推诚；

天下从之，如响之应声，景（影）之像形，其所修者本也"（页一二九）。"修本"，亦即《俶真训》所强调的"自得"。他们认为："古圣王至精形于内，而好憎忘于外，出言以副情，发号以明旨；陈之以礼乐，风之以歌谣；业贯万世而不壅，横扃四方而不穷；禽兽昆虫，与之陶化；又况于执法施令乎？"（页一三〇）已如前述，由至精而能感通，这是战国末期所流行的观念；由至精而神化，神化则不须有所施为，此乃提供无为而无不为的新的根据、条件，也是一种新的解释。但"出言"、"发号"，"礼乐"、"歌谣"，这实已把儒家思想融合到里面去了。因为必如此而始能加强"神化"的可能性，亦即加强无为而无不为的可能性。

（三）无为与法治

上面神化的说法，在现实上太渺茫了。于是《主术训》的作者接着只好以"法"来说明无为而无不为的可能性。从《史记·老子申韩列传》看，法家言法，而"本于道德（指《老子》）之意"，当始于慎到，韩非则本之以言"主道"。[①] 汉承秦代法家的精神、制度，而缘饰以黄老之言；在实际政治上，好像出现道、法两家互相结托之局。《主术训》中之言法，似乎是这种背景的反映。但法家言法，对臣民的威吓性，大于法的客观性。《主术训》则完全消去其威吓性，仅注重法的客观性；以客观性代替统治者的主观意志，因而使无为而无不为的政治理想，在现实上有其实现的可能，且与儒家思想连上了一条通道。《主术训》有下面一段话：

---

① 《韩非子》有《主道》第五。

衡之于左右，无私轻重，故可以为平。绳之于内外，无私曲直，故可以为正；人主之于用法，勿私好憎，故可以为命①……奸不能枉，谗不能乱；德（恩德）无所立，怨无所藏；是任术而释②人心者也，故为治者不与焉。（页一三二）

按"平"、"正"，是法自身所要求的标准，这是客观的。用法的态度，也必须是客观的，然后能保持法的平与正。在另一处更明白地说："是故明主之治，国有诛者而主无怒焉。朝有赏者而君无与焉。诛者不怨君，罪之所当也。赏者不德上，功之所致也。民知诛赏之来，皆在身也，故务功修业，不受赣于君，是故朝廷芜而无迹，田野辟而无草。故太上，下知有之。"（页一三三）所谓"下知有之"，③也是无为。又说：

今夫权衡规矩，一定而不易……常一而不邪，方（广）行而不流；一日刑（定）之，万世传之，而以无为为之。（页一三一）

此数语是说因法是客观的，所以在时间上也是可以久用而不息的。任法，便可以无为；而无为，又是保证法的客观性、安定性的必需条件。

---

① 按：此"命"字，乃天命之命。对人为而言，法完全由客观的标准所决定，未掺杂丝毫人为的好憎，使受法者有如禀受天命之感。
② 按："释"与"怿"通，乐也，悦也。
③《老子》："太上，下知有之。"其意为最理想的政治，下民只知有人君，并不感人君与自己有何关涉。因系无为而治之故。《主术训》此处引用此语，亦系此意。乃高注谓："言太上之世，下知之人，皆能有此术。"可谓大谬。

《淮南子》与刘安的时代　　235

《主术训》的作者，不仅发展了法家之法的客观性的方面，并且在法的起源与运用上，提出了惊人的见解。他们说：

> 古之置有司也，所以禁民，使不得自恣也。其立君也，所以剬有司，使无专行也。法籍礼义者，所以禁君，使无擅断也。人莫得自恣，则道胜；道胜而理达矣，故反于无为。无为者非谓其凝滞而不动也，以其言莫从己出也……法生于义，义生于众适，众适合于人心；此治之要也……法者非天堕，非地生，发于人间，而反以自正……所立于下者，不废于上；所禁于民者，不行于身。所谓亡国，非无君也，无法也。变（乱）法者，非无法也，有法者而不用（不用于自身），与无法等。是故人主之立法，先自为检式仪表，故令行于天下。孔子曰："其身正，不令而行；其身不正，虽令不从。"故禁胜于身，则令行于民矣。（页一四一）

上面这段话，含有四个重要意义。第一，以法乃起于众人共同的利益，共同的要求（"众适"），这是过去的法家所未曾说出的最根本问题。第二，认为法首在于"禁君"，即是首在于限制控制人君的行动，不使人君高出于法之外；这一点，战国法家尊君太过，他们只要求人君不干扰法，绝不敢正面提出法首在限制人君。上述两点，皆富有现代法治的意义。按照这两点意义来说，他们的政治结构，应当是这样的：

人民的共同利益 → 法 → 人君 → 有司 → 人民

第三，他们把法与礼义结合起来，即是法与道德意识结合起来，由道德的主体性主动性，调和了法的强制性被动性。这种立根于文化上的法的观念，更为魏晋法家所未有，这里便可看出道、法、儒，在此处得到了自然的融合；所以引孔子的话，非常恰当。第四，很明显地把老子的无为的思想，暗中作了某种程度的转换，即是以"法治"为无为，"以其言莫从己出"而系从法出为无为。此乃由田骈、慎到所发展出来的，恐为老子所未能印可。何以有此一转换？因为必如此而无为乃有实现之可能性。

（四）因与用众

《淮南子》一书，发展了慎到的"因"的思想。今日所能看到的《慎子》，有《因循》篇。《因循》篇说："天道因则大，化则细（原注：化使从我）。因也者，因人之情也。人莫不自为也；化而使之为我，则莫可得而用矣……故用人之自为，不用人之为我，则莫不可得而用矣。此之谓因。"这几句话在现代仍有其重大的意义。《论语》孔子答子张问政："因民之所利而利之，斯不亦惠而不费乎？"（《子张》）可见"因"的观念，在政治上，是儒道法三家所同。《淮南子》自《原道训》起，在政治问题上，几乎都是以"因"的观念为骨干。而《泰族训》"故因则大，化则细矣"（页三五〇），分明出于《慎子》。《原道训》"是故天下之事，不可为也，因其自然而推之"（页三），这是概括性的说法。而《主术训》则将因的观念，与韩非"人主以一国目视，故视莫明焉；以一国耳听，故听莫聪焉"[1]的话，结合起来，而发展出"用众"的观念：

---

[1] 见《韩非·定法》第四十三。

> 而君人者，不下庙堂之上，而知四海之外者，因物以识物，因人以知人也。故积力之所举，则无不胜也。众智之所为，则无不成也……故千人之群无绝梁，万人之聚无废功。（页一三二）
>
> 夫人主之听治也，清明而不暗，虚心而弱志，是故群臣辐凑并进，无愚智贤不肖，莫不尽其能。于是乃始陈其礼，建以为基。是乘众势以为车，御众智以为马，虽幽野险涂，则无由惑矣。（页一三三）
>
> 夫乘众人之智，则无不任也；用众人之力，则无不胜也。千钧之重，乌获不能举也。众人相一，则百人有余力矣。是故任一人之力者，则乌获不足恃；乘众人之制者，则天下不足有也。（页一三四）

能因众人的智力而用之，则人君可以无为而治。这也是对无为而无不为的实现的可能性所提出的办法。但应注意到，由用众而达到无为，则无为已由老庄的纯消极的内容，转换而为积极的内容。

（五）势与君臣关系

为了再加强无为而治的可能性，《主术训》的作者，在君臣关系上，接受了法家的"权势"的观念。势是一种特殊有利的形势，由这种特殊有利的形势之自身，即可以发生力量，故势与力，可连为一词而称为"势力"。这本是兵家在争地形之利上所使用的名词，慎到则援引之以言政治。《慎子·威德》篇："尧为匹夫，不能使其邻家。至南面而王，则令行禁止。由此观之，贤不足以服不肖，而势位足以屈贤矣。"此一思想，为尔后法家所继承，且因此而特别强调尊君思想，意欲由此而加强人君之势，即是加强人君对法的推行力量。《主术训》之所以再三强调此一观念，也是为了说明无为而治的可能性。因为"得势之利者，所持甚小，其存甚大，所守甚约，所制甚广"（页一四四）；而人君由权力所形成的势，自然可以发生力量，所以人君是可以无为的。

君臣关系，是政治结构的骨干。《主术训》的作者，在君臣关系上，兼容了儒法两家思想。并且提出君臣异道，以作无为而治的补充，即以加强实现无为而无不为的可能性。

> 权势者人主之车舆，爵禄者人臣之辔衔也。是故人主处权势之要，而持爵禄之柄；审缓急之度，而适取予之节，是以天下尽力而不倦。夫臣主之相与也，非有父子之厚，骨肉之亲也，而竭力殊死，不辞其躯者，何也？势有使之然也……是故臣不得其所欲于君者，君亦不能得其所求于臣也。君臣之施者，相报之势也……是故君不能赏无功之臣，臣亦不能死无德之君，君德不下流于民，而欲用之，如鞭踦马矣。（页一三七至一三八）

在上面这段话中，君以势挟持他的臣效力，这是出自法家思想。他们之所以接受这一思想，还是为了加强前面所说的"势"的作用；从全篇全书看，他们并不是真正接受法家君臣互相窥伺、互相劫持的思想。而上面一段话中所流露出的君臣民之间，乃系双方"相对"的关系，而非片面"绝对"的关系，这是出自儒家思想。

《主术训》的作者,更强调了君臣异道。他们说:

> 主道圆者,运转而无端,化育如神,虚无因循,常后而不先也。臣道方者,[①]论是而处当,为事先倡,守职分明以立成功也。是故君臣异道则治,同道则乱。各得其宜,处其当,则上下有以相使也。(页一三四)
>
> 君人者,释所守而与臣下争,则有司以无为持位,守职者以从君取容;是以人臣藏智而弗用,反以事转任其上矣……君人者,不任能而好自为之,则智日困而自负其责也。(页一四三)

君臣异道,人君无为而人臣有为;并且人君若有为,反而使人臣无为。人君无为而后能使人臣有为,一人无为而能使众人有为,无为而无不为的实现问题,当然可得到解决了。

(六) 用人与知人

但我们应注意到,若如上所述,君臣异道,君无为而臣有为,实际不知不觉地已由老庄所说的无为摆脱出来了。老庄的无为,是把整个政治机能消解到最低限度,以让"民自富"、"自正";君无为,臣同样无为。而人民的自富自正,也是最低限度的自富自正,所以必要求人民无知无欲。这里所说的君臣异道,是由君的无为以促成人臣的有为,则此君实"大有为"之君,这便接上了儒家的道路。老子"不尚贤,使民不争"(三章)。法家不尚贤,

---

[①] 原文"臣道圆者,运转而无方,论是而处当……"此依王念孙校改。

两汉思想史(二)

以使其一切决定于法。儒家则非常重视知人善任；而《主术训》的作者，既然要求人臣有为，便亦不能不重视知人善任。他们说：

> 是故人主之一举，不可不慎也。所任者得其人，则国家治，上下和，群臣亲，百姓附。所任非其人，则国家危，上下乖，群臣怨，百姓乱……故人主诚正，则直士任事，而奸人伏匿矣。（页一三五）

以上是说任人的重要性。

> 是故有大略者不可责以捷巧，有小智者不可任以大功。人有其才，物有其形。有任一而太重，或任百而尚轻。是故审毫厘之计者，必遗天下之大数；不失小物之选者，惑于大数之举。（页一三九）

> 使言之而是，虽在褐夫刍荛，犹不可弃也。使言之而非也，虽在卿相人君，揄策于庙堂之上，未必可用。是非之所在，不可以贵贱尊卑论也……暗主则不然。所爱习亲近者，虽邪枉不正，不能见也。疏远卑贱者，竭力尽忠，不能知也。有言者穷之以辞，有谏者诛之以罪，如此而欲照海内，存万方，是犹塞耳而听清浊，掩目而视青黄也，其离聪明则亦远矣。（页一四〇）

以上言知人之方；知人与知言是不可分的。

> 故古之为车也，漆者不画，凿者不斲；工无二伎，士不

兼官。各守其职，不得相奸（注：乱也）。人得其宜，物得其安。是以器械不苦，而职事不嫚。夫责少者易偿，职寡者易守，任轻者易权。上操约省之分，下效易为之功，是以君臣弥久而不相厌。（页一三二）

是故圣人举事也，岂能拂道理之数，诡自然之性；以曲为直，以屈为伸哉？未尝不因其资而用之也……聋者可令嗺（嚼）筋，而不可使有闻也。瘖者可使守圉，而不可使通语（依王校）也。形有所不周，而能有所不容也。是故有一形者处一位，有一能者服一事……毋小大修短，各得其宜；则天下一齐（平等），无以相过也。圣人兼而用之，故无弃才。（页一三五）

言事者必究于法，而为行者必治于官。上操其名，以责其实；臣守其业，以效其功。言不得过其实，行不得逾其法；群臣辐凑，莫敢专君。事不在法律中，而可以便国佐治，必参五（伍）行之。阴考以观其归，并用周听以察其化。不偏一曲，不党一事，是以中立而遍，运照海内。群臣公正，莫敢为邪。百官述职，务致其公迹也。（页一三六）

以上论用人及考校的方法，考校方法是接受法家的，但与儒家不相乖迕。

（七）君道——儒道法三家的融合

不论守法用人，在封建及专制时代，皆决定于人君自身的条件。故中国过去言政治，最后必归于君道。而《主术训》中所言的君道，实融合道家而归于儒家，或融合儒、道、法以为言。

两汉思想史（二）

①无为者道之宗。故得道之宗,应物无穷。任人之才,难以至治。(页一三一)

②清静无为,则天与之时。廉俭守节,则地生之财。处愚称德,则圣人为之谋,是故下者万物归之,虚者天下遗之。(页一三三)

③人主贵正而尚忠。忠正在上位,执正营事……谗佞奸邪而欲犯主者,譬犹雀之见鹯,而鼠之遇狸也,亦必无余命矣……故人主诚正,则直士任事,而奸人伏匿矣。人主不正,则邪人得志,忠者隐蔽矣。(页一三五)

④人主之居也,如日月之明也,天下之所同侧目而视,侧耳而听,延颈举踵而望也。是故非澹薄无以明德,非宁静无以致远,非宽大无以兼覆,非慈厚无以怀众,非平正无以制断。(页一三九)

⑤喜怒形于心者,欲见于外,则守职者离正而阿上,有司枉法而从风。赏不当功,诛不应罪,上下离心,而君臣相怨也……是故人君者,无为而有守也,有为(依王校当作立)而无好也。有为则谗生,有好则谀起。(页一四三)

⑥精神劳则越,耳目淫则竭。故有道之主,灭想去意,清虚以待。不伐(依王校当作代)之言,不夺之事;循名责实,官使自司;①任而弗诏,责而勿教。(页一四四)

⑦人主租敛于民也,必先计岁收,量民积聚,知饥(依王校当作饶)馑有余不足之数,然后取车舆衣食供养其

---

① 原文"使有司",依王校改。

《淮南子》与刘安的时代　　243

欲……故古之君人者，其惨怛于民也，国有饥者食不重味，民有寒者而（疑衍）冬不被裘。岁登民丰，乃始县钟鼓，陈干戚，君臣上下，同心而乐之，国无哀人。（页一四五至一四六）

⑧食者民之本也，民者国之本也，国者君之本也。是故人君者，上因天时，下尽地财，中用人力。是以群生遂长，五谷蕃殖。教民养育六畜，以时种树，务修田畤，滋植桑麻，肥垲高下，各因其宜；邱陵阪险，不生五谷者，以树竹木……先王之所以应时修备，富国利民，实旷来远者，其道备矣。非能目见而足行之也，欲利之也。欲利之也不忘于心，则官自备矣。（页一四七至一四八）

⑨凡人之论，心欲小而志欲大，智欲圆而行欲方，能欲多而事欲鲜……故心小者禁于微也，志大者无不怀也……古者天子听朝，公卿正谏，博士诵诗，瞽箴师诵，庶人传语，史书其过，宰彻其膳。犹以为未足也，故尧置敢谏之鼓，舜立诽谤之木，汤有司直之人，武王立戒慎之鞀（《群书治要》鞀作铭）。过若毫厘而既已备之也……由此观之，则圣人之心小矣。（页一四八至一四九）

上面所说的人君的条件，与《原道训》、《俶真训》、《本经训》、《精神训》中所说的圣人、至人、真人，远为平实而具体。且一篇之中，大体上说，由道家而法家，由法家而儒家，在融和上各取其长；在发展上，不知不觉地以儒家为归结；站在他们的立场，这不是随意拼凑，而是在追求无为而无不为的实现的可能性中，便由道家接上法家。但他们厌恨法家的严酷及"为统治而统治"的

244　　两汉思想史（二）

政治动机，所以尽挟法家之长，以归结于儒家。在"为人民而政治"的这一点上，儒道两家相同；所以在政治的基本态度上，两家并无冲突。同时，政治上一切问题的解决，最后不能不追到权力发源地的统治者的心，这在两家也并无异致。但道家要求政治理想的实现，便不得不一步一步地落实下来，由用众任官纳谏等以至以人民生活为主的经济政策，都提出了。政治问题具体而合理地解决，并不排斥老庄的虚静之心，但这并非仅由虚静之心所能担负。于是《主术训》便不得不由以虚静为主体之心，转进到以仁智或仁义为主体之心；若不能把握他们用心之所在，及其发展的纲维，恐怕会抹煞此篇的系统性，及他们所下的一番苦心了。《主术训》在上引的最后一段以后，盛推孔子"智过于苌宏，勇服于孟贲"，但"专行教道，以成素王"的能多而事鲜。且阐明孔子作《春秋》"不道鬼神，不敢专己"（页一五〇）的智多而守约。自此以下，弘扬仁智及仁义的人文精神，以作全篇的归结。

> 遍知万物而不知人道，不可谓智。遍爱群生而不爱人类，不可谓仁。仁者爱其类也，智者不可惑也。仁者虽在断割（按以义断制之意）之中，其所（杨校"所"字疑衍）不忍之色可见也。智者虽烦难之事，其不暗之效可见也。内恕反情，心之所欲（杨校疑作"心所不欲"，按杨校是）其不加诸人。由近知远，由己知人，此仁智之所合而行也。小有教而大有存也，小有诛而大有宁也。唯恻隐推而行之，此智者之所独断也。故仁知有时（依王校增"有时"二字）错，有时合。合者为正，错者为权，其义一也。（页一五〇）
> 凡人之性，莫贵于仁，莫急于智。仁以为质，智以行

之。两者为本，而加之以勇力辩慧捷疾劬录巧敏迟（王校当作犀）利聪明省察，尽众益也。身材未修（按此句疑当在"而加之以众美"句之上），伎艺曲备，而无仁智以为表干，而加之以众美，则益其损。（页一五一）

国之所以存者仁义是也，人之所以生者行善是也。国无义，虽大必亡；人无善志，虽勇必伤。（页一五二）

士处卑隐欲上达，必先反诸己。上达有道，名誉不起，而（则）不能上达矣。取誉有道，不信于友，不能得誉。信于友有道，事亲不说，不信于友。说亲有道，修身不诚，不能事亲矣。诚身有道，心不专一，不能专诚（王校专诚应作诚身）。道在易而求之难，验在近而求之远，故弗得也。（页一五二）

按《论语》、《中庸》，以"仁智"并称，至《孟子》而"仁义"、"礼义"并称。最后所引的全篇结语，盖合取之于《孟子》。[1]由此可知《主术训》作者的儒家思想，应出自子思、孟子的系统。

七、由儒家所作的全书的总结——《泰族训》的研究

因为《泰族训》在全书中的特殊地位，所以应略加研究。刘文典《淮南鸿烈集解》以"此篇叙目，无'因以题篇'字，乃许慎注本"，大概是不错的。许慎的叙目谓"泰言古今之道，万物之

---

[1] 按"士处卑隐欲上达"一段，实出自《中庸》"在下位不获乎上"一段。此段又分见于《孟子》，仅有少数文字异同。但"道在易求之难"二语，实出自《孟子》"道在迩而求诸远，事在易而求诸难"（《离娄上》），故《主术训》此段应系采自《孟子》。

指，族于一理，明其所谓也，故曰《泰族》"。《集解》引"曾国藩云：族，聚也。群道众妙之所聚萃也。泰族者，聚而又聚者也"。曾氏除于"泰"字另作解释外，实与许氏无大分别。按《书·泰誓》疏"泰者大之极也"；《尧典》"方命圮族"，《传》："族，类也。"故"泰族"应释为最大的一类。《淮南子》每篇为一类，共二十类，《泰族训》乃二十类中之一。但其他各篇，各以其主要内容标类；而所谓"泰族"，乃说明此乃二十类中最大的一类；若以今语表达，这是全书的总结。所以《要略》说：

> 泰族者，横八极，致高崇；上明三光，下和水土，经古今之道，治伦理之序，总万方之指，而归之一本；以经纬治道，纪纲王事。乃原心术，理性情，以馆清平之灵，澄彻神明之精，以与天和相婴薄；所以览五帝三王，怀天气，抱天心；执中含和，德形于内，以莙凝天地，发起阴阳；序四时，正流方，绥之斯宁，推之斯行，乃以陶冶万物，游化群生；唱而和，动而随；四海之内，一心同归。故景星见，祥风至，黄龙下，凤巢列树，麟止郊野。德不内形，而行其法籍，专用制度，神祇弗应，福祥不归，四海不宾，兆民弗化。故德形于内，治之大本。此鸿烈之泰族也。（页三七二至三七三）

由上面这段夸张的叙述中，可以了解此篇地位的重要，及内容的丰富。许注"凡二十篇，总谓之鸿烈"，是鸿烈乃全书之名。"此鸿烈之泰族也"，应释为"这是全书的总结"。《要略》后面的几句话，也正是指《泰族训》而言。

《淮南子》与刘安的时代

>欲强省其辞，览总其要，弗曲行区入，则不足以穷道德之意。（页三七三）

把前面十九篇的要旨，总结于此一篇之内，故谓"省其辞"，"总其要"。欲达此目的，故须"曲行"，曲行于各篇之中，区（分别）入于各篇之内，以采撷其精要，这正是作总结的方法。若不如此，即是若没有此一总结，则显得有些枝蔓、分歧，"不足以穷道德之意"。这也分明说《泰族》即是全书的总结。

但写这一总结的人，却落在一位或一位以上的了不起的儒生手上，使全书中的老庄思想，在儒道两家的边际思想上脱胎换骨，都总结到儒家思想方面；而所谓"穷道德之意"的道德，不是以虚无虚静为体的道德，却成为以仁义为体的道德。于是在全书内容的结构上，显得是以老庄思想开其端，且似乎是全书思想的主流，却以儒家思想竟其尾；无形中表示，道家思想，应归结于儒家思想之上。而本篇中的儒家思想，却是以《易传》为中心的大综合；这是由立五经博士而来的派系化以前的儒家思想，及经董仲舒神秘化以前的儒家思想，特别值得研究的原因在此。

（一）边际思想转换之一——法天

我之所谓边际思想，是指两家对某一问题，既互相毗连，而又各有分界的思想。《泰族训》的作者，与《修务训》的作者不同；《修务训》的作者站在儒家的立场，干脆对道家思想加以反击。《泰族训》的作者是在作总结，便不应把道家公然抹煞，只好在两家的边际思想上弄手脚。"体道"、"法天"，是儒道两家的第一个边际思想；《泰族训》首先便提出："天设日月，列星辰，调阴阳，张四时……其生物也,莫见其所养而物长;其杀物也,莫见其所丧而物亡,此之谓神明。"(页三四七)但道家之所谓道,所谓天,皆系形而上的性格;道与天的生万物,皆只说到"无为而无不为"的纯抽象观念为止。孔子则只以"四时行焉,百物生焉"(《论语·阳货》)言天道,即是他只从人可以经验得到的地方言天道,不在形而上的境域中去摸索。《泰族训》一开首的几句话,也正是从人可以经验得到的现象上把握天道,而天生杀万物,不见生杀万物之形,他不用"无为而无不为"的抽象语言去解释,只以"阴阳之气相动也"(页三四七),及"天地四时,非生万物也。神明接,阴阳和而万物生之"(页三五〇);与"寒暑燥湿,以类相从;声响疾除,以音相应也"(页三四七)等作解释;这分明是出自《易·乾·文言》"同声相应,同类相求;水流湿,火就燥……则各从其类也"的思想。所以他便引《易·中孚》九二"鸣鹤在阴,其子和之"(页三四七)的话作印证。而《泰族训》的作者的"大生小,多生少,天之道也","故化生于外,非生于内也"(皆见页三四九)的说法,这分明是和道家有生于无、由无生有的说法,作很显明的对照。所以他们心目中的法天之人,是"故大人者,与天地合德,日月合明,鬼神合灵,与四时合信"(页三四八);这正是《乾·文言》"夫大人者,与天地合其德,与日月合其明,与四时合其序,与鬼神合其吉凶"的借用。

(二) 边际思想转换之二——神化

由"体道"、"法天"而在政治上发生"神化"的效果,这是偏向于道家而为《易传》所含有的思想,所以这也是儒道两家的边际思想。《易·系辞上》:"子曰,君子居其室,出其言善,则千里之外应之，况其迩者乎？居其室，出其言不善，则千里之外违之，况其迩者乎？……言行，君子之所以动天地也，可不慎乎？"又"默而成之，不言而信，存乎德行"；《礼记·表记》："子言之，归乎？君子隐而显，不矜而庄，不厉而威，不言而信。"这都可以解释为"神化"的思想。所以《泰族训》自"天设日月"开始，一直到"故擂道以被民，而民弗从者，诚心弗施也"（页三五〇）为止的一大段，可以说都是以"神化"为中心所展开的议论。道家神化的第一根据是体道之人，不扰乱物性，让物（实际是人民）可以各顺其自然而天下治。但《泰族训》的作者说："故圣人怀天气，抱天心；执中含和，不下庙堂而衍（流衍于）四海，变习易俗，民化而迁善，若性诸己，能以神化也。"（页三四八）这几句话中，应特别注意"变习易俗"四字，这是《泰族训》中的中心论点之一，而为《齐俗训》及所有老庄思想中所不应有的思想。

神化的第二根据，是由体道的工夫而"致精"，致个人之精，以与天下万物之精相通相感，这更是儒道两家的边际思想。《泰族训》的作者，在这些地方，正面接受了道家的若干观点。他们说"今夫道者（按指有道之人），藏精于内，栖神于心，静漠恬淡，讼（注：容也）缪（注：静也）胸中，邪气无所留滞……百脉九窍，莫不顺比，其所居神者得其位也"（页三四九）。这是《俶真训》、《精神训》中所反复的思想。但我们应当承认"藏精于内，栖神于心"，实同于孟子的所谓"存其心，养其性"（《尽心》章），也即是理学家所说的"心要在腔子里"。由道家所提出的静漠恬淡，乃存其心中荡涤"邪气"后所应有的境界。此一境界之自身，可以使人得到精神解放的感觉；也可以通向艺术，使人由对自然的直观、统觉而得到美的感觉；也可以通向道德，使内蕴的良知良能，得以当下呈现。可以说"静漠恬淡之心"，乃价值上四通八达之地；程子"每见人静坐，便叹其善学"，绝非偶然。道家乃安顿于静漠恬淡心境自身之上，有点近于宋儒所说的"玩弄光景"。但《泰族训》的作者，则直接转到"诚"的观念上去。他们说："故圣人养心莫善于诚，至诚而能动化矣。"（页三四九）又说："圣主在上，廓然无形，寂然无声，官府若无事，朝廷若无人……四海之内，莫不仰上之德，象（法）主之指；夷狄之国，重译而至；非户辩而家说之也，推其诚心，施之天下而已矣。"（同上）诚是《中庸》、《易传》及《孟子》所强调的观念。在人格的修养上说，这是由《论语》上的"主忠信"（《学而》）而来，"尽己之谓忠；如实之谓信"（《论语》"为人谋而不忠乎"朱注）。一切言行，皆以忠信为主，这便是诚。所以《论语集注》在"主忠信"下引"程子曰：人道惟在忠信。不诚则无物……若无忠信，岂复有物乎"？在政治上说，是由《论语》上的"为政以德"（《为政》）而来。"为政以德，譬如北辰，居其所而众星拱之"，即是另一处所说的"其身正，不令而行；其身不正，虽令不从"（《子路》）。所以德教便是身教，统治者以自己有德的生活行为，作人民的榜样，由此所发生的教化作用，这即是德教。一个统治者，在人民面前，由起心动念到语言行为，无半丝半毫虚伪；"施诸己而不愿，亦勿施于人"；"推己及人"，"视人如己"；这便是德教、身教；做到极点，便是诚。朱熹注谓"为政以德，则天下归之"，又引"程子曰：为政以德，然后无为"。由此可知上面所引的"圣主在上"的一段话，与道家所说的"无为"正同，但其线索却是来自《论语》、《中庸》、《易传》的儒家思想。所以他们接着引用了太王居邠，狄人攻之；秦穆公为野人食骏马肉，及宓子治亶父，孔子为鲁司寇，道不拾

《淮南子》与刘安的时代　　　　　　　　　　　　　　*251*

遗的四个故事，加以结论说："夫矢之所以射远贯牢者，弩力也。其所以中的剖微者正（依王校，当作人）心也。赏善罚暴者，政令也。其所以能行者精诚也。故弩虽强，不能独中；令虽明，不能独行。必自（刘文典校，当作有）精气（按由上下文考之，'气'当作'诚'）所以与之施道。故撼道（治道）以被民，而民弗从，诚心弗施也。"（页三五〇）在这段话中，并没有否定"政令"，并没有否定"撼道以治民"，这便很明显地在此一边际思想中，依然转回到儒家。

（三）边际思想转换之三——以"因"说明礼的起源

"因"的观念，前面已经说过，这是慎到们为了说明无为而无不为的实现的可能性所提出的观念。尔后卫晋法家承继了慎到的法与势的观念，但丢掉了因的观念，却成为尔后道家思想中的重要观念。孔子曾说"因民之所利而利之"（见前），孔子的话，远在慎到们之前，甚至可说慎到们是发展了孔子的这一思想，由此应当承认"因"也是儒道两家的边际思想。但道家说："所谓无不为者，因物之所为。所谓无治者，不易自然也；所谓无不治者，因物之相然也。"（《原道训》页八）但《泰族训》的作者，在这一边际思想上，便作了有意义的转换。他们说，"夫物有以自然，而后人事有治也"（页三五〇）。上一句与道家完全相同，而下一句则为道家所不许。这两句的意思是说，正因为物有其自然，政治才可因物之自然以为治。具体地说，他们由此一基本观念，发展出以"因"来说明礼的起源及礼的意义。《淮南子》的道家们，把道与法结合在一起；儒家不否定法的意义，但他们认为法必待礼而后行（见后）。而他们对于礼的起源，善用了"因"的观念。他们说：

> 埏埴而为器,窬木而为舟,铄铁而为刃,铸金而为钟,因其可也。驾马服牛,令鸡司夜,令狗守门,因其然也。民有好色之性,故有大婚之礼。有饮食之性,故有大飨之谊。有喜乐之性,故有钟鼓管弦之音。有悲哀之性,故有衰絰哭踊之节。故先王之制法(按乃"礼"字之误)也,因民之所好而为之节文者也。因其好色而制婚姻之礼,故男女有别。因其喜音而正雅颂之声,故风俗不流。因其宁家室,乐妻子,教之以顺,故父子有亲。因其喜朋友而教之以悌,故长幼有序……入学庠序,以修人伦。此皆人之所有于性,而圣人之所匠成也。故无其性,不可教训。有其性无其养,不能遵道……故因其性,则天下听从;拂其性,则法县而不用。(页三五〇至三五一)

按上面这段话有两点值得注意。第一,"因人之性",乃儒道两家所同;但道家不能承认"圣人之所匠成"的"匠成",故他们反对或轻视礼的意义。第二,礼本是起于周初的封建制度。但礼的自身,原有两重意义,一是维持封建中的阶级性,一是融和封建中的阶级性;没有后一重意义,便不成其为礼。孔子强调"人而不仁,如礼何;人而不仁,如乐何"(《论语·八佾》),把仁融入到礼中去,使仁成为判断礼的价值的决定因素,这是发展融和原有封建阶级性的一面。因民之性以制礼作乐的思想,大概在战国中期以后才发展出来的。此一思想的重要性,在于把礼起源于适应封建政治要求的历史根据完全淘汰,而认定适应人性的倾向、要求,才是礼的起源,才是礼的意义,这便使礼从原来的封建统治的束缚中完全突破了出来,使其成为集体社会中所共同需要的行为规范。今人一听到礼的名词，便指说这是维持封建制度的东西，这是因为没有了解礼在封建制度中的两重意义，更不知道礼在发展中完全摆脱了封建制度以后的意义。任何社会，必须有维持集体生活的秩序；秩序必给各个人的自由以某种程度的限制，此即构成礼的两大因素的"节文"中的"节"，节即是节制。这是消极的一面。但礼不仅是节，而且是"文"，文是以文饰表现某行为的意义，即是给某行为以支持、鼓励，这是积极的一面。"节文"的制定，皆因人性所固有的倾向；礼的实现，即是人性的展开；此时的秩序与自由，皆出于人性所固有，自然没有对立的感觉。由此也可以了解"性善"思想的重大意义。但人性表现在生活的要求形态上，必定受时间空间的影响。礼一旦成为"法籍"后，是固定的条文。而人性表现在生活的要求、形态上，因时间空间的影响而必定有所改变。异时异俗的礼的固定条文，便与人性发生矛盾。迂儒不承认此一矛盾，而依然要执异时异俗的礼以绳尺天下，于是本系因应人性以制定的东西，变成了反抗人性的东西，使社会生活，失掉了应有的调节而陷于空虚、混乱。《淮南子》一书中，长于言法，尤长于言礼（包括乐）。他们反对迂儒所言的礼，反对虚伪的礼，反对为统治阶级特权阶级所特享的礼，而特着重随时随俗，因人性的倾向、要求所制的上下、内外如一的礼。他们在《齐俗训》中强调了礼乐不能离乎俗的意义；他们在《汜论训》中，强调了礼乐的适时改制的意义。《汜论训》说："先王之制，不宜则废之。末世之事，善则著之。是故礼乐未始有常也。故圣人制礼乐，而不制于礼乐……故圣人法与时变，礼与俗化。"（页二一三）全书随处言及礼乐，而以《汜论训》、《泰族训》中所言者尤为精要。

（四）边际思想转换之四——由无为到简、大

道家强调无为，《泰族训》中则特发挥简、大的意义，这是较之无为落实一层的意义。这也是由道家转向儒家的一条通路。孔子已称道"简"，[①]《易传》更发挥了简易的意义。[②]但《泰族训》的作者，则更配上一个"大"的观念，以防对简的误解。并且能大始能简。《泰族训》：

> 治大者道不可以小，地广者制不可以狭，位高者事不可以烦，民众者教不可以苛。夫事碎，难治也；法烦，难行也；求多，难赡也。寸而度之，至丈必差；铢而称之，至石必过……故大较，易为智；曲辩，难为慧……故功不厌约，事不厌省，求不厌寡……孔子曰：小辩破言，小利破义，小艺破道，小见不达，必简。（页三五四至三五五）

上面的"约"、"省"、"寡"，都是简的分解的说法。

（五）由老庄的道转向儒家的经

《泰族训》全篇数引《易》、《诗》，以为论证，并对六经作过全面性的评价：

> 故《易》之失也卦，《书》之失也敷，《乐》之失也淫，

[①]《论语·雍也》："仲弓问子桑伯子，子曰：可也，简。"
[②]《易·系辞上》："乾以易知，坤以简能……易简而天下之理得矣。""易简之善配至德。"《系辞下》："夫乾确然示人易矣；夫坤隤然示人简矣。"

《淮南子》与刘安的时代

《诗》之失也辟（邪），《礼》之失也责，《春秋》之失也刺。（页三五二）

又：

> 六艺异科而皆同道。温惠柔良者，《诗》之风也。淳庞敦厚者，《书》之教也。清明条达者，《易》之义也。恭俭尊（撙）让者，《礼》之为也。宽裕简易者，《乐》之化也。刺几辩义者，《春秋》之靡（渐靡之靡）也。故《易》之失鬼，《乐》之失淫，《诗》之失愚，《书》之失拘，《礼》之失忮，《春秋》之失訾，六者圣人兼用而财（裁）制之。（页三五三）

上面一段话，盖出于《礼记》的《经解》，而文字互有异同。最值得注意的是，道家把他们所建立的形而上的道，推尊得至高无上；而《泰族训》的作者，则把六经推尊得至高无上，实际是要以儒家的六经，代替道家之道的地位，这便把全书道家的地位，完全转到儒家手上了。

> 夫观六艺之广崇，穷道德之渊深，达乎无上，至乎无下，运乎无极，翔乎无形；广于四海，崇于泰山，富于江河；旷然而通，昭然而明；天地之间，无所系戾；其（六艺）所以监观，岂不大哉。（页三六三）

按全篇未言及老庄之所谓道德，而上面一段话，主要是在说明学问可以开通心智的效验；所以"穷道德之渊深"一句的道德，乃指六艺中的道德而言。《泰族训》中的话多说得平实,尤以对六经的评价,说得更平实;何以这段话却仿庄子学派的口气,说得很夸张呢?已如前所说,为了要把道家之道的地位转到六经身上。

(六)礼与移风易俗

现在再把《泰族训》全篇的结构作概略的说明,借以明了这批儒家思想的系统。

由开首的"天设日月"(页三四七)起,至"诚心弗施也"(页三五〇)止,说明天道生育万物是神化;圣人法天,也是神化,而神化是出于圣人的精诚。这是政治的主观条件,也是政治的基点。此系合《中庸》的"至诚而不动者,未之有也",及《大学》的"壹是皆以修身为本"以为言。

由"天地四时,生万物也"(页三五〇)起,至"此治之纲纪也"(页三五二)止,说明因民之性以制礼,实为政治的纲纪。因为父子君臣夫妇长幼朋友的合理关系,皆由礼而始能成立。这种家庭、政治、社会的基本关系建立起来了,"乃裂地而州之,分职而治之,筑城而居之,割宅而异之,分财而衣食之,立大学而教诲之,夙兴夜寐而劳力之"(页三五一至三五二),此即他们所说的"此治之纲纪也"。

由"夫物未尝有张而不弛,成而不毁者也"(页三五三)起,至"无道以行之,法虽众,足以乱矣"(页三五六)止,包含几种意思。(1)认为政治上无不弊的设施,因而主张"事穷而更为,法弊而改制","以调天地之气,顺万物之宜"。(页三五二至三五三)这是主张因时而制礼。(2)认为"天不一时,地不一利,人不一事,是以绪业不得不多端,趋行不得不殊方"(页三五三);

不可"守一隅而遗万方，取一物而弃其余"（页三五四）。这是反映汉代大一统的帝国，应当包容万方殊俗以制礼，反对当时以朝廷为基准的"道一风同"的想法。（3）强调大与简，而不可任烦苛之法。这实际还是说明礼的意义与运用的要点。

他们为什么这样重视礼？因为他们认为人民只能在善良的风俗中过着谐和合理的生活；而政治的根基，必植基于善良风俗之中。所以政治的基本任务及最高目的，乃在于能移风易俗。《诗大序》"美教化，移风俗"，《礼记·乐记》"移风易俗，莫善于乐"，《管子·法法》"变易风俗"，《荀子·王制》"美风俗"，《新语·道基》"正风俗，通文雅"，《新书·辅佐》"文修礼乐以正风俗"。这是战国中期以后发展出来的政治共同理想，《泰族训》的作者特别强调了这一政治理想。从"治身，太上养神，其次养形。治国，太上养化，其次正法"（页三五六）起，到"察其党与，而贤不肖可论也"（页三五九）止，是说明风俗为政治的根本，而善良风俗的形成，有待于礼义之化，及任用得人以立之仪表。这里，应先将"风俗"一词，略加解释。

《汉书·地理志》："凡民禀五常之性，而有刚柔缓急音声不同，系水土之风气，故谓之风。好恶取舍，动静无常，随君上之情欲，故谓之俗。"《周礼·夏官·合方氏》注"风俗所高尚"疏："风谓政教所施……俗谓民所承袭。"二者皆将风与俗对举。《地理志》以风为来自地理的影响，俗为来自政治的影响。《周礼疏》则以风为来自政治的影响，俗为来自传承的影响。地理与政治，对风俗的形成皆有影响，固不待论；但以此来解释风俗，有点近于牵附而非其本义。《庄子·则阳》："丘里者，合十姓百名而以为风俗也；合异以为同，合同以为异。"这几句话，说明风俗是由十姓百名而成，即是在集体生活中所形成的。"合异以为同"，是说在集体生活中，有一个共同倾向。"合同以为异"，是说在共同倾向中又分为各人的具体生活情态。这便对风俗描写得相当的真切。《说文》八上："俗，习也。"习是行为的反复，由反复而成为惯性，即是成为不知不觉而自然会如此的生活行为。《礼记·曲礼》"入国而问俗"注："俗谓常所行与所恶也。""常所行"，即是习惯性的行为，与《说文》之义相合。换言之，所谓俗，是在集体生活中所养成，所承认的一种共同倾向，及在此共同倾向下的习惯性的生活、行为，故一称为习俗。只要是人的行为，必定有一种意识的，或不意识的价值判断。习俗一经形成后，便成为价值判断的标准；合于习俗，即合于此集体生活的价值标准，而得相安相助。否则必与此集体中的多数分子发生摩擦而被排斥。由此可知习俗对集体生活中的组成分子，会发生一种制约的力量。这种力量在未遇到反拨时，是看不见、摸不着的，有如风。古人便常把可以感受，或发生无形的影响力的东西，称之为风；风与俗连在一起，应作这样的去理解。人生活在善良的集体生活惯性中，便不必矜心着意，自然随着善良的集体生活惯性而活动，一切行为便都成为善良的，而不感到有丝毫的强制压力；这样一来，每一个人都成为有意义的生存，社会当然成为健全而和谐的社会。《泰族训》说到这种情形是"民交让，争处卑；委利，争取寡；力事，争就劳；日化上迁善而不知其所以然，此治之上也"（页三五六）。若风俗坏，则社会混乱，政治也必崩溃。《泰族训》继续说：

> 诚决其善志，防其邪心，启其善道，塞其奸路，与同出一道（在上者与人民同出于礼义）……而风俗可美也……所

以贵圣人者，非贵随罪而鉴（判）刑也，贵其知乱之所由起也。若不修其风俗，而纵之淫辟，乃随之以刑，绳之以法，法虽残贼，天下弗能禁也。禹以夏王，桀以夏亡……非法度不存也，纪纲不张，风俗坏也……故法虽在，必待圣而后治。（页二五六至二五七）

民无廉耻，不可治也。非修礼义，廉耻不立。民不知礼义，法弗能正也，非崇善废丑，不向礼义。无法，不可以为治也。不知礼义，不可以行法……亲贤而进之，贱不肖而退之……民孰不从？古者法设而不犯，刑错而不用，非可刑而不刑也。百工维时，庶绩咸熙，礼义修而任贤德也……由本（用得其人）流末（由用人所树立之善良标准，流布于社会），以重（朝廷）制轻（社会），上倡而民和，上动而下随……背贪鄙而向义理；其于化民也，若风之摇草木，无之（往）而不靡（顺）。今使愚教知，使不肖临贤，虽严刑罚，民不从也。（页三五七至三五八）

上面的话，可分两点来稍加疏释。第一点是风俗的好坏，以有无廉耻之心为断。礼义即所以培养、保持社会廉耻之心。廉耻之心，固为人性所固有，但食色之性，亦为人性所固有；顺着食色之性而不加节文，则人性的这一面，必淹没了廉耻之心的另一面。礼的节文，是一方面满足食色的要求，另一方面又节制文饰食色的要求，使人以逾节不文为耻。礼与法不同之点有二：其一，法是强制性的，礼是渍渐性的。其二，法施用于特殊的行为，礼则弥纶于全面的生活。法的作用是消极的，礼的作用是积极的。《礼记·经解》说礼的作用很精到："故礼之教化也微（无强制性，无迫促感），其止邪于未形，使人日从善远罪而不自知也。"《泰族训》的作者并不是抹煞法的意义，但认为法用在无廉耻的社会，有如我们今日的社会，是没有效用的。

第二点是《泰族训》认为礼义乃具体实现于人的生活行为之上。所以礼义的标准，必通过人而始显。古代政治对社会的影响力，远较现代自由社会为大。在上者的用人，有两重作用：一重意义是为推行政令；一重意义是对社会指示趋向，树立标准。后一重意义更为重大。在上者所用得人，便是向社会指示了礼义的方向，树立了礼义的标准，也就鼓励保证了礼义对社会的教化作用，使风俗向好的方向发展，否则发生相反的作用。子夏为孔子"举直错诸枉，能使枉者直"的话举证说："富哉言乎！舜有天下，选于众，举皋陶，不仁者远矣。汤有天下，选于众，举伊尹，不仁者远矣。""不仁者远"，即是移风易俗。

（七）君子小人之辨

《泰族训》由"夫圣人之屈者以求伸也"（页三五九）起，到"言以信义为准绳也"（页三六○）止，乃言君子小人之辨。要能用人，必先能知人，此段乃言知人之方法。尤以针对当时士大夫冒滥无耻的情形，这种君子小人之辨，更为重要。他们说：

> 当今之世，丑必托善以自为解，邪必蒙正以自为辟（避）。游不论国，仕不择官，行不辟污，曰：伊尹之道也。分别争财，亲戚兄弟构怨，骨肉相贼，曰：周公之义也……此使君子小人，纷然淆乱，莫知其是非者也。（页三五九）

他们所提出的方法，归纳为两点：一是圣人有时而行权，但权必归于正。小人可以作伪，但作伪只能限于一时。于是他们提出"观行者于其终也"（页三五九）的方法，即是观察一个人的最后归趋。另一是人因环境、个性等的不同，行为亦随之千差万别；但在千差万别中，毕竟须归向一个大的价值标准，归向不归向此大的价值标准，乃判断君子小人的准绳。他们认为知能不是判断君子小人的价值标准，他们所提出的价值标准是善，是仁义。他们说"不归善者不为君子"（页三五九），而"善行归乎仁义"（页三六〇）。并举出田子方、段干木、李克，是"异行而归于善者（按当漏一也字）"（页三六〇）。举出张仪、苏秦，是"异行而归于丑者也"（同上）。他们说：

> 虽有知能，必以仁义为之本……圣人一以仁义为之准绳。中之者谓之君子，弗中者谓之小人。君子虽死亡，其名不灭；小人虽得势，其罪不除。（页三六〇）

《主术训》"遍爱群生而不爱人类，不可谓仁"（页一五〇），这是以爱人类为仁。《缪称训》："仁者积恩之见证也。义者比（附）于人心，而合于众适者也。"（页一五三）《齐俗训》："义者循理而行其宜也。"（页一七六）由他们对仁义所下的定义，可知仁义不是空泛的名词。

（八）以"自得"为本

《泰族训》由"欲成霸王之业者，必得胜者也"（页三六〇）起，到"行可夺之道，而非篡弑之行，无益于持天下矣"（页三六二）止，说明欲成霸王之业，"必得人心"；并强调失人心，即不应有天下之义，而"能得人心者，必自得者也"（页三六〇）。因为"心者身之本也，身者国之本也。未有得己而失人者也，未有失己而得人者也"（同上）。这是总结了前面所引的道家以"自得"为"得天下"的主张，却把儒家融合在一起。道家自得的思想，在格套上，也可与《大学》由诚意、正心，而修身、齐家、治国、平天下相通，但在心的把握上有所不同。"直行性命之情，而制度可以为万民仪"（页三六一）；上一句可通儒道两家，下一句则为儒家所独有。而他们在这一段中，强调了"故桀纣不为王，汤武不为放"（页三六一）；又说"行可夺之道，而非篡弑之行，无益于持天下矣"（页三六二），这都是当时黄老的学者们所不敢言的。同时，在大一统专制政权之下，政治问题，进到最后，必定落在人君身上，因为这是一切权力的根源。所以他们谈"自得"，实际是谈君道。

（九）学问的重视及学问的方向

由"凡人之所以生者衣与食也"（页三六二）起，至"可谓知略矣"（页三六四）止，是通政治社会以为言，强调学问的重要，及学问的大方向。礼义有待于学问之教，人才有待于学问之养，人文、世运，有待于学问的扶持推进。重视学问与不重视学问，是儒道两家的大分水岭，而法家则干脆反对学问。由儒家所写的《修务训》，大力提倡学问，《泰族训》的作者当然也特别重视学问。他们说：

凡人之所以生者，衣与食也。今囚之冥室之中，虽养之以刍豢,衣之以绮绣,不能乐也。以目之无见,耳之无闻,穿隙穴,见雨零,则快然叹之。况开户发牖,从冥冥见炤炤乎?……夫言者所以通己于人也;闻者所以通人于己也。瘖者不言,聋者不闻。既瘖且聋,人道不通。故有瘖聋之病者,虽破家求医,不顾其费。岂独形骸有瘖聋哉,心志亦有之。夫指之拘也,莫不事申也;心之塞也,莫之务通也,不明于类也。(页三六二至三六三)

上面这段话,表明了他们对学问的迫切感。又说:

> 人之所知者浅,而物变无穷。曩不知而今知之,非知益多也,问学之所加也……人莫不知学之有益于己也,然而不能者,嬉戏害人也。人皆多以无用害有用,故智不博而日不足……以弋猎博奕之日诵《诗》读《书》,闻识必博矣。故不学之与学也,犹瘖聋之比于人也。(页三六三至页三六四)

至于学问的大方向,他们说:

> 凡学者能明于天人之分,通于治乱之本;澄心清意以存之,见其终始,可谓知略矣。(页三六四)

他们所说的学问的方向,规模宏大,而"澄心清意以存之,见其终始"二语,意义深远。这里所显出的大山、小山乃至九家《易》的儒生面目,较董仲舒为纯为实,无阴阳五行之庞杂。较之《儒林传》中的人物为通而不滞,大而不拘。乾嘉以来的所谓汉学家,何足以窥见于万一?可惜因《淮南》的冤狱而一起埋没了,这是学术史上的大损失。

(十) 对当时政治的批评

《泰族训》由"天之所为,禽兽草木。人之所为,礼节制度"(页三六四)起,至最后的"故仁莫大于爱人,知莫大于知人。二者不立,虽察慧捷巧,劬禄(卢文弨校,禄当作录)疾力,不免于乱也"(页三六八)止,因汉代以法为治的本质,至景帝而益显,所以特别强调"治之所以为本者仁义也,所以为末者法度也"(页三六四),而要求先本而后末,这是对于当时政治实况的严厉批评。他们说:

> 故仁义者治之本也。今不知事修其本,而务治其末(法),是释其根而灌其枝也。且法之生也,以辅仁义。今重法而弃义,是贵其冠履而忘其头足也。故仁义为厚基者也;不益其厚而张其广者毁,不广其基而增其高者覆。嬴政(秦始皇)不增其德而累其高,故灭。智伯不行仁义而务广地,故亡其国。(页三六四)

这一段中还批评了当时音乐之不本于《雅》、《颂》,乃作为本末倒置的一事例。批评了商鞅之立法,可谓"天下之善者也",然卒以亡秦,是因为"察于刀笔之迹,而不知治乱之本"(页三六六)。礼有时而"费"而"烦",但所以"防淫",是小失而大得。商鞅之法,便于举奸,然而伤和睦之心,小利而大害。故事有"利于小而害于大，得于此而亡于彼者"，愚者常"惑于小利而忘其大害"（以上皆页三六七）。故政治必以仁义、仁知为本。这都是针对当时的政治实态以立论的。

八、结论

《淮南子》一书，是当时思想的一大集结；但不可误信司马谈《论六家要旨》，说道家是"因阴阳之大顺，采儒墨之善，撮名法之要；与时迁移，应物变化，立俗施事，无所不宜"的话，以为此一大集结，乃来自道家思想的本身。司马谈上面的一段话，勉强可应用到《主术训》上面；而《主术训》的展开，实逐渐不得不离开了道家的思想立场。司马谈的话，不仅不能应用在《修务训》、《泰族训》上面，且不能应用到书中许多很明显地以儒家立场的发言上面。《淮南子》一书对当时思想的大集结，乃来自刘安宾客中的包罗宏富，而又皆有平等发言的机会。当然其中是以儒道两家为主。我的推测，《要略》的全书叙目，是由一位道家执笔；《要略》中主要表现了道家的想法，是以道家的立场去贯通全书的，对于儒家的立场，多含混带过去。因此，从《要略》不能把握到全书的精神、脉络。由儒家写了《泰族训》的全书总结，再由道家写《要略》的全书叙目，推想，这是刘安当时调和于二者之间的妥协的办法。所以，《淮南子》中所大集结的当时思想，乃是来自当时抱有不同思想的宾客，在平等自由中，平流竞进，集体著作的结果，绝非是出自道家一家的思想性格或企图。他们有意识地要作这一大集结。不仅《说山训》、《说林训》，把当时流行的格言嘉话一起收录，是"箴言集"的性格，或可称为"寸金集"的性格。所以在这些篇章里，不必追寻他的整然不乱的系统。甚至《缪称训》、《氾论训》、《诠言训》、《人间训》，都带有箴言集的性格，反映了当时广泛的文化水平，及社会性的人生观念、价值观念。通过这部书，可以了解在五经博士未成立以前的汉初思想的比较完整的面目。惜我不能推扩我对此书的研究面，提出本书每一方面的宝藏来加以讨论，这有待于继续有人肯做这一工作。尤其是其中的《兵略训》，除了极少部分的神秘思想外，实总结了古代的军事思想，一直到现在还有它的精深意义，而未为人所注意。我希望能以此篇为基础，将来能写一篇"中国古代军事思想发展史"的文章。

我所以说上面的话，在表明我这篇文章对《淮南子》的研究，只能算是开其端，尚未竟其尾。不过我毫不掩饰地说，我对此书，断续地花费了不少时间，做了三次的资料整理。但一直到我拿起笔来写这篇文章时，我还是抱着一副厌恶的心理。当我在写的过程中，渐渐发现了那一批以大悲剧收场的宾客们活动的面影，不知不觉地以感激之情，代替了原来的厌恶心理，而在结束这篇文章时，不免感到有一番怅惘。深入到古人的世界以读通一部书，真是太困难了。

先秦儒家思想的转折及天的哲学的完成
——董仲舒《春秋繁露》[①]的研究

一、董氏思想与大一统专制政治之成熟

先秦儒家与其他诸子百家不同之一，在于儒家思想，始终系环绕六艺而展开。[②]六艺中，《春秋》为孔子所作，自孟子起，已承认对孔子思想的把握，实居于重要地位。[③]但董仲舒出，由其公羊春秋学对《春秋》的解释，发生了一大转折，影响到西汉其他经学在解释上的转折，乃至影响到先秦儒家思想在发展中全面的转折，在思想史上的意义特为重大。而此一转折，与董氏天的哲学系统是密切相关的。

把阴阳由日影的明与暗的两面，进而视为气的两种不同性格，并将此两种不同性格之气，视为由天所发生的基本作用；再

[①] 本文以《四部备要》卢文弨所校《春秋繁露》为底本，再参以《皇清经解续编》凌曙《春秋繁露》注本，及苏舆《春秋繁露义证》本。
[②] 按《墨子》言《诗》、《书》而反礼乐。且其后学亦离《诗》、《书》而成"别墨"。其他诸子百家，皆仅偶及六艺，不似儒家以六艺为基本教材。
[③] 按《孟子》："孔子惧，作《春秋》，《春秋》，天子之事也"(《滕文公下》)；"王者之迹熄而《诗》亡，《诗》亡然后《春秋》作"(《离娄下》)；两处言《春秋》，其义皆甚闳深。

进一步，认为天地即系由此性格不同之阴阳二气所构成，这是长期演进的结果。大约在春秋中期，始其见端绪于周室主管天象之史；至战国中期，已成为一种确定的学说，而开始向诸子百家中流布；但《中庸》、《孟子》乃至《庄子》的内七篇，尚未受此影响。[①]五行由国计民生所实用的五种材料，演变而为宇宙间的五种基本元素，且与阴阳二气关连在一起，只能追溯到邹衍。[②]到了《吕氏春秋》，则把五行配入到四时中去，更配上他们认为与四时相应的政令与思想，第一次建立了以阴阳五行为依据的宇宙、人生、政治的特殊构造。此一特殊构造，给汉代思想家们以重大的影响。尤其是董仲舒所受的影响最为深刻，他由此而把阴阳四时五行的气，认定是天的具体内容，伸向学术、政治、人生的每一个角落，完成了天的哲学大系统，以形成汉代思想的特性。可以说，在董仲舒以前，汉初思想，大概上是传承先秦思想的格局，不易举出它作为"汉代思想"的特性。汉代思想的特性，是由董仲舒所塑造的。《汉书·五行志叙》说"汉兴，承秦灭学之后，景武之世，董仲舒治《公羊春秋》，始推阴阳为儒者宗"，盖得其实。正因为如此，所以儒家思想发展到董仲舒，在许多地方变了形；在许多地方，可以把董氏以前与董氏的新说及受董氏新说影响的继起之说，划一个大分水岭。而两千余年，阴阳五行之说，深入于社会，成了广大的流俗人生哲学，[③]皆可追

---

① 详见拙文《阴阳五行及其有关文献的研究》，收入《中国人性论史·先秦篇》附录。惟《易传》尚无天地乃由阴阳二气所构成之思想。以天地为阴阳二气所构成，始明见于《淮南子》中的《天文训》。此一观念之形成,恐迟至秦、汉之际。附此说明。
② 详见拙文《阴阳五行及其有关文献的研究》。
③ 医、卜、命、相，无不以阴阳五行为依据，为解说。

先秦儒家思想的转折及天的哲学的完成

溯到董仲舒的思想上去。他是有意识地发展《吕氏春秋》十二纪纪首,以建立无所不包的哲学系统的,并把他所传承的《公羊春秋》乃至《尚书》的《洪范》组入此一系统中去,以促成儒家思想的转折。

他的这一意图,与大一统专制政治的趋于成熟,有密切关系。他一方面是在思想上、观念上,肯定此一体制的合理性。同时,又想给此一体制以新的内容、新的理想,这便构成他的天的哲学大系统的现实意义。这里应特别指出的,董氏肯定了大一统的专制政体,并不等于他肯定了"家天下"。相反的,他赞成禅让和征诛的两种政权转移的方式,即是他依然守住"天下为公"的政治理想。不过他前一努力,适应了专制政治自身的要求,当然会收到很大的效果。而他后一努力,不曾了解实际上是与前一努力不能相容的,所以必然是落空的。他对专制政治,感到有两大问题,希望加以转化。第一,他维护专制之主的至尊无上的地位;但由至尊无上的地位所发出的喜怒哀乐,运转着整个统治机构所及于天下的影响太大。可以说,大一统专制皇帝的喜怒哀乐,成为最高政治权力的"权源"。他大概也感到儒道两家,想由个人的人格修养来端正或解消这种权源之地,几乎是不可能的,于是只好把它纳入到天的哲学中去,加上形上性的客观法式,希望由此以把权源纳入正轨。第二,作为大一统专制统治的重大工具,在董氏时代,几乎也可以说是唯一的工具,是继承秦代的刑法。此种刑法之酷,臣民受害之烈,只要一读《汉书·刑法志》及《酷吏传》,稍有人心的人,无不怵目惊心。班固在《刑法志》中作总结性的叙述说:"今郡国被刑而死者,岁以万数,天下狱二千余所,其冤死者多少相覆,狱不减一人,此和气所以未洽也。原狱刑所以蕃若此者，礼教不立，刑法不明，民多贫穷，豪桀务私，奸不辄得，狱豻不平之所致也。"董氏当时痛心疾首于这些情形，希望把政治的方向，改途易辙，尚德而不尚刑。但如何能扭转此由人民血肉所形成的专制机构，也只有希望拿到"天"的下面去加以解决。可以说，近代对统治者权力的限制，求之于宪法；而董氏则只有求之于天，这是形成他的天的哲学的真实背景。但结果，专制政治的自身，只能为专制而专制，必彻底否定他由天的哲学所表现的理想，使他成为第一个受了专制政治的大欺骗，而自身在客观上也成了助成专制政治的历史中的罪人；实则他的动机、目的，乃至他的品格，绝不是如此。所以这是思想史上很难处理的一位大思想家。①

二、董仲舒的生平、人格及社会性

《汉书》卷五十六《董仲舒传》：

> 董仲舒，广川人②也。少治《春秋》，孝景时为博士；下帷讲诵，弟子传（转）以见次相授业，或莫见其面；盖三年不窥园，其精如此。进退容止，非礼不行，学士皆师

---

① 胡适《淮南王书》手稿影印本序中谈他"写成油印的《中古思想史长编》，共有七章"，"第八章是董仲舒，我改写了几次，始终不能满意，后来就搁下了"，由此也可知他感到处理的困难。他死后，胡适纪念馆印行他的遗稿，其第四种为《中国中古思想小史》，内页三五至四二，略述董氏之说，态度较之他写《王充的论衡》一文时的口气，要落实得多。
② 《汉书补注》引齐召南"今直隶枣强县"。按在今河北省冀县东南。

尊之。武帝即位，举贤良文学之士，前后百数，而仲舒以贤良对策焉。①

又：

> 对既毕，天子以仲舒为江都相……仲舒治国，以《春秋》灾异之变，推阴阳所以错行。故求雨，闭诸阳，纵诸阴，其止雨反是……中废为中大夫。先是辽阳高庙、长陵高园殿灾。仲舒居家，推说其意，中（内也，藏之意）稿未上；主父偃候仲舒，私见，嫉之，窃其书而奏焉。上召视诸儒，仲舒弟子吕步舒，不知其师书，以为大愚，于是下仲舒吏，当死，诏赦之，仲舒遂不敢复言灾异。仲舒为人廉直……而弘（公孙弘）希世用事，位至公卿。仲舒以弘为从谀，弘嫉之；胶西王，亦上兄也，尤纵恣，数害吏

---

① 董仲舒对策之年，《通鉴》载于建元元年（前一四〇年），《汉书·武帝纪》载于元光元年（前一三四年），齐召南以为在建元五年（前一三六年），王先谦则以元光元年之说为是。具见本传补注。苏舆《仲舒年表》，坚持建元元年之说，其论证有二：（一）《史记》本传"今上即位，为江都相"，"是为相在建元元年，对策即于其时审矣"。按史公上文"即位"一辞乃泛说。并非确指"即位之年"，此不足为坚证。（二）苏氏以"建元六年辽东高庙灾，生（董）且下吏。若如《武纪》，在对策前（元光元年之前一年为建元六年），则名尚未显，主父偃何自嫉之"？按言灾异者，除应诏廷对、上书者外，皆就过去所发生之灾异，作阴阳五行之解释。此在《汉书·五行志》所记甚明。董生言高庙灾，非廷对或上书，而系私人著作中援引及此；则言高庙灾之年，必远在高庙灾之后。所以《汉书》本传对此事是"先是辽东高庙……殿灾"，"先是"两字，表意甚明，无可怀疑。《汉书·武帝纪》于元光元年，记武帝策问之文，甚为明备；不以此为断定董生对策之年的基准，而另作摸索，将皆流于穿凿。苏氏《春秋繁露义证》一书，用力勤而识解不足，多此类。

二千石，弘乃言于上曰，独董仲舒可使相胶西王……仲舒恐久获罪，病免。凡相两国，辄事骄王，正身以率下，数上疏谏争；教令国中，所居而治。及去位归居，终不问家产业，以修学著书为事。仲舒在家，朝廷如有大议，使使者及廷尉张汤就其家，问之，其对皆有明法。自武帝初立，魏其、武安侯为相，而隆儒矣。及仲舒对策，推明孔氏，抑黜百家，立学校之官，州郡举茂材孝廉，皆自仲舒发之。年老，以寿终于家。[①]家徙茂陵……仲舒所著，皆明经术之意，及上疏条教，凡百二十三篇，而说《春秋》事得失，《闻举》（恐亦系篇名）、《玉杯》、《蕃（繁）露》、《清明》、《竹林》之属，复数十篇，十余万言，皆传于后世。

班氏的叙述，除对策一事外，实本于《史记·儒林列传》中之《董仲舒列传》，而稍有补缀。然在《史记·董传》中"废为中大夫"句下，删"居舍，著灾异之记"一句；又在"以修学著书为事"句下删"故汉兴至于五世之间，惟董仲舒名为明于《春秋》；其传，公羊氏也"数句，对仲舒学术之发展及传承，反不及《史记》所记者明白。但班氏之所以如此，从《董仲舒传》赞的"仲舒遭汉承秦灭学之后，六经离析；下帷发愤，潜心大业，令后学有所统一，为群儒首"的话看，他认仲舒完成了儒学的综合统贯，不应仅视为专经之儒。换言之，班氏心目中，仲舒建立了儒家的哲学大系统，这代表了许多汉儒的观点。同时，为了把握董氏的思想，也应当先提

[①] 苏舆《春秋繁露义证》卷首有《董子年表》，推定仲舒生于文帝初年之乙丑（前一七六），卒于武帝太初元年丁丑（前一〇四年），凡七十三岁。杨树达《汉书窥管》卷六则以"仲舒之卒当在元狩五、六年及元鼎元年间（前一一八至前一一六）也"。

醒一句，董仲舒是一位严肃方正的人。他在汉代学术上的崇高地位，和他的崇高人格有密切的关系，不可轻易加上"骗子"的徽号。[①]他两事骄王，对骄王在政治上的慢上而掊克人民的情形，必有深刻的印象，这也影响他对政治结构的全盘看法。为了解董仲舒当时的心境与志趣，对他留下的《士不遇赋》，应略加考查：

……生不丁三代之隆盛兮，而丁三季之末俗。末俗以辩诈而期通兮，贞士耿介而自束。虽日三省予吾身兮，繇（犹）怀进退之维谷。彼实繁之有徒兮，指其白以为黑……鬼神不能正人事之变戾兮，圣贤亦不能开愚夫之违惑。……殷汤有卞随与务光兮，周武有伯夷与叔齐……使彼圣贤其犹周遑兮，矧举世而同迷。若伍员与屈原兮，固亦无所复顾。亦不能同彼数子兮，将远游而终古……嗟天下之偕违兮，怅无与之偕返。孰若反身于素业兮，莫随世而轮转。虽矫情而获百利兮，复（终）不如正心而归一善……（《古文苑聚》卷三）

《春秋繁露·天道施》第八十二"是故至诚遗物而不与变（卢疑"变"字或上或下，尚有一字），躬宽无争而不以（衍文）与俗推。众强弗能入，蜩蜕痿秽之中，含得命施之理，与万物迁徙而不自失者，圣人之心也"，可与上赋互相印证。由此可以了解：（一）他的人格，与同时的严助、朱买臣、吾丘寿王、主父偃们纵横之士，属于两个形态。且亦不愿当隐士，或如伍员、屈原的一

[①] 胡适在《王充的论衡》一文中说"汉代是一个骗子时代"，董氏应当是骗子头儿了。

往不返,这是儒家对世运的担当精神。(二)他对当时这批纵横之士的指白为黑,深恶痛绝,而又觉无可奈何;这便可能促成他把现世间一切价值问题,都和天连在一起,使大家感到这些价值标准,弥纶于上天下地之间,无可逃避,而成为他创造他的天的哲学的重要动机之一。

当然我们也应考虑到董氏的社会性问题,也即是今人所说的阶级性问题。董氏可以"三年不窥园","终不问家产",应当属于一个官僚加地主的阶级。但对他的一套哲学,不论赞成与否,从他所提倡的社会政策看,我们无法说他是代表地主阶级利益的;同时也不能说他在学问上的发愤,便忘掉了生产上的实际问题。《汉书·食货志》曾说他劝武帝使关中民种麦谓:

《春秋》他谷不书,至于麦禾不成则书之……今关中俗不好种麦,是岁失《春秋》之所重,而损生民之具也。愿陛下幸诏大司农,使关中民益种宿麦,令勿后时。

上面的话,也可了解,他对经的解释、推重,都是和现实问题关连在一起。又汉初经文、景的休养生息及不平等的赋役与爵位制度,至景帝时代,更助成了豪商大贾及以政治势力、商业资本兼并土地的大地主阶级,成为严重的政治社会问题。董仲舒针对此一情形,向汉武帝提出了初步的土地政策,以保障平民的生活。他说:

古者税民不过什一,其求易供。使民不过三日,其力易足……至秦则不然。用商鞅之法,改帝王之制,除井田,民得买卖,富者田连仟伯,贫者无立锥之地。又颛川泽之利，管山林之饶。荒淫越制，逾侈以相高；邑有人君之尊，里有公侯之富，小民安得不困。又加月为更卒，已复为正；一岁屯戍，一岁力役，三十倍于古。田租口赋、盐铁之利，二十倍于古。或耕豪民之田，见（现）税什五。故贫民常衣牛马之衣，而食犬彘之食。重以贪暴之吏，刑戮妄加，民愁无聊，亡逃山林，转为盗贼。赭衣半道，断狱岁以千万数。汉兴，循而未改。古井田法虽难卒（猝）行，宜少近古，限民名田，以澹（赡）不足，塞并兼之路。盐铁皆归于民。去奴婢，除专杀之威。薄赋敛，省繇役，以宽民力，然后可善治也。(《汉书·食货志》)

秦时的土地问题，没有仲舒此处所说的严重，他此处所说的，除了"赭衣半道"以外，都是武帝时的情形，他只用"汉兴，循而未改"一句点出，这是语言的技巧。土地制度，及与土地制度有连带关系的奴隶问题，才是政治社会的最基本问题。形成他政治伦理中心的"仁"的观念，不是泛泛地说好听的话，而是在上面这种具体问题上提出的。他在这里所代表的是"贫民"，是"奴婢"。他在《诣丞相公孙弘记室书》中说："仁者所以理人伦也，故圣王以为治首……方今关东五谷咸贵，家有饥饿，其死伤者半，盗贼并起，发亡不止，良民被害，为圣主忧咎；皆由仲舒等典职防禁无素，当先坐。仲舒至愚，以为扶衰止奸，本在吏耳。宜考察天下领民之吏，留心署置，以明消灭邪枉之迹，使百姓各安其产业……谨奉《春秋署置术》，再拜君侯足下。"(《古文苑》) 这大概是他为胶东相时上给公孙弘的，正反映出当时人民的疾苦与吏治的杂乱。《汉书·匈奴传》赞引仲舒论御匈奴，主张"与之厚利"，"与盟于天"，"质其爱子"，以息征伐之劳，立论近于迂阔；但他的用心是欲"使边城守境之民，父兄缓带，稚子咽哺，胡马不窥于长城，而羽檄不行于中国"。总之，他的起心动念，都是为人民着想，这是了解他的一大关键。

另有两事，与董氏之生平有关，应略述如下：

首先，上引《汉书》本传仲舒因言辽东高庙、长陵高园殿灾，为主父偃所窃奏，因而下仲舒吏，当死，诏赦之的故事，含着两个问题。第一，言灾异已成当时风气，何以主父偃私下看到了而"嫉之"？第二，他的学生吕步舒何以"以为大愚"，而仲舒下吏（狱吏）罪重至"当死"？幸而仲舒的"推论其意"，还保存在《五行志》里。兹节录如下：

> 武帝建元六年六月丁酉，辽东高庙灾；四月壬子，高园便殿火，董仲舒对曰〔参阅附注⑨。（编者注：现为页二七二页下注。）〕……故定公二年五月两观灾……至桓公二年五月，桓宫、釐宫灾……故四年六月，亳社灾……天皆燔其不当立者，以示鲁，欲其去乱臣而用圣人也……今高庙不当居辽东，高园殿不当居陵旁，于礼亦不当立……至于陛下时，天乃灾之者，殆亦其时可也。昔秦受亡周之敝，而亡（无）以化之。汉受亡秦之敝，又亡（无）以化之。夫继二敝之后，承其下流，兼受其猥，难治甚矣。又多兄弟亲戚骨肉之连，骄扬奢侈，恣睢者众，所谓重难之时也。……故天灾若语陛下，当今之世，虽敝而重难，非以太平至公，不能治也。视亲戚贵属在诸侯远正（远于正道）最甚者，忍而诛之。……

视近臣在国中处旁仄及贵而不正者，忍而诛之，如吾燔高园殿乃可云耳……

在这里，我们可以找出言灾异的基本构造及其意义。必先在现实上对某些问题认为不合理，一遇着灾异，便将两者加以傅会。不合理的现实，与灾异之间，并没有什么必然性的关连。但相信某种观念、学说而达到极端时，便会不知不觉地把所相信的观念、思想，去解释一切问题，尤其是解释在自己心里存积了很久，而自以为是严重、巨大的问题。董仲舒是一个态度严肃型的人，对于他所说的天意表现而为灾异，是经过了一番苦心经营创造，而深信不疑的。汉高祖令诸侯王皆立太上皇庙，他死后，各地为他立"太祖庙"，景帝又令各地为文帝立太宗庙。据《汉书》七十三《韦玄成传》："凡祖宗庙在郡国六十八（郡国数），合百六十七所（庙数）……一岁祠，上食二万四千四百五十五，用卫士四万五千一百二十九人，祝宰乐人万二千一百四十七人。养牺牲卒不在数中。"这种情形，仲舒当然认为太不合理，所以想到辽东的高庙和高园便殿的火灾，觉得这正是"皆燔其不当立"的天意。但这是早已存在的事情，天意为什么在武帝时表现出来呢？于是他便把此事和他"强干弱枝"的要求，及疾恶佞幸的心理结合起来，认定天是在警告武帝，要武帝对"骄扬奢侈"的诸侯，及近臣"处旁侧，及贵而不正者"，加以诛戮。主父偃当时正是"近臣"，"处旁侧"，所以他看了引起嫉恨。因为牵涉到皇帝的祖庙，所以主父可以告密，而仲舒因之犯了死罪。因"高庙灾"和仲舒所说的诸侯近臣等，实在关连得太勉强，且认为祖庙烧得很好，所以吕步舒认为大愚。而仲舒方正的人品，尊君的思想，及强干弱枝的主张，都可使武帝加以赦免。

仲舒上面的话，伏下一大惨剧。《五行志》在上引一段话后，接着叙述发觉淮南王安、衡山王赐谋反伏辜的事（元狩元年、前一二二），"上（武帝）思仲舒前言，使仲舒弟子吕步舒持斧钺治淮南狱，以《春秋》义断于外，不请；既还奏事，上皆是之"。据《淮南王传》，是狱所牵引"列侯、二千石、豪桀数千人，皆以罪轻重受诛"，《五行志》则谓"坐死者数万人"。此时仲舒或尚家居未死。上次残酷的大屠杀，在思想上的原因有二。《公羊春秋》，特重视追及一个人的行为动机的隐微之地。此即"《春秋》推见至隐"，这在《春秋繁露》的第一部分，表现得很清楚。《公羊》所强调的"人臣无将，将而死"的"将"，即指的是动机。个人立身行己在动机的隐微之地，下一番反省澄汰的工夫，当然是好的。但在政治上，也要追及到动机隐微之地，以此为判罪的原则，则社会上可死者必众，冤死者亦必众。此其一。其次，此次的杀戮，据仲舒高庙灾的推论，乃由《春秋》及天意所预先要求、决定的，吕步舒在精神上得到这种至高无上的观念、思想的支持，又可从动机上作"推见至隐"的发挥，二者皆即所谓"依《春秋》义"，所以便可忍于大量的屠杀。由马国翰所辑仲舒《春秋决事》七条推之，其《春秋》义皆偏向宽厚，而毫无刻削之意。然思想之分际偶偏，具体之条文不著，其遗害之酷，即至于此，此圣人所以贵中庸之道。

其次，《汉书》七十五《眭宏（孟）传》因"大石自立，僵柳复起"，"即说曰，先师董仲舒有言，'虽有继体守文之君，不害圣人之受命'。汉家尧后，有传国之运。汉帝宜谁？差天下求索贤人，禅以帝位；而退自封百里，如殷周二王后，以承顺天命。"眭弘因此伏诛。但董氏的此一思想，赖其再传弟子眭弘而得表白于世。他在维护大一统的专制政体的内心，认定此一政体，是应当在天下为公的大原则下运行的。所以他对人君所提出的要求，都是出自很严肃的心理。这也是了解董氏思想的一个要点。

三、董氏的著作及《春秋繁露》成立的情形

董仲舒的著作，据本传，应分为两部分。"明经术之意及上疏条教，凡百二十三篇"，这是第一部分。"说《春秋》事得失，《闻举》、《玉杯》、《繁露》、《清明》、《竹林》之属，复数十篇，十余万言"，是第二部分。而第一部分亦可再分为两部分，"明经术之意"是一部分；"上疏条教"又是一部分，两者合为"百二十三篇"。《汉书·艺文志·春秋》下录有《公羊董仲舒治狱》十六篇，或即《后汉书·应劭列传》所说的"董仲舒作《春秋决狱》二百三十二事"。此书未见于本传。《隋书·经籍志》：《春秋决事》十卷，董仲舒撰。《旧唐书·经籍志》：法家《春秋决狱》十卷，董仲舒撰。《新唐书·艺文志》同。宋《崇文总目》：《春秋决事比》十卷，董仲舒撰。此书，已不见于陈振孙《书录解题》，王应麟《汉书艺文志考证》谓"仲舒《春秋决狱》，今不可见"，盖南宋已亡佚。《宋史·艺文志》及明焦竑《国史经籍志》皆有《春秋决事》十卷，董仲舒撰。盖徒沿袭书名，未见实物。现有马国翰《辑佚》辑存七条，王谟《汉魏遗书钞》辑存六条。又儒家录有董仲舒百二十三篇，应即本传的百二十三篇。然本传中所说的"说《春秋》事得失，《闻举》、《玉杯》……复数十篇"，在《艺文志》

中皆不可见。《艺文志》出于刘歆的《七略》，是刘歆所能看到的董仲舒的著作，与本传所说的互有出入。由此可以推知，董氏著作，生前并不曾整理成一部书的形式，因而不曾赋予以统辖全书的名称。古人著作，多有系由后人整理成书的。

《隋书·经籍志》"《春秋繁露》十七卷，董仲舒撰"；此为《汉志》所未有，所以王应麟即以此为《汉志》百二十三篇之旧，而姚振宗《汉书艺文志拾补》则以为"恐非是"。《崇文总目》所记与《隋志》同。原释："其书尽八十二篇，义引宏博，非出近世。然其间篇第亡舛，无以是正。又即用《玉杯》、《竹林》题篇，疑后人取而附着云。"按《崇文总目》的编者，亦以此书即《汉志》的百二十三篇，所以说"篇第亡舛"。又《欧阳文忠公（修）文集》卷七十三《书春秋繁露后》："《汉书》董仲舒所著书百余篇，第云《清明》、《竹林》、《玉杯》、《繁露》之书，盖略举其篇名。今其书才四十篇，然多错乱重复。又有民间应募献书者献三（原注：一作二）十余篇；其间数篇在八十篇外，乃知董生之书，流散而不全矣。方俟校勘，而余得罪夷陵。秀才田文初以此本示余，不暇读。明年春，得假之许州，以舟下南郡，独卧阅此，遂志之……"欧阳修所记，他依然是以《春秋繁露》即《汉志》的百二十三篇；而他在馆中所见及田文初所示，到底有多少篇，并没有记述清楚。但他知道此书原有"八十篇"，与《崇文总目》八十二篇本应相去不远。

楼钥《攻愧集》卷七十七《跋春秋繁露》："《春秋繁露》得四本……始得写本于里中……舛误至多……开禧三年，今编修胡君仲方榘宰萍乡，得罗氏《兰堂本》，刻之县庠，考证颇备……然止于三十七篇，终不合《崇文总目》及《欧阳文忠公》所藏八十二篇之数……闻婺女潘同年叔度景宪，多收异书，属其子弟访之，始得此本，果有八十二篇……喜不可言。以校印本，各取所长，悉加改定。"这便为今日所能看到的《春秋繁露》奠定了基础。但楼本并未普遍流传。《四库全书》叙述此书明刻本情形后说："盖海内藏书之家，不见完本，三四百年于兹矣。今以《永乐大典》所存楼钥本，详校其异于他本者，凡补一千一百余字，删一百十余字，改定一千八百二十余字，神明焕然，顿还旧观。"这算是为本书做了一次复原工作。现时以卢文弨校本为最善；凡八十二篇，内阙文第三十九、第四十、第五十四，实存七十九篇。与王应麟《汉书艺文志考证》董仲舒为一百二十三篇条下《七录隋唐志》"《春秋繁露》十七卷，今八十二篇，始《楚庄王》，终《天道施》，三篇缺"者全合。此七十九篇中，有字数过少者，当亦系残缺之余。

现时可以看到仲舒的言论著作，《春秋繁露》外，计《汉书》本传、《贤良对策》、《食货志》所记前引两端、《匈奴传》一端、《春秋决狱》辑佚共十三条。《汉书·五行志》中"董仲舒曰"者一；"董仲舒以为"者三十四；"皆从仲舒说也"者二；"董仲舒指略同"者七；"董仲舒说略同"者二；"董仲舒、刘向以为"者三十；"仲舒、刘歆以为"者一。凡董仲舒专言灾异的约七十七事。《艺文类聚》三十《士不遇赋》，此亦见《古文苑》；又《古文苑》有《雨雹对》，《诣丞相公孙弘记室书》，《续汉书·礼仪志》中注引《奏江都王求雨》。《周礼·宗伯太祝》注引《救日视祝》。《抱朴子·内篇·论仙》引董仲舒所撰《李少君家录》。这些散见的言论、著作，可能包括在本传中所录著书之内。我推测《春秋繁露》

十七卷，是在东汉明德马后以后，[①]《西京杂记》成书以前，有人删繁辑要，重新编定而成。《西京杂记》"董仲舒梦蛟龙入怀，乃作《春秋繁露》词"，是葛洪成此书时，《春秋繁露》之名早已出现。

再就《春秋繁露》一书内容，略加分析。

《史记·十二诸侯年表》谓"上大夫董仲舒推《春秋》义，颇著文焉"，《汉书》本传谓"仲舒所著，皆明经术之意"，这都指的是董氏的《春秋》学。《春秋繁露》自《楚庄王》第一到《俞序》第十七，都是以《公羊传》发明《春秋》之义，正相当于上引《史》、《汉》所指称的部分。《灵枢经》"脉之所注曰俞"，准此，文义之所注，亦即文义之所归结，亦可称为俞。所以"俞序"即是"总序"之意；《俞序》第十七，乃是仲舒发明《春秋》之义的这一方面的总序。《符瑞》第十六"有非力之所能致而自至者，西狩获麟，受命之符是也"，这正是孔子作《春秋》的终结。接着便是《俞序》第十七。《俞序》第十七谓：

> 仲尼之作《春秋》也，上探正天端，王公之位，万民之所欲。下明得失，起贤才，以待后圣。故引史记，理往事，正是非，序王公，史记十二公之间，皆衰世之事，故门人惑；孔子曰：吾因其行事而加乎王心焉；以为见之空言，不如行事博深切明。

以下更历引子贡、闵子、公肩子、子夏、世子、池子等发明《春

[①] 王应麟《汉书艺文志考证》"董仲舒百二十三篇"条下："后汉明德马后，尤善董仲舒书。"

先秦儒家思想的转折及天的哲学的完成　　　　　　　　　　　　　　　*283*

秋》大义之言；这很显明地，在《俞序》以前各篇，乃分述《春秋》之义，而《俞序》则系述孔子作《春秋》之用心及其效果。其中的次序、篇名，或由编者，或因传承，而有所讹失；例如《三代改制质文》第二十三，《爵国》第二十八，《仁义法》第二十九，《必仁且智》第三十，《观德》第三十三，《奉本》第三十四等，皆专言《春秋》，应列入于《俞序》第十七之前。但大体上说，这二十三篇，皆以发明《春秋》大义为主，其论断的标准，一归之于《春秋》。仅偶尔提及阴阳；[1] 仅在《十指》第十二 "木生火，火为夏"，间接提到五行；这构成《春秋繁露》的第一部分，是董氏的《春秋》学。

自《离合根》第十八起，至《治水五行》第六十一，凡四十四篇，内除言《春秋》者五篇（见上文），论人性者二篇，[2] 阙文三篇，剩下的共三十四篇；再加上《顺命》第七十，[3] 《循天之道》第七十七，《天地之行》第七十八，《威德所生》第七十九，《如天之为》第八十，《天地阴阳》第八十一，《天道施》第八十二等六篇，总共四十一篇，皆以天道的阴阳四时五行，作一切问题的解释、判断的依据，而仅偶及于《春秋》，这是董氏所建立的天的哲学，而成为《春秋繁露》中的第二部分。在这第二部分中，又可显然分成两类。一类是以阴阳四时为主的，一类是以五行为主的，

---

[1]《楚庄王》第一："有知其阳阳而阴阴。"《精华》第五，以阴阳释 "大旱雩祭而请雨，大水鸣鼓而攻社"。《十指》第十二："木生火，火为夏；则阴阳四时之理，相受而次矣。"《三代改制质文》第二十三："明此，通天地阴阳四时日月星辰山川人伦。"
[2]《深察名号》第三十五，《实性》第三十六，其中涉及《春秋》与阴阳观念，而皆不重要。
[3]《顺命》第七十只言天，言天命；但在性质上，应属于此一部分。

前一类占了他思想中的绝对优势。《郊语》第六十五，①《郊义》第六十六，《四祭》第六十八，《郊祀》第六十九，《郊事对》第七十一，《祭义》第七十六，凡六篇，乃由尊天而推及郊天及一般祭祀之礼，与当时朝廷的礼制有关。《执贽》第七十二，乃礼之一端。《山川颂》第七十三，是董氏因山川起兴的杂文，这便构成《春秋繁露》全书的第三部分。分析全书，实由三部分构成，而以第一第二两部分为主。前一部分最高之准据为"古"，为"经"，为"圣人"；而后一部分最高之准据为"阴阳"为"四时"，而以五行作补充。两部分内容不相冲突，皆由天所统摄。我以为编定此书的人，以"春秋"一词概括第一部分的内容，以"繁露"一词概括第二部分的内容。故总称之为《春秋繁露》。至《闻举》、《玉杯》、《蕃露》、《清明》、《竹林》等名称的含义，无从查考。本传中《闻举》、《清明》二名没有下落，而《玉英》、《精华》两篇名，又为本传所无，则因本传既非遍举，而现时所见者又非全书。《繁露》一名，《周书·王会解》："天子南面立，绖无（疑而字之误）繁露。注云，冕之所垂也。"《博物志》："牛亨问崔豹，冕旒以繁露者何？答曰，缀玉而下垂如繁露也。"盖"繁露"一词，乃指董氏所作的许多篇章的内容，实即帝王之术，故即以"繁露"作象征。南宋《馆阁书目》谓："冕之所垂，有联贯之象，《春秋》属辞比事，仲舒立名，或取诸此。"我觉得这太迂远而不切附。

---

① 此篇卢校本仅残存一百十四字，此处用《四部丛刊》缩印武英殿聚珍本。

四、《春秋繁露》的真伪问题

最先认《春秋繁露》为伪而影响最大的是宋程大昌的《春秋繁露书后》。《书后》说：

《繁露》十七卷，绍兴间董某所进。臣观其书，辞意浅薄……臣固疑非董氏本书。又班固记其说《春秋》凡数十篇，《玉杯》、《繁露》、《清明》、《竹林》各为之名，似非一书。今董某进本，通以《繁露》冠书，而《玉杯》、《清明》（按十七卷八十二篇中并无《清明》篇，此亦程氏粗疏之一例）、《竹林》，特各居其篇之一，愈见其可疑。他日读《太平寰宇记》及杜佑《通典》，颇见所引《繁露》语言，顾今书无之……（下引两书所引各语）……臣然后敢言今书之非本真也。

程氏过了几年，又题谓读《太平御览》，引古《繁露》语特多。"《御览》太平兴国间编辑，此时《繁露》之书尚存，今遂逸不传，可叹也已。"按程氏以此书为伪之论证有三。（一）"辞意浅薄"；（二）以《繁露》为书名，以《玉杯》等为篇名之愈见其可疑；（三）《太平寰宇记》、《通典》、《太平御览》三书所引《春秋繁露》，皆此书所无。说此书的辞意有些奇特，是可以的；说此书的辞意浅薄，这只证明程氏的粗疏无识。程氏以编辑《太平御览》时此书的真本尚存。此真本之名为《春秋繁露》，早见于《隋书·经籍志》，程氏又何以不因书名而认为可疑？而《太平御览》成于太平兴国八年（西纪九八三年），至绍兴间（西纪一一三一至一一六二年）的董某进书，相隔约一六〇年左右；依程氏之意，此书乃伪造于北宋，谁能找出在北宋理学及史学鼎盛时代，在周敦颐的《太极图说》及邵雍的《皇极经世》的创立时代，会出现像《春秋繁露》这种内容的著作？且作伪者为什么偏用上为当时一般人所不能接受的篇名？至程氏所指为《太平寰宇记》等三书所引，为现《春秋繁露》所无的地方，前引楼钥《攻愧集》卷七十七，《跋春秋繁露》中已指出："后见尚书程公跋语，亦以篇名为疑；又以《通典》、《太平御览》、《太平寰宇记》所引《繁露》之书，今书皆无之，遂以为非董氏本书……开禧三年，今编修胡君仲方筦宰萍乡，得罗氏兰堂本，刻之县庠，考证颇备，凡程公所引三书之言，皆在书中，则知程公所见者未广，遂谓为小说者非也。然止于三十七篇。"综上所述，程氏的论证，可谓全无立足之地。

　　黄震在《黄氏读书日抄》中谓："愚按今书（《春秋繁露》）惟对胶西王越大夫之问，辞约义精，而具在本传。余多烦猥，甚至于理不驯者有之。如云'宋襄公由其道而败，《春秋》贵之'，襄公岂由其道者耶……如以王正月之王为文王，恐《春秋》无此意。"按以自己思想之尺度，衡断古人思想之得失，固为缺乏历史意识；更由此以衡断古典之真伪，尤为荒谬不伦。董氏所传者为《公羊》。《春秋》鲁僖公二十二年"冬十有一月己巳朔，宋公及楚人战于泓，宋师败绩"，《公羊传》："偏战者日尔，此其言朔何？《春秋》辞繁而不杀者正也。何正尔？……故君子大其不鼓不成列，临大事而不忘大礼，有君而无臣，以为虽文王之战，亦不过此也。"又《春秋》隐公"元年春王正月"，《公羊传》："元年者何，君之始年也。春者何？岁之始也。王者孰谓？谓文王也。"由此可见黄氏所疑为伪者，适足以证其为真。其他论点，皆属此一类型，不必一一辩驳。

友人戴君仁教授，在其《董仲舒研究》一文中，提出另一论点，以证明《春秋繁露》之伪，即董氏的《贤良三策》，仅言阴阳而未尝言五行，乃《春秋繁露》大言其五行。但戴先生忽略了一点，《贤良三策》，主要言任德而不任刑；《春秋繁露》中，凡以德与刑对举的，皆只言阴阳而不言五行。言阴阳而不言五行之篇数，绝对多于言五行之篇数。《盐铁论·论灾》第五十四："文学曰：始江都相董生推言阴阳，四时相继。父生之，子养之；母成之，子藏之。"此处文学所引，正见于《春秋繁露·五行对》第三十八。可以说，不言五行，便不成其为董仲舒了。日人田中麻纱巳有《对春秋繁露五行诸篇的一考察》一文，以《春秋繁露》主要言五行的共有九篇。其中《五行对》第三十八，《五行之义》第四十二，《五行相生》第五十八，《五行相胜》第五十九，共四篇，是以相生相胜说五行，是属于董仲舒的。《五行顺逆》第六十，《治水五行》第六十一，《治乱五行》第六十二，《五行变救》第六十三，《五行五事》第六十四，共五篇，"不是用相生相胜说论述的，与前四篇不同"，所以"难认为与董仲舒有关连"。按《五行顺逆》第六十，是将五行配入四时，而将土配于"夏中"。木火土金水的顺序，分明是相生的顺序。《治水五行》第六十一，是以冬至为准，用日数（不用四时）说明五行各当令用事七十二日，由木而火而土而金而水，各说明其特性。五行的顺序，依然是相生的顺序。《治乱五行》第六十二是说五行若不顺着相生相胜的运行顺序而互相干犯，则会产生灾祸；这必然是以五行相生相胜为基底，始能定出其是否相干犯，否则无所谓相干犯。《五行变救》第六十三，是说明"五行变至，当救之以德"。此处所提出的五行之变，乃源于政治，而非来自自身运行上相生相胜有何乖舛，与上篇不同，当然不涉及相生相胜的问题；但排列出的五行顺序，依然是相生的顺序。《五行五事》第六十四，这是以《洪范》的"一、五行：一曰水，二曰火，三曰木，四曰金，五曰土"和"二、五事：一曰貌，二曰言，三曰视，四曰听，五曰思"，互相配合以言休咎的。《洪范》的水火木金土的顺序，既不是相生，也不是相胜；因《洪范》五行的本来意义，指的是五种实用材料，[①]根本没有相生相胜的问题。但董仲舒的时代，[②]既已把实用材料的五行混入到五气的五行中间去，则他必须套上相生相胜的运行格套，使其成为一有机体。所以《五行五事》第六十四中的五事的顺序，与《洪范》相同，而五行的顺序，却与《洪范》不同。《洪范》的顺序是水火木金土，而董氏此处的顺序是木金火水土，这正是五行相胜的顺序。由此可知田中麻纱巳的说法，毫无根据。

自程大昌以后，即使是相信《春秋繁露》的，也不敢作全面的肯定。《四库提要》："今观其文，虽未必全出仲舒，然中多根极理要之言，非后人所能依托也。"既非后人所能依托，则所谓未必全出仲舒，又何所指？此书之第一部分，如后所述。决非后人所能依傍。其第二部分出于董氏的最大证据，乃在《春秋繁露》中的五行，虽已经是气；但如后所述，五行之气，尚未与阴阳之气，融合为一体。融合阴阳五行为一体，视五行为阴阳的分化，大约成于汉宣帝时代前后；《汉书·五行志》，即以"五行"同时

[①] 详见拙文《阴阳五行及其有关文献的研究》。
[②] 此非出自仲舒一人的创意，夏侯始昌们也做了这一工作，而内容有出入，所以我用"时代"两字，而不归之于某一人。

代表阴阳。所以《春秋繁露》中阴阳五行的关系，仍在演进之中，这是决不能推后或推前的。它代表了中国学术上的一大转折点，成为汉代及董氏学术的特性。这是衡断《春秋繁露》一书真伪问题的最重大的眼目。而许多人对它的怀疑，主要是不能从中国思想史的全面来把握其特点，因而认为董仲舒不应有这些杂七杂八的特点。宋人包括朱元晦在内，[①]都跳不出自己时代乃至个人的圈子，把不合脾胃的东西，化为真伪的问题。此外，《贤良三策》，乃由全书中拔萃而成。《史记·自序》所引董生撮要之言，亦约略皆可覆按。[②]《古文苑》董仲舒《郊事对》，在《春秋繁露》为七十一；《古文苑》董仲舒《山川颂》，在《春秋繁露》为《山川颂》第七十三；《续汉书·礼仪志》注补董仲舒《请雨祝》"昊天生五谷以养人。今五谷病旱恐不成（漏一"实"字），敬进清酒膊脯，再拜请雨，雨幸大澍"，见《春秋繁露·求雨》第七十四中，这都可证明今日所能看到的《春秋繁露》，只有残缺，并无杂伪。

[①] 朱元晦在汉儒中甚推董仲舒。但《伪书通考》引《朱子语录》："尤延之以书（《春秋繁露》）为伪，某看来，不似董子书。"

[②] 如《史记·自序》引董氏之言："子曰，我欲载之空言，不如见之于行事之深切著明也。"《俞序》第十七："孔子曰：吾因其行事而加乎王心焉。以为见之空言，不如行事博深切明。"《自序》："故有国者不可以不知《春秋》。前有谗而弗见，后有贼而不知。"《俞序》第十七："故卫子夏言：有国家者不可不学《春秋》。不学《春秋》，则无以见前后旁侧之危。"《自序》："《春秋》辩是非，故长于治人。"《玉杯》第二："《春秋》正是非，故长于治人。"《自序》："《春秋》之中，弑君三十六，亡国五十二，诸侯奔走不得保其社稷者不可胜数。察其所以，皆失其本矣。"《盟会要》第十一："患乃至于弑君三十一（六），亡国五十二，细恶不绝之所致也。"

五、董氏的《春秋》学之一

(一) 董氏《公羊春秋》的传承问题

董氏是"为儒者宗"的儒家,讨论他的学术渊源时,首先应注意到他的《春秋》公羊学;虽然在《春秋繁露》一书中,遍引了《诗》、《书》、《礼》、《易》、《论语》、《孟子》、《孝经》等儒家典籍,并且引用得与原义很恰当,所以《汉书·儒林传·瑕丘江公传》中说:"仲舒通五经,能持论。"但他的立足还是《春秋》公羊学。不过有两点首须加以澄清。清凌曙《春秋繁露注》序:

> ……广川董生,下帷讲诵,实治《公羊》。维时古学未出,《左氏》不传《春秋》,《公羊》为全孔经,而仲舒独得其精义……盖自西狩获麟,为汉制法,……据百国之宝书,乃九月而经立,于是以《春秋》属商,商乃传与公羊高,高传与其子平,平传与其子地,地传与其子敢,敢传与其子寿。自高至寿,五叶相承,师法不坠。寿乃一传而为胡毋生,再传而为董仲舒。

按凌氏之言,多据纬书,其讹误不必辩。但他以董生为胡毋[①]的弟子,则不可不辩。按两汉有关资料,决无胡毋以《公羊》传仲舒之事。《史记·儒林列传》:"董仲舒,广川人也,以治《春秋》,孝景时为博士。""故汉兴至于五世之间,唯董仲舒名为明

[①] 胡毋,或书作母者误。胡毋生之"生",乃"先生"之生,非名毋生。他是姓胡名毋字子都。

于《春秋》。"又"胡毋生,齐人也。孝景时为博士,以老归教授。齐之言《春秋》者,多受胡毋生,公孙弘亦颇受焉"。按《儒林列传》,对五经的传授,皆有简单纪录,而司马迁又亲闻《公羊春秋》义于仲舒;[①]"公孙弘亦颇受焉","亦颇"云者,是曾稍稍受于胡毋生,但非正式弟子,史公尚记了出来,岂有仲舒是胡毋生的正式弟子,而不加记录之理?公孙弘因为是齐菑川国薛县人,所以当胡毋生老归教授于齐时,"年四十余,乃学《春秋》杂说"[②]的公孙弘,有"亦颇受"的机会。董仲舒是赵人,又与胡毋生同时为博士,此时无相师之理。胡毋生因年老回乡,而仲舒应仍在长安,更无相师之事。《史记·儒林列传》中叙述了仲舒弟子中有成就的人,而未及胡毋生的后学,这说明仲舒的弟子较胡毋生为盛。

《汉书·儒林传》对经学传授情形的叙述,较《史记》为详。《儒林传》中的《胡毋生传》:"胡毋生,字子都,齐人也。治《公羊春秋》,为景帝博士,与董仲舒同业,仲舒著书称其德。年老归教于齐,齐之言《春秋》者宗事之,公孙弘亦颇受焉。""与董仲舒同业",即是同治《公羊春秋》,其无师承关系,更为明显。胡毋生在景帝时已老归,则其年龄必较仲舒为年长。"仲舒著书称其德",这只是对前辈学者的推重,决非弟子对先生的口气。

此外所有两汉有关仲舒及《公羊传》的材料,决无胡毋生以《公羊》传董仲舒的痕迹。《春秋公羊传注疏》中的徐彦疏引有一段颇成问题的"戴宏序云":

---

① 《史记·自序》:"上大夫壶遂曰:昔孔子何为而作《春秋》哉?太史公曰:余闻董生曰……"
② "公孙弘亦颇受焉",必在景帝时始有可能。

子夏传与公羊高，高传与其子平，平传与其子地，地传与其子敢，敢传与其子寿。至汉景帝时，寿乃共弟子齐人胡毋子都著于竹帛，与董仲舒皆见于图谶是也。

按《后汉书》六十四《吴祐列传》："祐以光禄四行迁胶东侯相。时济北戴宏父为县丞，宏年十六，从在丞舍。祐每行园，常闻讽诵之音，奇而厚之，亦与为友，卒成儒宗。"吴祐以九十八岁卒于梁冀当权的末期，则戴宏当为安帝、顺帝间人。戴宏说"与董仲舒皆见于图谶"，盖指《春秋纬说题辞》"传我书者公羊高也"及王充《论衡》之《实知》篇、《案书》篇所引"董仲舒，乱我书"之谶。[①] 是戴宏将仲舒与公羊高并称，决无仲舒系胡毋生的弟子之意。徐彦疏又引郑康成"《六艺论》云：治《公羊》者胡毋生、董仲舒"，亦系二人平列，决非师弟传受。何休作《春秋公羊经传解诂》，未尝及仲舒只字。[②] 在其自序中有谓"往者略依胡毋生《条例》，多得其正"。由此语只可推知胡毋生曾著有《公羊条例》，颇为何休所依据，并未说到《公羊》的传授问题。乃徐彦在此句下"解云，[③] 胡毋生本虽以《公羊经传》传授董氏，犹自别作《条例》，故何取之以通《公羊》也"。这便把董生说成是胡毋生的弟子。《五经正义》中徐彦的此一无根谬说，辗转成为定论。此乃须澄清的第一点。

---

① 请参阅商务印书馆黄晖《论衡校释》页一〇六三至一〇六四黄注。按此谶当出于东汉光武之末年。
② 何休《解诂》中受有董生影响，而不及一字，盖另有原因，见后。
③ 徐彦自称为"解"，而未尝自称为"疏"。今称"徐彦疏"云者，此疏字乃后人所加，或即为唐人所加。一般谓徐彦为唐人，但亦有以为系六朝人的。详见陈立《公羊义疏解题》下。

先秦儒家思想的转折及天的哲学的完成

（二）《公羊传》成立的情形

其次，与上一错误有密切关系而亟应澄清的第二点是：徐彦疏所引戴宏《序》谓《公羊传》系"汉景帝时，寿（公羊寿）与其弟子齐人胡毋子都著于竹帛"的问题。即是说《公羊传》在公羊寿、胡毋生以前，都是口传，到他们两人才把口传的写出来著于竹帛。所以《四库全书总目·春秋公羊传注疏》二十八卷下谓："汉公羊寿传。"此一说法的间接影响是：若董仲舒不是胡毋生的弟子，则其口传或竹帛上的传授，将从何而来？按《史记·儒林列传》："孔氏有《古文尚书》，而安国以今文读之，因以起其家。"把口传的《公羊传》"著之于竹帛"，较以《尚书》的今文读古文，远为困难而重要，何以《史记》的《儒林列传》及《汉书》的《儒林传》皆未一言？且《汉书·儒林传》"秦时禁书，伏生壁藏之；其后大兵起，流亡。汉定，伏生求其书，亡数十篇，独得二十九篇，即以教于齐鲁之间"。按"伏生故为秦博士"，文帝时，"年九十余"，较公羊寿、胡毋早一辈乃至两辈。《汉石经》所刻《今文尚书》，计一万八千六百五十字；连其所亡失者合计之，当不出四万字。伏生不能口传已经亡失之《尚书》，而只能根据残存之篇简二十九篇，教授于齐鲁之间。则《春秋经》一万六千五百七十二字，《公羊传》二万七千五百八十三字，合共四万四千一百五十五字，仅由公羊一家，靠口头上单传，这可以说是不可能之事。戴宏之言，我认为系误解《汉书·艺文志·六艺略》中的《春秋辑略》（叙要）而来。《春秋辑略》有谓：

……仲尼思存前圣之业……以鲁周公之国，礼文备物，史官有法，故与左丘明观其《史记》，据行事，仍人道，因兴以立功，就败以成罚，假日月以定历数，借朝聘以正礼乐。有所褒讳贬损，不可书见，口授弟子。弟子退而异言，丘明恐弟子各安其意，以失其真，故论本事而作传，明夫子不以空言说经也。《春秋》所贬损大人，当世君臣，有威权势力，其事实皆形于传（按指左丘明所作之传），是以隐其书（按亦指《左氏传》）而不宣，所以免时难也。及末世口说流行，故有《公羊》、《穀梁》、《邹》、《夹》之传。四家之中，《公羊》、《穀梁》立于学官。邹氏无师，夹氏未有书。

上面的话，皆出于刘歆之手。①刘歆《让太常博士书》，主要是为出于孔壁的《逸礼》三十九篇，《书》十六篇及《春秋左氏传》争立于学官的机会。"歆由是忤执政大臣，为众儒所讪。"②所以他在《春秋辑略》中，特别伸张《春秋左氏》，抑压《公羊》、《穀梁》。这中间最大的错误是他不知道《左氏传》一直流传很广，被战国末期以来的著作，多所征引；而以为只是出自孔壁，所以他才说出"是以隐其书而不宣"，由此引起后人许多误解和臆说。他主要的意思是说左丘明参与了孔子作《春秋》的工作，而孔子作《春秋》的褒贬大义，皆系根据事实；"其事实皆形（见）于传"，亦即《春秋》的微言大义，皆由左氏所记的事实而见，这才是有凭有据的。"及末世口说流行"的"末世"，指的是五经博士以后

---

① 《汉书·艺文志》叙："会向（刘向）卒，哀帝复使向子侍中奉车都尉歆卒父业，歆于是总群书而奏其《七略》。故有《辑略》，有《六艺略》，有《诸子略》，有《诗赋略》，有《兵书略》，有《术数略》，有《方技略》，今删其要，以备篇籍。"
② 《汉书》三十六《楚元王传》后《刘歆传》。

的汉代。所谓"口说",是指离开事实根据,只凭自己的口头解说,亦即是上文所谓"以空言说经"。《左氏》的材料是采自史官竹帛的纪录,这不是由口说而来。《公》、《榖》只重解释与论断,这便只有"口说"。"流行"是指因立于学官而能普遍流布。大家离开历史的具体事实,而只凭口头空说孔子的微言大义,是如何如何,势必"各安其意",违失了孔子作《春秋》的本意;这是对"《公羊》、《榖梁》、《邹》、《夹》之传"的批评。刘歆的本文,应终于"四家之中,《公羊》、《榖梁》立于学官"。"邹氏无师,夹氏未有书",这是班固加上去说明他当时的情形的。王先谦在"夹氏无书"下谓"口头流传,未著竹帛也"。但前面分明录有"《邹氏传》十一卷","《夹氏传》十一卷",指的是什么?班氏在"《夹氏传》十一卷"下注谓"有录无书",是说当他清理时,已经只有目录,而书已亡失。但《后汉书·范升列传》谓"《春秋》之家有邹、夹。如今《左氏》得置博士,邹、夹氏并复求立"。若邹氏无师,夹氏无书,则为《左氏》置博士,邹、夹何缘亦得要求立博士?所以班氏这两句话,亦只反映出他个人的闻见,并非事实。邹、夹之亡,乃在东汉中期以后。戴宏大概是误解了刘歆"口说流行"四字的意义,凭空造出《公羊传》"至汉景帝时,寿乃共弟子齐人胡毋子都著于竹帛"的故事,他忽略了"口说"并不等于"口传"。《论语》都是"口说"的,但《论语》所以能流传下来,还是靠了把口说的著之于竹帛。戴宏的这一谬说,竟被后人广泛接受,成为定论。隐公二年"纪子伯、莒子盟于密",《公羊传》"纪子伯者何?无闻焉耳"。按同年"九月纪履緰来逆女",《公羊传》"纪履緰者何?纪大夫也……"《左传》"履緰"作"裂繻","纪子伯"作"纪子帛",所以杜预注谓"子帛,裂繻字也"。《公羊传》

的"无闻焉耳",或者是说不知道纪子伯是何等人,或者是说不知道孔子何以书之为"纪子伯";不论如何,传只就此"纪子伯"三字而言"无闻焉耳"。乃何休注谓:"言无闻者,《春秋》有改周受命之制,孔子畏时远害;又知秦将燔《诗》、《书》,其说口授相传;而汉公羊、胡毋生等乃始记于竹帛,故有所失也。"说孔子预知秦将燔《诗》、《书》,当然是滥言。说孔子畏时远害,故其说口授,但孔子死后七十余年之间,天下局势大变,其所"畏之时",已不复存在,为什么他的弟子不可著之于竹帛?且《汉书·儒林传》,乐于记述经学的传承。独于《公羊》无只字述及胡毋及董仲舒以前之传承。《公羊传》自武帝时起,为朝、野的显学;若在胡毋以前有传承可述,刘向、刘歆父子及班氏父子,岂有不知之理?今日之《公羊传》之非出于公羊高,《四库全书总目提要》已经指出,但它又凭空造出"知《传》确为寿撰"的纠葛。我的推测,戴宏所说的,由子夏(卜商)下来的五代传承,只是出于因《公羊》、《左传》在东汉初的互相争胜,《公羊》家为提高自己的地位,私自造出来,以见其直接出于孔门的嫡系单传。《史记·孔子世家》由孔子至孔安国,凡十三代。史公曾从安国学古文,则其年事当略后于胡毋生,而谓从子夏传经的公羊氏,到了与胡毋同年辈的公羊寿仅五世,这是可能的吗?《公羊》全书称"子沈子曰"者二,[①]称"鲁子曰"者六,称"子司马子曰"者一,称"子北宫子曰"者一,称"子女子曰"者一,称"高子曰"者一,除"子公羊子"以外,尚有六人参加了此一系统的《春秋》解释,这便否定了公羊氏一家嫡系单传之说。且据《史记·仲尼弟子列传》,

---

① 鲁桓六年及鲁宣五年。

先秦儒家思想的转折及天的哲学的完成

子夏小孔子四十四岁，曾子小孔子四十六岁。子夏晚年因丧子失明，为曾子所责，则曾子可能后死于子夏。昭公十九年冬葬许悼公，许悼公因世子止进药而药杀；《公羊传》谓"止进药而药杀，则曷为加弑焉耳？讥子道之不尽也，其讥子道之不尽也奈何？曰：乐正子春之视疾也……"按乐正子春乃曾子的弟子。若公羊高系子夏传《春秋》的弟子，应与乐正子春为同时。今《公羊传》记有乐正子春事亲的故事，则子夏传《春秋》于弟子公羊高的说法，自然不能成立。但《传》中记有不少的委曲尽致的故事乃至琐事，如闵公二年记齐桓公使高子："桓公使高子将南阳之甲，立僖公而城鲁，或曰：自鹿门至于争门者是也。或曰：自争门至于吏门者是也。鲁人至今以为美谈曰：犹望高子也。"这不是距孔子作《春秋》的时间太久所能记录的。且传中所言之礼，保有浓厚的宗法礼制中亲亲的意义。① 而从《传》的内容看，不仅推尊齐桓、晋文，且亦盛推楚庄。② 至孟子言《春秋》，而耻言齐桓、晋文，后遂成为儒家传统。则此传之成立，合理的推测，应当是孔门中属于齐国这一系统③的第三代弟子，就口耳相传的加以整理，记录了下来，有如《论语》成立有《齐论》、《鲁论》的情形一样。先有了这样著于竹帛的"原传"，在传承中又有若干人对"原传"作解释

---

① 《左氏》所言之礼，多出自贤士大夫之口；礼之内容与范围，已较周初以宗法为中心的封建礼制，大有发展。《公羊传》言礼，则多由传者引用封建礼制以衡断是非，其内容较春秋贤士大夫所言之礼为狭。
② 《春秋繁露》以"楚庄王"为篇名第一，虽未必出于董生原著的次第；但董生之推重楚庄，则实本于《公羊传》。
③ 隐五年《公羊传》"登来之也"注："登读言得来（衍文），得来之者，齐人语也。"桓五年《传》"曷为以二日卒之怴也"注："怴者狂也，齐人语。"桓六年《传》"化我也"注："行过无礼谓之化，齐人语。"成公二年《传》"踊于棓而窥客"注："凡无高下有绝加蹑板棓，齐人语。"

上的补充,被最后写定的人,和"原传"抄在一起,这便是汉初《公羊传》的共同祖本。"子公羊子"乃作补充解释者之一。补充解释有两种形式。一种形式是和原有的《传》组织在一起。例如庄公三年"秋,纪季以酅入于齐",《传》:"纪季者何?纪侯之弟也。何以不名?贤也。何贤乎纪季?服罪也。其服罪奈何?鲁子曰:请后五庙,以存姑姊妹。""原传"应当只到"服罪也"为止。鲁子对服罪的情形,作补充解释;因年代较早,便被传承者组入于原传之内。另一形式,则并未组入于"原传"之内,而止于"原传"的后面加上一句两句,这是在时代上较后的形式。"子公羊子"的两条,都是属于此种形式。如桓公六年"九月丁卯子同生",《传》:"子同生者孰谓?谓庄公也。何言乎子同生?喜有正也。未有言喜有正者,此其言喜有正何?久无正也。子公羊子曰:其诸以病桓与?"按"原传"分明到"久无正也"已完。"子公羊子曰",乃在"原传"之后,加以推测的别解。其为在传承中所附加上去的至为明显。又宣公五年"冬齐高固及子叔姬来"《传》:"何言乎高固之来?言叔姬之来,不言高固之来,则不可。子公羊子曰:其诸为其双双而俱至者与?"按高固在这年秋九月到鲁国来迎子叔姬结婚;冬,夫妇两人一齐来到鲁国。详《传》之意,叔姬已嫁而返鲁,则必与丈夫同行,否则是发生了特殊问题,所以说"不言高固之来则不可","原传"应至此为止。"子公羊子"的话,也明显地是在传承中所附加上去的。尤其值得注意的是,出于子公羊子的两条,口气完全相同,且并不含有重大意义;我们可以推测,在传承中可以考见的七个人中,子公羊子不是重要的人物,且可能是在时间上为最迟的人物;但就七个人所附益的语言考查,应当都与"原传"之成立时间相去不太久。把他们七个人附加的话，与"原传"写定在一起，也应当是出于他们的后学之手。就全《传》内容看，没有称为《公羊传》的理由。其所以称为《公羊传》，或汉初所传的，是出于子公羊子后学之手，这只能算是偶然的称呼。因为所谓《公羊传》，是早经写定，而传习者亦非一人，所以胡毋与董仲舒，可以同治《公羊》而不相师。司马迁说"故汉兴至于五世之间，唯董仲舒名为明于《春秋》，其传公羊氏也"，[1] 由此可以推知仲舒与胡毋，虽同为博士，但胡毋仅为传经之儒，在内容上无所发明。《公羊》由仲舒之力而得立于学官，因胡毋年事较长，即以胡毋手上的写本为学官的定本。仲舒所习的传虽与胡毋相同，但是根据凌注知道《春秋繁露》对经的解释，有的为今日可以看到的《公羊传》所无，[2] 此犹可谓为出自仲舒所增益。但《俞序》十七：

> 子贡、闵子、公肩子，言其（《春秋》）切而为国家资也。
> 故卫子夏言，有国家者不可不学《春秋》，不学《春秋》，则无以见前后旁侧之危……
> 故世子曰，[3] 功及子孙，光辉百世，圣人之德，莫美于恕。故予先言，《春秋》详己而略人……
> 故曾子、子石，[4] 盛美齐侯，安诸侯，尊天子。

---

[1]《史记·儒林列传》。
[2]《春秋繁露》凌注，将《春秋》经文及《公羊传》文皆详细注出。其仅引《经》文，未引《传》文者，即系《春秋繁露》详传之所略。
[3] 卢校注："《汉书·艺文志》有《世子》二十一篇，名硕。七十子之弟子。此所引即其人也。"
[4]《史记·仲尼弟子列传》："公孙龙字子石，少孔子五十三岁。"

故子夏言《春秋》重人。诸讥皆本此。

故子池言，鲁庄筑台，丹楹刻桷。晋厉之刑刻意者，皆不得以寿终。

上引孔门弟子论《春秋》之言，皆为《公羊传》所无。由此可以推知，仲舒所承受者，较胡毋所传之《公羊传》为博。且由此可以推知，孔子晚年作《春秋》，为当时及门弟子所共闻。更可证明《孝经钩命决》"孔子在庶，德无所施，功无所就，志在《春秋》，行在《孝经》。以《春秋》属商（子夏），《孝经》属参（曾子）"说法的谬妄。纬书这类谬说的出现，我推测是《公羊》家受了董氏的影响，为了应付对刘歆们提倡《左氏传》的攻势所伪造出来的。其动机，与说孔子作《春秋》是为汉制法相同，只是传《公羊》系统的人为了保持自己的利益所捏造出来的。

（三）《公羊传》的本来面目

假定我们以正常的心理，通过正常的文字理解，去阅读《公羊传》，便可发现下列各种问题：

一、从思想内容上看，这是一部谨严质实的书，绝无何休所说的"其中多非常异义可怪之论"，亦无三科九旨之说。非常异义可怪之论，是何休因缘纬书所想象出来的。所以他在自著的《解诂序》中，一开始便引纬书的谬说。而他在《序》中"往者略依胡毋生条例"的话也非常可疑。胡毋生若"自别作条例"，何以《汉志》及《儒林传》毫无痕迹。至于纬书又是因董氏的《春秋》学所傅会出来的，这在后面还要提到。

二、孔子作《春秋》，意在借批评二百四十二年的历史事实，以立是非的标准，而非建立一门史学，这是毫无可疑的。从《公羊传》的原典看，孔子的褒贬，是否由孔子的"书法"而见？很值得讨论。但褒贬的内容，是出于孔门，与孔子有密切关系，则不应当有问题。在褒贬中，反映出了两个时代正在更替中的矛盾。此处只简单说一句，有的褒贬，是立足于宗法礼制之上。但另一方面，已突出了宗法的礼制以言礼。例如隐公三年"夏四月辛卯，尹氏卒"。《传》："尹氏者何？天子之大夫也。其称尹氏何？贬。曷为贬？世卿非礼也。"又桓公九年《传》："《春秋》有讥父老子代从政者。"这分明反映出对以宗法为中心的封建贵族政治的批评，而要求推向一个政治上更有自由活动机会的时代。换言之，这是由《春秋》进入战国的过渡期的合理要求。

三、《公羊传》除了把周王称为"天王"以外，没有出现一个宗教性或哲学性的"天"字，这便说明它说的都是人道；而人道与天道，并没有直接的关连。周王之所以称"天王"，或者是"天子"与"王"的合称，或者表明王者受命于天，或者是为了与当时"中国"范围以外所称的王，如楚、吴、越皆称王，相区别，总之没有特殊的意义。隐公"元年春王正月"《传》："元年者何？君之始年也。春者何？岁之始也。王者孰谓？谓文王[①]也。曷为先言王而后言正月？王（多作"之"字读）正月也。何言乎王正月？大（重视）一统也。"这都是很平实的历史性的解释，此外别无深义。

四、《公羊传》中，不仅绝无五行观念，且仅在庄公二十五年

[①] 按以文王为受命之王，乃周人的传统说法，所以文王乃周室第一代之王。"谓文王也"，乃溯周受命之初而言，并非有特别意义。

六月《传》"日食则曷为鼓,用牲于社?求乎阴之道也",有一个"阴"字外,全书没有出现一个"阴阳"的名词。即是阴阳的思想还未曾介入。

五、全《传》对日食三十六,星变五,皆不言灾异,其明言灾明言异的五十一处以上,有两处对灾异作了界说。文公二年"自十有二月不雨,至于秋七月"《传》:"何以书?记异也。大旱以灾书。此亦旱也,曷为以异书?大旱之日短而云灾,故以灾书。此不雨之日长而无灾,故以异书也。"对于此处而言,是因为拘于孔子不曾书"日干"或"大旱"而作了曲解。岂有七个整月不下雨而不成灾之理。但由此可知凡只说"记异也"的,只说明这是一种异常现象,对人而言,并不成灾。凡说"记灾也"的,才说明某一现象对人发生了灾害。定公元年"冬十月霣霜杀菽"《传》"异大于灾也"的说法,与全书将灾与异分述的情形矛盾。且灾应大于异,所以这也是一时的曲说。以灾异为与君的失德有关,而天是以灾异警诫人君,这是古老的思想。《诗经》上幽厉时代的诗,便可很明显地看出。但全《传》所记五十多次的灾与异中,仅僖公十五年"己卯晦,震夷伯之庙"《传》:"……其称夷伯者何?大之也。曷为大之?天戒之,故大之也。何以书?记异也。"把异说是"天戒之"。仅宣公十五年"冬蝝生"《传》"未有言蝝生者。此其言生何?蝝生不书,此何以书?幸之也。幸之者何?犹曰受之云尔。受之云尔者何?上变古易常,应是而有天灾,则宜于此焉变矣",把灾说是由人君的行为而来。此处之所谓"古"与"常",是指"古者十一而藉";"变古易常",是指这年的"初税亩",什而取二,把人民的负担一下子加了一倍。此外皆未尝言灾异是出于天戒,

先秦儒家思想的转折及天的哲学的完成

或由人君行为所招致。由此可知，孔门不凭灾异以言人事，即是不假天道以言人道。

把上面所述的概略的情形弄清楚了，然后可以把握董仲舒《春秋》学的特性。

（四）董氏《春秋》学的方法问题

仲舒的"明于《春秋》"，从《春秋繁露》的第一部分看，对《公羊传》中所述孔子作《春秋》的大义及重要的褒贬原则，都有发挥。这里只着眼他不同于一般传经之儒的两大特性：第一个特性是通过《公羊》来建立当时已经成熟的大一统专制的理论根据；第二特性是他要把《公羊》成为他天的哲学的构成的因素。孔门的政治思想，大体上说，他们是要求天下一统，要求上下有合理的等差，以作为上下相维的秩序；但并不要求由中央过分集权而来的专制，更没有想到个人专制的问题。《公羊传》中所表现的天王的王权，一方面是受到礼的保障，同时也受到礼的限制。最显明的例子是凡天王向诸侯有很轻微的需求，必受到讥评而不加许可。① 对于上下等差的情形也是一样。换言之，大一统的专制政体，乃孔门及《公羊传》的作者们所未曾想到。以《公羊传》作大一统专制政治的理论根据，这如何而可能？其次，《公羊传》中看不出有意志之天在里面发生作用；甚至如前所述，里面根本没有出现特别有意义的天字。仲舒的哲学，是名副其实的天的哲学。把《公羊传》作为构成他的哲学系统的一部分，这又如何而可能？

---

① 例如隐公三年"秋武氏子来求赙"《传》："武氏子来求赙，何以书？讥。何讥尔？丧事无求赙，非礼也。盖通于下。"何注："云尔者，嫌天子财多，不当求。下财少，不可求。"

仲舒的性格，是方正而严肃的性格。在他突破上述两大难关以形成他的《春秋》学的特色时，我们便不能不注意他所使用的方法。《精华》第五：

> 难晋事者曰：《春秋》之法，未逾年之君称子，盖人心之正也。至里克杀（当作弑）奚齐，避此正辞而称君之子，何也？曰：所闻，《诗》无达诂，《易》无达占，《春秋》无达辞，[1]从变从义，而一以奉人（天）。[2]

按《诗》所用的比兴，是感情的象征，它常表现为一种气氛、情调，它的内容只能感受而不易确指。所以孔门便能以《诗》作人生各方面启发之用，[3]更增加了象征的意味。所以若诂字不局限于文字本身的训诂，而扩大为由文字所表达的意境，则《诗》无达诂的话，是可以成立的。至于《易》的卦、爻的自身，即是象征的性质；其或吉或凶的占，实由许多机缘所决定，尤其是主观作用所占的因素特别重大，所以可说是无"达占"。但据《公羊》以

---

[1] 按《诗泛历枢》、《说苑·奉使》篇、《困学纪闻》，均曾引此三语。而后两者皆有出入。《使奉》篇作"《诗》无通故，《易》无通吉，《春秋》无通义"；"通"、"达"、"故"、"诂"，可以互训；"吉"乃占之误；以"通义"易"达辞"，不妥；义由辞而见，辞所以表义；"无达辞"，是说同一义，可以用不同的辞作表现；而同一辞，也可以表现不同之义。"通辞"、"通义"，在层次上不同，所以这种改易是不妥的。《困学纪闻》引作"易无达吉"，吉乃为占之误。"《诗》无达诂，《春秋》无达例"；以"例"易辞，这是以后来的观念改易以前的观念。董氏只言"辞"而未言"例"。辞是由文字所构成的一句话，例是归纳许多同类的话而得出概括性的条理，同时即以某一句话为规范，概括其他相当的话，这是由辞以了解《春秋》的进一步的发展。
[2] 卢校"人当作天"者是。凌注本无人字，盖误失。
[3] 《论语》："兴于《诗》。"

言《春秋》，则情形与《诗》和《易》不同。《公羊传》是认为孔子由辞以见褒贬，所以用辞是很严格的。《公羊传》除了对孔子的书法严加分析、界定以外，并不断对主要之辞加以训释，实与《尔雅》相通。所以仲舒在《精华》第五说："《春秋》慎辞，谨于名伦等物者也。"且他由此而强调了正名之义。若谓《春秋》无达辞，则孔子由辞以定褒贬的基础动摇了。但仲舒却说"《春秋》无达辞"，在《竹林》第三又说"《春秋》无通辞，从变而移"。我以为由史文纪录之辞以定褒贬之说，本未可尽信；① 仲舒无达辞、无通辞之言，盖将救以书法言褒贬之穷。而更重要的则是他要突破文字的藩篱，以达到其借古以喻今，由史以言天的目的。又如桓十一年"九月宋人执郑祭仲"《传》："祭仲者何？郑相也。何以不名？贤也。何贤乎祭仲？以为知权也。"《论语》"可与立，未可与权"，孔子是重视权；《公羊传》此处言权，乃由此而来。但《传》对权的运用，界限得非常严格。"权者何？权者反于经然后有善者也。权之所设，舍死亡无所设。行权有道，自贬损以行权，不害人以行权。杀人以自生，亡人以自存，君子不为也。"全《传》言权者仅此。但《春秋繁露·竹林》第三："《春秋》之道，固有常有变。变用于变，常用于常，各止其科，不相妨也。""故说《春秋》者，无以平定之常义，疑变故之大则。"《玉英》第四："《春

---

① 孟子说孔子作《春秋》是"其文则史，其义则丘窃取之矣"，按"文"即"辞"。可知孔子所纪录之辞，一本于史；其褒贬之义，则孔子自加判断，而讲授之于其门弟子，因而成为"褒贬之辞"。昭公十二年《公羊传》"其词，则丘有罪焉耳"，褒贬之辞，应与纪录之辞，相反而不相混，此乃褒贬之辞。但口头上一传再传之后，遂以记录之词，即视为褒贬之词，成为传世的《公羊传》的形式，故遂有拘滞而难通之弊。或孟子所述者乃得孔子立言之实；而《公羊传》既以孔子之褒贬，即见于孔子纪录之词，故不称"其义"而称"其词"。

秋》有经礼，有变礼。为如（而）安性平心者经礼也。至有于性虽不安，于心虽不平，于道无以易之，此变礼也。""明乎经变之事，然后知轻重之分，可与适权矣。""夫权虽反经，亦必在可以然之域。不在可以然之域，故虽死亡终弗为也。""《春秋》固有常义，又有应变。"《王道》第六："此（鲁隐之代桓而立等）皆执权存国，行正世之义，守悁悁之心，《春秋》嘉气义焉。"把《公羊传》和仲舒的话稍作比较，即可发现（一）仲舒常将常与变（权）对举，变的观念，在仲舒的思想中，远较《公羊传》的作者为重。（二）把仲舒"必在可以然之域"，和《公羊传》"舍死亡无所设"的话两相比较，仲舒对于行权的范围，远较《公羊传》为宽。这与"《春秋》无达辞"的话，关连在一起看，也是为了突破原有文义的限制，以便加入新的内容，以适应他所把握的时代要求及他个人思想的要求而设定的。再从他所提出的学习《春秋》的方法，更可了解他对《春秋》的处理，完全是作一种哲学性的处理，与经生的处理经文，大异其趣。

（一）"是故论《春秋》者，合而通之，缘而求之，五（伍）其比，偶其类，览其绪，屠（去）其赘。(《玉杯》第二）

（二）《春秋》赴问数百，应问数千，同留经中，翻援比类，以获其端；卒无妄言，而得应于《传》者。（同上）

（三）由是观之，见其指者不任其辞，不任其辞，然后可与适道矣。(《竹林》第三）

（四）《春秋》记天下之得失，而见所以然之故，甚幽而明，无传而著，不可不察也。泰山之为大，弗察弗见，而

况微眇者乎？按《春秋》而适往事；穷其端而视其故，得志之君子，有喜之人，不可不慎也。(同上)

（五）《经》曰：宋督弑其君与夷。《传》言庄公冯杀之，不可及于经。何也？曰：非不可及于经，其及之端眇，不足以类钩之，故难知也。(《玉英》第四)

（六）《春秋》之书事，时诡其实，以有避也……然则说《春秋》者，入则诡辞随其委曲而后得之。(同上)

（七）今《春秋》之为学也，道往而明来者也。然而其辞，体天之微，故难知也。弗能察，寂若无。能察之，无物不在。是故为《春秋》者，得一端而多连之，见一空（孔）而博贯之，则天下尽矣。(《精华》第五)

（八）《春秋》至意有二端。不本二端之所从起，亦未可论灾异也。小大微著之分也。夫览求微细于无端之处，诚知小之将为大也，微之将为著也。"(《二端》第十五)

在上引八点方法中，(一)(二) 两项所述，皆在经验法则范围之内，对治思想史而言，在今日仍有其意义。(三)的见其指者不任其辞，即是发现了作者心志的根本指向，此时乃应当是深入于其"辞"；但说"不任其辞"，完全不受辞的限制，则已易于作主观的驰骋。(四)"而况微眇者乎"。(五)"其及之端眇，不足以类钩之"。(七)的"然而其辞，体天之微"，(八)的"览求微细于无端之处"，这便不是以典籍为依据所采用的方法。仲舒却强调权变的观念而把古与今连上，强调微、微眇的观念，把史与天连上。这不仅是把《公羊传》当作构成自己哲学的一种材料，而是把《公羊传》当作是进入到自己哲学系统中的一块踏脚石。由文字以求事故之端，由端而进入于文义所不及的微眇，由微眇而接上了天志，再由天志以贯通所有的人伦道德，由此以构成自己的哲学系统，此时的《公羊传》反成为刍狗了。仲舒说"矫枉者不过其正弗能直"，[1]实则矫枉过正，乃表明仲舒个人的性格。此一性格，在他的思想形成及语言表达上，亦必发生相当的影响。但仲舒是一个性情方正的人，他并没有抹煞《公羊传》的原有意义，这便形成他思想上的若干夹杂、矛盾。由此而附带了解另一问题，即是清代以《公羊》为中心的今文学者，若由他们所援据的经典以考校他们的解释，而加以知识的客观性的要求，几乎皆可斥其为妄诞。此一妄诞，至廖平的《古今学考》而达到了极点。但经学中较有时代性有思想性的人物，竟多由此出；这实是承仲舒之风，在他们不能不援据经典以作进身之阶的时代中，当他们伸张《公羊》学的同时，便解脱掉《公羊》学以驰骋自己的胸臆。所以对于这些人的著作，要分两途来加以处理。毕竟此种方式，容易引起思想上的混乱。康有为著《春秋董氏学》，仅就《春秋繁露》，作一繁琐而不精确的分类抄录工作；偶而加一点意见，有如在"权势"后所加的七十个字（卷六下页一三），简直是莫明其妙的话。所以这种方法是求知的大忌。

---

[1] 见《春秋繁露》卷一《玉杯》第二论《春秋》书"晋赵盾弑其君"事。据宣六年《左氏传》，书赵盾弑其君者乃晋史；孔子因晋史之书法以为文，绝无仲舒所谓"重累责之，以矫枉世而直之"之意。

六、董氏的《春秋》学之二

（一）大纲

《盟会要》第十，《正贯》第十一，《十指》第十二，是总论《春秋》大义的三篇文字，似皆有残缺不全之处。现在先将这三篇内容，稍加条理，以把握仲舒《春秋》学的大纲。再就其特殊的地方，且与其他有关的加以综贯。《盟会要》第十：

> 至意虽难喻，盖圣人贵除天下之患。贵除天下之患，故《春秋》重而书天下之患遍矣，以为本于见天下之所以致患。其意欲以除天下之患，何谓哉？天下者（者疑当作若）无患，然后性可善。性可善，然后清廉之化流。清廉之化流，然后王道举，礼乐兴，其心在此矣……患乃至于弑君三十六，亡国五十二，细恶不绝之所致也。辞已逾矣（按此句上下，疑有缺文），故曰立义以明尊卑之分。强干弱枝，以明大小之职。别嫌疑之行，以明正世之意。采摭托意，以矫失礼。善无小而不举，恶无小而不去，以纯其美。别贤不肖，以明其尊。亲近以来远，因其国而容天下。名伦等物，不失其理。公心以是非，赏善诛恶，而王道洽。始于除患正一（一疑当作正）而万物备。故曰：大矣哉其号（按指《春秋》之号），两言而管天下，此之谓也。

《正贯》第十一：

> 《春秋》，大义之所本耶。六者之科，六者之指之谓也。

然后援天端，布流（众）物，而贯通其理，则事变散其辞矣（此句似有缺文）。故志得失之所从生，而后差贵贱之所始矣。论罪源深浅，定法诛，然后绝属（续）之分别矣。立义定尊卑之序，而后君臣之职明矣。载天下之贤方，[①]表谦义之所在，则见复正焉耳。幽隐不相逾，而近之则密矣；[②]而后万变之应无穷者，故可施其用于人而不悖其伦矣……

《十指》第十二：

《春秋》二百四十二年之文，天下之大，事变之博，无不有也。虽然，大略之要有十指；十指者，事之所系也，王化之所由得流也。举事变见有重焉，一指也。见事变之所（所以）至者，一指也。因其所以至者而治之，一指也。强干弱枝，大本小末，一指也。别嫌疑，异同类，一指也。论贤才之义，别所长之能，一指也。亲近来远，同民所欲，一指也。承周文而反之质，一指也。木生火，火为夏，天之端，一指也。切讥刺之所罚，考变异之所加，天之端，一指也。举事变见有重焉，则百姓安矣。见事变之所（所以）至者，则得失审矣。因其所以至而治之，则事之本正矣。强干弱枝，大本小末，则君臣之分明矣。别嫌疑，异同类，则是

[①] 苏舆《义证》"贤方犹贤法"，以法释方。按《周礼·哲蔟氏》"以方书十日之号"注"版也"。《中庸》："布在方策。"此处"载天下之贤方"者，乃记载天下之贤者于方版之上，以备进用之意。
[②] 按苏舆《义证》对此二句之解释"逾疑作谕。言幽隐之与显明，不相谕也。而圣人智究天人，亦可引而近之，以致其密"。疑不相应。"幽隐"似指远方之国而言，"而近之则密矣"即"来远"之意。

先秦儒家思想的转折及天的哲学的完成　　　　　　　　　　311

非著矣。论贤才之义，别所长之能，则百官序矣。承周文而反之质，则化所务立矣。亲近来远，同民所欲，则仁恩达矣。木生火，火为夏，则阴阳四时之理，相受而次（序）矣。切讥刺之所罚，考变异之所加，则天所欲为行矣。统此而举之，仁往而义来，德泽广大，衍溢于四海，阴阳和调，万物靡不得其理矣。说《春秋》者凡用是矣。此其法也。

最值得注意的是仲舒所用的指字。《竹林》第三"辞不能及，皆在于指"，由此可知他所说的指，是由文字所表达的意义，以指向文字所不能表达的意义；由文字所表达的意义，大概不出于《公羊传》的范围。文字所不能表达的"指"，则突破了《公羊传》的范围，而为仲舒所独得，这便形成他的《春秋》学的特色。也是我在此处所要陈述的重点。现在先把上面所引的略加合并整理如下：

（一）《盟会要》："盖圣人者，贵除天下之患。贵除天下之患，故《春秋》重而书天下之患遍矣，以为本于见天下之所以患……患乃至于弑君三十六，亡国五十二，细恶不绝之所致也。"

《正贯》："故志得失之所从生，而后差贵贱之所始矣。"

《十指》："举事变见有重焉，一指也。见事变之所（所以）至者，一指也。因其所以至者而治之，一指也。"

（二）《盟会要》："立义以明尊卑之分；强干弱枝，以明大小之职。"

《正贯》："立义定尊卑之序，而后君臣之职明矣。"

《十指》："强干弱枝，大本小末，一指也。"

（三）《盟会要》："别嫌疑之行，以明正世之义。采撷托意，以矫失礼。善无小而不举，恶无小而不去，以纯其美。"

《正贯》:"论罪源深浅,定法诛,然后绝属(续)之分别矣。"

《十指》:"别嫌疑,异同类,一指也。"

(四)《盟会要》:"别贤不肖,以明其尊。"

《正贯》:"载天下之贤方,表谦义之所在,则见复正焉耳。"

《十指》:"论贤才之义,别所能之长,一指也。"

(五)《盟会要》:"亲近以来远,因其国而容天下。"

《正贯》:"幽隐不相逾,而近之则密矣。"

《十指》:"亲近来远,同民所欲,一指也。"

(六)《盟会要》:"名伦等物,不失其理。"

(七)《十指》:"承周文而反之质,一指也。"

(八)《盟会要》:"大矣哉其号,两言(《春秋》)而管天下。"

《正贯》:"然后援天端,布流物,而贯通其理,则事变散其辞矣。"

《十指》:"木生火,火为夏,天之端,一指也。切讥刺之所罚,考变异之所加,天之端,一指也。"

以下再就上列大纲,略加分析。

(二)细恶及等差问题

按(一)项《盟会要》之所谓"患",《正贯》之所谓"得失",《十指》之所谓"事变",是一个意义。孔子作《春秋》"贵除天下之患",是没有问题的。"举事变见有重焉",主要是指"弑君"、"亡国"而言。此项最重要的是《十指》篇所说的"见事变之所以至"。事变之所以至的解答,即是"细恶不绝之所致"。所以仲舒认为孔子作《春秋》,非常重视细恶。《王道》第六说:"故弑君三十二(当作六),亡国五十二,细恶不绝之所致也。""诛恶而不得遗细大","《春秋》记纤芥之失,反之王道"。但据隐十年《公羊传》,"《春秋》录内而略外。于外,大恶书,小恶不书。于内,大恶讳,小恶书"。内是指鲁国。孔子居于鲁国作《春秋》,对大恶若明言之而加以贬斥,则孔子的安全会发生问题;若放置不问,则是非无所寄托,所以便用讳①的方法。小恶对鲁君臣的刺激性不大,所以便记录下来。通过《公羊传》以了解《春秋》,并没有仲舒所说的大祸患是来自小恶,所以便不放过小恶的意思。至庄三十二年《公羊传》"君亲无将,将而诛焉",此语又见于昭元年《公羊传》。"将"是意念之动,"将而诛焉"是说臣子动了意念要弑君亲,虽未成事实,也必加以诛戮。这两句话在汉代的政治冤狱中,②发生了很大的作用,由此可见其流弊之大,但动念要弑君亲,究不可谓为《春秋》在政治上是主张要绝小恶的。最好把(一)项与(三)项"别嫌疑之行",合在一起看;而仲舒在《度制》第二十七,有如下的说明:

> 凡百乱之源,皆出嫌疑纤微,以渐寖稍长,至于大。圣人章其疑者,别其微者,不得嫌(苏:不使有几微之嫌),以蚤防之。圣人之道,众堤防之类也。谓之度制,谓之礼节。故贵贱有等,衣服有制。

上文中的"纤微",即是"小恶",这与(一)项中"故志得失之所从生,而后差贵贱之所始矣"连起来看,仲舒之所谓嫌疑小恶,

---

① 按讳即是认为"这是见不得人的事",所以也是贬的一种方式。
② 请参阅拙著《周秦汉政治社会结构之研究》中《汉代专制政治下的封建问题》。

主要是指尊卑贵贱的等差,稍有所逾越乃至偶有所逾越而言。他曾说"未有贵贱无差,能全其位者也"(《王道》第六)。仲舒对于这类的"嫌疑纤微",既是看得这样严重,于是我们便可得出一个思想的线索,他为什么要援天道来建立一套绝对性的伦理观念,以巩固一人专制的统治地位。

但是通过《公羊传》以了解《春秋》,与仲舒的观念,便有相当大的出入。昭二十年夏"曹公孙会自鄸出奔宋"《公羊传》:"君子之善善也长,恶恶也短。恶恶止其身,善善及子孙。"又谓"《春秋》为贤者讳"。把这些话合在一起看,可以了解《春秋》之恶恶是从宽,而贤者有小恶也不加计较的。这与《论语》孔子所说的"躬自厚而薄责于人"(《卫灵公》),而在政治上应"赦小过"(《子路》)的精神是相符合的。但仲舒也并没有抹煞此种精神,所以他在《俞序》第十七说:"上奢侈,刑又急,皆不内恕,求备于人,故次以《春秋》缘人情,赦小过;而《传》明之曰,君子辞也。孔子明得失,见成败,疾时世之不仁,失王道之体,故因行事,赦小过。《传》明之曰,君子辞也。"按"君子"是指孔子;"君子辞也",是说此乃孔子对此事宽恕之辞。此处所说的孔子的精神,与仲舒(一)(三)的精神,不能说没有矛盾。

(二)项与(一)(三)项有连带关系,反映出仲舒对当时政治的观点。汉初继剪灭异姓诸侯王之后,大封同姓诸侯王;这些同姓诸侯王的存在,成为汉初政治上的一个大问题。贾谊《长治久安策》中,即主张强干弱枝,以完成中央集权的政治体制。晁错继之,遂有七国之变。董仲舒在此问题上,与贾谊、晁错完全相同,而以礼制严上下之等,也是与强干弱枝相因而来的要求,仲舒在这一点上,也承袭了贾谊的观点。他更要从《春秋》上找

先秦儒家思想的转折及天的哲学的完成　　315

出理论的根据。按《春秋》"大一统"（隐元年《公羊传》），实际是主张明天子诸侯大夫之职，因而主张天子、诸侯、大夫分职，即大夫不可僭诸侯之职，诸侯不可僭天子之职。是主张分权的一统，而非主张集权的一统。所以凡是天子所封的诸侯，都希望能保存下来；甚至已经灭亡了的，也希望能"兴灭继绝"。"王者无外"（隐元年，桓八年《传》），"有天子存，则诸侯不得专地"（桓元年《传》），诸侯"不敢胜天子"（庄六年《传》），"不与诸侯专封"（僖十三年，襄元年，昭公十三年《传》），"王者无敌，莫敢当也"（成元年《传》），"不与（诸侯）伐天子"（昭二十三年《传》），通过《公羊传》以了解《春秋》，或者可以说由周室王纲解纽的情形而能推出强干弱枝的要求；但孔子作《春秋》心目中的一统形态，绝不是贾谊、晁错、董仲舒们所要求的一统的形态。这里只想客观地说明一个思想的演变，而不作是非得失的评论。

（三）君、臣、民的关系

此处应顺着强干弱枝、大本小末的要求，对仲舒所提出的君、臣、民的相互关系，略加考查。

君臣父子夫妇相互间的绝对关系，在《春秋繁露》的第二部分表现得最为强烈。第一部分既是依孔子的《春秋》以立言，而孔子心目中的伦理，尤其是君臣的关系，乃是相对的关系，所以仲舒对此，也不能不加以接受；但把尊卑贵贱，和价值的判断，连接在一起的绝对性的观念，在这一部分已见其端倪，《玉杯》第二谓"父不父，则子不子；君不君，则臣不臣耳"，此乃据《论语》"君君，臣臣；父父，子子"（《颜渊》）而承认相互间的相对关系。但《精华》第五：

大雩者何？旱祭也。难者曰："大旱，雩祭而请雨；大水，鸣鼓而攻社。天地之所为，阴阳之所起也。或请焉，或怒焉者何？"曰："大旱者阳灭阴也。阳灭阴者，尊压卑也，固其义也。虽太甚，拜请之而矣，无敢有加也。大水者阴灭阳也。阴灭阳者，卑胜尊也；日食亦然，皆下犯上，以贱伤贵者，逆节也。故鸣鼓而攻之，朱丝而胁之，为其不义也。"

以尊压卑为义，以贱伤贵为逆节，不仅《春秋经》无此意，即《公羊传》亦无此意；这完全出于仲舒将尊卑贵贱，与价值判断连在一起，而将相对的关系加以绝对化。但他下面接着说："是故胁严社而不为不敬灵，出天王而不为不尊上，辞父母之命而不为不承亲，绝母之属而不为不孝慈，义矣夫。"则又以在下之臣子，有时以不服从在上之君父为义；此则又回到君臣父子相互间乃相对性的观念。

仲舒最成问题的是《玉杯》第二，对君民的关系说"《春秋》之法，以人（臣民）随君，以君随天……故屈民而伸君，屈君而伸天，《春秋》之大义也"的几句话。以臣民随君，在政治上臣民由君所统率，语意尚无大害。至于"屈民而伸君"，民的地位本是屈，君的地位本是伸；所以以孔子为中心的儒家，在政治上涉及君民关系时，无不是采取某种形式，以表现某种程度的抑君而伸民的方向。同时，仲舒说："且《春秋》之法，凶年不修旧，意在无苦民尔。苦民尚恶之，况伤民乎？伤民尚痛之，况杀民乎？故曰凶年修旧则讥，造邑则讳。是害民之小者，恶之小也。害民之大者，恶之大也。"（《竹林》第三）又对宣十五年楚司马子反促楚庄王解宋之围一事谓"专政则轻君,擅名则不臣,而《春秋》大之,奚由哉?曰,为其有惨怛之恩,不忍饿一国之民,使之相食;推恩者远之而大,为仁者自然而美。今子反出己之心,矜宋之民,无计其间,故大之也"(同上),这分明是说救民的意义,远在守臣节之上。又说"五帝三皇之治天下,不敢有君民之心;什一而税;教以爱,使以忠,敬长老,亲亲而尊之,不夺民时,使民不过岁三日"(《王道》第六),这完全没有屈民的意思。仲舒又说"王者民之所往,君者不失其群者也。故能使万民往之而得天下之群者,无敌于天下"(《灭国上》第七),这分明以民的是否归向为统治者得以存在的基本条件。并且他在《尧舜不擅移汤武不专杀》第二十五分明说:"且天之生民,非为王也;而天立王,以为民也。故其德足以安乐民者天予之。其恶足以贼害民者,天夺之。""有道伐无道,此天理也,所从来久矣,宁能至汤、武而然耶?"以此肯定"儒者以汤、武为至贤大圣"的观念,则其站在人民的立场以衡定政治价值的得失,实贯通于整个仲舒思想之中,贯通于《春秋繁露》全书之中,至为明显。由此以推论仲舒之意,盖欲把君压抑(屈)于天之下,亦即是压抑于他所传承的儒家政治理想之下,使君能奉承以仁为心的天心,[①]而行爱民之实。在他所承认的大一统专制皇帝之下,为了要使他的"屈君而伸天"的主张得到皇帝的承认,便先说出"屈民而伸君"一句;这一句,或许也如史公在《孟荀列传》中说邹衍的大九州及五德终始等说法,乃"牛鼎之意",即是先迎合统治者的心理,再进而说出自己的真正主张。所以站在仲舒的立场,"屈民而伸君"一句是虚,是陪衬;

[①]《俞序》第十七:"霸王之道,皆本于仁。仁,天心;故次以天心。"

而"屈君而伸天"一句才是实,是主体。至于统治者及后世小儒,恰恰把它倒转过来,以致发生无穷的弊害,这是仲舒始料所不及的。对于仲舒整个思想,都应从这一角度去了解。

(四)项是儒家"举贤才"、"选贤举能"的通义。但汉高平定天下后,多以功臣外戚及其子弟形成由中央到地方官吏的骨干,所以仲舒对此儒家通义特加强调。《精华》第五"以所任贤,谓之主尊国安。所任非其人,谓之主卑国微。万世必然,无所疑也……故吾按《春秋》而观成败,乃切悁悁于前世之兴亡也"。《立元神》第十九:"天积众精以自刚,圣人积众贤以自强。"《考功名》第二十一:"天道积众精以为光,圣人积众善以为功。"都是这种意思。

(五)的亲近来远,是指当时的中国与四夷的关系来说的,这在后面将特别谈到。

(六)的"名伦等物,不失其理",是发展《春秋》中的正名思想,后面也还要谈到。

(四)受命、改制、质文问题

(七)项的"承周文而反之质",这应与孔子作《春秋》的时间,"改制"及"绌夏亲周故宋王鲁"等思想关连在一起来了解,这里最表现了仲舒《春秋》学的特色,而为后来许多傅会之说所自出。《符瑞》第十六:

> 有非力之所能致而自至者,西狩获麟,受命之符是也。然后托乎春秋正与不正之间,而明改制之义,统乎天子,而加忧于天下之忧也。

按"受命",是受承天命而为王。上文是说哀公"十有四年春,西狩获麟",乃是孔子受命的符瑞。孔子既已受命,则在实质上,天已赋予孔子以王者的权力;天既赋予孔子以王者的权力,便应当改制以正前代之不正,最重要的便是"承周文而反之质"。首先,从《论语》"凤鸟不至,河不出图,吾已矣夫"(《子罕》)看,孔子是有符瑞思想的,因为这是古老的传统观念。但仲舒上面的说法,绝非《公羊传》的本意。"西狩获麟"《传》:

> 何以书,记异也。何异尔?非中国之兽也。然则孰狩之?薪采者也。薪采者则微者也,曷为以狩言之?大之也。曷为大之?为获麟大之也。曷为为获麟大之?麟者仁兽也,有王者则至,无王者则不至。有以告者曰:"有麕而角者。"孔子曰:"孰为来哉!孰为来哉!"反袂拭面涕沾袍。颜渊死,子曰:"噫!天丧予!"子路死,子曰:"噫!天祝(注:断也)予!"西狩获麟,子曰:"吾道穷矣。"《春秋》何以始乎隐?祖之所逮闻也。所见异辞,所闻异辞,所传闻异辞。何于终乎哀十四年,曰备矣。君子曷为《春秋》?拨乱世反诸正,莫近诸《春秋》。则未知其为是与?其诸君子乐道尧舜之道与?末不亦乐乎尧舜之知君子也。制《春秋》之义以俟后圣。以君子之为,亦有乐乎此也。

从《传》文看,孔子是以麟至为王者之瑞,也可以推出"麟是为己而至"之意。但麟至而为人所获,已经死掉了,便象征孔子无法享此符瑞,这比"凤鸟不至,河不出图",更为严重,所以"反袂拭面涕沾袍"而叹"吾道穷矣",比"吾已矣夫"更为伤痛。这里绝没有仲舒所说的孔子自以为是"受命之符也"的意思。由孔子"吾道穷矣"之叹，则以孔子作《春秋》，因获麟而绝笔，较之谓孔子作《春秋》，因获麟而起笔，远为合理。"子疾病，子路使门人为臣"，孔子尚责子路为"行诈"。因获麟而孔子自以为受命，更是诬诞之谈。

依仲舒的说法，孔子既经受命，即以《春秋》当新王；以《春秋》"当新王"，则《春秋》便应当改制，因为"王者必改制"以"应天"（《楚庄王》第一）。《玉杯》第二："是故孔子立新王之道。"[①]《三代改制质文》第二十三："故《春秋》应天作新王之事，时正黑统，王鲁；尚黑，绌夏亲周故宋。""《春秋》上黜夏，下存周，以《春秋》当新王。""《春秋》作新王之事，变周之制，当正黑统。而殷周为王者之后，绌夏改号禹谓之帝，录其后以小国，故曰绌夏存周，以《春秋》当新王。"周爵五等，《春秋》三等。"《春秋》何三等？曰，王者以（之）制，一商一夏，一质一文。商质者主天，夏文者主地。《春秋》者主人，故三等也。"上面的话，除孔子因获麟而受命，已指出全出自仲舒之诬诞外，还有新王的问题、改制的问题、文质的问题，略加解析如下：

"以《春秋》当新王"，若仅就孔子作《春秋》，制义法，以示后王有所准绳法式，这是可以成立的。但仲舒之所谓"新王"，固然不是像汉的《公羊》博士们为了巩固自己地位而说《春秋》是为汉立法，也不是泛指为后王立法，而实是以孔子即是新王；孔子作《春秋》，即是孔子把新王之法，表现在他所作的《春秋》里

[①] 苏舆《义证》对此句解释为"犹云为后王立义耳"，盖不以仲舒之孔子受命作《春秋》以当新王之说为然，故在注中为仲舒求得解脱，有失仲舒本旨。

先秦儒家思想的转折及天的哲学的完成

面。但孔子毕竟是一个平民，抽象地说孔子是"素王"，固未尝不可。可是《春秋》二百四十二年的纪录，都是历史事实；在具体的历史事实中，如何能安置一位抽象的素王呢？仲舒于是把鲁国当作是新王的化身，而出现"王鲁"的说法；"王鲁"，是说孔子在《春秋》中赋予鲁国以王的地位。而鲁国之王，并不是鲁君而是孔子自己。在《春秋》中既然是"王鲁"，则置周于何地？于是由三代改制的观念中，导出"绌夏故宋亲周"[①]的观念。此种观念之形成，实袭用了宗法制度中的庙制。此种由受命而新王而王鲁，由王鲁而"绌夏故宋（商）亲周"的一套，在《公羊传》中是毫无根据的。

改制一词，可能即由仲舒所创造。但若以"改制"即是改革礼制，则在历史事实与孔子思想中，是可以导出来的观念。孔子对历史发展的看法是"殷因于夏礼，所损益，可知也。周因于殷礼，所损益，可知也"（《论语·为政》）。孔子的话，经近二十年来西周地下资料的证明，是符合历史事实的。既在继承之中，有所损益，其所损所益，即可称为改制。但这不同于仲舒所说的改制。《楚庄王》第一，"今所谓新王必改制者，非改其道，非变其理；受命于天，易姓更王，非继前王而王也。若一因前制，修故业，而无有所改，是与继前王而王者无以别。受命之君，天之所大显也……今天大显己，物袭所代而率与同，则不显不明，非天志。故必徙居处，更称号（更朝代之称号），改正朔，易服色

---

① 仲舒说"亲周"，何休注《公羊》则改为"新周"；殆因宣十六年"夏，成周宣谢灾"，《传》有"新周"一辞。但此处之新周，仅指"成周"而言，与何休之所谓新周，意义全别。而由仲舒思想之系统言，既有"新王"、"王鲁"之观念，则与周之关系，只能说"亲"而不能说新。何休既袭用仲舒王鲁之说，即不应易"亲周"为"新周"。

者,无他焉,不敢不顺天志而明自显也"。改制的具体情形,具见于《三代改制质文》第二十三。但此篇文字颇有讹夺。其要点有三:一、以建子(以十一月为正月)建丑(以十二月为正月)建寅(以十三月为正月)为三正。夏、商、周三种历法的正月,有建子、建丑、建寅之不同,故谓之三正,即是三种时间不同的正月。二、以子、丑、寅,为天地人,故谓建子为天统,建丑为地统,建寅为人统,于是三正亦称"三统"。又将赤白黑配上子丑寅的三正、三统,故建子的天统亦称赤统,建丑的地统亦称白统,建寅的人统亦称黑统。"易服色"的服色,是各随赤白黑三统之色。夏建寅,为人统黑统。殷建丑,为地统白统。周建子,为天统赤统。三、再将质文配到三统的更迭中去,而认为"一商一夏,一质一文。商质者主天,夏文者主地,《春秋》者主人,故三等也"。按三代建正不同,当系事实。但《尚书·甘誓》之所谓"三正",是否即系此处之所谓三正,至为可疑。而《周书》(即所谓《逸周书》)卷六《周月解》,有质文三统之说,此篇乃出于阴阳说盛行之后,可能系战国末期之作,为董仲舒所本。但《周月解》无天地人之说,是其即以三正为三统。谓"夏数得天",乃谓夏正得天时之正,与仲舒说夏建寅为人统之说不同,更未配入赤白黑的颜色。天地人为三统,可能即始于仲舒。而配以赤白黑三色成为赤统白统黑统,则可确断为仲舒渗糅了五德终始的创说。汉初改制的主张,皆本邹衍的五德(五行之德)终始。五德终始,由《吕氏春秋》之《应同》篇,犹可窥其概略。《应同》篇以黄帝是"土气胜,故色尚黄",禹是"木气胜,故其色尚青",汤是"金气胜,故其色尚白",文王是"火气胜,故其色尚赤"。"代火者必将水……水气胜,故其色尚黑。"仲舒援《春秋》之"春王正月"的正月以言

先秦儒家思想的转折及天的哲学的完成

历史的递嬗，故将三正与天地人、赤白黑之三统结合起来，自不得假五德终始的五德以立论。但三统中，三色与朝代的配合，乃来自五德终始的五德之色，则至为明显。总结地说，由《公羊》以了解《春秋》，可断言仲舒的改制思想，为《春秋》所无。三正有历史之依据，而未为《春秋》所明言，亦为《春秋》所不必言。至由三正所孳生出之天地人及黑白赤的三统，断为《春秋》所不许。

既认定孔子受命而作《春秋》，改制以应新王，则由邹衍所提出的文质互救的观念，[①]已见用于《周书》的《周月解》，仲舒亦必组入到他的改制思想中，由此而伸张他的政治社会思想。《玉杯》第二，"礼之所重者在其志……志为质，物为文。文著于质，质不居文，文安施质，质文两备，然后其礼成……俱不能备，而偏行之，宁有质而无文。虽弗予能礼，尚眇（稍）善之……有文无质，非直不与，乃眇恶之……然则《春秋》之序道也，先质而后文，右志而左物。故曰礼云礼云，玉帛云乎哉……引而后之，亦宜曰丧云丧云，衣服云乎哉。是故孔子立新王之道，明其贵志以反和，见其好诚以灭伪，其有继周之弊，故若此也"。汉到了文景时代，政治因封建侯王的僭侈，社会因商业资本及地主的发达，生活豪侈，成为风气；尤以厚葬之风，消耗生人之资，至巨且大。至武帝而朝廷为其首倡，仲舒欲以"质"的观念加以补救，这是很有意义的。但他一定要把质文互救的观念，组入到他的三统中去，并且说这是出于《春秋》，便牵附而诬诞了。三统有三，而质文只有二，以二配三，如何能配得上？就《三代改制质文》篇看，

[①]《汉书》六十四下《严安传》："以故丞相史上书曰，臣闻邹衍曰，政教文质者，所以云救也。当时则用，过则舍之，有易则易也。"此当为以质文递变言世运之始。

已说汤"受命而王,时正白统",又说《春秋》应天作新王之事,时正黑统王鲁";黑统的"历正日月朔于营室,斗建寅",是夏为黑统;《春秋》正黑统,乃承夏之统。但谈到质文时,又说"王者之制,一商一夏,一质一文。商质者主天,夏文者主地,《春秋》者主人"。则"承周文而反之质",《春秋》又应当是承商质之统。所以发生这种混乱矛盾的情形,因为孔子曾明白主张"行夏之时"(《论语·卫灵公》),夏时是建寅,仲舒将其列入人统黑统。因此不得不以孔子作新王之事,亦系建寅,亦列入人统黑统。但"汉承周文之弊",是一个已经决定了的前提。质与文递嬗,周既是文,周前之商不能不是质;商前之夏,又不能不是文。于是在质文的问题上,孔子作新王之事,又不得不弃夏而承商。仲舒要综合许多因素以组成一个思想系统,只好忍受这种混乱。至于从孔子"如用之,则吾从先进"(《论语·先进》)之言推之,他虽然主张"文质彬彬,然后君子"(《论语·雍也》),但二者不可得兼时,则"宁有质而无文"的话,是可以成立的。但孔子是在"周文"中求其质,所以《公羊传》中所言之礼,皆是周礼。孔子是以仁为礼之质,绝不曾主张机械地质文递嬗,回到商的质统中去。大概仲舒也觉得这种机械的质文递嬗之说,过于勉强;而在《贤良策问》中,武帝已指出"殷人执五刑以督奸,伤肌肤以惩恶",把所谓"殷质"的内容揭穿了,与自己的尚德而不尚刑的主张不合,所以在《贤良对策》的第二策中,仅说"夏上忠,殷上敬,周上文",而主张"今继大乱之后,若宜稍损周之文致,用夏之忠者",这是一个很大的合理的修正。

先秦儒家思想的转折及天的哲学的完成 *325*

（五）向天的哲学中的升进

（八）项"援天端"，这更表现了仲舒《春秋学》的特色。他一定要把立足于历史，立足于具体的人事的《春秋》及《公羊传》，拉入到他的天的哲学系统中去，在笃实明白的文字中，赋予以一份神秘的色彩。《重政》第十三中说，"夫义出于经，经传，大本也"；顺着经传的文字以求孔子作《春秋》之义，这是一条正路。但他在《精华》第五中谓，"然而体天之微，故难知也"；这是说《春秋》是体天之微，所记历史的事实，都是为了体现天的微意的，此在《公羊传》中找不出这种内容，于是他通过两条线索以求达到他的预定目的。一条线索是夸大"元"的观念，一条线索是加强灾异的观念。把元与灾异，视为"《春秋》之至意有二端"（《二端》第十五），由此二端，而把历史、人事，与天连结在一起。

《春秋》一开始是"元年春，王正月"。《公羊传》："元年者何？君之始年也。春者何？岁之始也。"按夏曰岁，商曰祀，周曰年。《书·洛诰》"称秩元祀"，《书·酒诰》："惟元祀"，此乃周初因商的称呼而未改。《舀鼎》："唯王元年六月既望乙亥。"《舀鼎》："唯王元年六月既望乙亥。"《龙敦》："唯元年既望丁亥。"《师酉敦》："唯王元年正月。"《师兑敦》："唯元年五月初吉丁亥。"《师虎敦》："唯元年六月既望甲戌。"《师獸敦》："唯王元年正月初吉丁亥。"《蔡殷》："唯元年既望丁亥。"此时周已改祀称年，而称君即位之年为元祀元年，乃商周史臣记载之常例，绝无书即位之年为一年之事。《竹书纪年》乃魏之史书，今日由辑校所得，亦无不书即位之年为元年。由此可知孔子仅依商周史臣的常例而书元年，《公羊传》释元年为始年，简明切当，实更无其他剩义。而《邾公牼钟》："唯王正月初吉辰在乙亥。"《邾公华钟》："唯王正月初吉乙亥。"《邵钟》:"唯王正月初吉丁亥。"《楚王颠钟》:"唯王正月初吉丁亥。"《录伯戒敦》:"唯王正月,辰在庚寅。"《齱敦》:"唯王正月辰在甲午。"《陈逆簠》:"唯王正月初吉丁亥。"《公孙班镈》:"唯王正月辰在丁亥。"《丑尊》:"唯王正月初吉丁亥。"《季姬匜》:"唯王正月初吉丁亥。"《晋邦盦》:"唯王正月初吉丁亥。"《楚嬴匜》:"唯王正月初吉庚午。"《夆叔匜》:"唯王正月初吉丁亥。"金文虽有不少仅书"唯正月"而未加王字的,但书"王正月"亦周史官纪时之常例;孔子亦只本此常例而书"王正月",不可能有其他非常异义存于其中。但仲舒谓:

(一)《春秋》之序辞也,置王于春正之间,非曰(原注:犹言岂非)上奉天施而下正人,然后可以为王也云尔。(《竹林》第三)

(二)谓一元者,大始也。知元年志者,[①]大人之所重,小人之所轻。(《玉英》第四)

(三)《春秋》何贵乎元而言之,言本正也。道,王道也。王者人之始也,王正则元气和顺……(《王道》第六)

(四)唯圣人能属万物于一,而系之元也。终(原注:"终"一作"故"者是)不及本所从来而承之,不能遂其功。是以《春秋》变一谓之元。元犹原也,其义以随天地终始也。故人唯有终始也,而生不(苏舆:不疑作死)必应四时之变。故元者为万物之本,而人之元在焉。安在乎?乃在乎天地之前。故人虽生天气及奉天气者,不得与天元本

[①] 卢云,钱疑志字衍者是。苏舆"志字当有,犹言知立元之意也",嫌迂曲。

天元命而共违其所为也（按此句语义不明），故春正月者，承天地（地字疑衍）之所为也，继天之所为而终之也；其道相与共功持业，安容言乃天地之元。天地之元，奚为于此恶（卢注读曰乌）施于人，大其贯承意之理矣。(《重政》第十三)

（五）是故《春秋》之道，以元之深，正天之端。以天之端，正王之政。以王之政，正诸侯之位，五者俱正而化大行。(《二端》第十五)

（六）《春秋》曰王正月。《传》曰：王者孰谓？谓文王也。曷为先言王而后言正月，王正月也。何以谓之王正月？曰，王者必受命而后王。王者必改正朔，易服色，制礼乐，一统于天下；所以明易姓，非继仁（人），通以已受之于天也。王者受命而王，制此月（正月）以应变（应易姓受命之变），故作科以奉天地，故谓之王正月也。(《三代改制质文》第二十三)

（七）其谓统三正者？曰正者正也，统致其气，万物皆应而正。统正，其余皆正；凡岁之要，在正月也。法正之道，正本而末应，正内而外应，动作举措，靡不变化随从，可谓法正也。(同上)

按在董仲舒以前，也有把《春秋》之元与《诗》之《关雎》并称的；但这只是慎之于始的意思，没有其他特别意义。《易·乾》"元"《九家注》："元者气之始也。"这是由阴阳二气上推，而认为应有阴阳未分，为阴阳所自出的气，即称为元气。《易·系辞》"立天之道，曰阴与阳"，天道即是阴阳；阴阳所自出的元气，其层次自然在天道之上。仲舒与《九家注》的作者约略同时,上引《九家注》的话,不是他们的私言,而是当时学术上的公言,所以《鹖冠子·王鈇》篇也说"天始于元"。在仲舒心目中元年的元,实际是视为元气之元。所以才有(五)"是故《春秋》之道,以元之深,正天之端"的话。《说文》十二上"援,引也",乃引而上之意;仲舒认定《春秋》的元字即是元气,即是天之所自始的"端";不说"一年"而说"元年",是孔子在《春秋》中所说的王道,上援引到天之端,元是王道的最后根源,所以(四)说"元犹原也"。阴阳出于元而归于元,《春秋》把握到元以立义,所以(四)说"其义(《春秋》之义)以随天地终始也"。(四)又说"唯圣人能属万物于一,而系之元也",即是圣人能把万物都连结到一个共同的根源的"一"上,由此一的根源,以立王道之本,自然可以收到"元气和顺,风雨时,景星见,黄龙下"(《王道》第六)的效果。所以《春秋》要"援天端"之元以立根源性之义。

按照仲舒的意思,天之端来自元,天之功用表现为四时;而春是四时之始,这是天向人及万物的施为。隐元年《公羊传》,"何言乎王正月?大一统也";《公羊传》的原意,孔子书"王正月",表明鲁系奉周王的正朔,乃重视(大)一统的意思。但(六)说"何以谓之王正月?曰王者必受命而后王……制此月(正月)以应变,故作科以奉天地,故谓之王正月也";仲舒的意思是把"王正月"解释为由受命之王"改正朔"而来的正月,因此,"王正月"乃是属于受命之王的正月。春则为天之所施,正月为春之首,岁之始,但又系由受命之王所改定,所以正月便有上承天而下属于王的双重意义。而此月名为正月,据(七)说"正者正也",此月得其正,则就天而言,"统致其气,万物皆应而正"。就王而言,则"正本而末应，正内而外应，动作举措，靡不变化随从"，所以（七）说"凡岁之要在正月也"。（一）对《春秋》"春王正月"四字的解释是"置王于春正之间，非曰（岂非）上奉天施而下正人，然后可以为王也云尔"；春是"天之施"，春字安放在王字的上面，这即说明王应上奉天之施，此亦即《玉杯》第二所说的"以君随天"，"屈君而伸天"。把"正者正也"的正月安放在王的下面，这即说明王者要由正月之正，以自正其本，由自正其本"而下正人"。仲舒在《贤良对策》的第一策中，有一段话说得更清楚："臣谨按《春秋》之文，求王道之端，得之于正。正次王，王次春，春者天之所为也，正者王之所为也。其意曰，上承天之所为，而下以正其所为，正王道之端云尔。"

由上可知仲舒不仅对"元年"之元的解释，为《公羊传》所无；他对"春王正月"的解释，亦为《公羊传》所未有。通过他对"元"与"春王正月"的特殊解释，而把《春秋》组入到他的天的哲学大系统中去了。

其次，仲舒除了上述以元为天端外，还通过灾异的一条线索，把《春秋》与他的天的哲学大系统连结起来。已如前述，认灾异为天意的表现，是古老的传统。但通过《公羊传》以了解《春秋》，可以说把由灾异以见天意的古老传统，减轻得微乎其微。且除宣十五年"冬蝝生"《传》"上变古易常，应是而有天灾，则宜于此焉变矣"外，未有言灾异系某具体政治问题的反应的。《春秋繁露》的第一部分——《春秋》学的部分，虽仅在《王道》第六及《二端》第十五，说到灾异；但《二端》第十五说："《春秋》至意有二端……是故《春秋》之道，以元之深，正天之端；以天之端，正王之政；以王之政，正诸侯之位；五者俱正而化大行。然书曰蚀星陨有螽山崩地震……《春秋》异之……虽甚末，亦一端，孔子以此效之，吾所以贵微重始是也。因恶夫推灾异之象于前，然后图安危祸乱于后者，非《春秋》之所甚贵也，①然而《春秋》举之（灾异）以为一端者，亦欲其省天谴而畏天威……岂非贵微重始，慎终推效者哉？"详玩上文，盖以灾异为仅次于"元"之一端；元在天之上，故由元以正天之所自来之端。灾异乃天之所发，故由灾异以探知天对政治反应之端。这二端皆以天为中心，于是仲舒认为《春秋》通过二端而与天紧密连结在一起；天通过《春秋》而将自己的意志，在历史中显现，在现实政治中显现。由元之一端而盛言改制的重大意义，由灾异的一端与五行相结合而盛言《春秋》中天人感应的实例，其详具见于《汉书·五行志》中所录的"董仲舒以为"各条。

由上所述，可知仲舒的《春秋》学，实对儒家思想的发展，加上了一层特殊的转折。并且这种转折，得到当时学术界的广大承认，此即《汉书·五行志》序论所说的"董仲舒治《公羊春秋》，始推阴阳为儒者宗"，更通过纬书及《白虎通德论》中的大量吸收而成为一般的通说。何休注《公羊》，多采用董说而不出董氏之名，盖即以"通说"的性质视之，不必出于有意的攘窃。问题是在仲舒何以要加上这一层转折？我的推测，第一，仲舒由受《吕氏春秋》十二纪纪首的影响，先形成了一个天的哲学构造在心里；而这一哲学构造，他认定是万事万物最高的真理，最后的根据。由孔子所作的《春秋》，必定与他冥符默契；只是这种"微"、"端"、

---

① 按此二句之意，在说明《春秋》之所甚贵者乃在"以元之深，正天之端"数句，因为那是从根源上解决政治问题。故以由灾异图安危，为非《春秋》所甚贵。

"至意",未被一般人所察识,他便从"微"从"端"的地方深入进去,而将孔子的"至意"显发出来。第二,在仲舒心目中,孔子作《春秋》,是为后王立法,现实上即是为汉立法。①用现代的语言来表达,他要使《春秋》成为大一统专制帝国的宪章。此宪章要至高无上的皇帝来遵守,便必须把此宪章的地位,安在皇帝的上面,只好说孔子作《春秋》,是含有未曾由语言所明白表达出来的至意,即是天意。此至意、天意,即隐藏在"元"、"正月"等几个字中间,由他推衍出来。于是《春秋》中的大义,不是出于孔子而是出于天,甚至是出于在天之前的"先天而天弗违","天且弗违,而况于人乎?而况于鬼神乎"②的"元"。这样,他便可由要求"以君从天","屈君而从天",转到实际上是从孔子的《春秋》之教。第三,然则孔子所作的《春秋》,何以见得是代表天意?这便不得不傅会出另一种说法,即是孔子乃由获麟受命而作《春秋》的,所以《春秋》即可代天立教。同时,在仲舒绝对性的伦理关系中,孔子为什么以平民身份,能立新王之法,且可以"贬天子,退诸侯,讨大夫"呢?因为孔子已代周受命而自成一统,这便与一般臣民讥弹朝廷的情形不同。而他援《春秋》之义以献替时政,也是本圣意天意来讲话,并非出于臣子之私。但不论仲舒的用心如何,纬书怪诞之说,我发现是由仲舒所引发出来的,对先秦理性主义、合理主义应有的发展,加上了一层阻滞。例如仲舒在《三代改制质文》第二十三中,以商为白统,于是《春秋演孔图》便

---

① 《公羊传》隐元年疏引《演孔图》:"丘揽史记,援引古图;推集天变,为汉帝制法,陈叙图录。"又"丘水精治法,为赤(汉)制功"。此以孔子作《春秋》,乃为汉立说所自出,然实系推法之演仲舒之意。
② 此虽借用《易·乾·文言》之文,实与仲舒说元"乃在天地之前"的用意相通。

有"夏民不康,天果命汤,白虎戏朝,白云入房","天命于汤,白云入房","白云金精,入汤房也"①等怪说。仲舒以孔子受命为黑统,《春秋演孔图》便有"孔子母颜氏徵在,游大泽之陂,睡梦黑帝使请己往;梦交语曰:'汝乳,必于空桑之中。'觉则若感,生丘于空桑,故云玄圣"等怪说。②我的推测,谶语是自古有之,而缘经以为纬书,则其端发自仲舒。而夏侯始昌的《洪范五行传》,京房之《易》,翼奉之《诗》,皆系由仲舒所引发;纬书更各由此异说滋演而生,遂大盛于哀平之际。故先秦经学,实至仲舒而一大歪曲;儒家思想,亦至仲舒而一大转折;许多中国思维之方式,常在合理中混入不合理的因素,以致自律性的演进,停滞不前,仲舒实是一关键性人物。"董仲舒,乱我书"之谶,③殆出于某一经生痛仲舒对《春秋》之曲说,一旦成为官学,影响太大,无可奈何,故亦聊造一谶以泄愤。

七、董氏《春秋》学之三

但是,《公羊传》中许多平实而有意义的思想,仲舒也皆加以承继和发挥,兹特举两义:

(一) 华夷之辨

仲舒特提出"王者爱及四夷"(《仁义法》)的理想,发挥《春

---

① 据日人安居香山中村璋八所辑《纬书集成·春秋》上。
② 同上。
③ 见王充《论衡·实知》篇及《案书》篇。王充对此谶在《实知》篇中力辟其妄,而在《案书》篇中又谓"盖孔子言也",王氏每多此矛盾之论。

先秦儒家思想的转折及天的哲学的完成

秋》由种族的华夷之辨，进而为文化的华夷之辨；且进而以人民生存之基本要求，泯除华夷之辨。就今日可以看到的古代史料，以黄河流域为中心，在文化传承上成一统绪，渐渐形成西周时代之所谓"中国"、①"华夏"②的观念；因不断与周围或间杂的外族，作过长期生存竞争；尤其是周室经厉幽之乱，平王东迁，在齐桓霸业未成以前，中国更受到异族的迫害；孔子作《春秋》，对于种族的自保，当然视为最重大的责任。《公羊传》"不与（许）夷狄之执中国"（隐七年、僖二十一年），"不与夷狄之获中国"（庄十年），庄公"追戎于济西"，"大其未至而预防之"（庄十八年），以狄灭邢灭卫为齐桓公讳，盖深以此为大耻（僖二年），以攘夷狄为王者之事（僖四年），"内其国而外诸夏；内诸夏而外夷狄（成五年），"不与夷狄之主中国"（昭二十三年、哀十三年），这都表示得非常坚决。仲舒在这种地方，当然承继了下来。但庄三十年"齐人伐山戎"《传》，"此齐侯也，其称人何？贬。曷为贬？子司马子曰：盖已操之为己蹙（迫）矣"，这便表示不应迫害到夷狄的生存。宣十二年"邲之战"《传》："不与晋而与楚子为礼也。"宣十五年"夏五月，宋人及楚人平"《传》："外平不书。此何以书？大其平乎己也。"因为楚司马子反哀宋之"易子而食之，析骸而炊之"，促成楚王与宋言和（平）。昭二十三年"戊辰，吴败顿胡、沈、蔡、陈、许之师于鸡父"《传》，既"不与夷狄之主中国"，同时斥"中国亦新夷狄"。定公四年"冬十有一月庚午，蔡侯以吴子及楚人战于伯莒，楚师败绩"《传》："吴何以称子？夷狄也而忧中国。""庚

---

①《诗·大雅·桑柔》："哀恫中国。"
②《书·武成》："华夏蛮貊。"《左传·定公十年》："夷不乱华。"

辰,吴人入楚"《传》:"吴人何以不称子?反(反而为)夷狄也……盖妻楚王之母也。"上面已清楚地说明,《春秋》华夷之辨,已突破了种族的限制,进而为文化的华夷之辨,而文化的真实内容,即在人类基本生存的权利。仲舒在这一点上,作了突出的发挥。《竹林》第三:"《春秋》之常辞也,不予夷狄而予中国为礼。至邲之战,偏然反之何也?曰,《春秋》无通辞,从变而移。今晋变而为夷狄,楚变而为君子,故移其辞以从其事。夫庄王之舍郑,有可贵之美,晋人不知善而欲击之;所救已解,如(而)挑与之战,此无善善之心,而轻救民之意也。是以贱之,而不使得与贤者为礼。"对楚司马子反促楚庄王解宋围一事谓:"司马子反,为其君使,废君命,与敌情,从其(宋华元)所请与宋平,是内专政而外擅名也。专政则轻君,擅名则不臣,而《春秋》大之,奚由哉?曰,为其有惨怛之恩,不忍饿一国之民,使之相食。推恩者远之而大,为仁者自然而美。今子反出己之心,矜宋之民,无计(计较)其间,故大之也。"这是站在人民生存的立场,不仅超越了华夷之辨,也超越了君臣之防。又成三年"郑伐许",《公羊》无传。但仲舒伸之曰:"郑伐许,奚恶于郑,而夷狄之也?曰,卫侯速卒,郑师侵之,是伐丧也。郑与诸侯盟于蜀,以(已)盟而归诸侯,于是伐许,是叛盟也。伐丧无义,叛盟无信。无信无义,故大恶之。"这是以文化来定华夷的分水岭,而所谓信、义,实际是人与人、国与国,相互间的合理生存关系,不是什么抽象空泛的理论。汉承秦大一统之后,当时疆域,已远超过了《春秋》时代的所谓华夏;在中国范围之内,种族上包括了许多以前所谓夷狄在内,但事实上只有地方性而不复有种族性的问题,由《春秋》所表现的这种伟大精神,实成为镕铸各种族为一体的一股精神力量;仲舒加

先秦儒家思想的转折及天的哲学的完成

以提倡，对武帝北攘匈奴，南服南越，开疆拓土，但对于归附者率与以优渥的处理，不能说没有发生影响。而中国之所谓民族主义，不同于西方与军国主义帝国主义相通的民族主义，其根源在此。

（二）复仇与名节

《春秋》中的另一思想，复仇的思想，经仲舒加以提倡扩大，不仅形成尔后对复仇与以特别评价的风气，且对促成东汉名节有重大的关系。

庄四年"纪侯大去其国"《传》："大去者何？灭也。孰灭之？齐灭之。曷为不言齐灭之？为襄公讳也。《春秋》为贤者讳。何贤乎襄公？复仇也。何仇耳？远祖也。哀公亨（煮杀）乎周，纪侯譖之……远祖者几世乎？九世矣。九世犹可以复仇乎？虽百世可也。家亦可乎？曰，不可。国何以可？国君一体也。曷为葬之？灭其可灭，葬其可葬……"这是有名的齐襄公复九世之仇的故事。对此事之解释，《左氏》与《穀梁》，皆不同于《公羊》；孔子是否有此思想，尤为可疑。意者田氏篡齐后，反映姜齐遗黎一时愤慨的心情，殆同三户亡秦的谶语。在这段文字中，把国仇与家仇分开，并又把复仇与报复分开，这是经过深思熟虑后所写出来的。又定公四年吴阖庐伐楚一役，《传》"父不受诛（言诛不以罪），子复仇可也"；许伍子胥之复仇，太史公为伍子胥立传，当本于此。仲舒于齐襄灭纪一事，在《灭国下》第八谓："纪侯之所以灭者，乃九世之仇也。一旦之言，危百世之嗣，故曰大去。"而在《玉英》第四谓："纪侯曰'齐将复仇'。纪侯自知力不加而志距之，故谓其弟曰'我宗庙之主，不可以不死也。汝以酅往服罪于齐，请以立五庙，使我先君岁时有所依归'。率一国之众，以卫九世之主；

襄公逐之不去，求之弗予，上下同心而俱死之，故谓之大去。《春秋》贤死义，且得众心也，故为讳灭以为之讳，见其贤之也，见其中（合）仁义也。"按《公羊传》之意，重在齐襄公之复仇；而仲舒之意，则重在纪君之死义，仲舒补足了《公羊传》所欠缺的一面。而仲舒说"《春秋》之义，臣不讨贼，非臣也；子不复仇，非子也"（《王道》第六），他并没有忽视复仇的意义。但他的重点，则似乎是放在"死义"的一方面。这在他对成二年齐晋鞌之战，齐君将为晋郤克虏获时，齐逢丑父伪为齐君，因而使齐君得以逃亡一事，表现得最清楚。《竹林》第三："逢丑父杀其身以生其君，何以不得为知权？丑父欺晋，祭仲许（诈）宋（桓公十一年事），俱枉正以存其君，然……祭仲见贤，而丑父犹见非，何也？曰：是非难别者在此……夫去位而避兄弟者，君子之所甚贵。获虏逃遁者，君子之所甚贱。祭仲措其君于人所甚贵，以生其君，故《春秋》以为知权而贤之。丑父措其君于人所甚贱，以生其君，《春秋》以为不知权而简之。其俱枉正以存君相似也，其使君荣之与使君辱不同理……夫冒大辱以生，其情无乐，故圣人不为也，而众人疑焉。《春秋》以为人之不知义而疑也，故示之以义曰：国灭，君死之，正也。正也者，正于天之为人性命也。天之为人性命，使行仁义而羞可耻。非若鸟兽然，苟为生，苟为利而已。是故《春秋》推天施而顺人理，以为至尊不可生于至辱大羞；已反国复在位矣，而《春秋》犹有不君之辞，况其溉然方获而虏耶？于义也非君定矣……大义宜言于顷公曰：君慢而怒诸侯，是失礼大矣。今被大辱而弗能死，是无耻也。而复重罪。请俱死无辱宗庙，无羞社稷……故君子生以辱，不如死以荣，正是之谓也……天施之在人者，使人有廉耻。有廉耻者不生于大辱……曾子曰：辱若可避，避之可也。及其不可避，君子视死如归。"按《公羊传》只于"秋七月，齐侯使国佐如师。己酉，及国佐盟于袁娄"谓"君不使乎大夫。此其行使乎大夫何？佚获也"。何休注"佚获者，已获而逃亡也"；是《公羊传》对齐顷公流露有轻贬之意，仲舒却从"佚获"两字，发出上面一大段十分严肃的理论，这正是名节之士的精神依据。将上一思想，加以推扩，则有《精华》第五下面的几句话："大水者阴灭阳也……故鸣鼓而攻之，朱丝而胁之，为其不义也；此亦《春秋》之不畏强御也。故变天地之位，正阴阳之序，直行其道，而不忘其难，义之至也。是故胁严社而不为不敬灵，出天王而不为不尊上，辞父之命而不为不承亲，绝母之属而不为不孝慈，义矣夫。"又《王道》第六"鲁隐之代桓立，祭仲之出忽立突，仇牧孔父苟息之死节，公子目夷不与楚国，此皆执权存国，行正世之义，守惓惓之心，《春秋》嘉气义焉"，这都是激励名节的话。当然从思想上追索东汉冒险犯难，视死如归的名节之士的思想上来源，除董仲舒外，更应重视韩婴的《韩诗外传》。据《汉书·儒林传》，韩婴"孝文时为博士"，"武帝时，婴尝与董仲舒论于上前；其人精悍，处事分明，仲舒不能难也"，是其年辈较仲舒为长，而犹可以相及。从《外传》看，有阴阳思想而绝无五行思想。东汉时习《诗》者，以《韩诗》为最盛，[①]其卷一即多述砥砺名节之传记故事，又多为刘向《新序》、《说苑》所转述；此对东汉

[①] 余据《隶释》略记其习《诗》而记明某家者，计：《从事武梁碑》"治《韩诗》"。《中常侍韩君之碑》"治《韩诗》"。《山阳太守祝睦后碑》"修《韩诗》"。《车骑将军冯绲碑》"治……《韩诗》"。《郎中马江碑》"通《韩诗经》"。《广汉属国都尉丁鲂碑》"治《易》《韩诗》"，得六人。《司隶校尉鲁峻碑》"治《鲁诗》"。《执金吾丞武荣碑》"治《鲁诗》"。得二人。其中无一言治《毛诗》者，此处数字，或有遗漏，然大致如此。

两汉思想史（二）

士人重名节之风气，亦必发生巨大影响。韩婴此一思想，可能导源于曾子，[①]故卷一开始即引"曾子曰"。而董仲舒此一思想，表面上导源于《春秋》，实则恐亦源于曾子，故前所录者即引有曾子之言。

（三）正名思想

除上述二点外，便是由仲舒所发展出的正名思想。孔子本有正名的主张；他整理鲁史记以为《春秋》，在文字上自必力求精确。如庄公七年"夏四月辛卯夜，恒星不见，夜中，星霣如雨"《传》："不修《春秋》曰，雨星不及地尺而复。君子（孔子）修之曰，星霣如雨。"孔子所修的辞句，当然较鲁史所记的正确简当。加以《公羊传》的作者们，既相信孔子将其赏罚之意，寓于书法之中，所以《公羊传》中，在文字上做了许多精密的训释工作，这也可以说是文字上的正名工作。僖"十有六年春王正月戊申朔霣石于宋，五。是月，六鹢退飞过宋都"《传》："曷为先言霣而后言石，霣石记闻；闻其磌然，视之则石，察之则五。曷为先言六而后言鹢，六鹢退飞，记见也；视之则六，察之则鹢，徐而察之则退飞。"由文字记录的顺序，反映出闻与见发现时的顺序，这当然是很精密的纪录。这是很有名的例子。《深察名号》第三十五："名生于真。非其真，弗以为名。名者圣人之所以真万物也。""《春秋》辨物之理，以正其名，名物如其真，不失秋毫之末。故名霣石，则后其五；言退鹢，则先其六；圣人之谨于正名如此。"按五石六鹢之辞，是以一句话中的用字、结构、描述的三者为其内容；

[①]《论语·泰伯》："曾子曰，可以寄百里之命，可以托六尺之孤，临大节，而不可夺也。君子人与？君子人也。"孟子亦特言曾子之勇，其他类似之言论亦多。

这与一般以一个名词、动词、状词为对象所说的正名，似乎有点分别。一句话的正名，则"名物如其真，不失秋毫之末"，是可以成立的。如以名词等的单词复词为正名的对象，则名的本身，只能如荀子在《正名》篇中所说的"约定俗成"，而不可能如仲舒所说的"名者圣人之所以真万物也"，而必赖若干语言加以说明、充足、界定。但仲舒忽略就"一句话"而言正名，和就一个单词复词而言正名的分别，于是常就一个单词复词的自身以言其"物之真"；于是有的可以成立，有的已近于勉强，而更多的则牵强附会，迷失了正常的解释。如他在《深察名号》篇中以天之子释"天子"一词，是可以成立的。以"宜谨视所候奉之天子"释诸侯，是把"侯"释为伺候之候，这就说不通了；以"善大于匹夫之义"释大夫，以大夫之夫为匹夫，简直不成话说了。更说"王号之大意其中有五科，皇科、方科、匡科、黄科、往科"；君号也有五科，"元科、原科、权科、温科、群科"，沾到一点边，顺着声音，随意连想枝蔓，完全走到与正名相反的方向。他说"性之名非生欤"，这在训诂上是不错的。但要以此作断定当时性论之是非，而不考虑到这是要从具体之人的观察体验而得，开清代阮元一派以字义言思想的先河，[①]形成治思想史的一大障蔽。由此可知《春秋繁露》中的训诂，不是寻常的训诂，不宜轻于援引的。

更糟的是，仲舒把正名的问题，也要组入到他的天的哲学大系统里面去。他在《深察名号》第三十五一开首说："治天下之端，在审辨大；辨大之端，在深察名号。名（疑漏一"号"字）者大理之首章也。录其首章之意，以窥其中之事，则是非可知，顺逆

[①] 如《揅经室一集》卷十《性命古训》，即其一例。

自著，其几通于天矣。是非之正，取之逆顺。逆顺之正，取之名号。名号之正，取之天地。天地为名号之大义也。古之圣人，谪而效天地谓之号。鸣而命施谓之名……名号异声而同本，皆鸣号而达天意者也……名则圣人所发天意，不可不深观也……是故事各顺于名。名各顺于天。天人之际，合而为一。"这把名还原到原始社会中的咒语上去了。

（四）仁义法

仲舒发挥《春秋》仁义之旨，而参以己意，用心恳笃，切近政治人生，欲有以救其偏弊，即在现在，仍富于极大启发性，而又未尝违反先秦儒家本义的，莫要于《仁义法》第二十九。但在他的整个思想中，发生影响最小，甚至不曾发生影响的，也是这一篇。孔子作《春秋》，是非二百四十二年之事，当然有一个大标准，这即是义。"然则《春秋》，义之大者也"（《楚庄王》第一），就是说的这个大标准。史公在《史记·太史公自序》中说《春秋》制"义法"，义就是法，是用以绳尺历史中的人物与行为的，这一点，董仲舒当然知道得很清楚，而且在他的思想中也到处都用上。《公羊传》主要是把礼凸显到前面，义是礼的内容，礼是义的形式；[①]所以礼与义之间，有时可以等同起来。《公羊传》没有把仁凸显出来；但既重视人民，则礼义必以仁为基底，不言仁而仁行乎礼义之中。仲舒则特别把《春秋》中的"仁"凸显出来，《俞序》第十七"霸王之道，皆本于仁"，即是这种意思。但人是很狡猾的动物，他可以不反对仁义，却可将仁义绕一个圈子，以加强自

[①]《论语·卫灵公》："义以为质，礼以行之。"

先秦儒家思想的转折及天的哲学的完成

私自利的目的。即是以义去绳尺他人，抑压他人，而自身则站在绳尺的上面，以抬高自己；尤其是知识分子，对于自己所恶者则用上义，对于自己所好者则用上仁。在仁义其名之下，成一私欲的裹胁，私欲更因仁义之名而得悍然自肆。至于统治阶级、特殊阶级，更是必然地拿着义去要求人民、剥夺人民，成为对贫贱者的精神与物质的枷锁。而由个体扩大出来，放射出来的佞幸集团、特殊阶级，都得到特别的恩宠，特别的利益，并通过仁义之名去加以保障。这在各种专制之下，是必然的、命定的现象。董仲舒虽然要把大一统的专制加以合理化，把皇帝捧得至高无上，但他的基本用心，却是想在这种崇高、伟大政治结构之下，实现他以人民为主体的理想政治。所以他便针对着一般知识分子，尤其是针对着统治集团，提出《仁义法》这一篇庄严的理论。他说：

> 《春秋》之所治，人与我也。所以治人与我者，仁与义也。以仁安人，以义正我。故仁之为言人也。义之为言我也。言名以别矣。仁之于人，义之于我者，不可不察也。众人不察，乃反以仁自裕，而以义设人，诡其处而逆其理，鲜不乱矣。是故人莫欲乱，而大抵常乱，凡以暗于人我之分，而不省仁义之所在也。是故《春秋》为仁义法，仁之法在爱人不在爱我。义之法在正我不在正人。我不自正，虽能正人，弗予为义。人不被其爱，虽厚自爱，不予为仁……故王者爱及四夷，霸者爱其诸侯，安者爱其封内，危者爱其旁侧，亡者爱其独身。独身者，虽立天子诸侯之位，一夫之人耳，无臣民之用矣。如此者，莫之亡而自亡也。《春秋》不言伐梁者而言梁亡，盖爱独及其身者也。故

曰，仁者爱人，不在爱我，此其法也。义云者，非谓正人，谓正我。虽有乱世枉上，莫不欲正人，奚谓义？昔者楚灵王讨陈蔡之贼，齐桓公执袁涛涂之罪，非不能正人也。然《春秋》弗予，不得为义者，我不正也……故曰，义在正我，不在正人，此其法也。夫我无之，求诸人。有之而诽诸人（诽本亦作非，下同），人之所不能受也。其理逆矣，何可谓义？义者谓宜在我者，宜在我者而后可以称义。故言义者合我与宜，以为一言。以此操之，义之为言我也……君子求仁义之别，以纪人我之间，然后辨乎内外之分，而著于顺逆之处也。是故内治反理以正身，据礼以劝福；外治推恩以广施，宽制以容众。孔子谓冉子曰：治民者先富之而后加教。语樊迟曰：治身者先难后获。以此之谓治身之与治民，所先后者不同焉矣。《诗》云：饮之食之，教之诲之。先饮食而后教诲，谓治人也。又曰：坎坎伐辐，彼君子兮，不素餐兮。先其事，后其食，谓治身也。《春秋》刺上之过，而矜下之苦，小恶，在外弗举；在我，书而诽之。凡此六者，以仁治人，义治我，躬自厚而薄责于外，此之谓也。且论已见之，而人不察。曰：君子攻其恶，不攻人之恶。不攻人之恶，非仁之宽欤？自攻其恶，非义之全欤？此谓之仁造人，义造我，何以异乎？故自称其恶谓之情，称人之恶谓之贼。求诸己谓之厚，求诸人谓之薄。自责以备谓之明，责人以备谓之惑。是故以自治之节治人，是居上不宽也。以治人之度自治，是为礼不敬也。为礼不敬，则伤行而民弗尊。居上不宽，则伤厚而民弗亲，弗亲则弗信……

仲舒上面所说的，皆合于孔门言仁义的本旨；而其立言之用心，系以当时的统治者为对象，也至为显明。假定统治者真能以仁爱人，以义正我；对人民先富而后教，这在今天，还有深远的意义。而他在《必仁且智》第三十里说："何谓仁？仁者憯怛爱人，谨翕不争，好恶敦伦（按伦指人类之类而言；好恶皆所以加厚于人类之爱，而非逞一己之私），无伤恶之心，无隐忌之志，无嫉妒之气，无感愁之欲，无险诐之事，无违辟（僻）之行；故其心舒，其志平，其气和，其欲节，其事易（坦易），其行道。故能平易和理而无争也。如此者谓之仁。"这都是从他内心体验所说出的，与孔门言仁，亦深相契合。他的"仁人者，正其道，不谋其利。修其理，不急其功"（《对胶西王越大夫不得为仁》第三十二。《汉书》本传作"正其谊，不谋其利，明其道，不计其功"，按"不急其功"，于义为长)，这正是他的人格的表现。他对政治经济的恳切要求，都在这种地方得到解答。但这却和他的天的哲学系统，毫不相干。可是他这一方面的意义，后来的人，了解得太少。而他的真正精神，反而被他迂拙神怪的天的哲学所遮掩了。

八、董氏的天的哲学之一

（一）天的哲学是《吕氏春秋》十二纪纪首的发展

现在谈到《春秋繁露》第二部分的天的哲学的问题。

古代天由宗教的意义，演变而为道德价值的意义，[①]或自然的

[①] 按春秋时代，在进步的贵族间，天已由宗教的意义演变而为礼的根源的意义，此为儒家所承，而成为道德的最高根据。这当然是价值的意义。墨子以兼爱为天志，是价值的意义，即老子的虚静、虚无，依然是价值的意义。

意义，这都不足以构成天的哲学。因为这只是由感情、传统而来的"虚说"，点到为止，没有人在这种地方认真地求证验，也没有人在这种地方认真地要求由贯通而来的体系。到了董仲舒，才在天的地方，追求实证的意义，有如四时、灾异。更以天贯通一切，构成一个庞大的体系。他这不是直承古代天的观念发展下来的，而是直承《吕氏春秋》十二纪纪首的格套、内容，发展下来的。《吕氏春秋》最高的政治理想是"盖闻古之清世，是法天地"（《序意》）。他们虽然把"天地"连词，但地只有陪衬的意义，实际则只是法天，天由四时之运行而见。四时由气候不同，春主生，夏主长，秋主收，冬主藏；春夏是阳，秋冬是阴；吕氏的宾客们，便按照这种阴阳四时的变化，再把五行硬配到里面去，以定礼制及政令，使与之相应，这便是《吕氏春秋·应同》篇中所说的"与元同气"。四时虽春夏主生主长，秋冬主收藏，但必先有生与长，然后才有收与藏。所以吕氏的宾客们，实际是把天的功能重点，放在"生"与"长"的上面。政治上的布德施惠，庆赏教化，都配在春夏；实际政治设施的重点，也是放在德惠教化方面。董氏的天的哲学，便是由此发展下来的。

（二）天的构造

仲舒对于天自身存在的构造，有如下述：

（一）何谓天之端？曰，天有十端，十端而止已。天为一端，地为一端，阴为一端，阳为一端。火为一端，金为

一端，木为一端，水为一端，土为一端，[①]人为一端，凡十端，而毕天之数也。(《官制象天》第二十四)

（二）天有五行，一曰木，二曰火，三曰土，四曰金，五曰水。木，五行之始也；水，五行之终也。土，五行之中也；此其天次之序也。(《五行之义》第四十二)

（三）天地之气，合而为一；分为阴阳，判为四时，列为五行。行者行也；其行不同，故谓之五行。五行者五官也，比相生而间相胜也。(《五行相生》第五十八)

（四）天地阴阳木火土金水九，与人而十者，天之数毕也。故数者至十而止，书者以十为终，皆取之此。圣人何其贵者，起于天，至于人而毕，毕之外谓之物。物者投所贵之端，而不在其中，以此见人之超然万物之上，而最为天下贵也。(《天地阴阳》第八十一)

上引四项，（一）（四）两项相同；（二）项可视为（三）项的简化。根据（三），气乃天的构造的基本因素。气在阴阳未分时是合而为一，亦称为元气。元气分为阴阳，阴阳分为四时。五行当亦系由阴阳二气分化而来。但细加研究，如后所述，董氏只以阴阳运行于四时之中，亦犹运行于东西南北的方位之中。阴阳只分化而为太阴少阴太阳少阳。五行之气，似未包括于阴阳二气之内，只是由天派到四时中，帮着阴阳之气去推动四时运转的。这一点，后面还要谈到。所以仲舒的气，并不是严格地由分化所形成的系

[①] 按仲舒此处系以五行相克之顺序排列，故"火为一端"下应为"水为一端，土为一端，木为一端，金为一端"。此传写中偶误。

两汉思想史（二）

统。他说"天有十端",所谓"端",可能应作"本"字解释;[①]所谓天有十端,是说天由十个基本因素所构成。十端似乎是平列的性质。(一)(四)之所以把人列进去凑足"十端",一是为了显出人不同于物的高贵地位,一是仲舒因人是十月而成,便看重"十"的数字;于是说《春秋》有十指,这里也说天有十端。

(三) 天的性格

其次,我们应当了解仲舒所说的天的性格。一般地说,对天的性格的规定,一是转述传统的说法:传统对人的精神是一种力量,而容易使人作无反省的信服。一是出于个人价值观的投射;即是将个人的价值观,不知不觉地投射到天上面去,以为天的性格本来是如此。另一是出自主观的要求;自己要求如此,认定天即是如此。三者常混在一起,而其中有轻重之不同。仲舒对天的性格的认定,出于他主观的要求为多。兹将有关的资料略抄如下:

(一)仁,天心;故次以天心。(《俞序》第十七)

(二)天高其位而下其施,藏其形而见其光。高其位,所以为尊也。下其施,所以为仁也。藏其形,所以为神;见其光,所以为明。故位尊而施仁,藏神而见光者,天之行也。故为人主者法天之行……(《离合根》第十八)

(三)天积众精以自刚,圣人积众贤以自强。天序日月星辰以自光,圣人序爵禄以自明。(《立元神》第十九)

[①]《礼记·礼器》"居天下之大端矣",注:"本也。"

（四）天道积众精以为光，圣人积众善以为功。（《考功名》第二十一）

（五）仁之美者在于天。天，仁也。天覆育万物，既化而生之，有（又）养而成之；事功无已，终而复始；凡举归之以奉人。察于天之意，无穷极之仁也。人之受命于天也，取仁于天而仁也。（《王道通三》第四十四）

（六）天之常道，相反之物也，不得两起，故谓之一。一而不二者，天之行也。（《天道无二》第五十一）

上面所录的材料，（一）与（五）内容相同；（三）与（四）内容相同；（二）的内容比较概括，此皆系把对人君的要求，投射到天的上面，以增加这种要求的力量；（六）是为他的阴阳不并行，故刑德不并立的主张立根据。而他最重要的意思，当然是表现在（一）与（五）上面。（二）则正是作为大一统的皇帝的象征。

但"天"是统一的存在，天自身的实现，必分解为阴阳、四时、五行；所以要进一步把握天的性格，必须把握仲舒所说的阴阳四时五行的性格。《如天之为》第八十说"是故明阴阳入出实虚之处，所以观天之志。辨五行之本末顺逆小大广狭，所以观天道也"。此即说明天志天道，皆由阴阳四时五行运行的情形而见。

《王道通三》第四十四："恶之属尽为阴，善之属尽为阳；阳为德，阴为刑，刑反德而顺于德，亦权之类也……是故天以阴为权，以阳为经。阳出而南，阴出而北；经用于盛，权用于末。以此见天之显经隐权，前德而后刑也。"又说："阳气暖，而阴气寒；阳气予而阴气夺，阳气仁而阴气戾，阳气宽而阴气急，阳气爱而阴气恶，阳气生而阴气杀。"（同上）上面的话，是仲舒对阴阳、对天道的基本规定。阴阳思想，起源、发展于黄河流域；而其原始意义，乃山之北为阴，山之南为阳。山之北，为日光所不易及，故寒而暗；山之南为日光所照，故暖而明；因此，便自然形成好阳而恶阴的情绪。加以在发展中把阴阳配入到四时中去，阴运行于秋冬，而阳运行于春夏；再把它配入到方位中去，阴得令于西北，阳得令于东南；这都可以加强好阳而恶阴的情绪。所以大约在战国中期以后出现的《易传》，便流露有重阳抑阴的倾向。这套观念，由黄河流域扩展到长江流域，还可以有效，因为这一带依然是四季分明，寒燠异致。移向珠江流域，便失掉现实上的意义。因为这一带多半是"四时皆是夏，一雨便成秋"，不完全具备四时的节候。但在发展中已经把阴阳观念加以形而上化了，同时也即赋予它以普遍的意义，所以两千多年来，便没有人追问它在现实应用上所受的限制。不过，人在情绪上对阴阳有所好恶的感受，和阴阳的形而上的地位，根本是矛盾的。《易·系传》"一阴一阳之谓道"，又"立（显著）天之道，曰阴与阳"；阴阳各为天道的一面，对它们便不应有好恶轻重之分，尤不应有善恶之分。所以《易·系传》及《说卦》赋予阴阳以形而上的性格时，皆无善恶之分，[①] 也无贬阴崇阳之意，阴阳系处于平等的地位。仲舒所言的阴阳，当然是形而上的性格；但以善恶说明阴阳的性格，是天道阳的一面是善，而阴的一面是恶，即是天道有善的一面，又有恶的一面，这便形成天道自身的矛盾，亦即表示对天道的不可信任。但他是以天道为一切价值的最高准绳及最后根据的；为了

[①]《易·系辞下》"阳一君而二民，君子之道也。阴二君而一民，小人之道也"；此乃卦中之君臣失位而言君子小人之道，非就阴阳之本身而言君子小人之道。

解决此一矛盾，所以他便提出天是以阳为经、以阴为权的说法来加以补救，并由此而演出对阴阳运行的许多特殊解释。我得最先指出，仲舒所赋予阴阳的性格，与战国中期以后，以《易传》为中心的阴阳思想，有了很大的出入。他之所以如此，大概是因为在现实政治上，他要求贬刑而尚德，以转换当时专制政治的残酷性格，想为此要求在天道上得一根据，只好以善恶分天道的阴阳，以阳经而阴权，表现天是重德而不重刑的天志。此种阴阳善恶的观念，假定只应用在尚德而不尚刑的政治主张上，虽然近于牵附，亦无大流弊。但仲舒既认定阳善而阴恶，即认为阳贵而阴贱，阳尊而阴卑；由此以应用在人伦关系上，将先秦儒家相对性的伦理关系，转变为绝对性的伦理关系，其弊害便不可胜言了。

孔子即以四时言天道，[①]《易传》言四时重于言阴阳；《系辞上》谓乾坤"广大配天地，变通配四时，阴阳之义配日月，易简之义配至德"，这里很明显地没有把阴阳与四时相配。《易传》中更无五行的观念，五行与四时，更两不相干。至《吕氏春秋》十二纪纪首，始以四时为中心，将阴阳五行四方，配合成一个完整的有机体；仲舒即直承此以言阴阳五行四时四方，形成更紧密的构造；天道天志，即表现在此构造之中，试看下面的材料：

（一）是故阳气以正月始出于地，生育长养于上，至其功必（毕）成也而积十月……故阳气出于东北，入于西北；发于孟春，毕于孟冬，而物莫不应；是阳始出，物亦始出；阳方盛，物亦方盛；阳初衰，物亦初衰；物随阳而出入，

[①]《论语·阳货》："子曰，天何言哉？四时行焉，百物生焉，天何言哉？"

数随阳而终始；三王之正，随阳而更起。以此见之，贵阳而贱阴也。(《阳尊阴卑》第四十三)

（二）金木水火，各奉其所主，以从阴阳，相与一力而并功。其实非独阴阳也，然而阴阳因之以起。助其所主。故少阳因木而起，助春之生也。太阳因火而起，助夏之养也。少阴因金而起，助秋之成也。太阴因水而起，助冬之藏也。(《天辨在人》第四十六)

（三）是故阴阳之行，终各六月，远近同度，而所在异处。阴之行，春居东方，秋居西方，夏居空右，冬居空左，夏居空下，冬居空上，此阴之常处也。阳之行，夏①居上，冬居下，此阳之常处也。阴终岁四移而阳常居实，非亲阳而疏阴，任德而远刑与？天之志，常置阴空处，稍取之以为助。故刑者德之辅，阴者阳之助也，阳者岁之主也。(同上)

（四）阳气始出东北而南行，就其位也。西转而北入，藏其休也。阴气始出东南而北行，亦就其位也。西转而南入，屏其伏也。是故阳以南方为位，以北方为休。阴以北方为位，以南方为伏。阳至其位而大暑热，阴至其位而大寒冻。阳至其休而入化于地，阴至其伏而避德于下。是故夏出长于上，冬入化于下者阳也。夏入守虚地于下，冬出守虚位于上者阴也。阳出实入实，阴出空入空，天之任阳不任阴，好德不好刑如是也。(《阴阳位》第四十七)

（五）天之道，终而复始。故北方者，天之所终始也，阴阳之所合别也。冬至之后，阴俯而西入，阳仰而东出；出

---

① 原作"春居上"，依陶鸿庆《董子春秋繁露札记》校改。

入之处，常相反也。多少调和之适，常相顺也。有多而无溢，有少而无绝。春夏阳多而阴少，秋冬阳少而阴多。多少无常，未尝不分而相散也，以出入相损益，以多少相溉济也……春秋之中，阴阳之气，俱相并也。中春以生，中秋以杀。由此见之，天之所起其气积；天之所废其气随（陶鸿庆：随读为堕）。故至春，少阳东出就木，与之俱生；至夏，太阳南出就火，与之俱暖；此非各就其类而与之相起与？……至于秋时，少阴兴而不得以秋从金，从金而伤火功。虽不得以从金，亦以秋出于东方，俯其处而适其事，以成岁功，此非权与？阴之行，因常居虚而不得居实，至于冬而止于空虚，太阳（当作太阴）乃得北就其类而与水起寒。是故天之道，有伦有经有权。《阴阳终始》第四十八）

（六）天道大数：相反之物也不得俱出，阴阳是也。春出阳而入阴，秋出阴而入阳。夏右阳而左阴，冬右阴而左阳……是故春俱南，秋俱北，而不同道。夏交于前，冬交于后，而不同理……天之道，初薄大冬，阴阳各从一方来，而移于后。阴由东方来西，阳由西方来东，至于中冬之月，相遇北方，合而为一，谓之日至。别而相去，阴适右，阳适左。适左者其道顺，适右者其道逆。逆气左上，顺气右下，故上暖而下寒；以此见天之冬，右阴而左阳也，上所右而下所左也。冬月尽而阴阳俱南还……至于中春之月，阳在正东，阴在正西，谓之春分。春分者，阴阳相半也，故昼夜均而寒暑平。阴日损而随阳，阳日益而鸿，故为暖热。而得大夏之月，相遇南方，合而为一，谓之日至。别而相去，阳适右，阴适左；适左由下，适右由上，上暑而下寒，以此见天之夏，右阳而左阴也。上其所右，下其所左，夏月尽而阴阳俱北还……至于中秋之月，阳在正西，阴在正东，谓之秋分。秋分者阴阳相半也，故昼夜均而寒暑平。阳日损而随阴，阴日益而鸿。故至于季秋而始霜，至于孟冬而始寒，小雪而物咸成，大雪而物毕藏，天地之功终矣。（《阴阳出入上下》第五十）

（七）自正月至于十月而天之功毕……故从中春至于秋，气温柔和调。及季秋九月，阴乃始多于阳，天于是时出溧下霜。出溧下霜，而天降物固已皆成矣……十月而悉毕。故案其迹，数其实，清溧之日少少耳。功已毕成之后，阴乃大出。天之成功也，少阴与，而太阴不与……功已毕成之后，物未复生之前，太阴之所当出也。（《暖燠孰多》第五十二）

（八）天有五行，木火土金水是也。木生火，火生土，土生金，金生水。水为冬，金为秋，土为季夏，火为夏，木为春。春主生，夏主长，季夏主养，秋主收，冬主藏。（《五行对》第三十八）

（九）土者火之子也，五行莫贵于土。土之于四时，无所命者，不与火分功名。木名春，火名夏，金名秋，水名冬。忠臣之义，孝子之行，取之土，土者五行最贵者也。（同上）

（十）天有五行。一曰木，二曰火，三曰土，四曰金，五曰水。木，五行之始也。水，五行之终也。土，五行之中也。此其天次之序也。木生火，火生土，土生金，金生水，水生木。此其父子也……常因其父以使其子，天之道也。是故木已生而火养之，金已死而水藏之。火乐木而养以阳，水克金而丧以阴，土之事天竭其忠。故五行者，乃孝子忠臣之行也……是故木居东方而主春气，火居南方而主夏气，金居西方而主秋气，水居北方而主冬气。是故木主生而金主杀，火主暑而水主寒……土居中央，为之天润。土者天之股肱也，其德茂美，不可名以一时之事；故五行而四时者，土兼之也。金木水火虽各职，不因土方（依陶鸿庆："方"应在上句"职"字下）不立……土者五行之主也。五行之主，土气也……是故圣人之行，莫贵于忠，土德之谓也。人官之大者不名所职，相其是矣。天官之大者不名所生，土是矣。（《五行之义》第四十二）

阴阳与五行，对四时四方之配合及作用，皆本于《吕氏春秋》十二纪纪首。阴阳在方位中运行的次序，如（七）所述，恐系先有此格架，由仲舒所完成。这只表现阴阳思想的发展，亦不足以表现仲舒的阴阳五行的特色。在上引材料中可以表现他的特色的应为下述各点：

1. 按先秦仅有阴阳的观念，而未见将阴阳分为太阴少阴，太阳少阳。《素问·四气调神大论》篇有"逆春气则少阳不生……逆夏气则太阳不长……逆秋气则太阴不收……逆冬气则少阴不藏"。若以《素问》为战国末期之书，则将阴阳分而为四，在仲舒前已出现。但将阴阳分而为四之目的，显然是为了与四时相配合；《素问》系就人的生理上说的，在发展上，应当是由四时的转用；而就《素问》的内容①看，及从文字看，不能早于西汉之末；所以将阴阳分而为四，以与春夏秋冬相配合，可能即出于仲舒。后人更援引以释《易传》，实则《易传》中并无此思想。②

2. 据（三）的"阴阳之行，终各六月"，（五）的"春夏阳多而阴少，秋冬阳少而阴多"，及（六）的"春分者阴阳相半也"，"秋分者阴阳相半也"之说，则阴阳是对等的运行，是相当合理的。但（一）的阳"发于孟春，毕于孟冬"，等于在十二个月中，阳占了十个月。这是与（七）的"清溧之日少少耳"相应。（三）"阴终岁四移而阳常居实"，（四）"阳出实入实，阴出空入空"，这与《顺命》第七十"独阴不生，独阳不生"的观念是矛盾的。（五）"故春，少阳东出就木"，"至夏，太阳南出就火"，"至于秋，少阴兴而不得以秋从金"；是秋与五行中金的关系，与春夏在五行中与木火的关系全不相同，盖"就木"、"就火"，都助长了阳的作用；若秋少阴出而就金，便助长了阴，所以就不为仲舒所允许。这与（二）的"少阴因金而起"的说法是矛盾的。

3. 五行说虽承用《吕氏春秋》十二纪纪首，但十二纪纪首对五行的作用到底是什么，没有说出来。而仲舒则在（二）中把五行对阴阳的作用说得很清楚，如"少阳因木而起"者是，这是向前的一种发展。同时，五行中的土，十二纪纪首把它安放在季夏之末，等于只挂一个虚名，仲舒则不仅在（八）中说"土为季夏"，给了它一个实在的地盘；并且（八）的"夏主长，季夏主养"，把

---

① 如《阴阳应象大论》第五，言阴阳之各种作用，极为圆到，乃由整理已成熟之阴阳观念而来。而其文从字顺，或竟出于东汉时期。
② 《易传》之"两仪生四象"，乃指夏秋冬之四季而言。宋人注《易》，每于此援太阴少阴太阳少阳以为解，实误。

"长"与"养"分开，实即把火与土的功用也分开，这已是仲舒建立的新说法。而在（十）中说"土者天之股肱也……故五行而四时者土兼之也。金木水火虽各职方，不因土不立……土者五行之主也"的说法，是土在四季中都发生作用，与（八）的"土为季夏"的说法相冲突，但与（九）的"土者五行最贵者也"的意思相贯通，这更是仲舒在五行中所提出的新说。

4. 然则仲舒何以认定土为最贵呢？原来仲舒在（十）中把五行相生的关系，认为是父子的关系。木是火之父，木所生者使火长之，即是父做的事情，皆使子去完成，这即是（十）中所说的"常因其父以使其子，天之道也"。由此而说"故五行者，乃孝子忠臣之行也"。但四时有四，而五行有五，所以土无法专主一时，《吕氏春秋》的作者只好把它勉强安放在季夏之后。仲舒在（九）中对此加以解释说，这是土"不与火分功名"。即是为子者只为父尽义务，却不享丝毫权利，推之于人臣对人君也是一样的；所以由土所表现出的忠与孝，较其他四行为更纯更笃，堪为臣子的最高模范，于是在（十）他便认定"忠臣之义，孝子之行，取之土"，由此而认定"土者最贵者也"。又在（十）中认为土所尽的义务，是无穷无尽的，为其他四行所不及。这并不是来自它的特殊性能，而是来自它无限的忠。所以又说"是故圣人之行，莫贵于忠，土德之谓也"。

上述的特点，不外来自两端：一是因为阳善而阴恶，要证明天是任阳而不任阴。二是为了要建立他的绝对性的伦理，便只好把以前无法作合理安排的五行中的土，与以特别崇高的地位。在他全部结构中所表现出的矛盾冲突，这说明他的主观要求，不容许他对阴阳五行，作比较合理性的推演和配合。我们在这种地方，可以理解他为了建立一套适合于他主观要求的形而上的哲学系统，

356　　　　　　　　　　　　　　　　　　　　　两汉思想史（二）

遇到了许多无法克服的困难。也可以感到他的穷探力索，所受到客观性的法式的限制。阴阳五行的观念，一经形成后，其自身便成为一种客观性的法式。

在前面所提出的仲舒以"气"所形成的天的结构，在他手上，完成了格套，但在内容上似乎尚未完成。按《五行相生》第五十九"天地之气，合而为一，分为阴阳，判为四时，列为五行"的说法，四时五行都是气，则四时五行之气，即应皆分属于阴阳，为阴阳所分化。但（三）"故少阳因木而起，助春之生也"这类的说法，是少阳太阳、少阴太阴，与五行中的木火金水为二物；而五行之气，乃是与阴阳平列之气，不是由阴阳所分化之气。如此，则气之为体不纯，而气之作用亦缺乏统贯性。仲舒何以留有此濅漏？盖木火土金水在《尚书·洪范》上，本是具体的东西，至邹衍而始将其抽象化。仲舒开始将邹衍所抽象化的五行，应用到《洪范》之上，把抽象与具象的东西，夹杂在一起，于是不知不觉地在五行之"气"中，还是含着木火等具体的形质，而只好与纯抽象的阴阳之气，平列起来，使人感到阴阳与五行，是两种平行之气。他对阴阳与四时的关系，也有这种情形，因为四时观念，本是早在抽象的阴阳观念以前所成立，而被人视为四种具体事物，有如就地之形质而言四方一样。所以在《春秋繁露》中，言阴阳与言五行，各列篇章，而阴阳重在言德刑，五行重在言官职；二者的同异，是很分明的。班固《白虎通》，大量受承了董仲舒的思想，《五行》篇中说"火者阳也，尊，故上。水者阴也，卑，故下。木者少阳，金者少阴……五行所以二阳三阴（土亦阴）何？土尊，尊者配天。金木水火，阴阳自偶"，这才把五行纳入于阴阳统贯之内，以五行为阴阳分化的五种形态，在传承中补了仲舒所留下的

先秦儒家思想的转折及天的哲学的完成

渗漏。所以《白虎通》便只有《五行》篇，而不另立阴阳篇。因为言五行即是言阴阳，而较言阴阳更为详备。《汉书》中不以阴阳名志，而称为《五行志》，也是同样的情形。这种演进之迹，在思想史的把握上非常重要，但一直被人忽略了。

（四）董氏的《洪范》五行的问题

这里应顺便说到的是：我在《阴阳五行及其有关文献》一文中，曾说明《尚书大传》乃出于伏生后学之手；其中有的是传承伏生，有的则是由他的后学所附益。尤以《洪范》中所说的五行，乃五种实用资材，伏生并未受邹衍及《吕氏春秋》十二纪纪首中五行新说的影响，所以在《大传》卷三《洪范》下说"水火者百姓之所饮食也。金木者百姓之所兴作也。土者万物之所资生也。是为人用"。这正是伏生的遗说，与同卷三保持得很完整的《洪范五行传》的性质，完全不同。《洪范五行传》盖出于夏侯始昌，为伏生所不及知。[①] 这里更应补充说，将《洪范》中的实用性的五行，杂糅入邹衍系统下的五行新说以言灾异，盖始于仲舒，夏侯始昌乃承其风而另创新意。《五行五事》第六十四，以貌言视听思的五事，配木金火水土的五行，而对由五事之过失所引起的五行的灾害，其立说未远离《吕氏春秋》的十二纪纪首，亦尚保留有一点《洪范》的原来面貌。如："王者与臣无礼，貌不肃敬，则木不曲直，而夏多暴风。风者木之气也，其音角也。故应之以暴风。"按"则木不曲直"，来自《洪范》的"木曰曲直"；"其音角

[①] 请参阅拙著《中国人性论史·先秦篇》页五七六至五七九。（编者注：《阴阳五行及其有关文献》一文现收入《全集》之《中国思想史论集续篇》，见页六四至六六。）

也"，来自十二纪纪首的"其音角"。惟"木不曲直，而夏多暴风"，是仲舒自己想出来的。《汉书·五行志》："孝武时，夏侯始昌通五经，善推《五行传》，以传族子夏侯胜。"又夏侯胜谏昌邑王数出微行事，霍光召问，"胜上《洪范五行传》曰……"又《汉书·儒林传》："从始昌受《尚书》及《洪范五行传》说灾异。"赵翼《廿二史札记》卷二"汉儒言灾异"条谓"伏生亦未尝言《洪范》灾异"，以"胜所引《洪范五行传》，盖即始昌所作"，"其后刘向又推衍之成十一篇"之说，甚为确当。以《尚书大传》作于伏生，盖始于《经典释文》；而王先谦《汉书补注·五行志》"经曰"下引"王鸣盛曰：《志》先引《经》，是《尚书鸿范》文；次引《传》，是伏生《洪范五行传》"，以《洪范五行传》出于伏生，可谓大谬。夏侯胜以前，绝无以《洪范五行》言灾异及言当时政治之事，亦可为《洪范五行传》出于伏生三传弟子夏侯始昌，而不出于伏生的间接有力证明。夏侯始昌的《洪范五行传》，受了仲舒《五行五事》篇的影响而另出新意，自成系统。由《汉书·五行志》来看《洪范五行传》，是由两部分所构成的。其中有一部分与《洪范》有关连，另一部分则与《洪范》几乎没有关连。《五行志》上所引的《五行传》，五行与五事未配合在一起；其中只提到五行，而未提到五事；虽改窜了《洪范》，但文字上与《洪范》还有点关连。如"《传》曰：田猎不宿，饮食不享，出入不节，夺民农时及有奸谋，则木不曲直"。至于陈寿祺所辑《尚书大传》卷三《洪范五行传》开始的一段，不见于《汉书·五行志》。

维王元祀，帝令大禹步于上帝，维时洪祀六沴，用咎于下，是用知不畏，而神之怒。若六沴作见，若是共御，帝

先秦儒家思想的转折及天的哲学的完成　　　359

用不差，神则不怒……禹乃共辟厥德，受命休令，爰用五事，建用王极。

上面这段话，与《洪范》开始"惟十有三祀，王访于箕子"，及箕子述"天乃锡禹《洪范》九畴，彝伦攸叙"的情形，全不相符，可以说是一段怪话。《汉书·五行志》中之上、中之下及下之上共三卷，所录的《洪范五行传》与《五行志》上所录的不同，是以五事为主而配上了五行；略与前引仲舒对于"貌不肃敬"的说法相比较，不仅对灾异说得特为烦琐离奇，而且与《洪范》及十二纪纪首几乎完全脱离了关系。如：

一曰貌，貌之不恭，是谓不肃，厥咎狂，厥罚常雨，厥极恶。时则有服妖，时则有龟孽，时则有鸡祸，时则有下体生于上之痾，时则有青眚青祥，维金沴木。

并且仲舒的《五行五事》第六十四，虽出于傅会，但其中依然有合理的内容。例如他说"夫五事者，人之所受命于天也，而王者所修而治民也。故王者为民，治则不可以不明，准绳不可以不正。王者貌曰恭，恭者敬也。言曰从，从者可从。视曰明，明者知贤不肖者分明黑白也。听曰聪，聪者能闻事而审其意也。思曰容，容者言无不容"。即是仲舒是在神秘的外衣里面，总有合理的内容。而上引以五事为主的《洪范五行传》，里面找不出一句合理的话。但他以貌配木，以言配金，以视配火，以听配水，以思（心）配土，则与仲舒完全相同，可知他是受了仲舒的影响。这与纬书是受仲舒的影响，而内容更不合理，是同样的情形。

九、董氏的天的哲学之二——方法问题

仲舒上述的天的性格,即所谓天道,究系如何建立起来,又如何证明"天人一也",由此以贯彻于政治人生之上,这便关涉到他所用的方法问题;兹将这一方面的材料简录于下,以便加以考察。

（一）求天数之微,莫若于人……以此观天之数,人之形,官之制,相参相得也。(《官制象天》第二十四)

（二）夫目不视,弗见;心弗论,不得;虽有天下之至味,弗嚼弗知其旨也;虽有圣人之至道,弗论,不知其义也。(《仁义法》第二十九)

（三）欲合诸天之所以成物者,少霜而多露也。其内自省以是,而外显不可以不时……故义不义者,时之合类也,而喜怒乃寒暑之别气也。(《天容》第四十五)

（四）天亦有喜怒之气,哀乐之心,与人相副;以类合之,天人一也……故为人主之道,莫明于在身之与天同者而用之……(《阴阳义》第四十九)

（五）庆赏刑罚,与春夏秋冬,以类相应也,如合符……天有四时,王有四政。四政若四时,通类也。天人所同有也。(《四时之副》第五十五)

（六）乍视乍瞑,副昼夜也。乍刚乍柔,副冬夏也。乍哀乍乐,副阴阳也。心有计虑,副度数也。行有伦理,副天地也。此皆暗肤着身,与人俱生,比而偶之弇合。于其

可数也副数，不可数者副类；皆当同而副天，一也。是故陈其有形，以著其无形者；拘其可数，以著其不可数者，以此言道之，亦宜以类相应；犹其形也，以数相中也。(《人副天数》第五十六)

（七）故气同则会，声比则应，其验皦然也。试调琴瑟而错之，鼓其宫，则他宫应之，鼓其商，则他商应之；五音比而自鸣；非有神，其数然也。美事召美类，恶事召恶类；类之相应而起也，如马鸣则马应之，牛鸣则牛应之……物各以类相召也。(《同类相动》第五十七)

（八）故阳益阳，而阴益阴。阳阴之气，固可以类相损益也。天有阴阳，人亦有阴阳。天地之阴气起，而人之阴气应之而起。人之阴气起，天地之阴气亦宜应之而起……非独阴阳之气，可以类进退也；虽不祥祸福所从生，亦由是也。无非己先起之，而物以类应之而动者也。故聪明神圣，内视反听……（同上）

（九）典礼之官，常嫌疑莫能昭昭明其当也。今切以为其当与不当，可内反于心而定也。尧谓舜曰，天之历数在尔躬，言察身以知天也。(《郊祭》第六十七)

（十）天无所言，而意以物。物不与群物同时而生死者，必深察之，是天之所以告人也。(《天地之行》第七十八)

（十一）推物之类，以易见难者，其情可得。治乱之气，邪正之风，是糅天地之化者也。生于化而反糅化，与运连也。(《如天之为》第八十)

（十二）天道施，地道化，人道义。圣人见端而知本，精之至也。得一而应万，类之治也。(《天道施》第八十二)

董氏的天的哲学是一个大综合；他所用的方法，也是一个大综合。更略加分析如下：

第一，（二）的"目不视弗见，心弗论（判断）不得"，这是认知的基点，也是使用各种方法的共同基础。这也可以说是合理的基础，问题是在"见"与"论"的关连是否密切。

第二，"以类相推"的"类推"方法，在中国大概应用得很早：《论语》孔子说"温故而知新"，可能是指类推的能力而言。又说"举一隅，不以三隅反，则不复也"，是指缺乏类推能力而言。荀子更发挥了类推的意义。类推的效果，在于类的建立是否真确。董氏非常重视类，他立论的大前提是"天人同类"。而天人同类其重点乃安放在由人而推之于天，认为人是如此，天也是如此。（一）的"求天之微，莫若于人"，（六）的"故陈其有形，以著其无形者；拘其可数，以著其不可数者"，（十一）的"推物之类，以易见难者，其情可得"都是说的以人推天；人是如此，天也是如此。由此而得出（四）的"天人一也"，（五）的"天人所同有也"。同时也有时由天类推到人。既然"天人一也"，天人是同类，便进一步强调（四）的"以类合之"，（五）的"以类相应"，（七）的"类之相应而起"，（八）的"可以类相损益"。董氏言类的重点，不在于"类推"，而在于"类感"，由此以言"天人相与之际，甚可畏也"，[①] 而将人与天连在一起。这是汉代言灾异的总根据。

第三，由类感以言灾异，犹是天与人的消极的关系。董氏既认定天人是同类，更有一积极的意义，即是要求（四）的"莫明

---

① 见《汉书·董仲舒传·贤良三策》的第一策。

于在身之与天同者而用之"，以要求天道在政治人生上的实践，这便可以把天贯通到政治人生的各方面。

第四，在董氏的方法中，提出"数"的观念，以补助类的观念。（六）的"于其可数也副数"，即是认为若两者在数字上相同，则两者更为同类，更可以相感。《人副天数》第五十六，即是以人的身体各部分的数字，与天可以数得出来的数字，有如时、月、日等数相合，以证明人是副于天，而是"天人一也"的；董氏觉得这样便把天人的关系，扣得更紧。大概到战国中期前后，我们先民对于数，尤其是数中的乘法，发生一种神秘的感觉，《周易》由此而在卦爻上加上"六"、"九"两个符号。[①]由《周易》的流行，而更增数的神秘性，认为数是天道的一种表现，这一点完全由董氏所继承。

第五，由类及由数以建立"天人一也"的观念，不论是由人推向天，或由天推向人，都是（六）的"陈其有形以著其无形"，"拘其可数以著其不可数"，在"有"与"无"之间，没有逻辑中的含蕴关系，而只能出之以想象。简言之，董氏以及两汉思想家所说的天人关系，都是通过想象所建立起来的。这种想象，不是具体与具体的连结，而是一端是"有"，另一端是"无"，通过想象把有形与无形，把人与天要在客观上连结起来，这中间便没有知识的意义。所以他们都具备了哲学系统的形式，但缺乏合理的

[①]《皇清经解续编》卷百三十二惠栋《易例》（二）《九六义》"古文《易》上下本无初九初六及用九用六之文……说者谓初九初六，则汉人所加。然夫子十翼，于《坤传》曰（按即所谓《小象》）'六二之动'；《大有传》曰'大有初九'；则初九、初六，用九、用六之名，夫子时已有之，当不始于汉也。"按十翼不出于孔子而系出于孔门后学，殆已成定论。故以九、六作阳爻阴爻之符号，当在战国中期前后。

知识内容去支持此一形式。所以不仅是董氏，汉人的这类的哲学系统，不能受合理主义的考验。

第六，虽然是如此，但董氏的重点，是由人推向天，正如（九）所说的"察身以知天"。察身能不能知天，固然是一个问题；但在此一前提之下，董氏的基本立足点，依然是人而不是天。因为他的基本立足点依然是人而不是天，人是具体而真实的；所以在他的哲学系统中，依然是以具体而真实的事物作基础。西方由推理所建立的形而上学，在理论形式上，远较董氏的系统为纯净；但他们完全是观念游戏的戏论，而董氏则在戏论中有其真实性。例如他说"祸福所从生"，"无非己先起之，而物以类应之而动者也"（八）；物是否以类相应，是另一问题；但祸福是由己先起之，即是祸福由人自己负责，这是真实而合理的。并且最后的判断，还是（三）的"其内自省以是，而外显不可以不时"，及（九）的"内反于心而定"，此时便解脱了天人关系的纠缠，而回到（二）的合理基础之上。因此，在董氏的庞杂牵附的哲学系统中，可以使合理的与不合理的并存，也正是来自他在方法上合理与不合理并存的缘故。

十、董氏的天的哲学之三——天人关系

（一）天人一也

人为天所生，因而圆颅方趾象天地，这是很古老的传统。董仲舒继承此一传统，而特加以具体化、详密化，他以为这便加强了"天人一也"的说服力量。《观德》第三十三："天地者万物之本，先祖之所出也。"《顺命》第七十："天者万物之祖，万物非天不生。"这都是泛说。下面节录若干具体的材料。

（一）求天数之微，莫若于人。人之身有四肢，每肢有三节，三四十二，十二节相持而形体立矣。天有四时，每时有三月，三四十二，十二月相受而岁终矣。(《官制象天》第二十四）

（二）为生（苏：为生者父母）不能为人，为人者天也，人之人①本于天，天亦人之曾祖父也，此人之所以乃上类天也。人之形体，化天数而成。人之血气，化天志而仁。②人之德行，化天理而义。人之好恶，化天之暖清。人之喜怒，化天之寒暑。人之受命，化天之四时。人生有喜怒哀乐之答，春夏秋冬之类也。喜，春之答也。怒，秋之答也。乐，夏之答也。哀，冬之答也。天之副在乎人，人之情性有由天者矣。(《为人者天》第四十一）

（三）天之大数毕于十③……是故阳气以正月始出于地，生育长养于上，至其功必（毕）成也而积十月。人亦十月而生，合于天数也。是故天道十月而成，人亦十月而成，合于天道也。"(《阳尊阴卑》第四十三）

（四）夫喜怒哀乐之发，与清暖寒暑，其实一贯也。喜气为暖而当春，怒气为清而当秋，乐气为太阳而当夏，哀气为太阴而当冬，四气者天与人所同有也，非人所能畜也，故可节而不可止也。节之而顺，止之而乱。人生于天，而

---

① 按此句卢谓疑当作"人之为人"似不妥，其意乃谓"人所生之人"。
② 本意是说人之血气由阴阳而来。但重阳而抑阴，此乃天志之仁。所谓"化天志"者，血气虽禀阴阳之气，但对阴阳的态度，一本于天志，故谓"化天志而仁"。
③ 原文"天之大数毕于十旬"，刘师培以"旬"为衍文者是。

取化于天。喜气取诸春，乐气取诸夏，怒气取诸秋，哀气取诸冬，四气之心也。四肢之答各有处如四时，寒暑不可移若肢体。肢体移易其处谓之壬人，寒暑移易其处谓之败岁。（同上）

（五）春，爱志也。夏，乐志也。秋，严志也。冬，哀志也。故爱而有严，乐而有哀，四时之则也。喜怒之祸，哀乐之义，不独在人，亦在于天。而春夏之阳，秋冬之阴，不独在天，亦在于人。人无春气，何以博爱而容众。人无秋气，何以立严而成功。人无夏气，何以盛养而乐生。人无冬气，何以哀死而恤丧。天无喜气，亦何以暖而春生育。天无怒气，亦何以清而秋杀就。天无乐气，亦何以疏（通也）阳而夏养长。天无哀气，亦何以激阴而冬闭藏。故曰：天乃有喜怒哀乐之行，人亦有春秋冬夏之气者，合类之谓也。匹夫虽贱，而可以见德刑之用矣。（《天辨在人》第四十六）

（六）天亦有喜怒之气，哀乐之心，与人相副。以类合之，天人一也。（《阴阳义》第四十九）

（七）故常一而不灭，①天之道。事无大小，物无难易，反天之道无成者……一手画方，一手画圆莫能成……是故古之人，物（卢：疑物当作象）而书文，心止于一中者谓之忠，持二中者谓之患。患，人之中不一者也。（《天道无二》第五十一）

（八）天德施，地德化，人德义。天气上，地气下，人

---

① 按此文上言"阴阳相反之物也，故或出或入"；阳出则阴入，故此时是一于阳；"阴出则阳入"，故此时是一于阴。一于阳之时，阴虽入而隐伏不见，但并非灭绝。一于阴时亦然，故谓"常一而不灭"。

先秦儒家思想的转折及天的哲学的完成

气在其间……天地之精，所以生物者，莫贵于人。人受命乎天也，故超然有倚（卢："疑当从下文作'高物'两字"）。物疢疾莫能为仁义，唯人独能为仁义。物疢疾莫能偶天也，唯人独能偶天地。人有三百六十节，偶天之数也。形体骨肉，偶地之厚也。上有耳目聪明，日月之象也。体有空窍理脉，川谷之象也。心有哀乐喜怒，神气之类也。观人之体，一何高物之甚而类于天也。物旁折，取天之阴阳以生活耳，而人乃烂然有其文理……故所取天地少者旁折之，所取天地多者正当之。此见人之绝于物而参天地。是故人之首妾（卢："当作坌，纤粉切，坟起之意"）而员，象天容地。发象星辰也。耳目戾戾，象日月也。鼻口呼吸，象风气也。胸中达知，象神明也。腹饱实虚，象百物也……天地之符，阴阳之副，常设于身，身犹天也。数与之相参，故命与之相连也。天以终岁之数成人之身，故小节三百六十六，副日数也。大节十二分，副月数也。内有五藏，副五行数也。外有四肢，副四时数也。乍视乍瞑，副昼夜也。乍刚乍柔，副冬夏也。（《人副天数》第五十六）

（九）天地阴阳木火土金水九，与人而十者，天之数毕也……人下长万物，上参天地；故其治乱之故，动静顺逆之气，乃损益阴阳之化，而摇动四海之内。（《天地阴阳》第八十一）

在上面的材料中，可以得出五个特点：

第一，董氏为了证明（六）的"人生于天而取化于天"，对"天副之在人者"，说得非常具体而详尽，不使稍有遗漏，有如

（一）（二）（四）（五）等，以得出（七）的"身犹天也"的结论。人的形体可以数计的，便使之与天之数相应，如（一）及（九）的"小节三百六十六"等，这即是（八）所谓"于其可数也副数（副于天之数）"。以喜怒哀乐比春秋冬夏等，这都是（七）所说的"不数者副类比"。他所以如此，是要把人镶在整个天的构造中，以确立人的不可动摇的地位，及不可逃避的责任。这些说法，现在看来近于儿戏，但董氏却是以非常严肃的态度说出来的。而在方法上，表面上是由天推到人，实际还是由人推到天的意味重。

第二，《中庸》"天命之谓性"，及孟子的人禽之辨，皆在道德上立论。而董氏的"命与之（天）相连"及"人之绝（超绝）于物而参天地"，则除在道德上立足外，更在人的形体上，人的生理上立论。若傅会一点说，这一指向，或可与现代从科学的生理研究以解答人自身的问题，有连结之点。

第三，董氏以前的天，与人总会保持一个相当距离，这在人格神的天固然是如此；即在道德法则性的天，也是如此。人在道德的根源上是由天而来，是与天同质的，因而也可以说是平等的。但人的形气，毕竟与天有一距离，因而受形气之拘的道德，在实现上，除了圣人外，亦必与"纯亦不已"的天道天德有一不能几及的距离，而有赖人的永恒追寻。但董氏从形体生理上，把人说成与天是完全一致，这便把天与人的距离去掉了。此或为董氏自己所不自觉的特征，而意义却非常重大。把董氏个人的突出情绪，及由天所庄严的人生，实际上加以褪色了。

第四，因为第二的特征，便产生此处所说的特征。董氏所说的天，虽然有"天志"、"天心"；同时通过灾异等，显示对人君不德的警告，而人君应由灾异以见天心。并且在《郊祭》第六十七中说"天者百神之大君也",在《祭义》第七十六中说"祭之为言际也与！祭然后能见不见。见不见之见者,然后知天命鬼神";则董氏所说的天,似乎回到古代宗教的人格神上面去了。我相信董氏常常会有宗教神的影像,往来于他的心目之中。但他的天的实体是气,气表现而为阴阳四时五行；认真地思考一下,把气当作人格神来看待,是非常困难的事。因此,他在更多的地方,以很大的比重,从天到人,只当作是一个大的"有机体的构造",而是可以互相影响的。因为如此,他才可以讲（四）的"哀乐之义,不独在人,亦在于天"；及（八）的"故其治乱之故,动静顺逆之气,乃损害阴阳之化,而动摇四海之内"的这一类的话。这类的话,是天人平等的话。并且（八）这类的话,是互相影响,互相决定,而由人决定天的意义更重。这是董氏及他以后言灾异的理论基本构造。这固然和周以前由天以言祸福的大不相同,因为周以前,人的祸福,完全是由帝、天的人格神所决定,而人完全处于被决定的地位。即使由周初开始,帝、天的人格神对人的祸福,退居于监督的地位,把决定权让给各人自己的行为；但人类行为的好坏,只由人类自己领受应有的结果,断不能影响到人格神的自身。凡是宗教中的最高人格神,他只能影响人,绝不可受人的影响,否则便会由神座上倒了下来。但董氏的天,是与人互相影响的,天人居于平等的地位,于是董氏（八）的"天地阴阳木火土金水九,与人而十"的构造,乃是一个大有机体的构造。（七）的"天气上,地气下,人气在其间",同样表明是一有机体的构造,这是以阴阳言天道的必然结果。在此一有机体构造中,天人感应,成为由想象所建立起来的平列的因果法则。而把董氏以宗教虔诚之心来说"道之大原出于天",要求人君当天父的孝子的愿望,在实质上打了折扣。灾异之说，只在极短极小的范围内发生一点效果；此后此外，便完全变成虚文，毕竟不能发挥宗教的力量，其原因在此。可以说董氏以气为基底的天的构造，与他建立天的哲学的宗教情绪，是含有很大的矛盾，而他未尝自觉。他之所以如此，乃在加强人的责任，尤其是要加强人君的责任。所以他在《贤良对策》的第一策中强调："故治乱废兴在于己，非天降命不可得及"；"刑罚不中，则生邪气。邪气积于下，怨恶畜于上，上下不和，则阴阳缪戾而妖孽生矣，此灾异所缘而生也"。这样，所言者虽是表现天心的灾异，而实质所讲的是人君行为的过失，这样才把灾异能紧紧地扣住人君身上。其矛盾处，乃在由人间"邪气"之所积而成灾异，则所谓"天心"云者，亦是由"邪气"所积而见，则天心是被动的气体，没有真正超越而纯一的天心了。

第五，按照（八）的"天之数毕于十"的构造中，言天人的关系，五行也应居于重要的地位。但在上引的材料中，除了（七）中有"内有五藏，副五行数也"一语外，其他多就阴阳尤其是多就四时以立言；而四时的性格，及人与之相应的性情，全本于《吕氏春秋》的十二纪纪首，此外几乎没有提到五行；这在思想的发展上，也有特别的意义。因为十二纪纪首，虽然把五行配到四时四方加中央里面去了，但除"盛德在木"这类的一句话外，看不出五行有太大的作用。董氏虽对五行观念有了很大的发展，但他既承十二纪纪首以言政治及天人关系，重点完全落在四时上面。四时是少阳太阳、少阴太阴；而如前所述，五行虽然是气，可是并没融入到阴阳二气中，这便不能不把五行放在一边。所以（八）的"天地阴阳木火土金水九"没有提到四时，固然含有凑足十的数字的用心；但阴阳可以代表四时而不能代表五行，也是一个重大原因。这与后来言天人关系时，五行必居于重要地位，可作一明显的对照。

（二）天与心性

作为人的本质的心、性，董氏的重点是放在性上面。

董氏重视心，这是先秦儒、道两家自孟、庄以后的通义。但对心的内容的认定，则受其天的哲学的影响。《通国身》第二十二"气之清者为精……治身者以积精为宝……身以心为本……精积于其本，则血气相承受……血气相承受则形体无所苦……故治身者务执虚静以致精……能致精，则合明而寿"。这段话，是承战国末期道家养生之说来说心的。《身之养重于义》第三十一，则是站在儒家的立场来谈养心的："天之生人也，使人之生义与利。利以养其体，义以养其心。心不得义不能乐，体不得利不能安。义者心之养也；利者体之养也。体莫贵于心，故养莫重于义。"这里应注意到董氏此处所说的"义以养其心"，虽然是站在儒家的立场，但他既不同于孟子，也不同于荀子。孟子是从道德的立场去把握心，而义由心出，为心所固有。所以孟子只说"养心莫善于寡欲"，站在孟子的立场，只要能寡欲，则心固有之义便会呈现，流露出来。因此，他只说"礼义之悦我心"而不说"义以养心"。义以养心，是义与心为二，孟子认为这是"义外"，是"由外铄我者也"。荀子则从认知能力的方面去把握心，而"虚一而静"的认知本体，为心所固有。所以孟子的心，在道德上有其主宰性。而荀子的心，在认知方面，也有其主宰性。董氏的心，没有从认知的方面显出来，也没有从道德方面显出来，较之孟、荀，都缺乏主宰的力量。何以会如此？这是受他的天的哲学的影响。在他的天的哲学中，两有阴阳之气，阴恶而阳善；"人受命乎天"（《人副天数》第五十六），即承受了阴阳之气于天。虽然承受了阳之善，也承受了阴之恶。于是心的作用是"栣①众恶于内，弗使得发于外者心也。故心之为名栣也。人之受气，苟无恶者，心何栣哉。吾以心之名，得人之诚。人之诚，有贪有仁。仁贪之气，两在于心"。所以要靠心去栣。由此可知董氏所认定的心的作用，只在"任制"众恶于内，自然在道德与知识两方面，都缺乏积极的主宰的意义，这和他对人性的看法也有关系。

董仲舒的人性论，是通过三个途径所建立起来的。三个途径，经董氏把它交织在一起。第一个途径是通过由他所夸张的《春秋》的正名思想，所以他正面所提出的人性论，便安放在《深察名号》篇第三十五里面，再继之以《实性》第三十六。他在《深察名号》篇中说"今世暗于性，言之者不同；胡不试反性之名。性之名非生与？如其生之自然之资，谓之性。性者质也。诘性之质，于善之名，能中之与？既不能中矣，而尚谓之质善，何哉？性之名不得离质。离质如毛（如毛之细），则非性矣"。按性字从生，是表示生而即有的本能，亦即此处之"如其生之自然之资"；若扣紧此点以作判断，则以告子的性无善无不善，最为合理。但仲舒在此处，只在由性字的正名，实即由性字的训诂，以否定性善之说，不同于告子的判断。因为董氏认为性是既有善，又有恶的。上引

---

① 卢文弨谓："栣《说文》作栚，如甚切，弱貌。盖恶强则肆见于外，故欲由驯之使无暴也。"刘师培以为"栣当作任，训当，犹言捍御众恶也"。苏舆引"俞云，栣疑袵"。又云："今按袵者衣襟也。襟有禁御之义……《释名·释丧制》，小要又谓之袵，袵，任也，任制际会，使不解也……栣众恶于内，弗使得发于外，正取任制之义。"按苏说与刘说同，似可从。

"故心之为言栣也"，是以心栣声近作心的训诂，这在他是由正名以得其义。又说"民之号取之瞑也。使性而已善，则何故以瞑为号……效天所为，为之取号，故谓之民。民之为言，固犹瞑也。随其名号以入其理，则得之矣"。这是以声同义同作民的正名，再由民的正名，以否定性善之说，更是出于牵强附会。所以由文字上的正名，实即由文字的训诂，以解答有思想性的重大问题，都是先有了主观的成见，再在训诂上作傅会的。这是最坏的方法。

第二个途径，是通过他的天的哲学。他说："天两有阴阳之施，身亦有贪仁之性。天有阴阳（刘师培：阳，衍文）禁，身有情欲栣，与天道一也。是以阴之情不得干春夏，而月之魄常厌于日光，乍全乍伤。天之禁阴如此，安得不损其欲而辍其情以应天？"（《深察名号》）又："天地之所生谓之性情，性情相与为一瞑，[①]情亦性也（此性指"生而即有"言，意谓情亦生而即有）。谓性已善，奈其情何。故圣人莫谓性善，累其名也……身之有性情也，若天之有阴阳也。言人之质而无其情，犹言天之阳而无其阴也。穷论者无时受也。"（同上）按在董氏以前的儒家，性内而情外，性向外发为情。性情虽有内外之不同，但在性格上是相同的。所以若主张性善，则情亦善。若认为性恶，则情亦恶。《庄子·德充符》有"惠子谓庄子曰：人故无情乎？庄子曰：然"的一段问答，则系将情与德（即《外篇》之所谓性）相对立，已有性善情恶之意。至董氏则显然将性与情分开，认为性善而情恶；此一分别对后来言性的，发生了很大的影响。董氏这种性与情的分别，虽然来自他

[①] 按上文"民之为言瞑也"，此处之"性情相与为一瞑"，或系指性情二字之音，合在一起，近于瞑。或指此处瞑字系承上文"民之为言瞑也"而言，实即指的是民。

的阳善而阴恶的天的哲学，但性情与阴阳的关系，只是"比拟性质"的关系，绝不曾说性由阳生，情由阴生，但《孝经钩命诀》谓"情生于阴，欲以时念也。性生于阳，日以就理也。阳气者仁，阴气者贪，故情有利欲，性有仁也"。《孝经援神契》："性生于阳，以理执情。情生于阴，以系念。"此乃由董氏之说而更向前发展一步，此亦为纬书多受董氏思想影响之一证。《白虎通·情性》篇："性者阳之施，情者阴之化也。"乃《孝经纬》之说，得到官式的承认。许氏《说文》十下："情，人之阴气，有欲者。""性，人之阳气，性善者也。"将阴阳纳入于人生命之内以言情性，则其说更推进一步，而其发端皆始于董氏。

第三个途径，是出于对政治的要求。自战国中期以来，儒家言治道之隆，期于能移风易俗，此意在西汉特为盛行。董氏则更进一步指出移风易俗之根源在于民性之善，而民性之善，乃来自良好的政治环境。《盟会要》第十："天下者无患，然后性可善。性可善，然后清廉之化流。清廉之化流，然后王道举，礼乐兴。"《正贯》第十一："故明于性情，乃可与论为政。"《天地阴阳》第八十一："世治而民和，志平而气正，则天地之化精，而万物之美起。世乱而民乖，志僻而气逆，则天地之化伤，气生灾害起（卢：气上疑脱一字）。"这几句话虽然主要是说治化所及于天地之影响，但亦说明了治乱与民性的关系。因此，董氏把性善性恶的问题，一方面视为若阴阳之所固有，一方面又视为可由政治治乱所左右；领导政治的王，对民性之善恶，负有很大的责任。所以他在《深察名号》中强调："性如茧如卵。卵待覆而为雏，茧待缲而为丝，性待教而为善。此之谓真天。天生民，性有善质而未能善，于是为之立王以养之，此天意也。民受未能善之性于天，而退受成性之教于王。王承天意以成民之性为任者也。今案其真质而谓民性已善者，是失天意而去王任也。万民之性苟已善，则王者受命，尚何任也……今万民之性，待外教然后能善，善当与教，不当与性。"在过去，人性的展出受政治的影响，有如今日受社会环境的影响相同；由此以加强政治领导者的责任，这是可以站得住脚的。他在《贤良三策》中，特别强调学校教育的重要性，皆由此而来。但由性向外展出的情形，以推论性的内存在的性格，便不十分妥当。

在上述三个途径中，都加入有董氏个人的体验及对社会的观察在里面，所以即使在不合理中，依然含有合理的根据，并非全系戏论。由上述三个途径所建立的人性论，有一个总的目的，即是否定孟子的性善说。但严格加以分析，问题是相当夹杂的。

从积极方面把握董氏的性论，应当从两端着手。

第一，董氏对性的基本认定，是善的而不是恶的。《玉杯》第二："人受命于天，有善善恶恶之性。"《竹林》第三："正也者，正于天之为人性命也。天之为人性命，使行仁义而羞可耻。非若鸟兽然，苟为生，苟为利也。"《玉英》第四："凡人之性，莫不善义。然而不能义者，利败之也。"这都是立基于性善以为言，与孟子性善之说，并无大差异。顺着董氏性善而情恶的理路，若认定性是内而情是外，则性善的前提可以保持不变。但他站在"如其生之自然之资谓之性"的立场，便说"情亦性也"。于是性与而情，是并列并存的关系，而不能如后儒分作内外先后来看待。因此董氏虽将性与情分而为二，而在用辞为一，于是他因"情亦性"，而不得不变动他的性善的前提，这是第一个夹杂。他又说：

故性比于禾，善比于米。米出禾中，而禾未可全为米也。善出性中，而性未可全为善也。(《深察名号》第三十五)

上面的话，又见于《实性》第三十六；这与前引的卵雏茧丝之喻，在董氏认为是性质相同的比喻。但严格地说，"禾未可全为米"，"性未可全为善"，这是说禾中除米以外尚有与米相对的非米；性中除善以外，尚有与善相对的非善。但就"茧有丝而茧非丝也，卵有雏而卵非雏也"(《深察名号》第三十五)，及"禾虽出米，而禾未可谓米也，性虽出善，而性未可谓善也。米与善，人之继天而成于外也"(《实性》第三十六)的话来分析，茧与丝，卵与雏，性与善，只是工夫上的成长的问题。卵非雏，只是工夫未到，不可谓卵中含有与雏相对的异质成分。"性未可谓善"，也只是工夫未到，不可谓性中含有与善相对的异质成分。所以这与"性未可全为善"的内涵，并非完全相同。董氏自己未必做过这种分析，而只是当做相同的命题；然则他到底是侧重在"性未可全为善"，而把情包括在性之内呢？抑是侧重在"性未可谓善"，并未认性中含有与善相对的异质分子呢？从全文看，董氏是略过这种夹杂而侧重后一说法的意义。所以他说："或曰，性有善端；心有善质，尚安非善。"(《深察名号》第三十五)在这一假设的"或曰"中，他承认了性有善端，心有善质。又说"性有善端，动之爱父母，善于禽兽，则谓之善。此孟子之善"。孟子以四端言性善，[1]也是说性有善端，董氏和孟子在这种地方，并无不同；而董氏由天的阴

---

[1] 见《孟子·公孙丑上》"人皆有不忍人之心"章。

恶阳善的哲学以言"人亦有贪仁之性",并以情与性相对而言性,皆不应存在。但董氏却转一个弯以回护自己"性未可全为善"的主张,认定孟子所说的善于禽兽之善,即是善端之善,不能算善,而必须以圣人之所谓善才算是善。以圣人之所谓善才算是善,当然可以说"性未可谓善"。他继承上引的一段话说:

> 循三纲五纪,通八端(未详)之理,忠信而博爱,敦厚而好礼,乃可谓善,此圣人之善也……非善于禽兽则谓之善也。使动其端善于禽兽则(即)可谓之善,善奚为弗见也?夫善于禽兽而不得名善,犹知于草木而不得名知……圣人以为无王之世,不教之名,民莫能当善。善之难当如此,而谓万民之性皆能当之,过矣。质于禽兽之性,则万民之性善矣。质于人道之善,则民性弗及也……孟子下质于禽兽之所为,故曰性已善。吾上质于圣人之所善,故谓性未善。(《深察名号》第三十五)

孟子立言之主旨,在启发人之自觉自信,所以就四端以言性善。就四端以言性善,并非如董氏所说的"性已善",而是说"性是善"。因性是善,则一切之善,皆由此扩充而出。孟子并不是忽视政治,尤其是经济对人性展现的影响;他再三强调"若夫民苟无恒产,斯无恒心",而主张行王政"以制民之产"。[①]但人性的善端,纵然因政治经济的压迫而受阻抑,其善的根苗终不可得而泯

---

① 见《孟子·梁惠王上》"齐宣王问曰,齐桓、晋文之事,可得闻乎"章,及《滕文公上》"滕文公问为国"章。

灭，否则人类的社会生活不可能建立起来。董氏立言的主旨，则在强调王者对人性所负的责任，要由此以实现他的建立学校教化的理想，此在《贤良对策》中曾再三强调这一点，于是他在这里便说"性未可谓为善"，善有赖于王者之教。因为"性者天质之朴也，善者王教之化也。无其质（善端），则王教不能化。无其王教，则质朴不能善（圣人之所谓善）"（《实性》第三十六）。人性的善端，是怎样也不能否定的。这样一来，在性论起基的地方，他与孟子并无分别，他的由天的哲学而来的"贪仁之性"的说法也自行否定了。

第二，董氏在《实性》第三十六中，除强调上述的"性虽出善，而性未可谓善"的论点以外，更提出"圣人之性，不可以名性。斗筲之性，又不可以名性，名性者中民之性。中民之性，如茧如卵，卵待覆二十日而后能为雏，茧待缲以涫汤而后能为丝，性待渐于教训而后能为善"。在上述一段话中，除了他继续强调教化的功用外，实际是把性分为上中下三等。上等之性不待教，下等之性虽教无益。中等之性，有善之端，须待教而成。若摆脱由正名以论性，由天的哲学以论性，董氏性论的归趋，与《淮南子》中儒家的性论没有很大的出入，这可能是当时儒家一般的看法。

（三）天与伦理

在董氏天的哲学下的伦理构造，除了在"天之性格"一节中，引有《五行对》第三十八言"忠臣之义，孝子之行，取之士"，及《五行之义》第四十二言五行乃父子关系外，兹更略引有关资料如下：

先秦儒家思想的转折及天的哲学的完成 *379*

（一）天出至明，众知类也，其伏无不照也。地出至晦，星日为不敢暗。君臣父子夫妇之道取之此。（《观德》第三十三）

（二）勤劳在地，名一归于天……故下事上，如地事天也，可谓大忠矣。（《五行对》第三十八）

（三）丈夫虽贱皆为阳，妇人虽贵皆为阴。阴之中，亦相为阴，阳之中，亦相为阳。诸在上者皆为其下阳，诸在下者各为其上阴。阴犹沉也，何名何有（言阴无名无有），皆并于一阳（阴将自己之名及其所有，皆归并于阳），昌力而辞功……上善而下恶。恶者受之，善者不受。（《阳尊阴卑》第四十三）

（四）是故春秋君不名恶，臣不名善。善皆归于君，恶皆归于臣。臣之义比于地，故为人臣者，视地之事天也。为人子者，视土之事火也。虽居中央，亦岁七十二日之王，传于火，以调和长养，然而弗名者，皆并功于火，火得以盛，不敢与父分功美，孝之至也。是故孝子之行，忠臣之义，皆法于地也。（《王道通三》第四十四）

（五）凡物必有合……阴者阳之合，妻者夫之合，子者父之合，臣者君之合。物莫无合，而合各有阴阳。阳兼于阴，阴兼于阳。夫兼于妻，妻兼于夫。父兼于子，子兼于父。君兼于臣，臣兼于君。君臣父子夫妇之义，皆取诸阴阳之道。君为阳，臣为阴。父为阳，子为阴。夫为阳，妻为阴。阴道无所独行，其（阴）始也不得专起。其终也不得分功，有所兼之义。是故臣兼功于君，子兼功于父，妻兼功于夫，阴兼功于阳，地兼功于天。（《基义》第五十三）

（六）是故仁义制度之数，尽取之天。天为君而覆露之，地为臣而持载之。阳为夫而生之，阴为妇而助之。春为父而生之，夏为子而养之，秋为死而棺之，冬为痛而丧之，王道之三纲可求于天。（同上）

（七）父者子之天也，天者父之天也……万物非天不生。独阴不生，独阳不生，阴阳与天地参，然后生。故曰父之子也可尊，母之子也可卑。尊者取尊号，卑者取卑号。故德侔天地者，皇天右而子之，号称天子。其次有五等之爵以尊之，皆以国邑为号。其无德于天地之间者，州国人民。（《顺命》第七十）

（八）天子受命于天，诸侯受命于天子。子受命于父，臣妾受命于君，妻受命于夫。诸所受命者，其尊皆天也，虽谓受命于天亦可。（同上）

由上面的材料，可以了解董氏把人伦的关系，都配入到天地阴阳五行中去，将先秦儒家相对性的伦理，转变为绝对性的伦理；甚至如（八）中以爵位代表德，卑视"州国人民"为"无德于天地之间"，这是他在文化上所遗留的无可原谅的巨大毒害，这是与董氏的初心完全相反的。在董氏以前，不论在内容上、在名词上，绝无三纲之说。只有董氏，在《深察名号》第三十五及《基义》第五十三，闻始提出"三纲"一词；据（六）所谓三纲，是指君臣夫妇父子各尽其分而言，并非指的"君为臣纲，父为子纲，夫为妻纲"。"君为臣纲，夫为妻纲"之说，出于纬书《含文嘉》，此又为纬书多演绎自董氏之一证。《含文嘉》之说，被《白虎通》所采用，遂成为后儒所奉的天经地义。覆按《白虎通·三纲六纪》

篇的内容，人伦间尚保持先秦儒家相对义务之意义，在过去的社会结构中，仍有团结而非相压制的意义，较之董氏以阳贵阴贱，阳善阴恶来配入人伦关系的新说为胜。而在现实上说，人群相处，为了建立秩序，必有人为之纲，有人为之纪；纲纪之说，又何可废弃？但后世的暴君顽父恶夫，对臣子妻之压制，皆援三纲之说以自固自饰，且成为维护专制体制，封建制度的护符，而其端实自仲舒发之。立言之不可不慎，学术趋向之不可或偏，矫枉之不可过正，中庸之道之所以为人道之坦途，皆应于此得其启发。

（四）天与养生

《吕氏春秋》中的道家思想，特致力于养生；而秦汉之际，方技之徒，神仙之说，尤以养生为修练之事。仲舒受时代风气及战国末期道家的影响，亦重视养生，前面已经提到。但他养生之说，虽取自道家，但亦套在他的天的哲学里以作其根据，反转来又给后来道教言养生者以影响。

《循天之道》第七十七全篇，及《天地之行》第七十八[①]的前一段，都是言养生之道。归纳他的要旨，乃在循天的中和之道以养气。而气的突出表现为男女性交，故须按阴阳之合以节男女之欲。气来自饮食，故须由五行生克之理以选择适于养气的食物。《循天之道》第七十七一开始便说："循天之道，以养其身，谓之道也。"天之道是什么呢？"天有两和，以成二中……北方之中，用合阴（阳合于阴）而物始动于下；南方之中，用合阳（阴合于阳）而养始美于上。其动于下者，不得东方之和不能生，中春是

[①] 凌曙注本将此段移归《循天之道》第七十七。

也。其养于上者,不得西方之和不能成,中秋是也",这是以北方(冬)南方(夏)为天之"二中",东方(春)西方(秋)为天之二和;阳气合阴气于北方之中,向东移动而与东方阴阳之和相合,物由动于下而生。东方之和以中春为准,阴气合阳气于南方之中,向西移动,而与西方阴阳之和相合,物由养于上而成熟。西方之和,以中秋为准。接着说"中者天地之所终始也,而和者天地之所生也。夫德莫大于和,而道莫正于中……能以中和养其身者,其寿极命"。这应算是他的养生的总论。他又说:"故养生之大者乃在爱气。气从神而成,神从意而出。心之所之谓意。""意劳者神扰,神扰者气少,气少者难久矣。故君子闲欲止恶以平意,平意以静神,静神以养气。气多而治,则养身之大者得矣。"他所说的"神扰者气扰",指情绪及居处而言。因为他认为"泰实则气不通,泰虚则气不足。热胜则气□,寒胜则气□,泰劳则气不入,泰佚则气宛(卢:宛读为郁,下同);怒则气高,喜则气散,爱则气狂,惧则气慑。凡此十者气之害也,而皆生于不中和。故君子怒则反中(反于中)而自悦以和,喜则反中而收之以正,忧则反中而舒之以意,惧则反中而实之以精,夫中和之不可不反如此"。使情绪保持中和的状态,是养气养生之要,这是可以成立的。但与董氏所说的由北东南西的方位,冬春夏秋的季节,以言阴阳运行的中和,不仅毫无关系;而阴阳运行中和的一套说法,显然是为了给人的中和精神状态以天的根据所建立起来的。

大概董氏认为男女的房事,乃气的突出表现,与养气有密切关系,所以在《循天之道》七十七中,特提出加以说明。他说:"男女之法,法阴与阳。阳气起于北方,至南方而盛,盛极而合乎阴。阴气起乎中夏,至中冬而盛,盛极而合乎阳。不盛不合。是故十（当作六）月而壹俱盛，终岁而再合。"男女之事，以此为法，"使男子不坚牡不家室，阴（女）不极盛不相接"。"天地之阴阳当男女，人之男女当阴阳"，"向秋冬而阴来，向春夏而阴去。是故古之人，霜降而迎女，冰泮而杀（减少）内（房事）……天地之气，不致盛满，不交阴阳。是故君子爱气而游（卢：游上当有谨字）于房，以体天也。气不伤于以盛通，而伤于不时天并（苏：按并即屏字，言为天所屏弃）……君子治身不敢违天。是故新牡十日（钱：当作六日）而一游于房。中年者倍。新牡始衰者倍，中年中衰者倍。始衰大衰者，以月当新牡之日（六月行房一次），而上与天地同节矣。此其大略也"。汉室自朝廷以至诸侯王及一般权贵，在男女关系上的荒淫无度，由《廿二史札记》卷三"汉诸王荒乱"条，可见一斑。董氏两相骄王，对各种荒淫情形，当然耳熟能详，所以他把此一问题安放在他的天的哲学中去加以补救。

《天地之行》第七十八的前一段，董氏是就食物以言养生的。他说"是故春袭葛，夏居密阴，秋避杀风，冬避重漯（卢：疑是湿），就其和也。衣欲常漂（疑当作溧），食欲常饥，体欲常劳，而无长佚居多也"。这是就一般的生理养生而言，是有经验上的根据的。但他接着便套入五行厌胜（克）中去求服食的根据了。"凡天地之物，乘以（于）其泰而生，厌于其胜而死。四时之变是也。故冬之水气，东加于春而木生，乘其泰也。春之生，西至金而死，厌于胜也。生于木（春）者至金（秋）而死（金克木）。生于金（秋）者至火（夏）而死（火克金）……饮食臭味，每至一时，亦有所胜，有所不胜之理，不可不察也。四时不同气，气各有所宜。宜之所在，其物代美，而荼以夏成，此可以见冬夏之所宜服矣。冬水气也，荠甘味也。乘于水气而美者，甘胜寒也……夏火气也，荼苦味也。乘于火气而成者，苦胜暑也。天无所言，而意以物。物不与群物同时而生死者，必深察之，是天之所以告人也。故荠成告之甘，荼成告之苦也……是故当百物大生之时，群物皆生，而此物独死；可（可上作有其字读）食者，告其味之便于人也；其不食者告杀秽除害之不待秋也。当物之大枯之时，群物皆死，如（而）此物独生，其可食者益食之……其不可食，益畜之……君子察物之异以求天意，大可见矣。"在这段话中，是以一部分经验为基础，而附以五行压胜之说。此一说法，也常被医者药性的说明所采用。但他在此处，没有提药物问题，在事实上还是比较平实的。

十一、天与政治

董氏的天的哲学，实际是为支持他的政治思想而建立的。政治的统治者是人，被统治者也是人。所以上面所说的天与人的关系，在政治问题中，也成为基本的因素，但政治是人与人的关系中很突出的部分。下面略述董氏把政治问题拿到他的天的哲学中所作的处理。

（一）圣人、君道

圣人是理想性的君主。而"圣人不则天地不王"（《奉本》第三十四），"圣人视天而行"（《天容》第四十五），"圣人之道，同诸天地"（《基义》第五十三），"圣人副天之所以为政"（《四时之副》第五十五），"行天德者谓之圣人"（《威德所生》第七十九）。可见圣人与天是不可分的。

在天与君主的关系上，董氏首先强调了"君权神授"说。"人之得天得众者，莫如受命之天子"（《奉本》第三十四），"受命之君，天意之所予也；故号为天子者，宜视天如父，事天以孝道也"（《深察名号》第三十五），"故德侔天地者，皇天右而子之，号称天子"（《顺命》第七十），这都是君权神授说。而人主在政治中的地位，由下面的话，即可了解其居于决定性的绝对权威性的地位。"海内之心，悬于天子。"（《奉本》第三十四）"君者民之心也，民者君之体也。""天地人主一也。"（《为人者天》第四十一）"人主立于生杀之位，与天共持变化之势。"（《王道通三》第四十四）"一国之君，其犹一体之心也。隐居深宫，若心之藏于胸。至贵无与敌，若心之神无与双也。"（《天地之行》第七十八）"为人主者，居至德之位，操杀生之势，以变化民。民之从主也，如草木之应四时也。"（《威德所生》第七十九）上面的说法，也可以算作是大一统专制下的君权的反映。因为董氏把君权提得这样高，于是他不知不觉地，接受了一部分战国末期的道家思想及法家思想，将人君加以神秘化。《立元神》第十九："君人者国之证（征）也，不可先倡，感而后应。""故为人君者谨本详始，敬小慎微。志如死灰，形如委木，安精养神，寂寞无为；休形无见影，掩声无出响。虚心下士，观来察往。"《保位权》第二十："为人君者，居无为之位，行不言之教。寂然而无声，静而无形。执一无端，为国源泉。"这是道家而实已通向于法家的思想。《立元神》第十九："为人君者，其要贵神。神者不可得而视也，不可得而听也。是故视而不见其形，听而不闻其声。声之不闻，故莫得其响。不见其形，故莫得其影，莫得其影，则无以曲直也。莫得其响，则无以清浊也。无以曲直，则其功不可得而败。无以清浊，则其名不可得而度。"这便是法家由尊君而将君权神秘化之实。但在神秘化的后面，必须赖威权加以支持。所以《保位权》第二十说："国之所以为国者德也，君之所以为君者威也。故德不可共，威不可分。德共则失恩，威分则失权。失权则君贱，失威则民散。"这更是与儒家君道相反的法家面目。董氏所以有此夹杂，来自他把人君的权威提得太高。人君既有这样高的权威，谁能对他加以控御而纳之于正轨呢？这种控御人主的力量，在地上是找不出来的，于是董氏只好想出由君权神授，而要求人主知天法天，把人主的行为，纳入于他所主张的与天道相配合的君道之中。《如天之为》第八十：

> 夫王者不可以不知天……天意难见也，其道难理；故明阳阴入出实虚之处，所以观天之志。辨五行之本末顺逆小大广狭，所以观天道也。天志入（钱学源云：天志入，当是天志仁），其道也义。为人主者，予夺生杀，各当其义，若四时。列官置吏，必以其能，若五行。好仁恶戾，任德远刑，若阴阳，此之谓配天。

上面一段话，可以说是人主法天的总纲领。不过由阴阳五行的动向以知天，只是知天的一个方面。此外董氏更提出另一面的知天方法是"为人主也，道莫明，省身之天，如天出之也。使其出也，若天之出四时，而必忠其受也"（《为人者天》第四十一）。"为人主之道，莫明于在身之与天同者而用之，使喜怒必当义乃出，如寒暑之必当其时乃发也。使德之厚于刑也，如阳之多于阴也"（《阴阳义》第四十九）。下面的话，都是要求人主法天以成君道的。

（一）天地之数，不能独以寒暑成岁，必有春夏秋冬。圣人之道，不能独以威势成政，必有教化。故曰：先之以博爱，教以仁也。难得者君子不贵，教以义也。虽天子必有尊也，教以孝也。必有先也，教以弟也。此威势不足独恃，而教化之功，不亦大乎？（《为人者天》第四十一）

（二）明王正喜以当春，正怒以当秋，正乐以当夏，正哀以当冬，上下法此以取天之道。是故春喜夏乐，秋忧冬悲，悲死而乐生，以夏养春，以冬丧秋，大人之志也。是故先爱而后严，乐生而哀终，天之当（常）也；而人资诸天，大德而小刑也。是故人主近天之所近，远天之所远；大天之所大，小天之所小。是故天数右阳而不右阴，务德而不务刑。刑之不可任以成世也，犹阴不可任以成岁也。为政而任刑，谓之逆天，非王道也。（《阳尊阴卑》第四十三）

（三）古之造文者，三画而连其中，谓之王。三画者天地人也，而连其中者通其道也。取天地与人之中以为贯而参通之，非王者孰能当是？故王者惟天之施。施（疑当作法）其时而成之，法出命而循之诸人，法其数而以起事，治其道而以出法，治其志而归之于仁。仁之美者在于天，天仁也……人之受命于天，取仁于天而仁也……天常以爱利为意，以养长为事，春夏秋冬，皆其用也。王者亦常以爱利天下为意，以安乐一世为事，好恶喜怒而备用也……天出此物（暖清寒暑）者时，则岁美，不时则岁恶。人主出此四者义，则世治，不义则世乱。是故治世与美岁同数，乱世与恶岁同数，以此见人理之副天道也。（《王道通三》第四十四）

（四）是故天以阴为权，以阳为经……经用于盛，权由于末。以此见天之显经隐权，前德而后刑也……是故人主之大守，在于谨藏而禁内，使好恶喜怒，必当义乃出……如春夏秋冬之未尝过也，可谓参天矣。深藏此四者而勿使妄发，可谓天矣。（同上）

（五）天之道，春暖以生，夏暑以养，秋清以杀，冬寒以藏；暖暑清寒，异气而同功，皆天之所以成岁也。圣人副天之所行以为政，故以庆副暖而当春，以赏副暑而当夏，以罚副清而当秋，以刑副寒而当冬。庆赏刑罚，异事而同功，皆王者之所以成德也。庆赏刑罚，与春夏秋冬，以类相应也，如合符。故曰：王者配天，谓其道。天有四时，王有四政，通类也，天人所同有也。（《四时之副》第五十五）

上述以阴阳言任德而不任刑，以四时言喜怒哀乐，必当于义乃发，使四政皆得其当。而其总的归结则在于仁，在于教化；此意又见于《天容》第四十五，《天辨在人》第四十六，《阴阳位》第四十七，《阴阳终始》第四十八，《阴阳义》第四十九，《天道无二》第五十一，《暖燠孰多》第五十二，《基义》第五十三，《威德所生》第七十九，《如天之为》第八十。叮咛反复，这是仲舒的主要政治思想。

（二）五行与官制

在上述主要政治思想中，除了《五行顺逆》第六十，言各行政令所宜，及失宜失德而引起灾变外，没有用上五行的观念。五行的观念，只用到列官置吏方面。《如天之为》第八十："列官置吏、必以其能，若五行。"《五行相生》第五十八，正为适应五行而建立五官的：

> 东方者木，农之本，司农，尚仁。进经术之士，道之以帝王之路……下知地形肥硗美恶。立事生则因地之宜，召公是也。亲入南亩之中，观民垦草发淄（菑），耕种五谷，积蓄有余，家给人足，仓库充实，司马食谷。司马，本朝也。本朝者火也，故曰木生火。
>
> 南方者火也，本朝司马尚智。进贤圣之士……至忠厚仁，辅翼其君，周公是也……天下既宁，以安君官者司营也。司营者土也，故曰火生土。
>
> 中央者土，君官也，司营尚信。卑身贱体……以厉主意……执绳而制四方，至忠厚信，以事其君，拔义割恩，太公是也……威武强御以成大理者司徒也。司徒者金也，故曰土生金。
>
> 西方者金，大理司徒也，司徒尚义。臣死君而众人死父……至廉而威，质直刚毅，子胥（胥）是也……伐有罪，讨不义……寇贼不发，邑无狱讼，则亲安。执法者司寇也，司寇者水也，故曰金生水。
>
> 北方者水，执法司寇也，司寇尚礼。君臣有位，长幼有序……据法听讼，无有所阿，孔子是也。为鲁司寇，断狱屯屯（卢：疑即肫肫），与众共之，不敢自专，是死者不恨，生者不怨，百工维时，以成器械。器械既成，以给司农，司农者田官也。田官者木，故曰水生木。

在《五行相胜》第五十九中，又用五行相克的观念，说明表征木的司农失职，则由表征金的"司徒诛之"。表征火的司马失职，则由表征水的司寇诛之。表征土的司营失职，照"木胜土"的观念，应由表征木的司农诛之；但董氏也觉得司农尚仁，司营又是"君之官"，所以只引楚灵王在乾豀被弑的故事，而结之以"故曰木胜土"，并没有明说司农诛之。表征金的司徒失职，由表征火的司马诛之。表征水的司寇失职，则由表征土的司营诛之。以五行配五官，牵强到荒谬的程度。而五官之说，或出自《管子》。《管子·幼官》第八"善习五官"，《五行》第四十一："然后具五官于六府也。""然后作立五行以正天时，五官以正人位。"此外在其他典籍中，似乎没有出现过五官的官制。惟《管子·五行》第四十一所说的五官，一是"春者土司也，夏者司徒也，秋者司马也，冬者李（狱官）"，而未见中央。另一则木是士师，火是行人，土是司徒，金是祝宗、司马，水则无之，大概水是司马，盖简策错乱之故。

董氏在《官制象天》第二十四，演《礼记·王制》[①]王者制官，三公九卿二十七大夫八十一元士之说，而多方与天之三月为一时，四时十二月而成岁的数字，以牵强的方法互相副合，由此而证明"以此见天之数，人之形，官之制，相参相得也"；《王制》所提出的官制，本是文帝时的博士们，由数字乘法的神秘化而来，本无现实的意义。再经董氏与"天数"相副合，这只可视作数字游戏，与上述的以五官配五行，同样没有一点意义。《爵国》第二十八，言五等之爵，言军制，言井田制度，在古代史的研究上，有参考

---

① 《郊事对》第七十一董氏引有"王制曰……"

先秦儒家思想的转折及天的哲学的完成　　*391*

的价值。但他依然要说："故治天下如视诸掌上，其数何法以然？曰天子分左右五等，三百六十三人，法天一岁之数，五时色之象也。通佐，十上卿与下卿，而二百四十人，天庭之象也……"便把中间所含的历史意义大大地扰乱了。惟与官制密切相关的《考功名》第二十一，没有与天相副合，所以在他陈述的原则上显得深切笃实；在他所陈述的方法上，或反映了当时，或影响到后来的考绩制度。

十二、余论——《贤良三策》

董氏的著作，在西汉所发生的巨大影响有三：第一是他对《公羊传》的特殊见解，一转手而出现了许多有关的纬书，宏扬扩大，在何休《解诂》以前，殆已成为《公羊传》的定论；一直流传到近代治《公羊》学的人，都未发现与《公羊传》本义天壤悬隔。而《公羊》学又是曾经盛极一时的今文学派的支柱。此一影响，对仲舒而言，虽然是间接的，但确是真实而巨大的。第二是因他言阴阳灾异，经刘向、刘歆父子而形成《汉书》的《五行志》，成为而后史学中非常怪特的一部分，使不经之谈历二千年而不绝。第三，因为他把阴阳五行的思想，牵附到《春秋》与《洪范》中去，以构成他的天的哲学中的一部分，由此以言天人感应与灾异，便引发出眭孟、夏侯始昌、夏侯胜、京房、翼奉、李寻这一批人，各附其所学以组成奇特的天人灾异之说，这是经学发展的一大转折。《汉书·眭两夏侯京翼李传》赞谓：

> 幽赞神明，通合天人之道者，莫著乎《易》、《春秋》。

> 然子贡犹云："夫子之文章，可得而闻；夫子之言性与天道，不可得而闻已矣。"汉兴，推阴阳言灾异者，孝武时有董仲舒、夏侯始昌。昭宣则眭孟、夏侯胜，元成则京房、翼奉、刘向、谷永，哀平则李寻、田终术。此其纳说时君著明者也。察其所言，仿佛一端；假经设义，依托象类，或不免乎亿则屡中。仲舒下吏，夏侯囚执，眭孟诛戮，李寻流放，此学者之大戒也。京房区区，不量浅深，危言刺讥，构怨强臣，罪辜不旋踵，亦不密以失身，悲夫！

由上面的话，可以了解：(一)"假经设义"以言灾异，仲舒实为首倡；所以才说他是"始推阴阳为儒者宗"(《汉书·五行志》)，"为群儒首"(《汉书·董仲舒传》赞)。眭孟是他的再传弟子，固不待说，夏侯始昌们当然也是闻风兴起的。(二)班固修《汉书》，虽列有《五行志》，但在上引赞语中，已露出仲舒所建立的天的哲学，在方法上，在征验上，在结果上，至西汉之末，已不复为学术界所完全信服。仲舒在历史中所直接发生的深远影响，并不来自他的规模庞大的著作；而系来自《汉书》本传所录的三篇《贤良对策》，亦即后人所称的天人三策。所以在这里应稍稍提到。

仲舒的《贤良对策》，系应册问所提出的，故不能不受册问所提问题的限制。但大体上说，它是《春秋繁露》的拔萃，或者可以说是一种"浓缩"本。在《春秋繁露》中，许多地方，是以构成他的奇特的哲学体系为主，使读者不容易接受，反而掩没了他许多宝贵的思想内容。《贤良对策》则以现实政治问题为主，他的天的哲学，在力求简括中反退居于不太重要的地位，反容易为人所接受。

第一策的要点：（一）应"勉强"以实行"所繇适于治之路"的道，而道的具体内容是"仁义礼乐"。并指出作乐的功效乃来自天下洽和，而天下洽和的原因，乃在勉强实行仁义礼乐之教。这是针对武帝征聚俗乐，扩充乐府的情形来说的。（二）强调"故治乱废兴在于己，非天降命不可得反"；并指出"受命之符"，"皆积善累德之效"。更指出"废德教而任刑罚，刑罚不中，则生邪气；邪气积于下，怨恶畜于上，上下不和，则阴阳缪戾而妖孽生矣，此灾异所缘而起也"。其目的在加强武帝自身的责任，不可推向天命，这可视为仲舒言灾异的本旨。（三）言人性之寿夭仁鄙，主要来自政治。"故尧舜行德则民仁寿，桀纣行暴则民鄙夭"。更应用他的天的哲学而说"以见天之任德不任刑"，由此指出"今废先王德教之官，而独任执法之吏治民"，"而欲德教之被四海，故难成也"。在这段话中，指出了当时政治上的真正问题，和他针对此问题的政治主张。三策中一切议论，都是环绕此一主张而展开的。（四）承上文而言"德教"之内容，一在"为人君者正心以正朝廷；正朝廷以正百官，正百官以正万民，正万民以正四方"，必如此而始可招致祥瑞。另一则强调应以教化防奸，而所谓教化，乃在"立大学以教于国，设庠序以化于邑，渐民以仁，摩民以义，节民以礼，故其刑罚甚轻而禁不犯者，教化行而习俗美也"。按"大学"一辞，始见于《吕氏春秋》卷四《尊师》篇之"天子入太学祭先圣"；《礼记》中《大学》一篇，亦应成立于此一时代前后，继见于贾谊及贾山。这是自孔子以来，重视教育的具体发展。仲舒在对策中正式提出，卒由理想而成为现实，在中国教育史上有重大意义。（五）仲舒提出了"更化"的要求以贯彻他的政治主张。"更化"与"改制"完全不同，改制没有政治上的实质意义，"更化"则是要把汉所继承秦代以刑为治的政治方向与内容，完全改变过来，而"修饰"、"仁义礼智信"、"五常之道"，亦即是他要把大一统专制政治的方向与内容，加以彻底的转换。在他主张的后面，对汉代现实政治，实作了根本的批评甚至是否定，由此可以看出仲舒的人格与气概。而"五常"一词，恐怕是在此处第一次出现，给而后思想史以很大的影响。

第二策的要点：（一）"臣闻尧受命，盖以天下为忧，而未以位为乐也"。接着指出尧、舜、禹、文王，皆由"务求贤圣"以致治。此乃反驳策问中"盖闻虞舜之时，游于岩郎（廊）之上，垂拱无为而天下太平"的一段话。（二）"臣闻圣王之治天下也，少则习之学，长则材诸位；爵禄以长其德，刑罚以威其恶，故民晓于礼义而耻犯其上。武王行大谊，诛残贼；周公作礼乐以文之。至于成康之世，囹圄空虚四十余年，此亦教化之渐，而仁义之流。""至秦则不然，师申商之法，行韩非之说"，结果"是以刑者甚众，死者相望，而奸不息"。他认为武帝凭借甚厚，"然而功不加于百姓者"，只是没有"因用所闻，设诚于内而致之"；意思是说，闻古人之治道而不诚意实行，便没有意义。仲舒说武帝也是"尧舜之用心"，但未获尧舜的效果，是因为吏治所用非贤。吏治何以所用非贤，是因为平日不注重养士，士是官吏的来源。"夫不养士而欲求贤，譬犹不琢玉而求文采也。故养士之大者莫大乎太学，太学者贤士之所关也，教化之本源也……臣愿陛下兴太学，置明师，以养天下之士。"再接着指出"郡守县令，民之师帅"，乃用非其人，以致"暴虐百姓，与奸为市"。朝廷纵有良法美意，到地方上完全变了质。何以用非其人，是因为储备长吏的"郎中中郎吏"（按属于光禄勋，一面供宿卫，一面作为人才的储备所）多来自"二千石子弟选郎吏，又以富赀，未必贤也"，这与养士是反其道而行。他主张改革吏治的结构，即以太学养士，又使"诸列侯郡守二千石，各择其吏民之贤者，岁贡各二人，以给宿卫（按即上述的光禄勋中的'郎吏'），且以观大臣之能。所贡贤者有赏，所贡不肖者有罚"，如此"则天下之士，可得而官使也"。再改正考绩的方法，"毋以日月为功，实试贤能为上；量才而授官，录德而定位，则廉耻殊路，贤不肖异处矣"。此段话的重大意义有三：一是对于统治阶层的预备军，主张以学校所养之士，代替勋阀豪富子弟；二是以乡举里选的"贡士"，打破统治结构中勋阀集团的固定势力，进一步向天下平民开放政权；三是考绩中的重视实际效能。

第三策的要点：（一）重申他以仁为内容的天的哲学，而认为"圣人法天而立道，亦溥爱而无私。布德施仁以厚之，设谊立礼以导之……古者修教训之官，务以德善化民……今世废而不修，亡以化民，民以故弃行谊而死财利，是以犯法而罪多……以此见古之不可不用也"。"天令之谓命，非圣人不行。质朴之谓性，性非教化不成。人欲之谓情，情非度制不节。是故王者上谨于承天意，以顺命也。下务以教化民，以成性也。正法度之宜，别上下之序，以防欲也。修此三者，而大本举矣。"接着说明人之所以"超然异于群生"，是因为有伦理，知仁义，所以是可以教化的。但必须"以渐而至"，不能求急效。按仲舒之所谓天与古，都有被限定的思想内容，不应当作空泛的了解。（二）强调"道之大原出于天。天不变，道亦不变"。"故王者有改制之名，亡变道之实"，"道者万世无弊，弊者道之失也。先王之道，必有偏而不起之处，故政有眊而不行，举其偏者以补其弊而已"。"今汉继大乱之后，若宜少损周之文致，用夏之忠者。"按若以道为政治的大原则、大方向，此原则、方向，即在政治以人民为主体，只教、养而不压迫，则"道不变"的话，是可以成立的。而在实行时，因时因俗，"举偏"补弊，依然是一种进步的历史观，与孔子的历史观，大体相合，所以他在这段话中，便引《论语》"孔子曰：殷因于夏礼，所损益，可知也。周因于殷礼，所损益，可知也。其或继周者，虽百世，可知也"的话作证明。但孔子的话，似乎重在"损益"，而仲舒的话，重在"无变道之实"。总之，这绝不是一般所说的复古主义。（三）仲舒认为"迹之古"、"返之于天"之实，在于禁止当时统治阶级，凭借权位以取得经济上的特殊利益，剥削人民的情形，使"利可均布而民可家足"。仲舒的天与古，至此而更有切实的内容。即是以均调的原则，解决人民的生活问题。他说："夫天亦有所分予。予之齿者去其角……是所受大者不得取小也。古之所予禄者不食于力……与天同意者也……身宠而戴高位，家温而食厚禄；因乘富贵之资力，以与民争利于下，民安能如之哉？是故众其奴婢，多其牛羊，广其田宅，博其产业，畜其积委，务此而亡已，以迫蹙民，民日削月朘，寖以大穷。富者奢侈羡溢，贫者穷极愁苦……此刑罚之所以蕃，而奸邪不可胜者也。故受禄之家，食禄而已，不与民争业，然后利可均布，而民可家足。此上天之理，而亦太古之道；天子之所宜法以为制，大夫之所当法以为行也。"按汉由侯王制而有造成政治分裂的危险，这是文帝以来所努力克服的。由列侯制所造成的经济特权的严酷剥削情形，纵然不是得到鼓励，也是得到放任。上文中的"大夫"，实指的是这批列侯及朝廷公卿而言。仲舒这种意思，详见于《春秋繁露·度制》第二十七。但《度制》二十七有一段比较更概括性的话，比《对策》中说得更周衍。

先秦儒家思想的转折及天的哲学的完成

孔子曰：不患贫，而患不均。故有所积重，则有所空虚矣。大富则骄，大贫则忧。忧则为盗，骄则为暴，此众人之情也。圣者……制人道而差上下也，使富者足以示贵而不至于骄，贫者足以养生而不至于忧；以此为度而调均之，是以财不匮而上下相安，故易治也。今世弃其度制而各从其欲……则富者愈贪利而不肯为义，贫者日犯禁而不可得止，是世之所以难治也。

仲舒在《爵国》第二十八中，更强调了井田制的理想，这都说到了政治中的最根本问题。（四）仲舒说："《春秋》大一统者，天地之常经，古今之通谊也。今师异道，人异论，百家殊方，指意不同，是以上无以持一统。法制数变，下不知所守。臣愚以为诸不在六艺之科，孔子之术者，皆绝其道，勿使并进。邪辟之说灭息，然后统纪可一，而法度可明，民知所从矣。"上面这段话，实佚出于册问之外。亦为《春秋繁露》中所未见。但从《士不遇赋》对当时纵横之士嫉恶之深，可知仲舒平日蕴蓄此意甚久，特假此机会正式提出，遂成为学术史上一大公案。按仲舒此一建议的出发点，是为了保证大一统的完整与效率，要求作为政治指针的学术思想，有一个统一的内容与方向。而在今日可以看到的诸子百家中，也只有"六艺之科，孔子之术"，可以在政治上担当此种责任；因为这代表了人道主义的大方向，且含容性较大而流弊较少。加以仲舒所说的"勿使并进"，并不是勿使流通，勿使研究，而是指朝廷不为其立博士。因为汉承秦后，朝廷所立的博士，可以称为"杂学博士"；秦、汉方士盛行，所以博士中也杂有这一类的人。仲舒的建议，只是在"六艺之科，孔子之术"的范围内立博士，换言之，将杂学博士变为"经学博士"或"儒学博士"。仅从政治着眼，也不算有大的差错。且由《汉书·艺文志》看，西汉时学术流通的情形颇为宏富，对学术的态度也颇为公允，并未受建元五年立五经博士的影响。而魏、晋玄言，六朝佛学，皆凌驾儒家而上之。今人对我国学术不发达的原因，不归之于专制政治而一归之于仲舒，尤非事理之平。然仲舒此议，有很大的流弊，则无可讳言。第一，统治者绝不因独尊孔氏而即实行孔子之教，徒授以由权势把持学术、歪曲学术的途辙；开宋、明、清制义八股之先河；使孔子之教，因受到政治权势的利用、歪曲，而腐滥殆尽。第二，在专制时代，政治力量，压倒一切。得立为博士的，借朝廷之力，假"师法"之名，以凌压未得立博士之部门；同为六艺，亦妨娼排挤，无所不至，借以保持其独占的地位与利益；于是在博士之狭隘范围内，亦少真诚从事学术研究之人，学术反因此而更空虚败坏。所以概略言之，立五经博士以后的博士，其水准反不如未立五经博士以前的博士。通观古今中外，学术与现实政治，必有一相当距离，使其能在社会上生根，学术乃有发展可言，政治乃能真得学术之益。所以仲舒一时的用心过当，终于是贻害无穷的。

扬雄论究

一、《汉书·扬雄传》及其若干问题

扬雄一生的学术活动,可以代表西汉学术风气演变的三大阶段。由文帝经景帝到武帝中期,学术风气的主流是辞赋。这是扬雄"少而好赋"的阶段。由景末武初的董仲舒开其端,到武帝中期以后迄于宣、元而极盛的学术风气主流是傅会经义,以阴阳术数讲天人性命的合一。这是扬雄中年后草《玄》的阶段。从成帝时起,开始有人对由术数所讲的天人性命之学发生怀疑,渐渐要回到五经的本来面目,以下开东汉注重五经文字本身了解的训诂学,并出现了以桓谭为先河的一批理智清明的思想家,此在西汉末期,虽未能成为学术风气的主流,但实开始了一个新的阶段。扬雄末年的《法言》,担当了开辟此新阶段的责任。而他以余力所成的《輶轩使者绝代语释别国方言》(简称《方言》),给清代及现代语言学以莫大影响,成为三百年来的显学。假定讲汉代思想史而不及扬雄,我觉得便没有掌握到两汉思想演变的大关键。

《汉书》八十七上、下的《扬雄传》,在"赞曰"以前,都是采用扬雄的《自序》;这是了解扬雄的基本材料,特简录于后。[①]并应将班固及后人所加上去的若干问题,首先加以澄清。

  扬雄字子云,蜀郡成都人也。其先出自有周伯侨者,以支庶初食采于晋之扬,[②]因氏焉,不知伯侨周何别也。扬在河汾之间。周衰而扬氏或称侯,号曰扬侯。会晋六卿争权,韩、魏、赵兴,而范、中行、知伯弊。当是时,逼扬侯,扬侯逃于楚巫山,因家焉。楚汉之兴也,扬氏溯江上,处巴江州。而扬季官至庐江太守。汉元鼎间,避仇复溯江上,处岷山之阳曰郫,有田一壥,有宅一区,世世以农桑为业。自季至雄,五世而传一子,故雄无他扬于蜀。

  雄少而好学,不为章句,训诂通而已,博览无所不见。为人简易佚荡,口吃不能剧谈,默而好深沉之思,清静无为,少耆欲,不汲汲于富贵,不戚戚于贫贱,不修廉隅以徼名当世。家产不过十金,乏无儋石之储,晏如也。自有大度,非圣哲之书不好也;非其意,虽富贵不事也。顾尝好辞赋。

  先是时,蜀有司马相如,作赋甚弘丽都雅,雄心壮之,每作赋,常拟之以为式。又怪屈原文过相如,至不容,作《离骚》,自投江而死,悲其文,读之未尝不流涕也。以为

[①] 采用王先谦《汉书补注》本兼参用香港中华书局一九七〇年印行的标点校勘本。以下简称中华本。又本文所用《太玄》,系据《四部备要》司马光集注本,参以《四部丛刊》缩印明万玉堂翻宋本。《法言》用汪荣宝《义疏》本。

[②] 《补注》本作"杨",宋景祐本及殿本作"扬"。中华本依此将下文注原作"杨"者并校改,本文从中华本。

君子得时则大行，不得时则龙蛇；遇不遇命也，何必湛身哉。乃作书，往往摭《离骚》文而反之，自岷山投诸江流以吊屈原，名曰《反离骚》。又旁《离骚》作重一篇，名曰《广骚》；又旁《惜诵》以下至《怀沙》一卷，名曰《畔牢愁》。《畔牢愁》、《广骚》文多不载，独载《反离骚》，其辞曰……

孝成帝时，客有荐雄文似相如者，上方郊祠甘泉泰畤，汾阴后土，以求继嗣，召雄待诏承明之庭。正月（元延二年），从上甘泉，还奏《甘泉赋》以风（讽），其辞曰……

甘泉本因秦离宫，既奢泰，而武帝复增通天、高光、迎风……游观屈奇瑰玮……且其为已久矣，非成帝所造，欲谏则非时，欲默则不能已，故遂推而隆之，乃上比于帝室紫宫，若曰此非人力之所能，党（倘）鬼神可也……赋成奏之，天子异焉。其三月，将祭后土，上乃率群臣……迹殷周之墟，眇然以思唐虞之风。雄以为临川羡鱼不如归而结网，还，上《河东赋》以劝，其辞曰……

其十二月羽猎，雄从……文王囿百里，民以为小；齐宣王囿四十里，民以为大；裕民之与夺民也。武帝广开上林……周袤数百里。穿昆明池象滇河……非尧、舜、成汤、文王三驱之意也。又恐后世复兴前好，不折衷以泉台，故聊因《校猎》以讽。其辞曰……

明年（元延三年），上将大夸胡人以多禽兽，秋，命右扶风发民入南山，西自褒斜，东至弘农，南驱汉中，张罗罔置罘，捕熊罴豪猪虎豹狖玃狐兔麋鹿，载以槛车，输长杨射熊馆。以罔为周陛，纵禽兽其中，令胡人手搏之，自取其获，上亲临观焉。是时，农民不得收敛。雄从至射熊馆，还，上《长杨赋》，聊因笔墨之成文章，故借翰林以为主人，子墨为客卿以风。其辞曰……

哀帝时，丁、傅、董贤用事，诸附离之者或起家至二千石。时雄方草《太玄》，有以自守，泊如也。或嘲雄以玄尚白，而雄解之，号曰《解嘲》。其辞曰……

雄以为赋者，将以风（讽）也，必推类而言，极丽靡之辞，闳侈巨衍，竟于使人不能加也。既乃归之于正，然览者已过矣。往时武帝好神仙，相如上《大人赋》，欲以风，帝反缥缥有陵云之志。繇是言之，赋劝而不止，明矣。又颇似俳优淳于髡、优孟之徒，非法度所存，贤人君子诗赋之正也，于是辍不复为。而大潭思浑天……（《太玄》本于浑天）……《玄》文多，故不著；观之者难知，学之者难成，客有难《玄》大深，众人之不好也，雄解之，号曰《解难》。其辞曰……

雄见诸子各以其知舛驰，太氐诋訾圣人，即为怪迂，析辩诡辞，以挠世事，虽小辩，终破大道而或（惑）众，使溺于所闻而不自知其非也。及太史公记六国，历楚汉，讫麟止，不与圣人同是非，颇谬于经，故人时有问雄者，常用法应之，撰以为十三卷，象《论语》，号曰《法言》。《法言》文多不著，独著其目……（按即《法言》卷十三之《法言序》。）

赞曰：雄之《自序》云尔。初，雄年四十余，自蜀来至游京师，大司马车骑将军王音奇其文雅，召以为门下史，荐雄待诏。岁余，奏《羽猎赋》，除为郎，给事黄门，与王莽、刘歆并。哀帝之初，又与董贤同官。当成、哀、平间，莽、贤皆为三公，权倾人主，所荐莫不拔擢，而雄三世不徙官。及莽篡位，谈说之士用符命称功德获封爵者甚众，雄复不侯，以耆老久次转为大夫，恬于势利乃如是，实好古而乐道，其意欲求文章成名于后世。以为经莫大于《易》，故作《太玄》。传莫大于《论语》，作《法言》。史篇莫善于《仓颉》，作《训纂》；箴莫善于《虞箴》，作《州箴》；赋莫深于《离骚》，反而广之；辞莫丽于相如，作四赋；皆斟酌其本，相与放依而驰骋云。用心于内，不求于外，故时人皆智（忽）之，唯刘歆及范逡敬焉，而桓谭以为绝伦。王莽时，刘歆、甄丰皆为上公，莽既以符命自立，即位之后，欲绝其原以神前事，而丰子寻、歆子棻复献之。莽诛丰父子，投棻四夷，辞所连及，便收不请。时雄校书天禄阁上，治狱使者来，欲收雄，雄恐不能自免，乃从阁上自投下，几死。莽闻之曰："雄素不与事，何故在此？"间请问其故，乃刘棻尝从雄学作奇字，雄不知情，有诏勿问。然京师为之语曰："惟寂寞，自投阁；爱清静，作符命。"

雄以病免，复召为大夫。家素贫，耆酒，人希至其门。时有好事者载酒肴从游学，而巨鹿侯芭常从雄居，受其《太玄》、《法言》焉。刘歆亦尝观之，谓雄曰："空自苦！今学者有禄利，然尚不能明《易》，又如《玄》何？吾恐后人用覆酱瓿也。"雄笑而不应。年七十一，天凤五年卒，侯芭为起坟，丧之三年。时大司空王邑、纳言严尤闻雄死，谓桓谭曰："子尝称扬雄书，岂能传于后世乎？"谭曰："必传。顾君与谭不及见也。凡人贱近而贵远，亲见扬子云禄位容貌不能动人，故轻其书。昔老聃著虚无之言两篇，薄仁义，非礼学，然后世好之者尚以为过于五经，自汉文景之君及司马迁皆有是言。今扬子之书，文义至深，而论不诡于圣人，若使遭遇时君，更阅贤知，为所称善，则必度越诸子矣。"诸儒或讥以为雄非圣人而作经，犹春秋吴楚之君僭号称王，盖诛绝之罪也。自雄之没至今四十余年，其《法言》大行，而《玄》终不显，然篇籍具存。

扬雄《答刘歆书》，其中有可补《自序》之不足的，简录于下：

……又敕以《殊言》（即《方言》）十五卷，君何由知之……雄少不师章句，亦于五经之训所不解。尝闻先代𫐓轩之使，奏籍之书，皆藏于周秦之室。及其破也，遗弃无见之者。独蜀人有严君平，临邛林闾翁孺者，深好训诂，犹见𫐓轩之使所奏言。翁孺与雄外家牵连之亲，又君平过误，有以私遇少而与雄也。君平财有千言耳，翁孺梗概之法略有。翁孺往数岁死……而雄始能草文。先作《县邸铭》，《玉佴颂》，《阶闼铭》，及《成都城四隅铭》。蜀人有杨庄者，为郎，诵之于成帝，成帝好之，以为似相如，雄遂以此得外见[①]……雄为郎之岁，自奏少不得学，而心好沉博绝丽之文。愿不受三岁之奉（俸），且休脱直事之縣，得肆心广意，以自克就。有诏可不夺奉，令尚书赐笔墨钱六万，得观书于石室。如是后一岁，作《绣补灵节龙骨》之铭，诗

[①]《文选·甘泉赋》注"见"字上无"外"字。

三章，成帝好之，遂得尽意。故天下上计孝廉及内郡卫卒会者，雄常把三寸弱翰，赍油素四尺，以问其异语，归即以铅摘次之于椠，二十七岁于今矣……少而不以行立于乡里，长而不以功显于县官，著训于帝籍。但言词博览翰墨为事，诚欲崇而就之，不可以遗，不可以怠……（《全汉文》卷五十二）

本传中的第一个问题是扬雄的扬字，到底是从手还是从木？这应当是很早存在的问题，经段玉裁、王念孙、朱骏声①诸人，从考证的立场，皆主张应从木以后，今人汪荣宝的《法言义疏》及杨树达的《汉书窥管》，皆用"杨"而不用"扬"，似乎已得到了一个结论。事实上并非如此。

按段、王、朱三家的考证，皆从扬雄的世系着眼，认为扬雄自述的世系，皆作"杨"而不作"扬"，则扬雄本人之姓，亦应承其世系作"杨"，而不应作"扬"。但我应首先指出，从世系上考查，并不能为段、王诸人之说作证。古"扬"、"杨"常通用，这是大家所承认的。但《古籀补》仅收《石鼓》及《古钵文》各一从木的"杨"字，《古籀补补》仅收《古匋》一个从木的"杨"字。而《古籀补》收有二十四个从手的"扬"字，《古籀补补》收有五个从手的"扬"字，《金文编》收有六十三个从手的"扬"字，殷墟文字中亦收有两个。②由此可以推知，从手的"扬"字，

---

① 段王两氏之说见《补注》。朱氏《说文通训定声》"扬"字下谓："又为'杨'之误字。《汉书·扬雄传》，字从手，说者谓子云好奇，特自标异。按雄《反骚》自序世系，当即《左传》杨食我之后。三国杨德祖云，修家子云，老不晓事，则其氏从木可知。"
② 此暂用《说文解字诂林》"杨"、"扬"两字下所征引。

较从木的"杨"字为早出。并且在西周时代,"扬"字实更有势力。以从木的"杨"字为姓,至西汉而始大行,可能在古典上本为从手的"扬"字,被人于不经意中改为从木的"杨"字。《左传·襄公二十九年》:"虞郭焦滑霍扬韩卫,皆姬姓也。"阮元《校记》:"诸本作'扬'。《石经》初刻杨,后改从才。段玉裁云:初刻作杨是也。"按所谓《石经》,指唐《开成石经》而言。唐《石经校文叙例》:"《石经》……有随刻随改,及磨改字迹,文谊并佳者,盖唐玄度覆定。""杨"与"扬",在上引一句中,没有训释上的问题,唐玄度们若无根据,何以会把已刻为"杨"改为"扬"?段玉裁又以何为根据,认初刻为是?又昭二十八年"晋杀祁盈及杨食我"《校记》谓"《石经》'杨'字木旁模糊",殆因勒改之故。毛谊父《六经正误》谓"'扬'字作'杨'误"。以上例推之,毛说亦必可信。而《正义》引五年《传》"谓伯石为杨石","在铜鞮杨氏之间",据《校记》,宋本"杨"皆作"扬"。由此应该可以了解,段玉裁们据扬雄所自述世系,谓在典籍上皆作"杨"而非作"扬",因而推论扬雄之姓,应是"杨"而不是"扬",[1]都不能成立。

再从有关的文献中略作考查。日本京都帝国大学文学部《景旧钞本》(据判断为晚唐之钞本)本《汉书·扬雄传》残卷末,日本静嘉堂宋刊《太平御览》,四部丛刊中宋绍兴本《温国文正司马集》卷七十四《辨杨》。元刊本《风俗通义序》,明刊本《直讲李先生文集》卷二十九《吊杨子》,明刻本《西京杂记》卷三杨子云条,明钞本《华阳国志》卷十杨雄,《四库备要》明刻本《集注

---

[1] 皆见《补注》引王念孙转引段玉裁之说。

扬雄论究

太玄》，陈本礼《太玄阐秘外篇》引晋范望《解赞》等皆从木作"杨"。

经赵万里、杨明照判断为中唐草书的《文心雕龙》残卷《辨骚》第五，《诠赋》第八，《铭箴》第十一，《诔碑》第十二，《哀吊》第十三，《杂文》第十四，扬雄之扬皆从手。今日可以看到最早的北宋景祐（一〇三四至一〇三七）本《汉书》，胡刻宋淳熙本重雕《文选》，中华书局影印宋理宗端平乙未朱熹孙刻《楚辞集注》、《楚辞后语》卷第二，扬雄或扬子云之扬，皆从手。《四部丛刊》影印宋刊本《六臣注文选》，宋刊本《资治通鉴》卷三十八，石砚斋翻宋治平监本《扬子法言》，元刊本《元丰类稿》卷三十六《答王深甫论扬雄书》，元刊本朱文公校《昌黎先生集》卷之十一《读荀子》，"扬"字皆从手。

目录书自《汉书·艺文志》以下扬雄之扬皆从手。此亦犹正史编年史中提及扬雄时，其姓皆从手，是一样的情形。亦有一书中从手从木互见的。《四部丛刊》影印明通津草堂刻本《论衡·命禄》篇之扬子云从手，《超奇》篇则从木。缩印明刊本《文心雕龙·诠赋》第八"王杨骋其势"从木。此外称及"扬雄"的，则皆从手。

台湾国立图书馆明代成化年江西藩府覆刊宋咸淳六年导江黎民本《朱子语类》一三七卷，问"扬雄"条"扬"字从手，立之问扬子条，"杨"字又似从木。日本三都发行书肆摹刻明万历本《朱子语类》卷一百三十七"扬雄"、"扬子云"皆从木，但卷一百三十九称"班扬"之扬又从手。盖写刻者，不知班扬是指班固、扬雄，所以保留从手之扬，而写刻到扬子云，则以为并无从手之扬姓，遂改成从木之杨姓。明刊本《文心雕龙》的情形，正与此相反。他知道扬雄的扬从手，但并不知道"王扬"即是王褒与扬雄，所以又从木。此事极富于启发性。

上面只就手头材料稍一清理，可知自唐以来，子云之姓，从木从手，早已纷歧不一，而以从手的占绝对优势。若谓"扬"、"杨"本可通用，故子云之姓，有"杨"、"扬"歧出互用的情形，则何以其他以"杨"为姓的人，从未歧出为从手之扬？所以从木从手，必作一是一非的判断，而不应采融通，实即混淆之论。

由金文加以考查，在西周乃至在东周前期，从手的"扬"字绝对占优势，但春秋末期以后，正式出现以杨为姓，则除间或有"阳"姓外，皆为从木之杨，至汉而尤著；殆早为社会所共许。段玉裁谓："贡父所见雄《自序》，必是唐以后伪作。"盖段氏之意，雄姓从手，出于宋刘贡父所见的扬雄《自序》。此《自序》，雄之姓从手，所以大家把本是从木的"杨"字亦改为从手的"扬"字，而段氏断定此《自序》是假的。按段氏对所谓"唐以后伪作"，盖指《自序》的写本而言。若刘贡父所看到的扬雄《自序》写本是唐以后人所伪造的，但伪造者将姓氏上本是最通行的从木的"杨"字，改为在姓氏上最不通行的从手的"扬"字，这是很可怪异的情形。更由此而推测钞本与版本中"杨"、"扬"互见的情形，还是由最通行的从木的杨姓，讹为极少见的从手的扬姓？或是由极少见的从手的扬姓，讹为最通行的从木的杨姓？哪一种的可能最大呢？常识判断，将不经见的扬姓，顺手改为耳濡目染的从木的杨姓的可能性要大得多。雄若不自署其姓为从手之扬，他人不得改从木之杨为从手之扬。陈本礼《太玄阐秘外编》引明郭子章《汉扬雄墓记》："予入郫，进诸生……间扬裔，曰……郫无后扬子者。予曰：扬子五世独传一子，宜不蕃。今海内亦鲜扬姓者，微独郫也。"由此可知郫县之杨姓及天下之杨姓,皆不与扬雄同姓,则子云之姓为从手之扬而非从木之杨,更可断定。段又谓"《广韵》'扬'字注不言姓,'杨'字注则云姓"。但同属十阳之"汤"、"方",注亦皆未言姓,由此而可推论世不应有汤姓方姓吗？我的推测是,追溯到受氏之祖,应为扬而非杨。杨姓成立大盛以后,应为杨而非扬。扬雄在汉,本姓从木之杨。因"汉元鼎间,避仇复溯江上处岷山之阳曰郫"时,始改从木之杨为从手之扬。盖汉代复仇寻仇的风气特盛。因避仇而改姓,而改姓的方式,多采用由原字稍加变更,或采字异音同的方式,这是中国社会中极常见的事情。何况又与子云世系之本为从手之扬相合。改杨为扬,乃出自其五世祖杨季的晚年。因避仇改姓的关系,所以不便与郫县的其他杨姓通族,扬雄便写上"故雄无它扬于蜀"。段王诸人皆忽视本传中"避仇"的意义,以致自相纠扰。雄既承其五世祖改杨为扬,后人便不必代他再改过来。因为他未改姓以前本是姓杨,所以杨修不妨称"吾家子云"。并且因门第观念,傅会名人,从无严格的限制。而王念孙所看到的《郑固碑》中所称"君之孟子,有杨乌（扬雄之子）之才"。汉碑用字最不严格,此观《隶释》所收各碑,即可证明,不必能为王氏之说作证。《说文解字》十二上"扬,飞举也",扬雄号子云,或亦出于"飞举"之义。

本传中的另一问题是扬雄到长安的时间年龄问题。在谈论此一问题时,应先把握一个定石,即是传赞中所说的"年七十一,天凤五年（西纪十八年）卒"。由此上推,雄生于宣帝甘露元年（西纪前五十三年）,这是无可怀疑的。问题是发生在本传赞中下面的几句话。"初雄年四十余,自蜀来至游京师,大司马车骑将军王音奇其文雅,召以为门下史,荐雄待诏,岁余,奏《羽猎赋》,

除为郎,给事黄门。"王音为大司马车骑将军,为阳朔三年己亥(西纪前二十二年),雄年三十二岁。永始二年丙午(西纪前十五年)王音死,雄年三十九岁。元延二年庚戌(西纪前十一年)雄年四十三,奏《甘泉赋》、《羽猎赋》。若扬雄游京师时先为大司马车骑将军王音的门下史,则雄到长安应在雄年三十二到三十九岁之间,不得言"雄年四十余,自蜀来至游京师"。《资治通鉴考异》卷一在"扬雄待诏"注谓"时(雄待诏奏赋之时)王音卒已久,盖王根也"。司马光的意思,王音死后,王根接着当大司马车骑将军,所以便将王音改为王根,以孚合"雄年四十余自蜀来至游京师"的说法。《补注》引周寿昌谓:"案古四字作亖,传写时由亖字误加一画。应正作三十余始合。"此是将"年四十余"改为年三十余,以符合曾为王音门下史的说法。由上面两种改动,可以证明一点,即是班固说法的自身,含有无法调和的矛盾。今人董作宾《方言学家扬雄年谱》[1]即定雄游京师为三十二岁,这是根据周寿昌的说法。但董氏何以能断定是三十二岁,而不是从三十二岁到三十九岁中的任何一岁呢?上面的问题实际只归结到一点,即是大家到底是相信扬雄自己的话呢?还是相信班固含有矛盾的话?扬雄自己说:"孝成帝时,客有荐雄文似相如者,上方郊祠甘泉泰畤,汾阴后土,以求继嗣,召雄待诏承明之庭。"据他《答刘歆书》,此处所说的"客",即是"蜀人有杨庄者为郎"的杨庄。自武帝以来,皇帝有重要的巡游祭祀,辄命辞臣作赋颂以将其事。因为成帝正准备郊祠甘泉,所以杨庄择在此一时机推荐。也因为

---

[1] 此文刊出于中山大学语言历史研究所周刊第八十五至八十七期合刊。按扬雄即使是三十余岁游京师,董氏何以能断定即在王音任大司马车骑将军之始年?谱中将扬雄草《太玄》,作《解嘲》、《解难》,定为扬雄五十二岁,亦此类。

这种时机的需要，所以一推荐便召待诏承明之庭。且《自序》在叙述客有荐雄一句下，紧接着"上方郊祀……"一句，"方"字对时间性表示得非常清楚。《资治通鉴》卷三十二元延"二年春正月上行幸甘泉郊泰畤，三月行幸河东祠后土"。三年"上将大夸胡人以多禽兽……"与自传"正月从上甘泉……其三月将祭后土……明年上将大夸胡人以多禽兽"之时间正合。故待诏承明之庭，不能早于延元元年，时年四十二岁，此时王音已死去三年。杨庄是直接向成帝推荐的，若杨庄的推荐未生效，扬雄便无缘到京师。若生效，何以不直接与朝廷发生关系，却转到王音门下。若在王音门下当了几年门下史，则他在此期间做了些什么？何以《自序》中了无痕迹？扬雄对王氏一家素无恶感，而在作《自序》及《答刘歆书》时，正王莽快要当皇帝的时候，若他出自王音或王根之门，他何嫌何忌，不肯说出，却要借重于一个杨庄呢？由此可以断言，班固这一事实的记载，乃是由讹传而来的误记。

第三个问题是《自序》止于何处的问题。颜师古在"赞曰：雄之《自序》云尔"下注谓"自《法言》目之前，皆是雄本《自序》之文"，《法言》目录，终于"赞曰"前的"孝莫大于宁亲……撰《孝至》第十三"，颜注的原意，应当与班氏的原意相同。乃汪荣宝在《法言义疏》一"法言"下谓：

> 《汉书·艺文志》，"扬雄所序三十八篇"入儒家。班自注云"《太玄》十九，《法言》十三，《乐》四，《箴》二"，则《法言》在汉世乃与《太玄》、《乐》、《箴》同为一书，初不别出单行。此子云所自为诠次以成一家之言者，故谓之"扬雄所序"，序者次也。其《自序》一篇，当在此三十八

篇之末,为扬书之总序。《汉书·扬雄列传》,即全录此序为之……惟传末"《法言》文多不著,独著其目"以下云云,乃班氏所增益。故颜师古注云:"自《法言》目之前,皆是雄本《自序》之文也。"盖《自序》既为扬书三十八篇之总序,则《法言》十三,即在本书。何有更著其目于序末之理……

按序与叙通,《诗·卫风·氓》序"序其事以讽焉"疏:"故叙此自悔之事。"《国语·晋语》"纪言以叙之"注:"叙,述也。"由此可知《汉书·艺文志》的"扬雄所序三十八篇",是说扬雄所述三十八篇,此乃班氏总括扬雄著述之辞,亦如上文"刘向所序六十七篇"一样。刘向六十七篇包括"《新序》、《说苑》、《世说》、《列女传颂》图(班氏原注)",断非由刘向自己序次为一书,"初不别出单行"。则汪氏对"扬雄所序三十八篇"之解释,乃出于虚构。且观于本传赞"自雄之没,至今四十余年,其《法言》大行,而《玄》终不显,然篇籍具存"之语,《法言》、《太玄》及《乐》、《箴》之非"同为一书",至为显然。更由此而知扬氏本传,乃扬雄三十八篇"总序"之说,完全无成立之余地。若如汪氏之说,《自序》乃扬雄为三十八篇所作的总序,则《自序》中自述其著作,首为辞赋,何以不在此三十八篇之内?而三十八篇中的《乐》四、《箴》二,在总序中又无一言齿及?本传中扬雄所自录著述,分三大部门。一为辞赋,既述其作赋之由,又录入《甘泉》、《河东》、《校猎》、《长杨》四赋。二为《太玄》,既录《解嘲》以著其"默然独守吾《太玄》"之由,又简述《太玄》的基本构造,更录《解难》一文以解答"客有难《玄》大深,众人之不好"。三为《法言》，因"文多不著"而"独著其目"，乃与叙辞赋、《太玄》部分之分量相称，由此可知此必为扬雄《自序》所固有。汪氏之说，可谓徒增纠葛。

二、扬雄的时代

汉宣帝追摹武帝，《汉书》五十八《公孙弘卜式儿宽传》赞，即以宣帝得人之盛，与武帝相比，而谓"亦其次也"。

宣帝起自微庶，在吏治方面的成就，似过于武帝。但西汉政治的风气及国运，到他的儿子元帝，开始为之一变。《汉书》卷九《元帝纪》说他：

> 八岁，立为太子。壮大，仁柔好儒。见宣帝所用多文法吏，以刑名绳下，大臣杨恽、盖宽饶等坐刺讥辞语为罪而诛，尝侍燕从容言："陛下持刑太深，宜用儒生。"宣帝作色曰："汉家自有制度，本以霸王杂之，奈何纯任德教，用周政乎！且俗儒不达时宜，好是古非今，使人眩于名实，不知所守，何足委任！"乃叹曰："乱我家者，太子也！"

班彪作《元帝纪》赞，[1]谓元帝："少而好儒。及即位，征用儒生，委之以政，贡（禹）、薛（宣）、韦（贤、玄成）、匡（衡）迭为宰相。而上牵制文义，优游不断，孝宣之业衰焉。"西汉用人，至元帝而儒生取得进用的优势。乃国运之衰，亦始于元帝。但班

---

[1] 应劭曰："《元成帝纪》，皆班固父彪所作。"

彪不愿把此责任加之于儒生，而加之于元帝的"优游不断"。

扬雄生于宣帝甘露元年，到元帝即位的初元元年为五岁，成帝即位的建始元年为二十二岁，到成帝死的绥和二年为四十七岁。可以说，成帝在位二十五年中，他正经历着由青年时代而完成他的壮年时代。他四十二岁应召到京师，四十三岁献赋为郎，地位虽很低，但他对朝廷的各种情形，有耳闻目见的机会。所以他的学问的基础及人格的形成，都可说是在成帝时代奠定的，这是与他最亲切的时代背景。

就成帝本人说，《汉书》卷十班彪的《成帝纪》赞，说得相当公道：

> 臣（班彪）之姑充后宫为婕妤，父子昆弟侍帷幄，数为臣言，成帝养修容仪，升车正立，不内顾，不疾言，不亲指。临朝渊嘿，尊严若神，可谓穆穆天子之容者矣。博览古今，容受直辞，公卿称职，奏议可述。遭世承平，上下和睦。然湛于酒色，赵氏乱内，外家擅朝，言之可为於邑（颜注：短气貌）。建始以来，王氏始执国命。哀、平短祚，莽遂篡位。盖其威福所由来者渐矣！

由上面的话，可知西汉之亡，实酿成于成帝。但从历史看，比成帝远为荒唐而未尝亡国的，实在也不少。尤其是成帝所用的宰相，多为一时儒林之选，但终无救于西汉之亡，于是班固在《匡张孔马传》（卷八十一）赞中谓：

> 自孝武兴学，公孙弘以儒相。其后蔡义、韦贤、玄成、

匡衡、张禹、翟方进、孔光、平当、马宫及当子晏，咸以儒宗居宰相位，服儒衣冠，传先王语，其酝藉可也。然皆持禄保位，被阿谀之讥。彼以古人之迹见绳，乌能胜其任乎？

班固之意，上面这些"儒宗"，没有尽到扶倾救亡的责任，这当然也说到了一个侧面。鲍宣曾以谏大夫上书中有谓"朝臣亡有大儒骨鲠、白首耆艾、魁垒之士，论议通古今，喟然动众心，忧国如饥渴者"。①扬雄《解嘲》中说："故当其有事也，非萧、曹、子房、平、勃、樊、霍则不能安；当其亡事也，章句之徒相与坐而守之，亦亡所患。故世乱，则圣哲驰骛而不足；世治，则庸夫高枕而有余。"正是反映这一侧面。但成帝时代，实权操在大司马手上，宰相徒拥虚名，这一点也应该考虑到。

可是这些儒宗里面，乃至没有被列入里面的刘向、周堪、张猛、贡禹、师丹、李寻、鲍宣、杜钦、谷永之徒，言论风骨，求之异代，盖百千年而难遇其一二。而在西汉末季，却一时并出。若不绳以过高之论，实亦无愧于得人之盛；然终无救于西汉之亡，这是很不易解释的。王船山对此，有三点可以反映比较深刻的看法。他说："元帝诏四科举士，即以此第郎官之殿最。一曰质朴，二曰敦厚，三曰逊让，四曰有行。盖屏主佞臣，惩萧（望之）周（堪）张（猛）刘（向）之骨鲠，而以柔惰销天下之气节也。"②在元帝这一套四科举士的技巧下，能使社会由沉滞而麻木而腐烂，扬雄所当的正是郎官，对于这一套"以柔惰销天下之气"的手法，

---

① 《汉书》卷七十二《鲍宣传》。
② 《读通鉴论》卷四。

当然不屑以作伪或降志的方式去参与竞争的行列。他在《解嘲》中下面的一段话，正是反映此一情势的。

> 当今县令不请士，郡守不迎赐，群卿不揖客，将相不俯眉；言奇者见疑，行殊者得辟（罪）。是以欲谈者宛（卷）舌而固（同）声，欲行者拟足而投迹。乡（向）使上世之士处乎今世，策非甲科，行非孝廉，举非方正，独可抗疏时道是非，高得待诏，下触闻䜣，又安得䵻紫？

船山又提出第二个问题："成、哀之世，汉岂复有君臣哉，妇人而已矣。"[1]自武帝剥夺宰相职权，由大司马主政。成帝时代，赵飞燕、赵合德姊妹们在宫廷内的荒淫残毒，所谓"燕啄皇孙，知汉室之将尽"，这是大家都知道的。他一即位，便以王凤为大司马大将军领尚书事，王凤专政十一年。凤死，以王音为大司马车骑将军，王音死后是王根，王根死后是王莽，这都是元帝皇后即所谓"元后"的一家。哀帝即位，外戚的另一支傅喜、丁明为大司马，最后加入一个娈童董贤。哀帝一死，王太后立即以王莽为大司马领尚书事。汉室政治权力的核心，始终握在"妇人"的手上。当时为丞相或居高位的儒臣，实同于"妇人"政权的傀儡。自刘向起，大家穷力尽气以争得失的，主要都是环绕着这种"妇人"问题，此外便无所谓国家大政，也不能有国家大政。明堂辟雍，虚文缘饰，这真是儿戏之局。此时，天下表面太平，但有如一个庞大的躯体，缺少真正的骨干去加以支持。

---

[1]《读通鉴论》卷五。

船山更提出第三个问题，可以说是思想问题。他说：

> 以全盛无缺之天下，未浃岁而迁，何其速也。上有暗主而未即亡，故桓、灵相踵而不绝。下有权奸而未即亡，故曹操终于魏王……唯至于天下之风俗波流簧鼓而不可遏，国家之势，乃如大堤之决，不终旦溃以无余。故莽之篡，如是其速者，合天下奉之以篡……莽之初起，人即仰之矣。折于丁、傅，而讼之者满公车矣……夫失天下之人心者，成哀之淫悖为之，而蛊天下之风俗者不在此。宣、元之季，士大夫以鄙夫之心，挟儒术以饰其贪顽；故莽自以为周公，则周公矣；自以为舜，则舜矣。周公矣，舜矣，无惑乎其相骛如狂而戴之也……而且经术之变，溢为五行灾祥之说。阳九百六之数，易姓受命之符，甘忠可虽死而言传，天下翕然信天命而废人事；乃至走传王母之筹，而禁不能止。故莽可以白雉黄龙哀章铜匮惑天下，而愚民畏天以媚莽，则刘向实为之俑，而京房、李寻，益导之以浸灌人心，使疾化于妖也……故龚胜、邴汉、梅福之贞，而无能以死卫社稷，非畏祸也，畏公议之以悖道违天加己也……古之圣人，绝地天通以立经世之大法，而后儒称天称鬼以疑天下。虽有世主以矫之使正，而人气迷于恍惚有无之中以自乱……汉之伪儒，诡其文而昧其真，其淫于异端也，巫史也，其效亦既章章矣……[①]

---

① 《读通鉴论》卷五。

船山上面的话，意义深远，但说得有点偏激，应稍加条理。

船山所说的由学术而来的风俗，是由两条线索所形成的。第一条线索是孔子天下为公的思想、[①]经战国而更为明朗，在《吕氏春秋》中得到大力的提倡，所以《说苑·至公》篇载博士鲍令白对秦始皇亦谓"天下官则让贤"。西汉大思想家，殆无不秉承此义。辕固生伸张汤武的放伐，董仲舒、司马迁，亦无不以家天下为下德。《汉书》卷七十七《盖宽饶传》："宽饶奏封事曰：方今圣道寝废，儒术不行……又引韩氏《易传》言五帝官天下，三王家天下，家以传子，官以传贤。若四时之运，功成者去。不得其人，则不居其位。"盖宽饶位居九卿，而竟援韩婴之说，讽令宣帝退位让贤，卒以此"自刭北阙下"，此与眭弘援董仲舒之说，要求"求索贤人，禅以帝位"，卒以此被诛[②]的情形，先后同符。由此不难窥见此种思想影响的深至。王莽早先既被认为是儒家思想的代表人物，则汉室德衰，由王莽取而代之，乃儒家"天下为公"的理想之实现。

另一线索，则是船山所说"经术之变，溢为五行灾祥之说"，将天下为公的理想，组入于阴阳消息、五行生克的庞大有机体的构造中，将理想化为由天道运行而来的定命论，更以灾祥符瑞，为此定命论的证验，于是王莽取汉而代之，乃天命使然，无可反抗。

上面两条线索，交混在一起，便形成"合天下奉之以篡"之局。这里不是论汉室兴亡的问题，此问题是我们所不关心的。而只在指出，由东汉所开始形成的君臣间的凝固的关系，由宋儒所

[①]《论语》中孔子以尧舜为最高的政治理想人物，同时称泰伯三以天下让，且以他的学生雍也可使南面，这都是出自天下为公的要求。
[②]《汉书》七十五《眭弘传》。

扬雄论究 *419*

强调的君臣大义的关系，在西汉知识分子中，是相当的稀薄。扬雄生于此一大的时代背景之中，自然影响到他对现实政治的态度。朱元晦在他的《纲目》里面写下"莽大夫扬雄死"以为诛责，后人又断断为扬雄争辩，[1]都是大可不必的。

但扬雄对王莽的关系则相当复杂。在王莽未篡汉以前是一种态度，对王莽篡汉以后另是一种态度。《法言·孝至》篇："周公以来，未有汉公之懿也，勤劳则过于阿衡。"如后所述，《法言》中有许多批评王莽的话，而在不得不称颂一两句以求自全时，他也只能称颂王莽为安汉公的时代。《剧秦美新》，当作于投阁之后，意在免死而已。《孝至》篇另有一段有意义的话："汉兴二百一十载而中天，其庶矣乎。辟雍以本之，学校以教之，礼乐以容之，舆服以表之，服其井刑、勉（免）人役，唐（大）矣夫。"按刘邦以己亥年二月即皇帝位，时为西纪前二〇二年。至孺子婴初始元年，为西纪八年，西汉至是为二百一十年。王莽于元始元年（西纪一年），赐号安汉公。是年"天下女徒已论（判罪），归家（使之归家）顾山钱月三百（但每月出三百钱代入山伐薪）"，又"秋九月赦天下徒"，又四年"妇女非身犯法及男子年八十以上，七岁以下，家非坐不道，诏所名捕，他比无得系"，殆即此处之所谓"勉人役"。元始二年"安汉公四辅三公卿大夫吏民为相困乏献其田宅者二百三十人，以口赋贫民"，颜师古曰"计口而给其田宅"。又"起官寺市里，徙贫民，县次给食，至徙所，赐田宅什器，假与犁牛种食。又起五里于长安城中，宅二百区，以居贫民"。"冬

---

[1] 例如《丹铅录》："孙明复曰：扬子云《太玄》非准《易》……盖疾莽而作也。"清人陈本礼著《太玄阐秘》的主旨便在说明"子云作《玄》，义在刺莽"（《例言》一），"以抒忠愤"（《自序》）。

中二千石举治狱平一人"（以上皆见《汉书·平帝纪》）。殆即所谓"服其井刑"。"三年夏安汉公奏车服制度吏民养生送终嫁娶奴婢田宅器械之品，立官稷及学官"，四年"安汉公奏立明堂辟雍"（同上），殆即此处之所谓"辟雍以本之……舆服以表之"。扬雄此处所述，皆王莽在平帝时代的设施，雄视此为汉室之"中天"，即视为汉室极盛之时，是他此时不以为王莽会有篡汉的阴谋。王莽于元始五年（西纪五年）五月加九锡。《五百》篇："彤弓卢矢，不为有矣。"彤弓卢矢，乃九锡中用以象征权力的物品之一，扬雄说"不为有矣"，是说这些东西并没有什么意义，很明显的，是对加九锡的一种批评。由此可以推知，他无为汉死节之义，亦无为汉引避之心；但对王莽之篡，在心理上并非以为当然，而对王莽篡位后的各种作法，尤使雄大为失望。这是他和刘歆们很大的区别。在班固的传赞中也已说得清清楚楚，"恬于势利乃若是"，这是扬雄出污泥而不染的人格的表现，朱元晦实不足以知之。

三、扬雄的人生形态

两汉特出的知识分子特性之一，是道德感的政治性，或者也可以说是政治性的道德感，非常强烈。这些人物的形态，可以概略地称为"道德的政治形态"，或称为"政治的道德形态"。扬雄在这一大倾向中，却主要是以好奇好异之心，投下他整个生命去追求知识。他当然也谈到政治问题、道德问题，但他都是以知识人的态度去谈，有点近于冷眼旁观，而不将自己介入地去谈。所以他是一个"知识型"的人生形态，近于西方所谓"智者"形态的人物。这在两汉是非常突出的形态。《法言·问明》篇"或问人何尚？曰尚智"，这正是他自己性格及趣向的表明。这是了解他的基点。

扬雄上述人生形态的形成，有思想上与现实生活上的重大因素。道家思想，在两汉始终是思想中有力的一支，不过它的内容相当复杂。在西汉的前期，似偏在清净无为的政治方面。西汉的后期，似偏在恬淡养性知足不辱的方面。《汉书》卷三十六《楚元王传》"德字路叔，（少）修黄老术"，又"德常持老子知足之计"。刘德是刘向的父亲，据《汉书·艺文志》，向著有《说老子》四篇，是刘向亦曾治《老子》。《汉书》卷七十一《疏广传》："广谓受曰：吾闻知足不辱，知止不殆，功遂身退，天之道也。"《汉书》七十二《王贡两龚鲍传》叙："……其后（商山四皓之后）谷口有郑子真，蜀有严君平，皆修身自保，非其服弗服，非其食弗食……君平卜筮于成都市……各因势导之以善……裁日阅数人，得百钱足自养，则闭肆下帘而授《老子》。博览无不通，依老子、严周之指，著书十余万言。扬雄少时从游学……及雄著书称此二人。其论曰：'……蜀严湛冥，不作苟见，不治苟得，久幽而不改其操，虽随（随侯之珠）和（和氏之璧）何以加诸？举兹以旃，不亦宝乎！'"由此可以了解子云受严君平影响之深，亦即受《老子》思想影响之深。他除推重郑子真、严君平外，更推重四皓及蜀人李仲元。[①]他论人的微尚，正是他的性格之所存。他自述"清静无为，少耆欲；不汲汲于富贵，不戚戚于贫贱，不修廉隅以徼名当世"。他作《反离骚》以吊屈原的动机是"以为君子得时则大行，不得

[①]《高士传》谓："李弘字仲元，蜀人也。成都里中化之，班白不负担，男女不错行。"《华阳国志·蜀都士女》赞："仲元抑抑，邦家仪形。"

时则龙蛇，遇不遇命也，何必湛身哉"。这正是他说李仲元"不夷不惠，可否之间"的态度，也是他一生中基本的人生态度。他在五十一岁前后所作的《解嘲》中说："攫拿者亡，默默者存；位极者宗危，自守者身全。是故知玄知默，守道之极。爰清爰静，游神之庭。惟寂惟寞，守德之宅。"又说"故为可为于可为之时则从，为不可为于不可为之时则凶"，这都是他所说的李仲元"不夷不惠，可否之间"的人生态度。他生当汉室由盛而衰，由衰而快要改朝换代的时候，对祸福存亡之机，特别敏感。《太玄赋》开始两句是"观大《易》之损益兮，览老氏之倚伏"，这是他草《玄》的根本动机。他纵然不是淡泊成性，他的这种祸福损益倚伏的敏感，自然加强他对现实政治的疏离态度。

再加上他的黄门郎的四百石的职位，地位虽甚低微，但有机会耳闻目睹最高政治活动的朝廷实况。他在《法言·五百》第八中说："昔者齐鲁有大臣，史失其名。曰：何如其大也？曰：叔孙通欲制君臣之仪，征先生于齐鲁，所不能致者二人。曰：若是，则仲尼之开迹诸侯也非邪？曰：仲尼开迹，将以自用也。如委己而从人，虽有规矩准绳，焉得而用之。"他把不肯参加叔孙通制朝仪的鲁两生称为大臣，则他把叔孙通所制的朝仪，及由这一套庄严威武的朝仪所烘托出的皇帝和以皇帝为中心的政治活动，看作一钱不值，是可以断定的。而成帝的荒淫，哀帝的变态，都是他可以深切感受到的。至于"官天下"的观念，他断无加以拒绝之理。这些因素，和他由《老子》而来的人生态度组织在一起，更加强他对政治的旁观冷漠。

既是如此，他何以不像郑子真、严君平们一样，当一个闾巷或山林的隐士，而要当一个久次不迁的仪卫队中的执戟之臣？这就逼回到他的基本人生形态的问题。如上所述，他是知识型的人生形态；他的《老子》之教，他的时代背景的感触，使他可以疏离现实政治，但并不能疏离他的求知欲望。相反的，他对政治的疏离，正为了便于追求知识的目的。也可以说，对政治的疏离，是一个真知识人所必须具备的条件。从《老子》的根本精神来说，求学求知，为体道者所不许。但汉人皆截取道家之一体以为修养及处世的资具，所以他们的道家思想，可以与其他思想及生活，并行而不悖；不可以宋明理学家对儒、道两家辨析于微茫之际，不容稍有夹杂，来看两汉人接受道家思想者的情形。扬雄甘为执戟之臣，只是为了追求知识的便利。京师不仅为名利角逐之场，亦为视听之枢机，知识之所汇聚。在《答刘歆书》中说："雄为郎之岁，自奏少不得学，而心好沉博绝丽之文。愿不受三岁之奉（俸），且休脱直事之繇（役），得肆心广意，以自克就。有诏可不夺奉，令尚书赐笔墨钱六万，得观书于石室。"这即可为上说作证。而在同书中述叙他著《法言》的经过是"故天下上计孝廉，及内郡卫卒会者，雄常把三寸弱翰，赍油素四尺，以问其异语，归即以铅摘次之于椠，二十七岁于今矣。而语言或交错相反，方覆论思，详悉集之"，这种对资料点滴的收集，反复地考查辩证，积二十七年之久而无所间断，正反映出一个知识人追求知识的情态。

另外有两件事，也可反映出他求知的热忱。《北堂书钞》未改本一百三十桓谭《新论》："扬子云好天文，问之于黄门作浑天老工曰：'我少能作其事，但随尺寸法度，殊不晓达其意，然稍稍益愈。至今七十，乃甫适知已。又老且死矣。今我儿子爱学作之，亦当复年如我，乃晓知已，又且复死焉。'其言可悲可笑也。"桓谭认为可悲可笑，但实刻画出了"为知识而知识"的老死不悔的一个求知者的心情。《汉书·叙传》:"家(班氏之家)有赐书,内足于财。好古之士,自远方至。父觉扬子云以下,莫不造焉。"这反映出扬雄不慕荣利,但决不放过求知的凭借。

他并不是不要做官,只是听其自然,不把做官及作为做官手段的名誉,当作追求的目的。他献赋是为了做官,可是他所献的赋里面,所含的政治意味,较之司马相如《子虚赋》中所含的政治意义,可以说轻微得太多了。他更不会写司马相如那种政治意味深切的《哀二世赋》乃至感情郁勃的《长门赋》。他在《自序》中对自己的赋所作的政治性的解释,乃是事后为自己装点门面的解释。当时政治的问题很多,由元帝经成帝到哀帝,出现了不少的痛陈时政的好奏章,但扬雄除写了《谏勿许单于朝》(见《汉书·匈奴传》)一疏外,再没有涉及现实政治问题。而主张允许单于入朝,这是最轻松而决不会引起自己麻烦的言论。汉廷对他既无知遇,他对汉廷亦无感情;汉亡莽兴,他虽因此而看出了王莽过去的一套虚言诳语,是一个"大佞人",心理有受骗的感觉,但不会因此而引起"臣节"的责任感,这是可以断言的。《剧秦美新》之作,虽出于不得已,但在他,依然是可以忍受的事情。《文心雕龙·封禅》篇谓《剧秦美新》是"诡言遁辞,故兼包神怪",这真反映出扬雄写此文欲逃避而不得之苦心。以久次而迁为大夫,是出自王莽,并且由《剧秦美新》的"诸吏中散大夫臣雄稽首再拜"的话看,他并不是普通的大夫,而是加官[①]的大夫,即是王莽特别加以尊重可以直接与王莽接触的大夫。假定王莽做皇帝后的作法,不是如此的乖张怪诞,使雄过于失望,则他之参与王莽的政

[①] 据《汉书·百官公卿表上》,诸吏散骑,皆加官。"诸吏得举法,散骑并乘舆车。"

治，在他也认为是当然的。但王莽的所作所为，使他除了献《剧秦美新》一文，及奉命写《元后诔词》外，并未作诸吏散骑的活动，而依然是校书天禄阁，依然是贯彻他的求知活动，后人对"莽大夫"的纷纭，对扬雄来说，是全不相干的。

　　知识型的性格，在近代以前[①]的知识活动中，常表现为好奇、好胜、好深、好博。子云的特性，首先是表现在好奇方面。不仅由辑佚所能看到的《蜀王本纪》，完全是神话的纂集，这是出于好奇的兴味，他的"尝好辞赋"，"心好沉博绝丽之文"，因而作《蜀都赋》、《县邸铭》、《玉佴铭》、《阶闼铭》及《成都城四隅铭》，出于好奇好胜的要求，大过于文学心灵的活动。文学心灵的活动，应表现在人生的要求方面，所以像《反离骚》、《逐贫赋》这类作品，可视为子云由文学心灵活动而来的作品。像《蜀都赋》这类搜奇斗异，只能说是出于好奇而又加上好胜的心理。以二十七年的时间纂辑《方言》，没有好奇心的驱使，几乎是不可能的。冒时人讥笑而草《太玄》，这也是好奇好深心理的合作。桓谭知音，曾为王莽典乐大夫，谓"扬子云才大而不晓音"。[②]以桓谭对子云的推服，此言当极可信，但他偏偏著有《琴清音》一卷。就《汉书·扬雄传》赞所述，子云著作的情形是"以为经莫大于《易》故作《太玄》……辞莫丽于相如，作四赋"，这并不是他的才力不够，必须依傍模仿；而是要在各类著作之中，选定居于第一位的目标，与古人相角逐。这正是好奇、好博、好胜的综合表现。

[①] 近代以科学为主的知识活动，常趋向分工，趋向专门化。但近代以前，则常以全知全能为目标。
[②] 见《全后汉文》卷十五。

四、扬雄的辞赋

西汉文学，以辞赋为代表。辞赋盛于景帝及汉武初年。但以元狩元年（西纪前一二二年）淮南之狱为一断限，则已呈衰竭。"宣帝时修武帝故事，讲论六艺群书，博尽奇异之好。征能为楚辞，九江被公，召见诵读。益召高材刘向、张子侨、华龙、柳褒等，待诏金马门。"[①]又"上（宣帝）令褒与张子侨等并待诏，数从褒（王褒）等放猎，所幸宫馆，辄为歌颂，第其高下，以差赐帛。议者多以为淫靡不急。上曰：不有博奕者乎，为之犹贤乎己。辞赋大者与古诗同义，小者辩丽可喜。辟（譬）如女工有绮縠，音乐有郑卫，今世俗犹皆以此虞（娱）说（悦）耳目，辞赋比之，尚有仁义风谕，鸟兽草木多闻之观，贤于倡优博奕远矣"[②]。这可以说是辞赋再度被朝廷重视的时代。上述诸人中，《汉书·艺文志》录有光禄大夫张子侨赋三篇（亡），刘向赋三十六篇（残），王褒赋十六篇（残），汉中都尉丞华龙赋二篇（亡）；除刘向以学术显外，辞赋的成就，不能与景武辞赋盛时相比拟。盖汉武时，辞人多罹惨祸。而五经博士、贤良方正、士人已有固定进身之阶。诸侯王的地方统治势力，又荡然无存；公卿列侯，亦不敢养士；辞赋失掉了活动的天地。元、成时代，除《汉志》上录有"萧望之赋四篇"外，殆成绝响。所以子云作赋，已不关时代的风气，也不关政治的出身，而真是出于他个人由好奇心而来的嗜好。他

[①]《汉书》六十四下《王褒传》。
[②] 同上。

到京师后，向成帝所献四赋，乃是仿武、宣时代的例行故事，非全为自己谋进身之阶。从这点说，他应算是一个真正的文学爱好者。上为西汉辞赋的殿军，下启东汉辞赋的先路。[1]因此，不论对他的辞赋作何评价，但从文学史上看，应占一重要地位。他在《法言·吾子》篇中，虽谓"壮夫不为"，但在《自序》中录有《反离骚》，献成帝四赋及《解嘲》、《解难》诸作，占了《自序》四分之三的位置，由此可知，这些作品，他到了晚年，依然是非常珍视的。

《汉书·艺文志·诗赋略》在"陆（陆贾）赋之属"中录"扬雄赋十二篇"。王应麟《汉书艺文志考证》："本传：赋莫深于《离骚》。反而广之（原注：又《旁惜诵》以下至《怀沙》一卷，名曰《畔牢愁》），辞莫丽于相如，作四赋（原注：《甘泉》、《河东》、《校猎》、《长杨》）。《志》云：入扬雄八篇。盖《七略》所略（取）止四赋也。《古文苑》有《太玄》、《蜀都》、《逐贫赋》。《文选注》有《核灵赋》"。按王氏之意，刘歆所录止《甘泉》等四赋，班固所入八篇，应为《反离骚》、《广骚》、《畔牢愁》及《太玄》、《蜀都》、《逐贫》、《核灵》等赋。然王氏仅指出七赋，于是后人有补入《都酒赋》[2]的，究亦无所据。盖雄所作者不止十二篇，而班氏所增入的八篇，早已不能完全确指。

我在《西汉文学论略》中曾谓汉赋形式，可分为两个系列：

---

[1] 东汉辞赋，当首推班固、张衡。不仅两人皆特推重扬雄，且班氏的《两都赋》，张氏的《三都赋》及《思玄赋》，皆直接受有扬氏的影响。
[2]《全汉文》卷五十二《酒赋》下："案《汉书》题作《酒箴》，《御览》引《汉书》作《酒赋》，《北堂书钞》作《都酒赋》，都酒者酒器名也，验文当日《都酒》为长。"按子云嗜酒，观其文意，聊赋此以为滑稽，序谓"汉孝成皇帝好酒，雄作酒赋以讽之"，乃后人以意妄指。

一为新体诗的赋，一为《楚辞》体的赋。汉赋内容，亦可分为两条路线，一是炫耀自己才智的赋，一是发抒怀抱感情的赋。并说一个人，可以同有两种形式内容不同的赋，扬雄也正是如此。两种不同系列的形式，在发展中可以互相渗和。两条不同路线的内容，则始终不可得而混。扬雄追模司马相如的赋，正是新体诗的炫耀自己才智的赋。而由读《离骚》，"未尝不流涕"所引出的赋，正是楚辞体的发抒自己怀抱感情的赋。他的《蜀都》、《甘泉》、《河东》、《校猎》、《长杨》等赋，是属于前者，这是"必推类而言，极丽靡之辞，闳侈巨衍，竞于使人不能加也"的赋；这种赋的特色，只能看到作者的才智活动，但没有才智后面的生命感情。今日可以看到的《反离骚》，是属于后者，这是在"未尝不流涕"的心情下所写出的；他只是写出在运命压抑下的真实感受，里面所表现的不是"使人不能加也"的才智，而是作者的生命感情的实感。他作赋的动机，应当是来自《离骚》所给予他的感动。《吾子》篇："或问屈原智乎？曰，如玉如莹，爰变丹青；如其智，如其智。"即是他在屈原的作品（丹青）中，发现了如玉如莹的屈原人格，这可谓真能了解屈原。由屈原而转向相如，是由文学心灵转向知性的活动。

在以辞赋得名，与扬雄时代较近，也与他同为蜀人的，还有王褒。但在今日可以看到的扬雄著作中，几乎没有提到王褒的名字。他之所以独推重相如，我的推测，不仅是作品的高下问题，也有人格的感应问题在里面。司马相如"少时读书，学击剑……慕蔺相如之为人也，更名相如。以訾（赀）为郎事孝景帝为武骑常侍"。因喜欢梁孝王的宾客邹阳、枚乘们，便"因病免，客游梁"，真可谓倜傥不羁之士。为中郎将失官后"常称疾闲居，不慕官爵"，[1]也表现他人品的高洁。王褒在"既为刺史作颂，又作其传"[2]中，自比于"蕴蠢"；而在《僮约》及《责虬髯奴辞》中，则狠戾苛刻，以奴仆的痛苦，为自己的快乐。两人品格高下，也成为扬雄仰慕相如而屏弃王褒的一个因素。

本传："蜀有司马相如，作赋甚宏丽温雅，雄心壮之，每作赋常拟之以为式。"《西京杂记》："子云曰：长卿赋不似人间来，其神化所至耶。"宏丽与温雅，在文体上是常不能并存的。宏丽而能温雅，则其赋由挥洒而来，酝藉而出，无丝毫斤斧之迹，非秉才至大，积学至深，不能得此成就。"神化之所至"，扬雄可谓深于知相如。又《艺文类聚》五十六桓子《新论》曰："余素好文，见子云工为赋，欲从之学。子云曰：能读千赋，则善为之矣。"此可反映出扬雄少时学赋用力之勤。又"余（桓谭）少时见扬子云丽文高论，不量年少，猥欲建及；常作小赋，用（因）精思大剧，而立感动发病。子云亦言，成帝上甘泉，诏使作赋，为之卒暴，倦卧，梦其五藏出地，及觉，大少气，病一岁"。由此可知他作赋时用力之苦。

扬雄的文学活动，给刘彦和以莫大影响。如《文心雕龙·诠赋》篇："此扬子所以追悔于雕虫，贻诮于雾縠者也。"《杂文》篇："然讽一劝百，势不自反；子云所谓先骋郑卫之音，曲终而奏雅者也。"《神思》篇："相如含笔而腐毫，扬雄辍翰而惊梦。"《知音》篇："自称心好沉博绝丽之文，其事[3]浮浅，亦可知矣。"《程

---

[1] 皆见《汉书》五十七上下《司马相如传》。
[2] 即《文选》所收的《四子讲德论》。
[3] 杨明照谓事字下疑夺"不"字者是。

器》篇:"相如窃妻而受金,扬雄嗜酒而少算。"[1]扬雄有关文学的言论,皆成为彦和论文的准绳。扬雄与文学生活有关的断片,彦和心目中皆为文坛的掌故。扬雄的各种作品,《文心雕龙》中无不论到。我认为最能了解扬雄文学的,古今无如彦和。所以下面略引彦和之说,以作了解扬雄的导引。因扬雄是追迹相如的,凡是同时提到相如的,也录在一起,以便比较。

《文心雕龙·体性》篇:"长卿傲诞,故理侈而词溢。子云沉寂,故志隐而味深。"《时序》篇:"子云锐思于千首。"《才略》篇:"相如好书,师范屈宋,洞入夸艳,致名辞宗。然覆取精意,理不胜辞。故扬子以为文丽用寡者长卿,诚哉是言也……子云属意,辞人最深。观其涯度深远,搜选诡丽;而竭才以钻思,故能理赡而辞坚矣。"又:"然自卿(长卿)渊(子渊,王褒字)已前,多俊才而不课学。雄(扬)向(刘)以后,颇引书以助文。此取与之大际,其分不可乱者也。"这都是概括的评论。《诠赋》篇:"相如《上林》,繁类以成艳……子云《甘泉》,构深玮之风。"《铭箴》篇:"至扬雄稽古,始范《虞箴》,作《卿尹》、《州牧》二十五篇。及崔(骃、瑗)胡(广)补缀,总称百篇[2]……信所谓追清风于前古,攀辛甲于后代者也。"《诔碑》篇:"扬雄诔元后,文实烦秽;沙麓撮其要,而挚疑成篇,[3]安有累德述尊,而阔略四句乎。"《哀吊》篇:"自贾谊浮湘,发愤吊屈,体同而事核,辞清

---

[1] 杨明照引桓谭《新论》扬雄归丧两子于蜀"不能以义割恩,自令多费,而致困贫"。所谓少算者指此。
[2] 见《后汉书·胡广列传》。
[3] 黄叔琳注谓此句有脱误。李详《补注》引《札迻》云:"此谓扬雄作元后诔,汉书《元后传》仅举扬四句('沙林鹿之灵'上下四句)……挚当即虞挚……撰《文章流别》,遂疑全篇只此四句。故彦和难以累德述尊,必不如此阔略也。文无脱误。"

扬雄论究

而理哀,盖首出之作也。及相如之吊二世,全为赋体。桓谭以为其言恻怆,读者叹息。及平(卒)章要切,断而能悲也。扬雄吊屈,思积功寡,意深文略。故辞韵沉腴。"《杂文》篇:"扬雄覃思文阖(阁),业深综述。碎文璅语,肇(绍)为《连珠》,其辞虽小,而明润矣。""扬雄《解嘲》,杂以谐谑,回环自释,颇亦为工。"《封禅》篇:"观相如《封禅》,蔚为首唱。尔其表权舆,序皇王,炳元符(天符),镜鸿业,驱前古于当今之下,腾休明于列圣之上,歌之以祯瑞,赞之以介邱,绝笔兹文,固维新之作也……及扬雄《剧秦》……影写长卿。诡言遁辞,故兼包神怪。然骨掣靡密,辞贯圆通,自称极思,无遗力矣。"《书记》篇:"子云之答刘歆,志气盘桓,各含殊采。"以上是刘彦和对扬雄各类文章的评论。在上述评论中,看可不可以抽出扬雄文学方面的特性。

彦和上面所说扬雄的"沉寂"、"锐思"、"意深"、"覃思"、"极思",都说出了扬雄在创作时的基本精神状态。这种基本精神状态,扬雄在《自序》中已说过"默而好深沉之思";班固也早已经提到,《汉书·叙传》说扬雄是"渊哉若人,实好斯文。初似相如,献赋黄门。辍而覃思,草《法》纂《玄》。在《宾戏》中说:"扬雄覃思,《法言》、《太玄》。"这都说明真正知识型的人物,也必然是思考型的人物。他以覃思、极思而"草《法》纂《玄》";也同样以这种基本精神状态而作赋及其他文学作品,若将相如和扬雄两人加以比较,两人在创造的历程中,相如是"含笔而腐毫",子云是"辍翰而惊梦",动笔得很迟,进展得很慢,这是相同的。同时,我在《西汉文学论略》中曾指出,相如的句型,非常富于变化;子云在《甘泉》等赋的句型,也是非常富于变化。但我假定,相如的创作,是以天才的想象为主;而子云的创作,则是以学力的思索为主。在文学创作过程中，既不能是纯想象力的发挥，也不能是纯思索力的运用。常常是在想象中有思索，在思索中有想象。所以，中国常以一个"思"字加以统摄。但在想象与思索中，也可以分别出轻重之不同。想象多半是由感情或兴会的鼓荡，而思索则常是探奇搜密的钻研。浪漫主义是想象多于思索，而自然主义则常是思索多于想象。试将相如的《子虚》、《上林》，与子云题材略为相近的《校猎》、《长杨》，略加比较，则前者的规模阔大，而后者的结构谨严。前者散文的成分多于骈文，而后者的骈文成分多于散文。前者的文字疏朗跌宕，而后者的文字紧密坚实。盖天才的想象，在空间中拓展，有如天马行空；而学力的思索，在事物上揣摸，有如玉人琢玉。所以一个是壮阔，一个是精深。相如在酝酿成熟以后，尽挥斥八荒之能；而子云在覃思极虑之余，以绵密的安排，穷尽搜镵刻之巧。若以画品相比配，则相如之赋为纵逸，而子云之赋为精能。相如夸诞的性格，因其气势之勃盛，神采的飞扬，皆凸显于文字之中。子云沉寂的性格，使他常气凝而神郁，传中四赋，反不如《反骚》、《解嘲》，有他自己的生命在文字中跃动。王弇州《艺苑卮言》"《子虚》、《上林》，材极富，辞极丽，运笔极古雅，精神极流动，意极高，所以不可及。子云有其笔。却不得其精神流动处"，可谓知言。至于在摹写景物上，两人异曲同工。但相如在《子虚》、《上林》中，对女人皆有一段出色的描写；而子云则对女人每避而不肯着笔，甚至在《校猎赋》中说出"鞭洛水之宓妃"的话，此或因子云针对成帝的沉迷女色，不肯扬波激流。或亦因相如对女人的兴趣特隆，而子云对女人也冲怀泊志，不愿多费笔墨。同时，在赋中讽谏的意义，子云实不如相如，这在前面已经提到。而在《校猎赋》中由"于兹乎鸿生巨儒"到"太古之觐东岳,禅梁基,舍此世也,其谁与哉!上犹谦让而未俞(允)也"一段,实流露出他鄙视当时偷合苟容的儒学之臣的心境。王安石《临川先生文集》卷三十二有诗谓:"儒者陵夷此道穷,千秋只有一扬雄。当时荐口终虚语,赋似相如却未工。""未工"二字,若指他学相如,而不及相如,或系平情之论。这也可以说是思索型的人,在文学创作上的限制。但卷三十四又有诗谓"千古雄文造圣真,渺然幽思入无伦",则荆公亦未尝不为之折服,所以毕竟是未可轻议的。

扬雄是以覃思极思的态度作赋,这是他在四十三岁以前的主要学术活动。本传自述"辍不复为"的原因有二:一是"赋劝而不止",失了讽谏的本义;二是"又颇似俳优淳于髡、优孟之徒",有损人格的尊严。加以此时,赋的风潮已经衰退;而把思索用在作赋的一面,也不适合思索本性的要求,形成精力的浪费。《法言·吾子》篇:"或问吾子少而好赋,曰然。童子雕虫篆刻,俄而曰:壮夫不为也。"这里更反映出他对作赋的反省。但他所悔而不为的,乃是作给皇帝看的这一类的赋,并不是悔自抒怀抱的赋;所以他以后还写了《解嘲》、《解难》、《太玄赋》。从他"诗人之赋丽以则,辞人之赋丽以淫"(《法言·吾子》篇)的话看,他由反省而加以否定的是"淫"而不是丽。文学是他基本嗜好之一,一直到暮年,他也不曾轻视文学的意义。《法言·问神》篇:"言不能达其心,书不能达其言,难矣哉……通诸人之嚍嚍(乖违)者莫如言,弥纶天下之事,记久明远,著古昔之㖣㖣,传千里忞忞者莫如书。故言,心声也;书,心画也。声画形,君子小人见矣。声画者,君子小人之所以动情乎!"这段话是说明语言文字的重要性。其要求通于《论语》的"辞达而已矣"。《吾子》篇:"或问君子尚辞乎？曰：君子事之为尚。事胜辞则伉（枯涸之意），辞胜事则赋，事辞称则经。足言足容，德之藻矣。"这是要求内容与形式能保持平衡。也通于《论语》的"文质彬彬，然后君子"。又："圣人虎别，其文炳也。君子豹别，其文蔚也。辩人狸别，其文萃也。狸变则豹，豹变则虎。"又《寡见》篇："或曰：良玉不雕，美言不文，何谓也？曰：玉不雕，玙璠不作器。言不文，典谟不作经。"这都表示对文辞艺术性的重视。《吾子》篇："或曰：女有色，书亦有色乎？曰：有。女恶华丹之乱窈窕也，书恶淫辞之淈（乱）法度也。"这都说明经过作赋的反省后，对文学的平实见解。

扬雄的《州箴》、《官箴》，皆意在借各州中的历史兴亡之迹，各官典守之常，以尽讽谏之义；较之四赋，文字典实而富有政治意义。其中的光禄勋，一面是供警卫传达，同时也是为了储备人才。扬雄在这里长期供职，情态既熟，感喟自深；所以《光禄勋箴》有一段话，把当时龙蛇混杂的情形，作深刻的反映。"郎虽执戟，谒者参差。殿中成市，或室内鼓鼙。忘其廊庙，而聚其逋逃。四方多罪，载号载呶。内不可不著，外不可不清……"扬雄杂在这样一个逋逃薮中二十多年，对汉室的命运，早经看透了。

五、扬雄的《太玄》

（一）草《玄》的动机

扬雄献四赋，是他四十三岁及四十四岁时代，也即是成帝的元延二年（纪前十年）、三年（纪前九年）。再过两年多一点，成帝于绥和二年（纪前七年）三月死去。本传："哀帝时，丁傅、董贤用事，诸附离之者，或起家至二千石。时雄方草《太玄》，有以自守，泊如也。"由此可以了解，他献《长杨赋》以后的主要学术活动，是集中在《太玄》上面。这代表了他的知识型的性格的基本活动。而草《玄》的动机，有消极的一面，也有积极的一面。扬雄在草《玄》的过程中，写了三篇文章，以自宽自解。《解嘲》和《太玄赋》的内容，都说明他深受老子思想的影响，惕于人生祸福之无常，借用心于《玄》，以免向外驰骛而得祸。所以他的草《玄》，在动机上，实在是隐于《玄》。他对祸福无常的观念如此深刻，除了来自他的冷观专制之朝，并无客观是非标准以外，在思想上也受了严遵（君平）的影响。《全汉文》卷四十二录有严遵《座右铭》谓："夫疾行不能遁影，大音不能掩响。默然托荫，则影响无因。常体卑弱，则祸患无萌。口舌者祸福之门，灭身之斧。言语者天命之属，形骸之部。出失则患入，言失则亡身……"由上，可知严遵是非常注意祸福问题的。扬雄则进一步指出祸福常相倚而生，尤其是福中有祸，所以不应和世人一样地去追求福，而应常安处于无福无祸之地。闭门草《玄》，正是自处于无祸无福之地，有符于老子之教。因此，从消极方面说，草《玄》可算是他"自守"的一种方法，是他精神的一种寄托。《解嘲》说："且吾闻之也，炎炎者灭，隆隆者绝。观雷观火，为盈为实。天收其声，地藏其热。高明之家，鬼瞰其室。攫拏者亡，默默者存。位极者宗危，自守者身全。是故知玄知默，守道之极。爱清爱静，游神之廷。惟寂惟寞，守德之宅。"这里所说的道德，都是指老子的所谓道德而言，同时，他也表明，他并不是反对建功立业，但他所处的时代，与过去许多英杰不同，不容许他去建功立业。所以便以"吾诚不能与此数公者（萧何诸人）并，故默然独守吾《太玄》"二句作结。

在《古文苑》卷四所录《太玄赋》中，上述思想表达得更清楚。《太玄赋》：

> 观《大易》之损益兮，览老氏之倚伏。省忧喜之共门兮，察吉凶之同域……若飘风不终朝兮，骤雨不终日……自夫物有盛衰兮，况人事之所极。奚贪婪于富贵兮，迄丧躬而危族。丰盈祸所栖兮，名誉怨所集……圣作典以济时兮，驱蒸民而入甲（章樵注：谓纳诸法令之中）。张仁义以为纲兮，怀忠贞以矫俗。指尊选以诱世兮，疾身没而名灭。岂若师由（许由）聃兮，执玄静于中谷……乱曰：甘饵含毒，难数尝兮。麟而可羁，近犬羊兮。鸾凤高翔，戾青云兮。不挂网罗，固足珍兮。斯（李斯）错（晁错）位极，离大戮兮。屈子慕清，葬鱼腹兮。伯姬（宋伯姬）曜名（火灾时待傅姆不至，被火焚死），焚厥身兮。孤竹二子，饿首山兮。断迹属娄（伍子胥），何足称兮。辟斯数子，智若渊兮。我异于此，执《太玄》兮。荡然肆志，不拘挛兮。

《易·损卦·象传》："损益盈虚，与时偕行。"《老子》五十八章："祸兮福之所倚，福兮祸之所伏。"扬雄此处把《易》与《老子》说在一起，实则二者精神完全不同。《损卦·象》曰"君子以惩忿窒欲"，《益卦·象》曰"君子以见善则迁，有过则改"。当损益盛衰之际，在道德上站稳一个立足点，这是儒家的精神。因祸福无常，互相倚伏，便采以柔退为趋避之方，这是老子的态度。扬雄在作《太玄》的动机上，显然是以老子的态度为出发点，并形成《太玄》构造的骨干。但他和老子不同之点是，他之所以趋避于祸福之际，是因为要由此而放手追求知识。所以在《法言·问明》篇："辰（时）乎辰！曷来之迟，去之迅也。"又"君子谨于言，慎于好，亟于时"，是确切的说明。在他最后著《法言》时，有意从道家转回到儒家，其中《问明》篇，特珍重于进退出处之际，多发挥孔子"用之则行，舍之则藏"（《论语》）之义，亦可反映出扬雄托身于末世朝廷的微禄，依然有深迫的危机意识。以上是他草《玄》的消极的动机。

《解难》是因为"客有难《玄》大深，众人之不好"而作。《解难》与《太玄赋》不同，《太玄赋》是从祸福趋避的消极方面说明草《玄》的动机；而《解难》则在表示他在积极方面所追求的"驰骋于有无之际，而陶冶大炉，旁薄群生"，"发而为闳言崇议，幽微之途，盖难与览者同也"，此乃"势不得已"，而希望有如"师旷之调钟，俟知之在后"。仅有消极的动机，则他不必草《玄》。《太玄》的成立，更有他知识上的积极动机。

（二）西汉思想大势及卦气说的出现

要从积极方面说明扬雄草《玄》的意义，首先应了解西汉思想发展的大脉络。由曹参援盖公以言治道，迄于文景，朝廷上是黄老与法家相结合的时代。在社会上，当然也有道家和法家思想的各别流行。儒家则于焚坑之余，忙于先秦绪余的整理，及典籍的辑缀。陆贾、贾山、贾谊之徒，开以儒术言政治之端；而景帝时淮南王安的宾客中，已有水准很高的儒家思想集团。河间献王，则更有意于搜集儒家典籍，倡导儒家礼乐之治。但这两个庞大的地方文化集团，终由朝廷所消灭和压抑。此外，邹衍五德运转之说，在文帝时，表现为张苍、贾谊、公孙臣等汉德应属土或应属水之争；文帝虽未曾因此改制，但公孙臣因此得进用为博士，这当然也反映出当时思想上的一支势力。更重要的是，由长期测候经验所积累的天文学，在春秋战国时，已发展到很高的程度。此重要学问部门，因太史的专管，且不受现实政治的影响，一直传承发展，在汉初学术中，当然居于有力的地位。此观于武帝改历以前所用的四分历，实继承先秦之旧；且到改历以后，依然保持它的崇高地位，故东汉卒有恢复使用之举，而可得到明确证明。淮南王刘安及其宾客们，曾经努力把西汉初年流行的学术，组成一个庞大的系统，这即是今日可以看到的《淮南子》。但这是由拼凑而成的系统，全书缺乏内在的关连，因而全书也缺乏贯通的线索。他们中的道家，曾努力以《原道训》的道，《俶真训》的真，作为贯通的纲维；但不仅不能被其中的儒家集团所接受，对其中的天文地形的融结力也不强。及董仲舒发展《吕氏春秋》十二纪纪首的思想，以阴阳在四时四方中的运转言天道，并将此天道贯通于人生政治社会全面活动之中，以建立天人贯通的庞大思想体系，并将《公羊春秋》加以特别解释，组入于此思想体系之中。又主张推明孔氏，屈折百家，设五经博士，而西汉思想为之一变。第一，自武帝中期以后，学术活动，以五经为骨干，此与武帝以前各家平流竞进的情形，大异其趣。第二，儒生以阴阳五行之说，各傅会一经，[①]以言天人合一，并由此而言灾异及政治问题。第三，作为天道内容的阴阳，更作方技性的推演，其含融更广，其立说更趋庞杂。第四，以天象及律历为天道的具体表现，并即视为儒家所言天道的具体内容。《汉书》七十五《翼奉传》："奉奏封

[①] 可参阅《汉书》七十五《眭两夏侯京翼李传》赞。

事曰：臣闻之于师曰，天地设位，悬日月，布星辰，分阴阳，定四时，列五行，以示圣人，名之曰道。圣人见道然后知王治之象，故画州土，建君臣，立律历，陈成败，以视贤者，名之曰经。贤者见经，然后知人道之务，则《诗》、《书》、《易》、《春秋》、《礼》、《乐》是也。"翼奉这段话，实可概括由董仲舒发展到元帝时代的主要而共同的观点。

在傅会的五经中，以《易》居于最有利的地位，《书》只能傅会《洪范》。翼奉的"《诗》有五际"，难得确解，即可知其傅会的不易。《春秋》只能傅会灾异，惟有《易》，卦爻自身，本是象征的符号，而其起原是凭"神以知来"，由天道以言人事。许多地方是直接谈到天道与人事关连的。在上述的新的学术风气中，以京房的卦气说最为成功，所以影响也最大，不是没有理由的。扬雄的《太玄》，是卦气说的发展。

《汉书》七十五《京房传》："京房字君明，东郡顿丘人也。治《易》，事梁人焦延寿。延寿字赣。赣贫贱，以好学得幸梁王，王共（供）其资用，令极意学。既成，为郡史，察举补小黄令，以候司（伺）先知，奸邪盗贼不得发。爱养吏民，化行县中……卒于小黄。赣常曰：'得我道以亡身者，必京生也。'其说长于灾变。分六十四卦，更直用事，以风雨寒温为候，各有占验，房用之。尤精好钟律，知音声。"《汉书》八十八《儒林传》："孟喜字长卿……父号孟卿，善为《礼》、《春秋》……以《礼经》多，《春秋》烦杂，乃使喜从田王孙受《易》。喜好自称誉，得《易》家候阴阳灾变书，诈言师田生且死时，枕喜膝，独传喜，诸儒以此耀之。同时梁丘贺疏通证明之曰：'田生绝于施雠手中，时喜归东海，安得此事？'又蜀人赵宾好小数书。后为《易》，饰《易》文……云受孟喜，喜为名之。后宾死，莫能持其说，喜因不肯仞（认）……"又："京房受《易》梁人焦延寿。延寿云：尝从孟喜问《易》。会喜死，房以为延寿《易》即孟氏学。翟牧、白生不肯，皆曰非也。至成帝时，刘向校书，考《易》说，以为诸《易》家说，皆祖田何、杨叔、丁将军，大谊略同。唯京氏为异党。焦延寿独得隐士之说，托之孟氏，不与相同。"

《新唐书》卷二十七上《历志》载僧一行"卦议曰，十二月卦出于孟氏章句，其说《易》本于气，而后以人事明之。京氏又以卦爻配期之日"。今日可以考见孟《易》之内容者仅此。若一行之说可信，则京氏所得于焦延寿者乃"候司先知"之术，所得于孟氏者为"十二月卦"，即以十二月之卦，表现一年中阴阳的消长。京氏更由此加以发展，以卦爻配一年三百六十五又四分之一日，这便成为汉易中最有特色，也最有影响力的卦气说。

所谓十二月卦，亦即十二月消息卦，虞仲翔注《易·系辞》"变通配四时"谓"变通趣时者，谓十二月消息也。泰、大壮、夬，配春。乾、姤、遯，配夏。否、观、剥，配秋。坤、复、临，配冬。谓十二月消息相变通，而周于四时也"。又干宝注《乾》六爻曰："阳在初九，十一月之时，自复来也（按复卦即配十一月，下类推）。初九甲子（原注：纳甲），乾天正之位，而乾元所始也。阳在九二，十二月之时，自临来也。阳在九三，正月之时，自泰来也。阳在九四，二月之时，自大壮来也。阳在九五，三月之时，自夬来也。阳在上九，四月之时也（原注：四月于消息为乾）。"又注坤六爻曰："阴气在初，五月之时，自姤来也。阴气在二，六月之时，自遯来也。阴气在三，七月之时，自否来也。阴气在四，八月之时，自观来也。阴气在五，九月之时，自剥来也。阴在上六，十

扬雄论究　　　　　　　　　　　　　　　　　　　　　　　　　*441*

月之时也（原注：十月于消息为坤）。"① 阳由阴生为息，阴由阳生为消。以十二卦配十二月，表现阴阳之气，在一年十二月中运转消息的情形。以图表之于下：

复	䷗	子	十一月
临	䷒	丑	十二月
泰	䷊	寅	正月
大壮	䷡	卯	二月
夬	䷪	辰	三月
乾	䷀	巳	四月
姤	䷫	午	五月
遁	䷠	未	六月
否	䷋	申	七月
观	䷓	酉	八月
剥	䷖	戌	九月
坤	䷁	亥	十月

董仲舒承《吕氏春秋》十二纪纪首，以少阳、太阳、少阴、太阴，配一年的四时，尚未与《易》发生关连。至孟喜则从六十四卦中选出由《复》到《坤》的十二卦，配入于一年十二月之中，于是每一月皆可表现阴阳运转之迹，这较仲舒为更进一步。但此十二卦以外，其他五十二卦，是否亦能表现此种意义？最低

---

① 参阅《皇清经解续编》卷一百二十八惠栋《易例》二，十二"消息"条。

限度，今日无法明了。只有京房进一步所成立的卦气说，成为"汉易"的主流。

四时十二月是天道运转的表现。但由长期积累，以三百六十五又四分之一日为一周的四分历，这才真正是天道极完整而精密的表现。《易》是表现天道，京氏便以为《易》应进一步与四分历取得一致。于是便由以卦配月，进而为以爻配日的卦气说。但六十四卦有三百八十四爻，如何配得好？他便先提出坎离震兑为四正卦，以配四时及四方。又以坎当冬至，离当夏至，震当春分，兑当秋分。此四卦有二十四爻，以当一年的二十四气。剩下的六十卦，每月配五卦，每卦六爻，主六日七分。四分历以八十分为一日，所谓六日七分，是说每卦主六日又八十分之七日$\left(6\frac{7}{80}\right)$，每爻主一日多一点点。六十卦，三百六十爻，主三百六十五日又四分之一日。卦气，据郑康成的解释是指阳气而言，这是受董仲舒尊阳绌阴的影响。阳气始于冬至子时，京氏以中孚卦当之，故卦气起于中孚。[①]京氏依然保持孟氏的十二消息卦；不过，此十二消息卦，既各主一月，同时又兼主六日七分，而此十二卦的七十二爻，又主一年的七十二候。京氏认为这样，便使卦与历合，亦即是卦与天道合，由此以言人事的吉凶休咎。

《易》有六十四卦，何以特以十二卦当十二月？《易》始于乾坤，终于未济；卦气始于中孚，终于颐。结构不同，乃来自意理的不同。所以梁丘贺否定孟喜于田王孙死时所独传之秘，而孟喜

[①] 请参阅《皇清经解续编》卷一百三十九惠栋《易汉学》一《卦气图说》。《皇清经解》卷一于一百二十六焦循《易略图·论卦气六日七分》上第八及下第九。《皇清经解》卷一千二百三十八张惠言《易义别录·周易京氏》。惟惠氏将卦气说归之于孟喜则非是。

的弟子翟牧、白生不肯承认京房所承受的焦延寿《易》(实则还加上卦气新说)，不肯承认焦氏《易》即是孟氏《易》。而刘向校书，明指出京氏不同于孟氏，因而不属于田何、杨叔、丁将军的系统。京氏《易》对《周易》来说，是一种搅乱。而以卦附历，无当于测候之实，更是一种搅乱。卦自卦，历自历，离之双美，合之两伤。然董仲舒言天人之合一谓"于其可数也副数"，[①]意思是说天以数而表现，如四时十二月三百六十六日；[②]人也以数而表现，如四肢，大节十二，小节三百六十六等。天与人，在数上的相合，即可证明天人是合一的。天文经长期的测候，把结果纪录在浑天仪上，以数字表其度数，以度数表星象运行的位置，使浑天仪的运转，与天象相应。更由此以制历，定出季节及日数，使农业社会的生活秩序得以建立起来，这是非常有意义的。在天文上本是把数字用作表记天体的符号。大约到了战国时期有人转而认定数字即是天体自身的表现。更将自然性格的天体，与传统的天命及天道的价值观念，混而为一，于是再一转而将数字也误认为是价值实体的表现，认为由数字即可表现价值，即可通向天道的价值感应，乃至与之为一体。数的神秘性，尤以数中乘法的神秘性，即由此而来。易本来用的是 -- 、— 两种不同符号(此两种不同的符号，一直在春秋时代，还未被称为阴与阳)，开始在以三为基数(三画)，进而以六为基数(六画)，参互变化，由八卦成为六十四卦，三百八十四爻，所构造起来的。大约到了战国中期前后，开始把两种不同的符号称为阴与阳，更以六的数字表征阴，以九的

[①] 见《春秋繁露·人副天数》第五十六。
[②] 此依董氏所述概略之数。

数字表征阳。而上述参互变化的历程，也可以说是一种数字乘积的活动。但《易》的成立，原是认定在这些符号后面，有神的存在或天的存在，天借此参互变化以表示自己的意志，指示人以吉凶祸福的。因此，这批符号，也可说是天道的符号，并不是天的自身。既早有人把价值系统的符号，与自然物系统的符号，混而不分，于是京房把由卦所表现的天道的数字，与由历所表现的天道的数字，附合起来，以成为天道的统一系统，由此以加强易的说明性，这比董氏所作的天与人在数上的附合，更有说服力。

（三）《太玄》的思想线索

僧一行所述"《易》本于气"的孟氏《易》的观念，经京房将卦爻与历的日数相附合后，虽然《易》所本之气，固然表明得更为精密，但数的观念，也因此而特别凸出。于是，《汉书·律历志》便说："自伏羲画八卦，由数起。"这实际是一种新说。《律历志》是抄刘歆的《三统历》，刘歆说八卦由数起，等于说《易》由数起，这是由京氏《易》的一种演进。《三统历》及《太玄》，皆成立于此一演进之上。

扬雄作《太玄》以准《易》，据本传赞"诸儒或讥以为雄非圣人而作经，犹春秋吴楚之君，僭号称王，盖诛绝之罪也"的话来看，在当时已受到批评，于是后人有的为他辩解，说他并不是拟《易》的。[1] 其实，传赞中的所谓"诸儒"，乃当时博士系统中迂腐之儒，扬雄从不把他们看在眼下。而作《玄》以准《易》，在

---

[1] 如《丹铅总录》引"孙明复曰：扬子云《太玄》非准《易》。乃明天人始终之理，君臣上下之分，盖疾莽而作也。桓谭曰：是书也，可以《大易》准。班固曰：经莫大于《易》，故作《太玄》。使子云被僭经之名，二子之过也"。

扬雄认为是理所当然，无所谓僭不僭的问题。《法言·问神》篇：
"或曰：经可损益与？曰：《易》始八卦，而文王六十四，其益可知
也。《诗》、《书》、《礼》、《春秋》，或因或作，而成于仲尼，其益
可知也。故夫道非天然，应时而造者，损益可知也。"这分明是暗
示他的《太玄》乃"应时而造"以益《易》的。又"书不书，非经
也。言不经，非言也。言书不经，多多赘矣"（同上），这分明是说
明他的著作，乃以经为准的。又"或曰：述而不作，《玄》何以作。
曰：其事则述，其书则作"（同上）。这分明是以作者自居而不愧。
扬雄的作《玄》以准《易》，这是不能，也不必为他辩解。他所定
的"首"（在《易》称为卦，在《玄》则称为"首"）名，皆由卦名
稍加变化而来，如"中"首本于《中孚卦》，"周"首本于《复卦》
之类，[①] 即其明证。但他所准的《易》，正如焦循在《易略图·论卦
气》，《六日七分》下第九所说："《太玄》所准者卦气也，非《易》
也。"即他所准的不是由《易传》所传述的《易》。并且卦气说，提
出了《坎》、《离》、《震》、《兑》四正（辟）卦，实际只有六十卦发
生作用。扬雄以首准卦，便也只准六十卦，将四正卦弃之不顾。卦
气说是以"历"为天道的准绳，再将卦去附合。《太玄》也正是如
此。本传自述作《玄》要旨谓："于是辍不复为（不再作赋），而大
覃思浑天……其用自元推，一昼一夜，阴阳数度，律历之纪，九九
大运，与天终始。"正说的是作《玄》乃以历为准据。所以八十一
首的次序，即是卦气说的六十卦的次序。卦气说起于《中孚》，终
于《颐》，《太玄》起于"中"，终于"养"。其中有以一首准《易》

[①] 宋李覯《直讲李先生文集》卷四《删定易图论》五 "《太玄》所以准《易》者也，
起于冬至。其首曰中……于《易·中孚》……其次曰周，于《易》则复……" 稍
后邵雍有《准易图》。王荐有《玄图发微·太玄拟卦图》，皆可参证。

一卦的,有以二首准《易》一卦的。① 不过,卦气说所准据的是四分历,而《太玄》所准据的是太初历。两历最显著不同之点,在于四分历以八十分为一日之数,太初历则以八十一分为一日之数。他的八十一首,如后所述,是由数推演而来,又恰与太初历以八十一分为一日之数相合,于此可见其用心的巧密。

但扬子云的《太玄》,有的地方有较卦气说为合理,有的地方是卦气说的发展,有的地方则加上了扬子云思想的特色。

所谓较卦气说为合理的是:卦气说以《易》去准历,既变乱了《易》原有的结构,且与历结合得非常牵强,例如四正卦十二辟卦的特别提出,只是为了凑数,毫无道理可言。因为在作《易》的过程中,本是与历无关的。扬雄则另外创造一套符号系统,另外形成一套数的演算系统;而成为他创构动机与准据的,一开始便是以浑天、太初历为蓝图,如是《玄》对《易》而言,只是增益了原有的《易》,并没有破坏原有的《易》。而《玄》与历的结合,较《易》与历的结合,远为自然。

所谓有的地方是卦气说的发展,乃指的是自刘安及其宾客和董仲舒们起,西汉学术的趋向,都在努力组成贯通天人、包含万类的哲学(或者说是思想)系统。卦气说乃在此一大趋向下的产物之一。《太玄》虽准卦气说而作,但较卦气说所能包涵得更广,例如将音律《洪范》等也包括在里面。

所谓有的地方加上了扬子云思想的特色,指的是就今日可以看到的卦气说,除了"风雨寒温为候",以言休咎外,没有"思想

---

① 宋李觏《直讲李先生文集》卷四《删定易图论》五"《太玄》所以准《易》者也,起于冬至。其首曰中……于《易·中孚》……其次曰周,于《易》则复……"稍后邵雍有《准易图》。王荣有《玄图发微·太玄拟卦图》,皆可参证。

性"，或思想性不明显。扬雄则在赞词（等于《易》的爻辞）中，吸收《洪范》五事的"一曰思"，因而将思与福、祸并列，以为占验的骨干。更以道家之玄（实即道家之道），为《太玄》得以形成之主体，将其与儒家之仁义，结合在一起。《法言·问道》篇："老子之言道德，吾有取焉耳。及捶提仁义，绝灭礼学，吾无取焉耳。"又《问神》篇："或曰，《玄》，何为？曰为仁义。"本传也说"拟之以道德仁义礼智"。扬雄有取于老子的言道德，首先他是挹取老子道德观念中的一部分以为自己人生处世的立足点，这在前面已经提到。而最重要的是以老子的道德观念，即是所谓"玄之又玄"（《老子》一章）的玄，为贯通天人的基本原理。《太玄》乃所以表现此一原理，或者他认为《太玄》是玄自身的展现。用另一名言表达，可以说他的《太玄》是以老子的道德为体，以儒家的仁义为用所建立起来的。这样的体与用是否连结得上，乃另一问题，但这种道儒两家思想的结合，也表明西汉思想的一个倾向。而据严君平《道德指归说目》谓《老子》的"下经为门，上经为户。智者见其经效，则通乎天地之数，阴阳之纪，夫妇之配，父子之亲，君臣之义，万物敷矣"。①是严君平已有把《老子》与历数及儒家伦理，统合成一个系统的企图，这也未始不是《太玄》的一个影子。以下对《玄》的构造略加解释。

（四）《太玄》的构造

《晋书·天文志》上："古言天者有三家，一曰盖天，二曰宣夜，三曰浑天，汉灵帝时蔡邕于朔方上书言，宣夜之学，绝无师

---

① 见《全汉文》卷四十二。

法。《周髀》术数具存，考验天状，多所违失。"扬雄所涉及的为盖天浑天。《晋书·天文志》二记有桓谭谓扬子云"因众儒之说天，以为天如盖转，常左旋，日月星辰，随而东西。图画形体行度，参以四时历数昏昼夜，欲为世人立纪律，以垂法后嗣"，因桓谭的论难而"立坏无所作"的故事。由此故事推测，他开始所作的，可能是以盖天为根据的。《隋书·天文志》一，及《开元占经》二，记有扬子云难盖天八事。《法言·重黎》篇下面的一段话，更说明扬氏在此方面的态度："或问浑天，曰：下闳营之，鲜于妄人度之，耿中丞象之，几乎几乎，莫之能违也。请问盖天，曰：盖哉盖哉，应难未几也。"这里不牵涉到浑天盖天的得失问题，而只在指出他认为浑天较盖天更合于天象的真实。大约四分历与太初历，都用的是浑天。他所以不用四分历而用太初历，因为太初历乃当时所用之历。且太初历因落下闳把音乐的律组入到里面去了，这更适合于包罗万有的"体系哲学"的要求。

《汉书》二十一上《律历志》："至武帝元封七年，汉兴百二岁矣。大中大夫公孙卿、壶遂，太史令司马迁等言历纪坏废，宜改正朔……遂诏卿、遂、迁，与侍郎尊，大典星射姓等议造汉历……已得太初本星度新正，姓等奏不能为算。愿募治历者更造密度，各自增减，以造汉太初历。乃选治历邓平……及与民间治历者凡二十余人；方士唐都，巴郡落下闳与焉。都分天部，而闳运算转历。其法以律起历。曰：律容一龠，积八十一寸，则一日之分也……乃诏迁用邓平（及落下闳）所造八十一分律历。"按前文有"五声之本，生于黄钟之律，九寸为宫"。《补注》引"朱载堉《律吕精义》云：淮南、太史公所谓黄钟长九寸者，以九分

扬雄论究　　　　　　　　　　　　　　　　　　　　　449

为寸，九寸乃八十一分也，《汉志》以十分为寸，九寸乃九十分也。"又引"蔡忱《律吕新书》云：大要律书用相生分数。相生之法，以黄钟为八十一分"。所谓"相生"，即今日之所谓乘法。大约自战国中期以来，以相生之数，为道或天地生化万物的历程，所以特别赋予以神秘的意味。黄钟律的八十一分，与历本无关系，亦即是天文与音乐，本无关系。史公虽参与了改历的工作，但他并不赞成落下闳的渗杂。所以《史记》之《律书》与《历书》，分而为二，虽然此两书已有后人的渗杂，非史公原书之旧，但其不以音乐之律合岁时之历，则甚为显然。而《史记·历书》所记者为四分历，并非新改的太初历，这是史公的卓识。落下闳把四分历的八十分为一日之数，改为以八十一分为一日之数，不是出于实测推算的结果，而是出于要把音律组入在一起的牵强附会，对历而言，不仅毫无意义，且是一种扰乱。其所以如此，原因有二。一则乃承董仲舒之风，将岁时之历赋予以哲学的意味，尽可能地组成一个大的系统。音律自先秦以来，尤其是自《荀子》、《吕氏春秋》以来，在教化功用上占了很重要的地位。能将乐律组入到历中去，在他及当时一般知识分子心目中，这便增加了新历的意义。刘歆的《三统历》，是顺此趋向所完成的时历与哲学，测候与理想的更进一步的大综合系统，《太玄》则为顺此一趋向的另一形式的综合。刘歆和扬雄所努力作的，本应算是同一性质的工作。《三统历》即将《易》附合于历中。刘歆所以讥《太玄》为"吾恐后人用覆酱瓿也"，不仅因《太玄》之难解，实亦对用心同，方向同，但在思辨与形式上却不相同的扬雄，多少含有妒意。二则他们以历为天道的直接表现，黄钟的八十一分，由九九相乘而得，即是以生数而得，与天道的生化功能相应。《太玄》

的构成，主要用的是生数。九九八十一的黄钟律，与扬雄用的数式相合。

《易》的基本符号━、━ ━，《玄》的基本符号是━、━ ━、━ ━ ━。但《易》之两基本符号，乃各象征固定之物，━象征阳，━ ━象征阴，通六十四卦而其义不变。但《玄》的三基本符号，仅是为了便于错综变化，并不固定象征某一物。在首辞、测辞中皆无甚意义。这是《太玄》因要以他的符号含宏万有，反而在使用时一无着落的最大弱点。《老子》："道生一，一生二，二生三，三生万物。"在扬雄看来，道本身即含有"三"，《玄》是道，所以《玄》本身即含有三。上述三个基本符号，由上而下（《易》系由下向上数），是《玄》所含的天、地、人。《易》重三画为六画而为一卦，玄则四画（或称四重）而为一首。由三个基本符号，又加上一画为四画以成一首，也犹《易》由两个基本符号再加上一画，以变化成为八卦，是相同的，只是为了增加变化的缘故。《易》由两个基本符号再加上一画，才可变化成为八卦。再由三画加上一倍成为六画，才可变化成为六十四卦。《玄》由三个基本符号再加上一画，以成一首，因为较《易》多了一个符号，便可变化成为八十一首，以与太初历的八十一分的日数相准。我推测，这是基本的原因。至于说加的一画是表示天地人上面的《玄》，这是附加上去的理由。但扬子云又另出心裁，说这由上而下的四画，是表征方、州、部、家的。方是方伯，州是九州，部是郡县，家是家族。这便把政治社会的划分，也组入到里面去了。于是这四画，一方面是《玄》及《玄》所含的天地人，同时又是方、州、部、家。但天地人也好，方、州、部、家也好，在首的运用时，都无实质的意义。八十一首，本是由四画的符号反复变化而来，但扬雄一定要由三

扬雄论究　　　　　　　　　　　　　　　　　　　　　　　　　*451*

的数字的推演来达到八十一首的与日分相合的数字，才认为可以表现《玄》的功用。如前所说《玄》的本身是含有三的。方、州、部、家的方，既由《玄》而出，则由《玄》而出之方，便应为三方。而一方含有三州，三方便应为九州。每州含有三部，九州便应有二十七部。每部含有三家，二十七部，便应有八十一家。以家为起点，八十一家便成为八十一首。以与八十一分为日数相符，亦即是与历的日数相符。

《太玄》的"赞"，等于《易》的爻。《易》每卦六画，一画一爻，所以每卦六爻。准此，则《太玄》每首应为四赞。但这样便首先脱离了三的生数。三的生数（自乘数）是九，此即所谓"分为三，极于九"，于是每首不得不有九赞，始与玄的三的生数相合。而由四画为一首所表现的方、州、部、家，实际没有作用。司马光《说玄》谓："玄首四重者非卦也，数也。故《易》卦六爻，爻皆有辞。《玄》首四重，而别为九赞以系其下。然则首与赞分道而行，不相因者也。"[①] 即指此而言。八十一首，每首九赞，所以《玄》有七二九赞，一赞为昼，一赞为夜，二赞合为一日，七百二十九赞，当为三百六十四日半，以合一岁的日数。但一岁的日数为三百六十五又四分之一日，赞的日数，对一年之日数而言，尚差四分之三日，于是扬雄在七百二十九赞外，另设"踦"、"嬴"二赞以补足之。但"踦"、"嬴"二赞共为一日，若加上踦嬴二赞的一日，则较一年的日数，又多出四分之一日，四岁即多出一日。所以苏洵说："率四岁而加之，千载之后，吾恐大冬之为大夏也。"[②]

---

① 司马光《太玄经集注·玄首》引陆绩语。此语最为重要。
② 《嘉祐集》卷第七《太玄论》上。

历之日数，由测候而得，或多或小，一决于测候之实。《太玄》之数，由三数之推演而得，与历本不相干。而必欲强之以与历相合，扬雄在此等处构思虽巧，仍不能逃苏氏之所讥。且踦、嬴二赞，实来自三数推演之外，这正说明欲通过数以合二物为一物，在形式上也有不能突破的难局。

同时应指出由三数的推衍以求人事与天道相合，最明显的是文帝时由博士编造的王制中所定的官制，三公、九卿、二十七大夫、八十一元士的官制，即由三的生数的神化而来，这必曾给扬雄以启发。由三的生数而来的九赞的九，在《太玄》的实际应用上有更大的意义。《玄》所含的是天地人，九赞便分别表征为天的始、中、终，地之下、中、上，人的思、福、祸，合而为九。在以人为中心而加以实用时，九赞之九，便可成为思内思中思外，福小福中福大，祸生祸中祸极，又合而为九。首辞说明阴阳二气之消长。首从"中"到"应"，共四十一首属阳；从首"迎"到"养"，共四十首属阴。首赞的奇数为昼为阳，赞的偶数为夜为阴。《玄测》谓："阳推五福以类升，阴幽六极以类降。"司马光谓："凡《玄》之赞辞，昼夜相间。昼辞多吉，夜辞多凶。又以所逢之首及思福祸述其休咎，此《玄》之大旨也。"① 奇偶不是以一首为单元计算，而是由第一首顺次计算下去的。阳是善是福，阴是恶是祸。五行配入九赞中是一六为水，二七为火，三八为木，四九为金，五十为土。《太玄》没有十数，"说者以为土君象也，水火木金四者是当先后于土者也"。②

---

① 司马光《太玄总例》九赞。
② 司马光《太玄经集注》卷一中首上九注。

扬雄的用心是认为《玄》起于三，由"生"，即由三数的推演，说明《玄》的生化作用，以与历相合。更由此以定行为的准则，并测出休咎。扬雄认为数是来自律，《玄摛》所说"日月往来，一寒一暑。律则成物，历则编时，律历交通，圣人以谋"者，盖指此。但这与仁义实在关连不上，而扬雄却说他的作《玄》是"为仁义"，这又怎样解释呢？因为天、地、人皆出于玄。《玄图》说："夫玄也者，天道也，地道也，人道也。兼三道而天名之，君臣父子夫妇之道。"是人道为玄所固有，亦即仁义为玄所固有，这是扬雄以儒合老、在他认为是补老子之所不足的地方。又谓"昼夜相丞（指赞之一昼一夜而言），[1]夫妇系也。终始相生，父子继也。日月合离，君臣义也。孟季有序（指四时），长幼际也。两两相阖（指赞的奇偶），朋友会也"。这是说在《太玄》中所展出的天道的运行现象，同时即反映出人道，由此可见天人本是合一的。所以在《玄告》中说："故善言天地者以人事，善言人事（者）以天地。"且《汉书·律历志》第一上"数者一十百千万也。所以算数事物，顺性命之理也"。以数的合理性，可以顺性命之理，这不是刘歆一人的思想，而实代表当时若干学者的共同观念。扬雄的《太玄》，在他认为是天、地、人通过数，而将不能把握的玄，成为能把握的玄，这是以数顺玄之理，顺天地人之理，也即是顺性命之理。所以《玄摛》说："仰以观乎象，俯以视乎情，察性知命，原始见终。"天之象，人之情，皆以数表见于《太玄》之中。观象观情，即是察性知命。性命之理即是仁义。不过如实地说，草《玄》的精神，当然不是反对仁义的精神，而是远于仁义的精神。《太玄》

---

[1]《玄图》："图象玄形，赞载成功。"

的产生，正来自扬雄的知性的要求，表现扬雄的知性活动，所以他真正所契入的不一定是仁义，而是知性。《玄告》："天以不见为玄，地以不形为玄，人以心腹为玄。天奥西北，郁化精也。地奥黄泉，隐魄荣也。人奥思虑，含至精也。"司马光注谓："九赞之事，三极之道也。天奥西北，则化精冥于混沌无端。地奥黄泉，则信无不在乎中，万物精气藏焉……玄象如此，而人将造之，非遗物离人，精思超诣，则不能入。"所以扬雄只是以"思"作为人的征表，作为玄的作用。仁义之于《玄》，实际是扬雄为了求儒道的结合而硬加上去的。即使是如此，这只表示草《玄》的人的知性活动所建立的一套符号系统，并不是说《玄》的自身含有什么理性的实体，也等于《玄》的自身，不会含有仁义一样。一切都是作者自己的主观硬加上去的。

从《汉书·律历志》看，汉初以四分历为基干，尚有黄帝、颛顼、夏、殷、周及鲁历，可知由先秦以迄汉初，历是一门显学。黄帝、颛顼、夏、殷、周五历，虽出伪托，但当为战国末期以迄汉初人所造。惟鲁历杜预《释例》谓："今世所谓鲁历，不与《春秋》相符，殆好事者为之，非真也。"按鲁有独立性的历，乃由董仲舒亲周王鲁的孔子改制新说而来，其出现当在武、宣之际。而武帝募治历者，在朝廷以外，尚有民间治历者二十余人，更可知这一专门知识流传之广。但在儒道思想盛行，政治压倒一切的学术风气之下，这些人只被视之为"伎"，[①] 在学术上没有什么地位。落下闳援律入历，而使六艺中的《乐》与历发生关系；京房援《易》附历，而使汉武以后，视为"六艺之原"的《易》与历连在

[①]《法言·君子》篇"通天地而不通人曰伎"，此即含有轻蔑之意。

一起。扬雄更加上道家思想及《尚书·洪范》。刘歆的三统历，更集综贯的大成。其好处是把历在学术中的地位提高了，于是东汉有成就的知识分子，很少不兼治历的。知识分子与历远隔，盖在科举制度盛行之后。在学术上有成就的知识分子也兼治历，因文化水准的关系，在历的推进上，总有某方面的成就。即如为人所诟病的三统历，经近人研究，认为"以实地观测为基础，详细记述五星现象的历法，始于三统历。中国历不仅止于气朔的推步，实广包日月食、五星等的现象、运行，可以说是具有'天体历'的内容，也是天体历好的开端"。并且由他们观测所得的会合周期的数值，"得到可与今日的精密值作充分比较的结果"。[①] 即其一例。但从另一方面说，也阻扰了律、历等正常的发展。因认为"历生于律"，便不能不把本是调音审度的律，赋予以神秘的意义，失去它正常的作用。《晋书》卷十六《律历志》上："汉章帝元和元年（西纪八十七年），待诏候钟律殷彤上言，官无晓六十律以准调音。故待诏严崇，具以准法教子男宣。愿召宣补学官主调乐器。诏曰……声微妙，独非莫知，独是莫晓……试宣十二律，其二中，其四不中，其六不知何律。宣遂罢。自此律家莫能为准。"一直扰攘到晋泰始十年（西纪二七四年）荀勗、张华们，从御府里清出铜竹律二十五具，"视其铭题尺寸，是笛律也"。换言之，神秘化了的律吕观念，不可能在现实音乐中得到证明，反而阻扰了现实音乐应有的进展。从《礼记·乐记》看，中国音乐，曾达到那样高的成就，汉以后却剧归绝歇，常要靠胡乐燕乐来加以填补，其

---

① 见于日本能田忠亮、薮内清共著的《汉书律历志研究》第七十六页。是书出版于昭和二十二年（一九四七）。能田忠亮博士在当时是天文历算研究室主任。

主要原因在此。又《唐书》卷二十五《历志》："至汉造历，始以八十一分为统母（按指《太初历》），其数起于黄钟之龠，盖其法一本于律矣。其后刘歆又以《春秋易象》推合其数，盖傅会说也。至唐一行，始专用大衍之策，则历术又本于《易》矣。盖历起于数，数者自然之用也，其用无穷而无所不通（因数是纯抽象的），以之于律于历，皆可以合也。然其要在于候天地之气，以知四时寒暑，而仰察天日月星之行运，以相参合而已。"这段话的意思，在说明律与《易》，实皆与历不相干，全靠抽象的数以相附合，对三者都是干扰。后人认僧一行的大衍历相当精密，只是不应拉上《易》的"大衍之数五十"的这一套。但落下闳、刘歆、僧一行们，都是以历为基石，再以律、《易》附合。所以在律、《易》方面是假知识，但在历上，依然有真知识。而扬雄另创一套符号数式，把它看成是玄的展现，而将儒、道、律、《易》、历组成一个大系统，这只表现当时学术的风气，及他的知识型的性格，向未知世界的热心探求。但在知识上是全盘落空的。但从思想史上看，西方许多人在哲学上的成就，不能受今日知识的考验，一直到近代的莱布尼兹、斯宾诺塞、黑格尔等。但他们求知的精神及其运思的方式，哲学史家不能不承认他们在思想史上的地位。准此，尽管《太玄》这一大系统，在知识上是虚假的，但它运思的既精且密，不是西方许多形而上学家中的本体论者所能企及。所以不应因其知识的虚假性，而否定扬雄此一辛勤工作在思想史上的意义。桓谭称其不仅为"西道孔子，亦为东道孔子"。[①]张衡称

[①]《全后汉文》卷十四引《意林》。

其"竭己精思"与五经"相似"。[1] 在宋代思想中，又再发生巨大影响，[2] 不是偶然的。

（五）董仲舒以下之所谓"数"，与古希腊毕达哥拉斯学派之所谓"数"的异同问题

当我开始接触到卦气说及其以后的发展时，首先想到的是由董仲舒起之所谓数的一连贯发展，与古希腊毕达哥拉斯（Pythagoreas，约纪前五三二／前五三一年至前四九七／前四九六年）数论派，有没有相同之点。经过一番考查后，觉得将数加以神化的方向，虽然相同，稍稍进入到具体内容时，便会发现相同的地方太少。从背景方面说，毕达哥拉斯的主要活动，是相信轮回，禁止肉食，生活戒律很严的宗教活动。这是受了古埃及和印度宗教的影响，到了纪元二世纪出现新毕达哥拉斯学派时，已经把毕氏升到神格的地位。这种宗教精神，不能不影响到他对数的观念。京房们虽然讲灾异，扬雄、刘歆们虽然讲休咎，但他们没有宗教的组织、生活乃至精神。第二，毕氏是希腊人"学问地数学"的创始者，也是最初谈到"德"的人。中国则在西汉时代，已出现了《周髀》、《九章》、《许商算术》等书，对数的了解，已积有长期的经验。而在周初已经把"德"的问题，当做政治人生中的重大问题，形成中国学问的大传统。两者在背景上的不同是很明显的。再就数的自身来

---

[1] 皆见《与崔瑗书》。
[2] 宋代学风是一个"穷理"的学风。穷理的自然倾向，总是想在感官所及的后面，找出事物的根据。所以《太玄》在宋代发生的影响最大，司马光、邵雍，是其中最著的。

说，第一，毕氏们以数为万物的本质，将数的要素安放在质料的种类之中。因为他们认为数是内存的东西，存在是由数所成立、所形成的。中国对于数与万物的关系，是由《左传》鲁僖公十五年晋韩简所说的"物生而后有象，象而后有滋，滋而后有数"的观念所代表。这很明显地认定物先数后，物非由数所生。到了董仲舒以下逮扬雄们，只进一步认为天地及万物会表现而为数，故通过数可以把握天道及万物的活动。但天地万物的本质，在他们看来是阴阳五行之气，是由气所形成的。因此数只是外部的呈现，是气运行的秩序，并不是内存的。第二，毕氏们虽然思考到地球与"对地星"的问题，他们只是作为"世界形象"去加以把握，与京房们以历为依归，完全不同。他们虽由音乐悟入数学，以音乐的调和为数的调和，以数的调和为宇宙万物的调和，这与落下闳们以黄钟律的八十一分傅会为一日的日数，也完全不同。东汉四分历的恢复，便把八十一分的日数改回八十分的日数，依然律与历没有关系。第三，他们以"四数"、"十数"有特殊的意义，有四数的誓辞，称十为"圣的十数"。中国虽也重视十，但在先秦时代已开始最重视"三"及三的生数。他们以"数的系列顺序"象征造物的阶段顺序，中国则以生数（乘法）为造物生化的历程。第四，他们提出有限与无限，奇数与偶数，一与多，右与左，男性与女性，静与动，直线与曲线，光与暗，善与恶，正方形与长方形等十个对立观念。其中夹着一个善与恶的伦理观念，相互间没有一贯的统一原理，可能是随便地、偶然地凑足他们的"圣的十数"。但由京房们起，数皆准历而成为一个完整的系统。第五，他们以平方

扬雄论究　　　　　　　　　　　　　　　　　　　　　　　　　*459*

数为正义，中国则以阳为善。阳是气而不是数。①

冯友兰的《中国哲学史》第三章的"（二）所谓象数之学"的注中简略叙述了毕达哥拉斯派之后，作下结论说"中国之象数之学，与希腊哲学中毕达哥拉斯派之学说，颇多相同处。吾人试一比较，即见其相同处之多，令人惊异。《易·系辞》曰：易有太极，是生两仪。毕氏学派亦以为一生二。试观毕氏学派所说有限无限等之十项分对，则可见有限即中国《易》学所谓之阳，无限即中国《易》学所谓之阴……"（页五五一）。冯氏还不知道《易》的太极，有时可称为一，如《老子》的"一生二"的一，但此时之所谓一，乃指道或气，尚未分化之状态而言，并不同于数字观念中一二三四之一。太极生两仪之两，指的是天地或阴阳，与毕氏学派所说一生二，乃纯抽象的数的观念，两者真是天壤悬隔。有限无限是数量，阴阳是两种性格不同之气。可以用有限无限去说明阴阳存在的状态，但不能以此说明阴阳存在之自身。中国《易》学中，在什么地方可以说阳是有限而阴是无限？像冯氏对两方思想缺乏起码理解能力所写的一部书，当时竟被捧为名著，冯氏亦因而被视为中国哲学的代表人物，他自己且以正统自居而不疑，于此真可以想见近代中国学术的堕落。

---

① 以上主要根据日译 Friedrich üeberweg《大哲学史·古代篇》上第十三节页一五三至一八一，并参考日译 Karl Vorländer（一八六〇至一九二八）《西洋哲学史》第七版，第一卷第一章第三节页三四至四四。

六、扬雄的《法言》

(一)《法言》的文体与构成

如前所述，扬雄主要的著作活动，可分三大阶段。四十四岁以前是辞赋，四十四岁以后到五十七八岁之间是《太玄》。而写《法言》的时间，可能开始于他五十八岁前后，即平帝元治元年（西纪一年）前后；应完成于新莽始建国二年（西纪十年），他投阁之前，即在他六十四岁以前。经过投阁以后，大概即以校书为他避祸并消磨岁月的方法。但一直到天凤五年（西纪十八年）他死去以前，还不断在修补。因为如后所述，《法言》中有许多话是讽刺王莽当真皇帝以后的情形的。从辞赋到《太玄》，这是他的思想向前的伸展。从《太玄》到《法言》，则不表示思想的直线伸展，而是表现思想的大反省。此一反省只有经过对王莽的大希望转而为对王莽的大失望，才能引发的。《孝至》篇："周公以来，未有汉公之懿也。"这是为了避祸所作的掩饰之辞。不能因此便轻率判定《法言》是完成于王莽居摄（居摄元年，西纪六年）之前。我写此文的初稿，便是作此轻率判断的。不过，他在投阁以后，便没有更积极的学术活动，这也是事实，所以他的《自序》便终于《法言·序目》。

《法言》由《学行》第一、《吾子》第二、《修身》第三、《问道》第四、《问神》第五、《问明》第六、《寡见》第七、《五百》第八、《先知》第九、《重黎》第十、《渊骞》第十一、《君子》第十二、《孝至》第十三等十三篇构成，另有《序目》以述各篇大旨。惟《序目》的文字因力求简括，反晦涩而亦未能达到概括的目的。班固在传赞中谓"传莫大于《论语》，作《法言》"，《法言》是拟《论语》而作的。从全书的文体看，他是力追《论语》的文体，也和《太玄》力追《易》的经与传的文体一样。但《论语》除极少数文句外，皆温润圆满，明白晓畅，这是短章散文中的极品，或者可称之为神品。所以今日只应当用白话作讲疏，不少人用白话译本文，真是佛头着粪的蠢事。扬雄中年后虽自悔作赋，但在作赋时对文句所用的功力既深，所以在写《太玄》写《法言》时，虽然力图摆脱赋体的铺排繁缛，但用奇字、造新句，不使稍近庸俗的文学家习性，依然发生主导的作用。因此，《法言》字句的结构长短，尽管与《论语》极为近似，但奇崛奥衍的文体，与《论语》的文体，实形成两个不同的对极。若说《论语》的语言，与人以"圆"的感觉，《法言》的语言，却与人以"锐角"的感觉。《法言》在著成后大行，至韩昌黎而提出与《荀子》相提并论，[①]奠定《法言》在思想史的地位。而韩文的用字造句，也受了《法言》相当大的影响，似乎没有人注意到。

　　《法言》实由两大部分所构成。一部分是拟《论语》，另一部分则在用心上是拟《春秋》。虽然前一部分文字的分量远超过后一部分，但为了真正了解他的思想，以及后一部分所给予班氏父子所作《汉书》的巨大影响，决不应把它忽略过。很遗憾的是，后一部分，却从来没有人检别出来。在两汉任何一部思想性的著作中，找不出一部像《法言》这样以大量篇幅来品评人物的。他是力追孔子。孔子的思想人格，不仅表现在《论语》上，更表现在《春秋》上。孔子作《春秋》，以褒贬为万世立人极，好胜的扬雄，断没有不向往之理。但"《春秋》，天子之事也"，[②]他的这一野心，

[①]《韩昌黎文集》卷十一《读荀》："孟氏醇乎醇者也。"荀与扬大醇而小疵。
[②] 见《孟子·滕文公下》。

只能用间接的方式表达出来，当时及后人便被他瞒过了。

他自述作《法言》的动机，实际有二。由"雄见诸子各以其知舛驰"到"使溺于所闻而不自知其非也"的这段话，好像说的是先秦的情形，其实主要是针对他所面对的思想形势。由董仲舒所引发的许多方技谶纬、怪诞不经之说，有如《汉志》中所录《诸子略》中的《阴阳家》，《兵书略》中的《兵阴阳》，《数术略》中的《天文》（主要以星象占吉凶）、《五行蓍龟》、《杂占》，《方技略》中的《房中》、《神仙》等，给思想文化以极大的扰乱。但他们几乎皆依附各种传说性的古人以及孔子以自重。不过当时王莽诸人，正欲凭谶纬符瑞以取天下，故《法言》在消极方面，以扼要钩玄的方式，破除了不少的怪迂之说。在积极方面，阐扬了他所把握得到的以孔子为中心的思想。这便构成《法言》的第一部分。接着他说："及太史公记六国，历楚汉，记（讫）麟止，不与圣人同是非，颇谬于经。"这是说史公所作《史记》，对历史人物的是非，不合于孔子所作《春秋》的褒贬，"颇谬于经"的"经"，是指《春秋》而言。由此一动机所写出的，是属于《法言》的第二部分。

《法言》中的观点有无价值，是另一问题。但首先应指出的是，他的观点皆是出于他的认识所及，而不是像许多西汉人的著作，多来自展转抄袭，这在西汉的著作体裁中，也有划时代的意义。《法言》所涉及的范围颇广，但大体上，都表现出他的个性与学术的特色。下面顺着足以表现他的特色之点，略加陈述。

（二）《法言》思想的骨干及对五经博士系统的严厉批评

扬雄在《自序》中说"故人时有问雄者，常用法应之"，因此便称为《法言》。从全书看，他之所谓法，是以孔子五经为中心所树立的做人与立言的标准。这是《法言》一书的大纲维。可以说，这是顺着董仲舒推明孔氏、罢黜百家，立五经博士的大方向而来的。但他的贡献是把当时傅会到孔子及五经上面的许多驳杂的东西，都澄汰干净了。要在混乱的时代中，建中立极。《学行》篇："仰圣人，而知众说之小也。"《吾子》篇："舍五经而济乎道者末矣……委大圣而好乎诸子者，恶睹其识道也。""好书而不要诸仲尼，书肆也。好说而不要诸仲尼，说铃也。""万物纷错，则悬诸天。众言淆乱，则折诸圣。或曰：恶睹乎圣而折诸？曰：在则人，亡则书，其统一也。"《问神》篇："大哉天地之为万物郭，五经之为众说郭。"《寡见》篇："说天者莫辩乎《易》，说事者莫辩乎《书》，说体者莫辩乎《礼》，说志者莫辩乎《诗》，说理者莫辩乎《春秋》。舍斯辩，亦小矣。"全书中这类的语句甚多。

扬雄在孔门弟子中，特推重颜渊，强调孔颜的关系，并特提出颜渊的乐处，这在两汉是非常特出的。

> 或问世言铸金，金可铸与？曰：吾闻觌君子者问铸人，不问铸金。或曰：人可铸与？曰：孔子铸颜渊矣……（《学行》篇）
>
> 睎（希望成为）骥之马，亦骥之乘也。睎颜之人，亦颜之徒。或曰：颜徒易乎？曰：睎之则是。曰（疑衍文）昔颜尝睎夫子矣……（同上）
>
> 或曰：使我纡朱（绶）怀金（印），其乐不可量也。曰：纡朱怀金者之乐也外。或曰：请问屡空之乐？曰：颜不孔，虽得天下不足以为乐。然亦有苦乎？曰：颜苦孔之卓之至也。或人瞿然曰：兹苦也，只其所以乐也与。（同上）

全书言颜渊者约十二次以上，且特设《渊骞》一章。孔颜并称，在不确定的意味上，殆始于庄子。在确定的意味上，殆始于扬雄。为学须以孔颜为鹄的，亦即以圣人为鹄的，也始于扬雄。这给宋理学家周敦颐以相当大的影响。①

其次，就西汉初期思想的大势说，荀子的影响，实大于孟子。赵岐《孟子题辞》谓孝文时"欲广游学之路，《论语》、《孝经》、《孟子》、《尔雅》皆置博士"。恐未可尽信。拔《孟子》于诸子之上，以为不异于孔子的，也是始于扬雄。韩愈说"因扬书而孟氏益尊"，② 这是可信的。

> 古者杨墨塞路，孟子辞而辟之，廓（空如也，与塞相对）如也……窃自比于孟子。（《吾子》篇）
>
> 或问勇，曰轲也。曰：何轲也？曰：轲也者孟轲也。若荆轲，君子盗诸。请问孟轲之勇，曰：勇于义而果于德。不以贫富贵贱死生动其心，于勇也其庶乎。（《渊骞》篇）
>
> 或问孟子知言之要，知德之奥。曰：非苟知之，亦允蹈之。或曰：子小诸子，《孟子》非诸子乎？曰：诸子者以其知异于孔子也。孟子异乎不异。（《君子》篇）

---

① 《太玄》以"思"代表人的特性，并由思与其他条件配合而言吉凶。周敦颐《通书·思》第九"故思者圣功之本而吉凶之机也"，疑受有《太玄》影响。又《通书·志学》第一："圣希天，贤希圣，士希贤。"又"志伊尹之所志，学颜子之所学"，此处之"希"字，即《法言》之"晞"字，其受《法言》影响，至为明显。《近思录》卷二引程明道谓："昔受学于周茂叔，每令寻颜子、仲尼乐处，所乐何事。"当亦由《法言》所启发。朱元晦以君臣之义，责扬雄甚苛，但在《语类》中论及扬雄时则每多恕辞。
② 《韩昌黎文集》卷十一《读荀》。

扬雄论究

他之所以称孟子为勇，而自比于孟子，这反映出《法言》中实含有强烈的时代批评性。而当时的博士系统，正是他所批评的对象之一。孔子、颜渊、孟子及五经，这是扬雄在写《法言》时思想的骨干。这似乎与博士系统的学风无异。但在两点上他与博士系统划清了界线。一是他主张先博而后约，并主张有所创造。博士系统的人，对五经尚不能该通，更墨守师说，所以是固步自封。另一点是他要在孔子、五经中求得人生立足之地，而博士系统的人，只是为了利禄。《学行》篇说："书与经同，而世不尚，治之可乎？曰：可。或人哑尔笑曰：须（奚）以发策决科？曰：大人之学也为道，小人之学也为利。子为道乎？为利乎？或曰：耕不获，猎不飨，耕猎乎？曰：耕道而得道，猎德而得德，是获飨已。吾不睹参辰之相比也。是以君子贵迁善。迁善者圣人之徒与！百川学海而至于海，丘陵学山而不至于山，是故恶夫画也。"当时学者以五经博士为师，即以五经为发策决科的标准，于是五经以外的诸子，渐少人研究，这正是当时因博士的学术专利以致学术日趋固陋的情形。此处的"书"与"经"相对而称，书乃指五经以外之书，实即指的是诸子之书。扬雄为破当时博士系统固陋之弊，及他们以利禄为求学动机之可羞，故在此处特加点出。他在《吾子》篇说："多闻则守之以约，多见则守之以卓。寡闻则无约也，寡见则无卓也。"也是这种意思。但扬雄之意，诸子是星辰，五经、孔子之言是日月。治学应由诸子而归宿到孔子，归宿到五经。只要精进不已，自然归宿到此。此即所谓"百川学海而至于海"。

《寡见》篇的一段话，也是针对当时博士系统的情形而加以针砭的。

或问：司马子长有言曰，五经不如《老子》之约也，当年不能极其变，终身不能究其业（按此误以司马谈《论六家要旨》之言为司马迁之言）。曰：若是，则周公惑，孔子贼。古之学，耕且养（按当为读），三年通一（艺）。今之学也，非独为之华藻也，又从而绣其鞶帨，恶在《老》不《老》也。或曰：学者之说可约耶？曰：可约，解科。

因五经博士知识活动之范围狭隘，而又获独占的地位，便只好在狭隘范围之内，玩弄语言魔术，以自欺欺人。在性质上与后世科举制度下的八股并无分别。《汉书·艺文志·六艺略》谓："说五字之文（按当指《尧典》"若稽古帝尧"五字），至于二三万言，后进弥以驰逐。"桓谭《新论》谓"秦近（延）君能说《尧典》篇目，两字之说，至十余万言。但说'曰若稽古'，三万言"，此即扬雄所谓"绣其鞶帨"。博士垄断五经，五经大义反为之隐晦，故扬雄主张对这些博士系统下的一堆语言魔术，加以省约。李轨以"但当得其义旨，不失其科条"，释"解科"两字，恐不妥当。"解科"与前引"发策决科"的"决科"相对。汉廷试士，将题目书之于策，此即所谓"策问"。被试者取策应答，此即所谓"发策"。科是甲乙的等第，决科是指由应答的情形以决定其等第。此处之所谓"解科"，殆指免除以博士们所绣的帨鞶作为决定考试的等第而言。换言之，扬雄一面尊崇五经，一面要求把五经从固陋贪鄙的博士系统中解放出来，有如马丁路德，要求把《新旧约》的解释权，由教庭的垄断中解脱出来一样。

由上可知，扬雄的推崇孔子、五经，一方面固然是来自董仲舒以后的学术大势，同时也批判了由仲舒所引发的绕环五经的迂怪之说，也批判了博士系统中的固陋贪鄙之习，及缴绕汗漫的语言魔术（解释）。他的推崇孔子、五经，实出自他在时代的冲激中，体验出孔子与五经对人类生存所发生的维护的巨大作用。《吾子》篇：

> 震风陵（暴）雨，然后知夏屋之为帡幪也。虐政虐世，然后知圣人之为郛郭也。

《学行》篇："孔子，习周公者也；颜渊，习孔子者也。"圣人与五经不可分，所以上引一段话中之所谓"圣人"，指的是周公、孔子。周、孔之言，一方面为生民捍御暴政，同时指示人生社会以方向，因而与人生社会以安顿归宿。虐政虐世，即使参与到统治集团之内的人，尚且在相伺相噬的机栝之中；生民的精神与肉体，更被置于刀砧之上。圣人的人格及由人格所流露出的温厚中正的语言，自然成为黑暗中的光明，刀剑下的裀席。扬雄这几句话的意味，实在是太真切深远了。这是在两千多年的历史中可以得到证明的。

（三）《法言》中对孔子把握的限制

扬雄在《法言》中，完全摆脱了《太玄》的格套，不把阴阳五行及律历的数式，夹杂到《法言》中的圣人和五经上面来，这是来自他对典籍的客观而忠实的态度，及在激荡时代中所作的深切反省。在激荡的时代中，还要坚持一套游离于现实之上的"玄"，这只证明学者"个人兴趣"的极端自私。扬雄的这种态度，较之董仲舒以下的许多经学家远为理智清明而有时代感觉。但因他建立太玄这种形而上的系统，不知不觉地会从形上的观点去了解孔子、了解圣人，不能从中庸之道的庸言庸行中去把握孔子的伟大，甚至有时想把孔子定位在形上的地位，以表现孔子、圣人的伟大。于是他所描述的孔子，多少使人感到空廓而缺乏生命实感。《中庸》赞诵孔子是"仲尼祖述尧舜，宪章文武，上律（法）天时，下袭水土。辟（譬）如天地之无不持载，无不覆帱，辟如四时之错行，如日月之代明……"以圣人比天地只是"辟如"的说法，实则圣人并不是天地。又"大哉圣人之道，洋洋乎发育万物，峻极于天"，这说的是圣人与天地万物为一体的精神，无所不至，所以便可上而峻极于天。"峻极于天"一语的根据，依然圣人是圣人，天是天。而圣人实际的内容，乃在"故君子尊德性而道问学，致广大而尽精微，极高明而道中庸，温故而知新，敦厚以崇礼"。是来自学问、工夫，对生命之光辉充实。在极力颂赞孔子的《法言》中，缺少这种把工夫落实于生活生命之上的叙述。《问道》篇："……或问众人，曰：富贵生。贤者？曰：义。圣人？曰：神……观乎天地，则见圣人。由于礼义，入自人门。由于独智，入自圣门。"《问神》篇：圣人存神索至，成天下之大顺，致天下之大利，和天下之大际，使之无间也。""或问圣人之经，不易使易知与。曰：不可。天俄而可度，则其覆物也浅矣。地俄而可测，则其载物也薄矣……"《问明》篇："聪明其至矣乎。不聪，实无耳也。不明，实无目也。敢问天聪明？曰眩眩（幽远貌）乎惟天为聪，惟天为明……"《五百》篇："圣人有以拟天地而参诸身乎？""圣人之言远如天，贤人之言近于地。""或问圣人占天乎？曰：占天地。若此则史也何异？曰：史以天占人，圣人以人占天。"《君子》篇："或曰：圣人之道若天。天则有常矣。奚圣人之多变也。曰：圣人固多变……圣人之书、言、行，天也。天其少变乎？""通天地人曰儒。通天地而不通人曰伎。""圣人之材，天地也……"从《论语》看，孔子有时感到天的存在，感到自己与天的关连，但这都是感情上的真感。《易传》中所引的"子曰"，总是把古人由占筮所显示的祸福，转到人的行为上加以解释。《论语》中引用了《易》恒卦的"不恒其德，或呈之羞"的爻辞，但没有孔子从事于蓍龟的痕迹。他说过"四时行焉，百物生焉"的极常识的话。但看不出他曾以人去占天，更看不出"占天地"，更看不出拟天地而参诸身。孔子也没有把"通天地人"作为儒者的要求。扬雄草《太玄》，认为这是"占天地"，认为这是通"天地人"，而不能了解这只是假"占"假"通"。便把自己的"存神索至"，把自己以《太玄》"通天地人"的工作，套到圣人身上去。圣人也只是"由于礼义"，无所谓"由于独智"。圣人立言，只是求"言忠信"、"辞达而已矣"。在圣人语言中的无穷意味，乃来自人我同在的伟大人格中流露出来，便透入到每一个正常人生命生活中的真实里去，决非如扬雄所说的不可使易知。例如孔子说："言忠信，行笃敬，虽蛮貊之邦行矣，言不忠信，行不笃敬，虽州里，行乎哉。"体会到这几句话的人，会把个人和社会整个生活动态，及由这些动态所发生的因果循环，用作这几句话的证验，而感到它的意境是如此的深远无穷，而不是"圣人之言远如天"的空话。扬雄之推崇孔子，是出于他的诚意。但他是背负着《太玄》的形上学架子，不知不觉地加在孔子的身上去，结果，只成为外在的摸索，而不能透入到孔子的生命人格里面去。凡是这种形态的学者，可以了解西方哲学，很难接近孔子、了解孔子。

正因为如此，扬雄虽然从《论语》文字中提出了颜渊的突出地位，但颜渊之所以为颜渊，他并没有真正了解。颜渊对于他，只是抽象的存在。这和上面所说的关连在一起，是更值得注意的问题。

《修身》篇："或问仁义礼智信之用？曰：仁，宅也。义，路也。礼，服也。智，烛也。信，符也。处宅，由路，正服，明烛，执符，君子不动，动斯得矣。"这是由《孟子》"仁，人之安宅也，义，人之正路也"（《离娄上》）的话，敷演而来。《问道》篇："道德仁义礼譬诸身乎。夫道以导之，德以得之，仁以人之，义以宜之，礼以体之，天也。合则浑，离则散，一人而兼统四体者其身全乎。"按扬雄虽道德仁义礼智信并陈，这只是承袭儒家的通义。但他对于道，因夹缠着老子之所谓道的观念，而又知道老子之所谓道，不同于儒家之所谓道，所以便把道加以空洞化。《问道》篇："或问道。曰：道也者，通也，无不通也。或曰：可以适它与？曰：适尧舜文王者为正道，非尧舜文王者为它道。君子正而不它。"又"或问道。曰：道若涂若川，车航混混（往来不绝之意），不舍昼夜。或曰：焉得直道而由诸？曰：途虽曲，而通诸夏，则由诸。川虽曲，而通诸海，则由诸。或曰：事虽曲，而通诸圣，则由诸乎！"由他上面的话，可知"道"并没有确定的内涵，而可将善恶混在一起，这或来自《易》泰、否两卦的"君子道长，小人道消"，"小人道长，君子道消"。韩愈《原道》"由是而之焉之谓道"，"道与德为虚位"，盖由此而来。但这固不同于老子之所谓道，也不同于孔子之所谓道，因为两者都有确定的内涵。而儒家之所谓道，或系仁义之总称，或以为系仁义之所自出。《中庸》"率性之谓道"，包括了智仁勇及人伦关系。孔子"朝闻道，夕死可矣"，决非扬雄所说的空洞之道。

至于仁义礼智信，扬氏真有所得的是智，这在后面还要提到。其次，凡是从外面可加以规定的，扬氏便说得相当恰当，所以他对礼的意义，虽无特别发挥，但陈述得相当恰当。而他把握得最浅的是仁，因为仁是一种精神状态，要由内心体验而出，而不是由外面可加以规定的。他在政治方面提到仁时，因为有客观的事实作对比，有时也说得深切。但就立身行己上，有的干脆不提，有的则说些不相干的话，这与《论语》、《中庸》、《孟子》上的情形成一个显明的对照。他在《修身》篇开宗明义说："修身以为弓，矫思（强力地思）以为矢，立义以为的，奠（定）而后发，发必中矣。"与孔子所说的"君子无终食之间违仁"（《论语·里仁》）及"依于仁"（《论语·述而》），大异其趣。但他这几句话的可贵，在于是他说出了自己体悟所到的真话。《君子》篇：或问君子之柔刚，曰：君子于仁也柔，于义也刚"，这大概是从《易·说卦》"是以立天之道，曰阴与阳。立地之道，曰柔与刚。立人之道，曰仁与义"来的。但以柔说明仁，与孔子的"刚毅木讷近仁"（《论语·子路》），天壤悬隔了。《君子》篇又说："……自爱，仁之至也。"这流露出他是一个恬淡自爱的人，这种意思为仁的精神所含有，但何足以言"仁之至"。正因为扬氏没有真正把握到仁，而颜渊之所以为颜渊，正在"其心三月不违仁"，[①] 所以他并不能真正了解颜渊。这要到宋代二程才能指点出来。

[①]《论语》中所说的仁，不仅是说"爱人"，最重要的是"无私的无限向上的精神"，"爱人"在此处始有其根据。此意宋儒也有的参悟未透，请参阅拙著《中国人性论史·先秦篇》第四章页六七至七一及页九〇至一〇〇。（编者注：现为页六三至六五及页八二至九二。）

（四）《法言》中的人性论及其教育思想

扬雄推尊孟子，但在心性的根源之地，却全未受孟子由心善以言性善的影响，而另创为新说。因此，其论学多本于荀子而远于孟子。

《修身》篇："人之性也善恶混。修其善，则为善人。修其恶，则为恶人。气也者，所以适善恶之马也与。"按"善恶混"，指善恶同在，其说盖综合孟子性善、荀子性恶之论，直承董仲舒"人之诚，有贪有仁。仁贪之气，两在于身。天有阴阳之施，身亦有贪仁之性，与天道一也"①的说法。但仲舒认为天道是任阳而抑阴，阴的作用，远不如阳的作用大，所以究其极，董氏实际还是主张性善的。扬雄则知孔子未尝言阴阳，故在言性上斥阴阳观念而不用，亦不受董氏任阳而抑阴的影响，故断言之曰"善恶混"。又董仲舒谓"身之有性情也，若天之有阴阳也"，②是董氏以情属阴而性属阳，情恶而性善。扬雄《学行》篇："鸟兽，触其情者也……人而不学，虽无忧，如禽何！"又《修身》篇："……天下有三门，由于情欲，入自禽门……"是扬氏亦以情为恶。扬氏若顺着董氏的理路，则既以情为恶，即应以性为善，而不应言"善恶混"。或者扬氏也如董氏样，就生而即有的本能言情，情亦可谓之性，故"人之性也善恶混"的"人之性"，实已把情包括在里面。而单就恶的一面言，又不得不将情别出于性之外。在上引的一段话中，"气也者，所以适善恶之马也与"？这里之所谓气，盖就人由生理各部分所发生的综合力量而言，有如《孟子》志与气相对而称之

---

① 见《春秋繁露·深察名号》篇。
② 同上。

气。[1]扬雄认为性中的善与恶，都是潜存状态。由潜存状态转而为一念的动机，再将一念的动机加以实现，便须靠人由生命所发出的力量——气。气的本身是无所谓善恶的，只是像一匹马那样，载着善念或恶念向前走。但问题乃在善恶同在的性，是由什么东西来作善或恶的选择呢？董仲舒是要靠政治上的教化，扬氏则说是要由学由师。但怎样能决定并选择学与师，而肯对之勉力与信服呢？这是扬雄的性论所不能解答的，也即是他的性论的弱点。

孟子以仁义礼知之端，为心的实体。荀子则以"虚一而静"的心，可以"知道"，将以此救性恶说之穷。扬雄则以由心所发的作用以言心。《问神》篇："或问神（神妙不测）。曰：心。请问之。曰：潜天而天，潜地而地。天地神明，不测者也。心之潜之，犹将测之，况于人乎，况于事伦乎？敢问潜心于圣，曰：昔者仲尼潜心于文王矣，达之。颜渊亦潜心于仲尼矣，未达一间耳。神在所潜而已。"按以"精"言心的实体，以"神"言心的作用，因而出现"精神"一词，盖始于庄子。扬雄对庄子毫无契合，但他冥思作赋，极意草《玄》，对自己"认识心"的活动，确有一番体认。这里所描述的心，实反映出他草《玄》时的精神状态。但心的此种状态的本身，只能说明心的探索认知的能力，并无善恶可言。所以尽管扬氏在治道上说"四海为远，治之在心"（《孝至》篇）；在友道上说"朋而不心，面朋也，友而不心，面友也"（《学行》篇）；在文字表现上说"故言，心声也；书，心画也"（《问神》篇），都体认到心在各方面所发出的决定性的作用，但他依然不能说出像《荀子·解蔽》篇中所说的心的主宰性的程度。这样一来，

---

[1] 见《孟子·公孙丑上》。请参阅拙文《孟子知言养气章试释》，收入《中国思想史论集》。

人对于自己生命的价值，在生命的自身，没有可以信赖的依据，于是人要能站起来，很难由自身的自觉，而特须外力的塑造，这样便形成扬氏的教育思想。

《法言》第一篇是《学行》，这与《论语》以"学而时习之"为首章，《荀子》以《劝学》篇为第一篇，用意相同，表示他对学的特别重视。《学行》篇，一开始是"学，行之上也。言之，次也。教人，又其次也。咸无焉，为众人"。这里所说，好像是儒家的通义。但当时的博士，是学术的中心。博士的经常业务是教授"弟子员"。扬雄有许多话，是针对当时博士们说的。"教人又其次也"，含有贬低当时博士在学术上垄断的意味。又"天之道，不在仲尼乎？仲尼驾说（已死之意）者也，[①]不在兹儒乎？如将复驾其所说（意谓使仲尼之道再显于世），则莫若使诸儒金口而木舌"，这里的"诸儒"，也是指博士而言。"金口而木舌"，即《论语》"天将以夫子为木铎"的木铎，意即应使博士们不要"务碎义逃难，便辞巧说"（《汉志·六艺略》），而应言孔子之所言。又说"师者人之模范也。模不模，范不范，为不少矣"。这都是针砭当时博士教授的情形。在谈到扬雄的教育思想时，先把他对当时垄断教育学术的博士系统的能力与学问所作的批评揭举出来，对五经博士成立以后在学术与教育上的了解，应当有相当的意义。

下面的话，是扬氏所说的教育的功用：

（一）或曰：学无益也，如质何？曰：未之思矣。夫有

[①] 汪荣宝《义疏》："《说文》：驾，车在轭中。《方言》：税，舍车也。经传多以说为之……驾说也者，犹言既没。"

刀者砺诸，有玉者错诸。不砺不错，焉攸用（何所用）？砺而错诸，质在其中矣。否则辍。（《学行》篇）

（二）螟蠕之子殪（隐翳），而逢蜾蠃，祝之曰：类我类我，久则肖之矣。速哉七十子之肖仲尼也。（同上）

（三）或问世言铸金（按指方士炼金之术），金可铸与？曰：吾闻觌君子者问铸人，不问铸金。或曰：人可铸与？曰：孔子铸颜渊矣……（同上）

（四）学者所以修性也。视听言貌思，性所有也。学则正，否则邪。（同上）

（五）师哉师哉，桐（侗）子（未成年之人）之命也。务学不如务求师。师者人之模范也。模不模，范不范，为不少矣。（同上）

（六）一哄之市，不胜异意焉。一卷之书，不胜异说焉。一哄之市，必立之平。一卷之书，必立之师。（同上）

按（四）正与"善恶混"的性论相符应。（二）（三）所说的"类我"、"铸人"，完全是由外力对一个人的改造，当然这里不含有强迫的意思。因不能凭借自身觉悟之力，决择之功，则仅"务学"不能端正学的方向，及学的途径，所以便说务学不如务求师。并且在当时，学是靠典籍，而师则是有知识有意志力的具体的人。教育既是对人的改造，便须要外在的力量。由典籍所发生的力量，当然不及由具体的人所发生的力量。上面的说法，皆系由《荀子》的"化性而起伪（人为的努力）"(《性恶》篇）及"莫要得师"（《修身》篇）而出。

至于为学的方法，也大体上来自《荀子》。

（一）学以治之，思以精之，朋友以磨之，名誉以崇之，不倦以终之，可谓好学也已矣。(《学行》篇)

（二）孔子习周公者也，颜渊习孔子者也……（同上）

（三）习乎习。以习非之胜是，况习是之胜非乎。於戏！学者审其是而已矣。或曰：焉知是而习之？曰：视日月而知众星之蔑也。仰圣人而知众说之小也。（同上）

（四）或问进。曰：水也。或曰：为其不舍昼夜与？曰：有是哉，满而后渐者其水乎……（同上）

（五）有教立道，无止，仲尼。有学术业，无止，颜渊……（同上）

（二）（三）的所谓"习"，实同于《荀子》之所谓"积"。但（四）之所谓"渐"，不同于《荀子》之所谓"渐"，《荀子》之所谓"渐"（《劝学》篇），实同于扬雄之所谓习。扬雄言学的功效及所言治学之方，虽来自《荀子》，然《荀子》之言，在规模与意境上，远较扬雄为深远广大，此亦两汉学术不及先秦之一端。但从下面的材料，则可见扬雄一生治学的积极精神，老而不倦。这在对扬雄的了解上，也是相当重要的。

（一）天下之通道五，所以行之一，曰勉。(《孝至》篇)

（二）或曰：孔子之道，不可小与？曰：小则败圣，如何！曰：若是则何为去（去鲁）乎？曰：爱日（爱惜光阴）。曰：爱日而去，何也。曰：由群婢（齐人送女乐）之故也。不听正谏而不用，噫者（疑衍文），吾于观庸邪，无为饱食安坐而厌观也。由此观之,夫子之日亦爱矣。或曰:君子爱日乎?曰:君子仕则欲行其义,居则欲彰其道。事不厌,教不倦,焉得日(何得有暇日)。(《五百》篇)

(三)辰乎辰!① 曷来之迟而去之速也。(《问明》篇)

(四)君子谨于言,慎于好,亟于时。(同上)

(五)或曰:子于天下则谁与?曰:与夫进者乎!……(《君子》篇)

(五)智性是扬雄真正的立足点,及其对当时迷妄的批评

扬雄承述儒家仁义礼智信之通义,然其真正有得者乃在"智"的这一方面,因为他一生的努力,都可以说是智性的活动。试看下面的材料:

(一)学以治之,思以精之……(《学行》篇)

(二)视听言貌思,性所有也……(《学行》篇)

(三)修身以为弓,矫思以为矢……(《修身》篇)

(四)智也者知也。夫智,用不用,益不益,则不赘亏矣。(《问道》篇)

(五)或问明,曰微。或曰:微何如其明也?曰:微而见之,明其悖乎。(《问明》篇)

(六)聪明其至矣乎。不聪,是无耳也。不明,是无目也……(同上)

(七)或问:小每知之,可谓师乎?曰:是何师与?是

---

① 按此"辰"字不仅指时间,实含有为学的良好时机之意。

何师与？天下小事为不少矣，每知之，是谓师乎？师之贵也，知大知也。小知之师，亦贱矣。（同上）

（八）或问人何尚，曰尚智……（同上）

（九）吾寡见人之好假者也。迩文之视，迩言之听，假则贱焉。（《寡见》篇）

（六）与（八）说出他自己是真正以智为安心立命之地。（六）的"聪明"即是智的实际活动。由"聪明"更进一步便是"思"，所以（一）（二）（三）所说的思，也是智的活动。（四）的意义最为深切，但历来注解家未能把它解释清楚。"智者知也"，知是对智的对象的理解。智所不及的客观世界，对于人而言，都是一团浑沌。实际则是生命自身在此一方面的一团浑沌。在此浑沌中，不能把握客观世界，不能在主体与客体之间架一道确切连结的桥梁，于是客观与人的主体，成为不相干的存在，主体的自身也不能确定自己存在的位置。人在此一阶段的存在，是因浑沌而飘浮窘缩的存在。所以人的进步，必首先表现在知的方面。因智是把本为人所不知的东西，变为被人所知的东西，于是可发生一种功效，即是把本来不为人所用的东西，变成为人所用的东西；把本来无益于人的东西，变成于人有益的东西，此即（四）所说的"用不用"，"益不益"。虽然扬氏此处所说的用与益，并不一定是就物质上的生活而言，但他的这一说法，推到人的物质生活上以说明智的功效，依然是很有意义的。（五）（七）（九）说明智所追求的目标是"微"是"大"，是"假"（远），这说明了西汉学术所追求的目标，乃天人性命的贯通一体，亦即是以天人合一为智所追求的最高目标。扬雄的草《玄》，就他来说，即是实现此一目标。用现在语言来说，他们智的活动对象是哲学而不是科学，尽管里面也概括了一部分科学的内容（如历）。这样，扬雄的重智，毕竟不能对中国古代的科学有所贡献。

虽然如此，但因扬雄有"智"的自觉，所以他和董仲舒这一系列的人相较，他的智性活动，较为纯净而少夹杂。他在方法上，把握到非常符合理智活动的要求。他说："幽必有验乎明，远必有验乎近。大必有验乎小，微必有验乎著。无验而言之谓妄。君子妄乎？不妄。"（《问神》篇）科学的目的，本是要把不可视、不可量的东西，变成为可视可量的东西，这样才能不断地进步。以证验将幽明大小远近连接起来，虽智的活动对象不同，也未尝没有这种意味。从扬雄的立场来说，他的《太玄》，以符号、数式，把天道的运行表达出来，并落实在人事的善恶吉凶之上，正是他上面所说的一段话的实现。假定《太玄》的目的，不在善恶吉凶上落脚，则在他的形而上系统中，也会含有科学的意味。这一点，似乎未尝不可以用到董仲舒、京房、刘歆他们整个的努力上。但他们把追求存在的真实，与追求价值的真实混淆在一起，便使他们整个的企图都落空了。现代科学史家，以"巨视"与"精视"，作为古代与近代科学努力方向不同的分别。所以西汉人要把握到天道，把握到宇宙，在时代上说，并不为过。同时就《太玄》、《三统历》来说，除"历"的部分是真实的知识以外，其他的都是假知识。但假知识是通过一套理智的活动所建立起来的，这也可以说是通过合理主义的活动所建立起来的，便也和西方形而上学样，假知识并不等于迷信。相反的，扬雄以他的理智精神、合理精神，批评了自战国末期以来，至董仲舒以后而大盛的一批夸大乃至迷信的说法，这似乎是很少人注意到的。下面简录点这类的材料。

（一）或问尧将让天下于许由，由耻，有诸？曰：好大者为之也。顾由无求于世而已矣……（《问明》篇）

（二）或问五百岁而圣人出，有诸？曰：尧、舜、禹，君臣也，而并。文、武、周公，父子也，而处。汤、孔子数百岁而生。因往以推来，虽千一，不可知也。（《五百》篇）

（三）或问星有甘石，曰：在德不在星。德隆则晷（测）星。星隆则晷德。（同上）

（四）象龙之致雨也难矣哉。曰：龙乎龙乎？（《先知》篇）

（五）或问黄帝终始，曰：托也。昔者姒氏（禹）治水土，而巫步多禹。扁鹊，卢人也，而医多卢。夫欲雠（售）伪者必假真。禹乎！卢乎！终始乎！（《重黎》篇）

（六）或问赵世多神，何也？曰：神怪茫茫，若存若亡，圣人曼（无不）云。（同上）

（七）樗里子之智也，使知国如葬，① 则吾将以疾为蓍龟。（《渊骞》篇）

（八）或问人言仙者，有诸乎？吁！吾闻伏羲、神农没，黄帝、尧、舜殂落而死，文王毕（葬于毕），孔子鲁城之北，独子爱其死乎？非人之所及也……或曰：世无仙，则焉得斯语。曰：语乎者非嚣嚣也与？惟嚣嚣能使无为有……（《君子》篇）

---

① 《史记》卷七十一《樗里子甘茂列传》："樗里子名疾……秦人号曰智囊……昭王七年，樗里子卒，葬于渭南章台之东，曰，后百岁，是当有天子之宫夹我墓……至汉兴，长乐宫在其东，未央宫在其西。"

扬雄论究　　481

（九）或问寿可益乎？曰德。曰：回、牛之行，德矣，曷寿之不益也？曰：德故尔。如回之残，牛之贼也，焉得尔。曰：残贼或寿（残贼之人，有时而寿）。曰：彼妄也。君子不妄。（同上）

（十）有生者必有死，有始者必有终，自然之道也。（同上）

（一）"好大者为之也"一语，可以解释许多被夸大了的传说。孟子和董仲舒，都是扬雄所敬重的人。（二）是驳孟子"五百年必有王者出"之说。（四）是驳董仲舒以土龙致雨之事。（三）驳先秦以来所流行的占星术。（五）不仅驳流行甚盛的五德终始之说，且驳了巫医中的假附。（六）所驳斥的赵世多神，实即驳斥王莽为了企图篡汉所提倡的符瑞谶纬之说。（七）中的故事，乃《史记》所记录。他了解《史记》中所录的，必有根据，不便正面加以否定，故特减轻其意义。在扬氏上述的批评中，充满了合理主义的精神，受他的影响最大的桓谭、张衡也是如此。王充则有此一倾向，而学养不足，故不足与此三人相伦比。

（六）学术性的人物批评

上面概略叙述了扬雄的思想轮廓。这里看他在《法言》中的人物批评。《法言》中的人物批评，可分为两部分，一部分是站在学术性的立场所作的批评，另一部分是站在政治的立场所作的批评。在前一部分的批评中，即是他所作的"小诸子"的批评。而他在《渊骞》篇中提出了批评的标准。他说："妄誉，仁之贼也。妄毁，义之贼也。贼仁近乡原。贼义近乡讪。"此一标准，他认为是贯通于两种批评之中。

扬雄立孔子为宗极,把孟荀提到诸子之上,这在前面已经说到。他从严君平所受的影响是老子,他写《反离骚》、《逐贫赋》、《解嘲》等作品时的思想底子是老子,他的《太玄》的最高根据是"玄",亦即是老子。但他在《法言》中,却对老子,作了一番有所取舍的批评。

(一)老子之言道德,吾有取焉耳。及捶提仁义,绝灭礼乐,吾无取焉耳。(《问道》篇)

(二)圣人之治天下也,碍(凝)诸以礼乐。无则禽,异则貉。吾见诸子之小礼乐也,不见圣人之小礼乐也……(同上)

(三)或问无为。曰奚为哉!在昔虞夏袭尧之爵,行尧之道,法度彰,礼乐著,垂拱而视天下民之阜也,无为矣。绍桀之后,篡纣之余,法度废,礼乐亏,安坐而视天下民之死,无为乎?(同上)

(四)或问太古涂(塞)民耳目,惟其见也,闻也。见则难蔽,闻则难塞。曰:天之肇降生民,使其目见耳闻,是以视之礼,听之乐。如视不礼,听不乐,虽有民,焉得而涂诸。(同上)

(五)或问新敝。曰:新则袭之,敝则益损之。(同上)

(六)惠以厚下,民忘其死。忠以卫上,君念其赏。自后者人先之,自下者人高之,诚哉是言也。(《寡见》篇)

(七)天道劳功(劳而有功)。或问劳功?曰:日一日劳,考载曰功。或曰:君逸臣劳,何天之劳?曰:于事则

逸，于道则劳。(《孝至》篇)

（一）（二）（三）（四）（七），都是从实际政治上批评老子无为思想、愚民思想的有所不足，亦即是不合实际。（七）驳老子天道君道的主张，尤为深切。（五）是反驳《老子》十五章"夫唯不盈，故能蔽（敝）不新成"的，也是就政治上说。（六）的重点在"惠以厚下"一句，这是对专制之主，翘然高出于人民之上，对人民作无限要求而说的。上面的批评，都非常平实。尤其我注意到他对老子的批评，不曾把老子和其他诸子关连在一起，这与下面将诸子作连带的提出，是扬雄实际也把老子提高到诸子之上。

在其他诸子的批评中，有时把庄周与韩非并称，颇为奇特。"或问，人有倚孔子之墙，弦郑卫之声，诵韩庄之书，则引诸门乎？曰：在夷貉，则引之；倚门墙则麾之……"（《修身》篇）这里是将"韩"、"庄"并称。"庄周、申、韩，不乖寡圣人，而渐诸篇，则颜氏之子，闵氏之孙，其如台。"（《问道》篇）这里又是庄周、申、韩并称。不过应注意到，当他把申、韩与庄周并称时，则对申、韩多恕辞。单独称到申、韩时，乃切就现实政治而言，则非常严正深刻。这将另作论述。当他说"或曰：人有齐生死，同贫富，等贵贱，何如？曰：作此者其有惧乎。信死生齐，贫富同，贵贱等，则吾以圣人为嚣嚣"（《君子》篇）。说庄子"其有惧"，则他亦未尝不知庄子。又"或曰：庄周有取乎？曰：少欲。邹衍有取乎？曰：自持。（归于仁义）。至周，罔君臣之义，衍无知于天地之间。虽邻不觌也"（《问道》篇）。"或问邹庄有取乎？曰：德则取，愆则否。何谓德愆？曰：言天地人，经，德也。否，愆也。愆语君子不出诸口"(《问神》篇)。此处批评庄周罔君臣之义,对于庄周思想来说,是全不相干的。批评邹衍无知于天地之间,是认为衍所谈的天及大九州说,于"经"无据,而《太玄》所言的天、地、人,乃以《易》为准。不过,由现在看来,《太玄》虽由数式推演而出,邹氏则多来自想象,其在知识上的不能成立,是没有两样的。至于他说"庄杨荡而不法,墨晏俭而寡礼,申韩险而无化,邹衍迂(阔)而不信",则相当的平实。但由《汉书·艺文志》所著录的邹衍著作及由邹衍所流演出来的著作看,邹衍之说,在西汉学术中,发生很大的影响,这种影响都是不好的。扬雄对邹氏无所假借的批评,是表示对此一影响的抗拒。

(七)哲学家与史学家对跖之一例

《重黎》、《渊骞》两篇,则意在准《春秋》以补正《史记》的缺失,这可以说是他的"史观"。要评价他的史观,先看他对司马迁的评价。

(一)或曰:淮南,太史公者,其多知与!曷其杂也。曰:杂乎?杂。人病以多知为杂。惟圣人为不杂。(《问神》篇)

(二)或问:司马子长有言曰,五经不如《老子》之约也。当年不能极其变,终身不能究其业。曰:若是,则周公惑,孔子贼……(《寡见》篇)

(三)或问《周官》,曰立事。《左氏》,曰品藻。太史迁,曰实录。(《重黎》篇)

(四)淮南说之用,不如太史公之用也。太史公,圣人将有取焉。淮南，鲜取焉耳。必也儒乎。乍出乍入，淮南也。文丽用寡，长卿也。多爱不忍，子长也。仲尼多爱，爱义也。子长多爱，爱奇也。(《君子》篇）

有一件很奇怪的事情，是《史记·自序》史公所录《论六家要旨》，分明说是出于司马迁的父亲司马谈，但扬雄却认定是代表司马迁的思想。班彪受此影响，用到《司马迁传》赞中去，这是没有讨论的价值。(三）说《史记》是实录，是说《史记》所记录的都有文献及事实的根据。由此可知崔适夸张何休《公羊解诂》的谬说，著《史记探原》，真是妄诞之尤。这里值得讨论的是：扬雄将淮南与史公并称，因为在西汉时代，《淮南子》与《史记》，实为最庞大的著作，不是其他著作可以比拟。扬氏在《法言》中没有特别提到其他西汉人的著作而只特别提到《淮南》、《史记》，这说明他对此两著作的重视。他虽称赞"董仲舒之才之邵（美）也"(《修身》篇），但对董氏的学术，只说"灾异，董相、夏侯胜、京房"(《渊骞》篇）。在互相比较之下，更显得扬氏在评断西汉学术时的巨眼。但这并不说明他真正了解两人的著作。

扬氏把《淮南子》的价值，安放在《史记》的下位，这是适当的。但说圣人对《淮南》"鲜取焉耳"，只能就《淮南子》中道家的思想，尤其是其中庄子的思想而言。但其中儒家思想之纯之大，以及言法言礼之精且深，正不能因其"乍出乍入"而圣人无所取。至于（一）（四）以"杂"以"好奇"批评史公，正说明一个赋有哲学家的性格的人，无法对一位伟大的史学家，作相应的了解。

哲学家的特点，尤其是形上学者的型态，虽然要把各种事物、观念，组成一个大系统，自己坐在大系统的顶尖上，以满足学术上权力意志的要求；但当他们将各种事物、观念加以组织时，实际是拿自己的观念作一根直线，同时又作一副刀斧，把各种事物、观念，作毫不留情的"斧削"，以熔入到自己的直线中去。凡不能熔入的都斧削掉了，并加以贬斥。因此，形上学家所建立的系统，常常是客观世界的萎缩，是形上学家自己观念直线的肿大。这在显发某种理念的意义，及理性操运的历程，使它自然融入于历史文化巨流之中，有其适当的价值。但以此来谈具体的历史，必定遗弃或歪曲具体的历史，而代替以自己肿大了的直线。所以在黑格尔哲学的堂皇建筑中，最没有意义的是他的历史哲学。实际是受黑格尔的影响而将历史中的某一因素扩大而成什么史观或什么历史哲学的，其解释历史的某一部分之功，终不能抵阻扰乱客观探求历史真实之过。

历史是由人的具体生活积累而成。人的具体生活，由原始阶段进入到文化阶段，生活的形态，由简单而日趋复杂；有合理的一面，有不合理的一面；有既非合理，也非不合理的一面，更多的是合理与不合理混在一起的一面。而所谓合理，不合理，也分化为各种各样的情态，不可以一端论，不能以一格拘。所以"杂"与"好奇"，正是一个伟大史学家能与具体历史相应的心态与能力。司马迁继孔子的《春秋》著史，以孔子为西周幽厉后的历史运命所寄，此种基本精神，贯通于全书。从此一角度说，《史记》乃一有统贯之著作，不能谓之杂。但史公所把握的孔子，是活的，富有创动性，富有社会性的孔子，与扬雄所把握者已大异其趣。所以史公在资料上，既"考信于六艺"，但犹贯穿百家之言。对古代传说及当时口语，亦不轻加放弃。虽尊重孔子及六经，但凡有著作之人物，几无不为之立传或附传，几无不言及其著作。在人物上，既有准《春秋》以褒贬之意，但又承认各种形态之人物，而都与以适当的评价。《史记》中附载着有许多小人物小故事，因而可以反映社会之某一面，乃至可以暴露事实之真相，非其感触之敏，兴趣之广且高，决不能及此。从这些角度看，可以说史公是杂，史公是好奇。但史公的杂，正如一个伟大文学作品样，复杂中有统一，统一中有复杂。他的好奇，乃感人之所不能感，见人之所不能见，了解旁人之所不能了解，也正是史公所以是一位伟大史学家的条件。哲学家常看不起史学家，因为他们只看得起历史中的某一点，而看不起历史中的全面。

扬雄是一个思索型的人。中年以后草《玄》，走上形上学哲学之路。他既不足以了解史公，则他在《重黎》、《渊骞》两篇中所表现的"史观"，乃是以在他手中硬化了的孔子作为一条贯通历史人物的史观。这并不是完全没有意义，但多数表现他所把握的历史，是生硬的历史，不能像司马迁这样接触到活生生的历史生命。

（八）扬雄对历史的了解及对历史人物的批评

历史批评的后面，必潜伏有对自己所处的时代的批评，或实际即是指向自己的时代。这种批评，不仅是政治性的，同时也反映出他对历史的了解。但在扬雄的处境中，他所作的批评不能不出之以特别的隐密。《重黎》篇一开始是："或问南正重司天，北正黎司地，今何僚也？曰：近羲近和。孰重孰黎？曰：羲近重，和近黎。"汪疏："自平帝元始以来，即有羲和之官，始终皆刘歆为之，乃太史之长，主管律历。至莽始建国元年，更定百官，改大司农曰羲和，则与前刘歆所任之羲和，名同实异。由大司农更

488　　两汉思想史（二）

名之羲和,在天凤中又更名为纳言。更将羲和分为羲仲、羲叔、和仲、和叔之官,分属四府。"王莽好纷更而流于混乱,大率类此。扬雄此条,可能是借历史上黎与重本来职掌是近羲近和,加以指出,以讽刺王莽官制之乱。否则没有方法可以了解此条的意义。在当时借古以立官制的风气下,扬雄便只好由古的陈述以达到他批评王莽的目的。

五德终始之说,成为历史递嬗的哲学解释。汉自文帝时起,纷扰近两百年。所以重黎一条之后,便是"或问黄帝终始。曰,托也"一条,以澄清对历史了解的障碍。接着是"或问浑天"一条,表明他赞成浑天,反对盖天的主张。他认为"历"是人所能确切把握到的天道,这是形成历史的骨干,所以也在这里郑重加以提出。此后则进入历史人物的批评。

《史记·越王勾践世家》,史公谓"范蠡三迁,皆有荣名,名垂后世"。并特为伍子胥立传,大其为父复仇之义。说他是"弃小义,雪大耻,名垂于后世","隐忍以就功名,非烈丈夫孰能致此哉"。扬雄在"或问子胥、种、蠡孰贤"一条,讥子胥"破郢入楚"之所作所为,"皆不由德";对文种、范蠡,先"不强谏而山栖,俾其君诎社稷之灵而童仆,又终弊吴,贤皆不足邵(美)也"。这些批评,都是针对史公的观点而发的。史公之美子胥,实据《公羊春秋》以立言,扬氏似未受《公羊春秋》的影响。

史公为陈涉(胜)立世家,在事实的叙述中,亦未尝讳言其短。但谓"陈胜虽已死,其所置遣诸侯王将相竟亡秦,由涉首事也"。不没其首事之功。且在《自序》中谓"桀纣失其道而汤武作,周失其道而《春秋》作。秦失其政而陈胜发迹……"是史公以陈胜揭竿而起的历史意义,可比之于汤武及孔子之作《春秋》,此种卓识巨眼，真越度千古。乃扬雄针对史公而在"或问陈胜、吴广"条，而斥之"曰乱"。

"或问六国并（并存），其已久矣，一病一瘳，迄始皇，三载而咸（皆属秦）；时激，地保，人事乎？"一条，始皇以二十六年并天下，此云"三载而咸"，俞樾以为王莽居摄三年而即真，"然则所谓始皇三载者，其文则指始皇，其意则在新莽……其旨微，其言曲矣"。俞氏之说，较汪疏"疑三载乃三十载之误，举成数言，故曰三十载"之说为可信。因另一条扬氏分明言"嬴政二十六载天下擅秦"，无所谓举成数之说。

"或问秦伯列为侯卫，卒吞天下，赧曾无以制乎"条，扬雄推原周亡秦兴之故，在秦"文宣灵宗，兴鄜密上下（作鄜畤、密畤、上下畤）事四帝，而天王不匡，反致文武胙"。此实本于史公《六国年表序》。《序》谓："太史公读《秦记》，至犬戎败幽王，东周徙洛邑，秦襄公始封为诸侯，作西畤，用事上帝，僭端见矣……今秦杂戎翟之俗，先暴戾，后仁义，位在藩臣，而胪于郊祀；君子惧焉。"这段话在史公只是因事发端，而归结于"盖若天所助焉"。以见在政治上秦无可以得天下之理，这是对秦历世所用的权变诈力，彻底加以否定。扬雄执此一端以论周秦兴亡之故，无多大意义。

"或问嬴政二十六载，天下擅秦"条，以"天"与"人"论六国、秦、楚（项羽）、汉兴亡之故。他所说的天，是指"周建子弟"，以封建而得延长国祚。"六国蚩蚩，为嬴弱姬。""故天下擅秦。"秦"罢侯置守"，而项氏暴强，改宰侯王，"故天下擅楚"。"有汉创业山南，发迹三秦，追项山东，故天下擅汉，天也。"他的所谓"人"是"兼才、尚权、（右计）、左数（不离计数之中），动谨于时，人也"。而归结于"天不人不因，人不天不成"，似乎说得很圆到。但史公在《史记》中之所谓天，乃指不能以行为因果法则作合理解释的情势而言，实同于一般所说的命运，乃至近于今日所谓"历史的偶然"。扬氏以"制度"为天，实不可解。更重要的是：历代兴亡的因素，是相当的错综复杂。而在错综复杂的因素中，又有最主要的因素。史公既把许多错综复杂的因素，条理于各本纪及世家中，以事实作客观而具体的说明。复引贾谊《过秦论》以作总的解释；贾生此论所表现的识量宏大深远，远非扬氏所及。史公复于项羽之亡，断之以"自矜功伐，奋其私智，而不师古"。于汉之兴，特著刘邦"此三人（张良、萧何、韩信）皆人杰也。吾能用之，此吾所以取天下也。项羽有一范增而不能用，此其所以为我擒也"（《史记·高祖本纪》）之语，以显其主要的因素。扬雄则将复杂的因素，加以简单化，这是离开活的历史以论史。但他在"人"的因素上，没有摆出儒家的一套准绳，这一方面说明他对汉之所以兴，未尝加以夸大粉饰。且可能暗示莽之所以能篡汉，并不是来自他所标榜的儒家理想，那不过是用来骗人的。实际上不过是"兼才尚权，右计左数"等因素而已。

"或问楚败垓下"条，以"汉屈（尽）群策，群策屈群力；楚憞（悖）群才而自屈其力"，论楚汉兴亡，与史公意不相出入。"或问秦楚既为天典命矣"条，以"秦楚强伲震扑，胎（怠）藉（弃）三正，播其虐于黎苗，子弟且欲丧之，况于民乎，况于鬼神乎"，以答复"兴废何速乎"之问，俞以为"此论秦楚而秦楚无子弟欲丧之事……盖为王莽发也。莽子宇非莽隔绝卫氏……莽执宇送狱饮药死。其后皇孙公崇、公宗，坐自画容貌，被天子衣冠自杀……

事在天凤五年，亦扬子所及见也。然则所谓子弟且欲丧之，殆以是而发乎"。我觉得此说可以成立。

"或问义帝初矫（立）……设秦得人如何？曰：人无为秦也。丧其灵（威灵）久矣"条，汪疏以为此乃针对史公引贾谊《过秦论》"借使子婴有庸主之材，而仅得中佐，山东虽乱，三秦之地，可全而有"而说的。班固《典引》谓"复责小子云，秦地可全，所谓不通时变者矣"，盖本扬氏以立说。扬氏此处的看法，是可以成立的。

史公写黥布、淮阴侯两列传，充满了尊敬与同情之心。并在《萧相国世家》赞中，暗示韩信、彭越、黥布之功，实远在萧何之上。但扬氏在"韩信、黥布，皆剑立南面称孤"一条，以"无乃勿（昏乱）乎"加以抹煞。并谓其"忠不终而躬逆"。此昧于史实，缺乏史公所富有的历史的良心。《汉书》三十四《韩彭英卢吴传》赞谓："吴芮、彭越、黥布、臧荼、卢绾与两韩信，皆徼一时之权，以诈力成功……卒谋叛逆，终于灭亡。"将他们的才智、功勋、冤屈，一概置之不论，这是受了扬雄的影响。

对淳于越（谏始皇不分封功臣子弟）、茅焦（谏始皇使亲迎其母）、蔡生（《汉书》作韩生，说项羽都咸阳）、郦食其、蒯通各人的批评，皆迂腐而无关宏旨。责李斯以"焉用忠"，这是对的。但不如史公引李斯"人之贤不肖，譬如鼠矣"的小故事，写出足以概括李斯一生的基本性格。至于他称赞霍光"始元之初，拥少帝之微，摧燕（燕王旦）上官之锋，处废兴之分，堂堂乎忠，难矣哉"，这分明是针对王莽而发。

"或问冯唐面文帝"一条，谓文帝能用颇牧，因而称道文帝的"罪不孥，宫不女，馆不新，陵不坟"。这与史公的态度，是大抵相同的。

"或问交，曰仁"一条，论及张耳、陈馀及窦婴、灌夫的交谊问题，无深意。《学行》篇谓"频频（比周）之党，甚于鸲斯，亦贼夫粮食而已矣。朋而不心，面朋也。友而不心，面友也"。由此可以推知扬雄友道上的遭遇，甚为难言，故特有感于张、陈、窦、灌之事。史公在《史记》中，对友道也不断发出深重的感喟。

"或问季布，忍（忍辱为奴）焉可为也。曰：能者为之，明哲不为也……明哲不终项仕。如终项仕，焉用避"条，是针对《史记·季布列传》赞而加以贬抑的。《季布列传》赞，以季布为项将而"以勇闻于楚……可谓壮士。然被刑戮为人奴而不死……彼必自负其材，故受辱而不羞，欲有所用其未足也，故终为汉名将"。在这一点上，史公以自己的用心去原季布的用心，实能得其神髓。而季布之所以为季布，乃在其"终为汉名将"，而扬雄竟以不应避死责之，实为迂阔。"或问贤，曰：为人所不能"条，以颜渊、黔娄、四皓、韦玄为贤人，这是就能安贫及不汩没于权势这一点来说的。此与《问神》篇赞叹"谷口郑子贞，不屈其志，而耕乎岩石之下"；及《问明》篇赞叹"楚两龚之絜，其清矣乎。蜀庄（严遵）沉冥……久幽而不改其节"，同样反映出扬氏居昏乱之朝，欲隐而未能果决的心理。同条以蔺相如之屈于廉颇，栾布之不倍彭越，朱家之不以救人为德，直不疑之不校同舍误疑其盗金，韩安国之阴往长安释景帝对梁孝王之疑忌，皆称许其为"长者"。及"或问臣自得""自失"条，论石庆、金日䃅、张安世、丙吉为自得（自己谨厚获知于主），以李广利、田广明、韩延寿、赵广汉为自失，议论未尝不当，然皆无关鸿巨。

"杨王孙倮葬以矫世"，谓"矫世以礼"而不应以倮，此系以儒家尺度衡断道家人物。

扬雄论究

《渊骞》篇主要系评论个人，兹选其主要者加以叙述。"或问渊骞之徒，恶乎在"条，实本史公《伯夷列传》之意。"或问信陵、平原、孟尝、春申益乎"条，斥他们为"奸臣窃国命"，此乃暗于当时历史背景。史公以"好客"、"养士"为中心，反映当时游士的风气，并附带叙出其中的若干特出人物，远有历史意义。

"周之顺赧"条，认为"周也羊，秦也狼……羊狼一也"；此一观点，甚有意义。侵暴他人是罪恶，自己孱弱以诱人的侵暴，也是罪恶。

"鲁仲连偒（荡）而不制"条及"或问邹阳"条，对两人的批评，与史公在《鲁仲连邹阳列传》中的观点不相出入，而史公特言之亲切。

"或问吕不韦"条，责不韦为"穿窬之雄"，与史公在《吕不韦列传》赞中"孔子之所谓闻者，其吕子乎"之言，大异其趣。而史公的评断，远较扬雄为深切。

"秦将白起不仁"条，以不仁责白起，未尝不当。史公则在《白起列传》中从"料敌合变，出奇无穷，声震天下"的方面去把握白起。

"或问要离非义者与"条，以"实蛛蝥之靡（为）也"评要离，以"实壮士之靡也"评聂政，以"实刺客之靡也"评荆轲，皆斥其"焉可谓之义也"。要离事见《吕氏春秋·忠廉》篇及《吴越春秋·阖闾内传》；聂政、荆轲，则见于《史记·刺客列传》。要离请吴王戮其妻子以求见信于王子庆忌，然后从而刺之江中，太不近人情。与专诸之养母，及聂政之护姊，绝不相侔。史公未将其收入《刺客列传》，恐不一定是出于遗漏。史公在《刺客列传》赞中谓："自曹沫至荆轲五人，其义或成或不成，然其立意较（明白）

两汉思想史（二）

然,不欺其志,名垂后世,岂妄也哉。"扬雄的话,当然是针对史公而发。

"或问仪(张仪)秦(苏秦)"条,斥仪秦为"诈人",并以一在"解乱",一在"富贵",为子贡与仪秦的分别,都很得当。但史公在《张仪列传》赞中既斥"此两人真倾危之士哉",同时"列其(苏秦)行事,次其时序,毋令独擅恶声焉"。在贬斥中亦赋予以同情。

"美行园公绮里"条,以"美行"评四皓,以"言辞"评娄敬、陆贾。以"执正"评王陵、申屠嘉,以"折节"评周昌、汲黯,以"守儒"评辕固、申公,以灾异评董仲舒、夏侯胜、京房,皆不失为平实。

"或问萧曹"条,评到了萧何、曹参、滕公、灌婴、樊哙、郦商、叔孙通、爰盎、晁错及酷吏、货殖、循吏、游侠、佞幸。其中有值得特别注意的是:"叔孙通,曰椠人也。"李轨释以"见事敏疾"。或释作"简牍之人"。或以椠当为劖,锐进之意,因叔孙急于作礼乐。(皆见汪疏所引)汪氏则以椠读为憸,憸险之人。皆无据。按《说文》六上"椠,牍朴也"。段《注》"椠谓书版之素,未书者也"。叔孙通杂采秦仪以制汉仪,与古礼乖异,扬氏以叔孙实不知礼。则所谓椠人者,叔孙通在秦时虽"待诏博士",又为汉太常,实乃未读书之人,犹椠本以作书而尚未书。

"晁错,曰愚",盖他为太子家令时,"太子家号曰智囊",卒被斩东市,故扬氏特以"愚"目之,以其不知进退存亡之义。

"货殖,曰蚊。"这是对《史记·货殖列传》中的人物所作的批评。认他们有如蚊一样,吸他人之血以自饱。此乃反驳史公《货殖列传》之观点。史公《货殖列传》之观点,最能剖视社会现实,兼把握经济发展之法则与其重要性。这是在西方，要一直到十七、八世纪才能出现的思想，真可谓千古卓识。而扬氏以"蚊"的一面抹煞货殖人物的全部作用。班固受此影响，在《汉书·货殖传》中，强调由政治力量所加于社会生活的等差，阻遏经济自由发展之趋向，谓货殖中人"运其筹策，上争王者之利，下锢齐民之业，皆陷不轨奢僭之恶"。并责史公"述货殖，则崇势利而羞贫贱"。完全没有了解史公真意所在。把史公突出进步的思想加以阻遏了。

在"货殖，曰蚊"一句下是"曰：血国三千，使捋（采）疏（疏）饮水，褐博，没齿无愁也（耶）？"俞云："《汉书·王莽传》，始建国四年，授诸侯茅土，诸侯之员千有八百，附城（附庸）之数亦如之，是合诸侯与附城凡三千六百国。血国（吮血之国）三千，依莽制言之，举成数耳。扬子此文，盖亦有讥焉。是时图籍未定，未授国邑，且令受俸都内，月钱数千，诸侯皆困乏……今天下建国三千，彼得国者亦将血之以自肥也。乃使之捋疏饮水褐博，没齿无愁邪？"如俞说可信，则扬雄因货殖对社会之剥削，而感叹及王莽妄行封建所能引起的政治对社会的剥削，此又不能不佩服扬氏的卓识。惜乎班氏没有理解扬氏这一方面的意义。

"游侠，曰，窃国灵也。"此乃反驳史公《游侠列传》中的观点。在史公心目中，游侠是救人缓急，为人打不平的社会势力。在专制政治下，"以中材而涉乱世之末流，其遇害何可胜道"，"而布衣之徒，设取予然诺，千里诵义，为死不顾世，此亦有所长，非苟而已也，故士穷窘而得委命，此岂非人之所谓贤豪间者邪"。史公把侵凌孤弱，役贫自快的暴豪之徒，与游侠划清界线。"余悲世俗不察其（游侠）意，而猥以朱家、郭解等，令与暴豪之徒，同类而共笑之也。"史公在政治力量以外，尚承认应有经济与游侠的社会势力。扬雄则只知有政治力量，而忽视社会势力，故以游侠为窃国威福之柄（灵）。班固受此影响，在《汉书·游侠传》中，大倡"民服事其上，而下无觊觎"的政治等级命定论，认为"郭解之伦，以匹夫之细，窃杀生之权，其罪已不容于诛矣"。并责史公为"退处士而进奸雄"，这都是发挥扬雄的义旨。

"或问近世社稷之臣"条，历举张良、陈平、周勃、霍光四人之所长，而谓"终之以礼乐，则可谓社稷之臣矣"，此盖不认汉有社稷之臣。评董仲舒是"欲为而不可得"，评公孙弘是"容（苟且求容）而已"，尚属平实。

"或问近世名卿"条，举张释之、隽不疑、尹翁归、王尊等之一节以当之，此皆无关鸿巨。至以卫青、霍去病为名将，则系未读通史公《卫青霍去病列传》之故。二千年中，竟无人真能读通此传。

"世称东方生之盛也，言不纯师，行不纯表。其流风遗书，蔑如也"条，主要是反驳褚少孙《补史记滑稽列传》所录《东方朔传》的。史公《滑稽列传》，对淳于髡这班人能以智术口才，自抒其志于统治者之前，颇为欣赏，所以传赞中说"岂不伟哉"。史公用的"伟"字，只有把一般士大夫在统治者面前的卑躬折节，与淳于髡们的伸眉肆志，两相比较，才可以领略得到。但《滑稽列传》中没有收东方朔。《索隐》引仲长统、桓谭对此曾加以非难之言。但史公未传东方朔，恐系另有为今日所不能明确判定的原因，决非出自轻视。大约东方朔的生前，尤其是在其死后，盛为人所称道，所以在褚少孙"复作故事滑稽之语六章"中，以记东方朔者最为出色。中有一段是：

朔行殿中，郎谓之曰：人皆以先生为狂。朔曰：如朔等所谓避世于朝廷间者也。古之人，乃避世于深山中。时坐席中，酒酣据地歌曰：陆沉于俗，避世金马门。宫殿中可以避世全身，何必深山之中，蒿芦之下。

扬雄针对上述东方朔的话，极力不许其为"朝隐"。在上条中贬斥了东方朔之言行著作后，接着说：

或曰隐者也。曰：昔之隐者吾闻其语矣，又闻其行矣（按此乃不承认东方朔是隐者）。或曰：隐道多端，曰固也。圣言圣行，不逢其时，圣人隐也。贤言贤行，不逢其时，贤人隐也。谈言谈行而不逢其时，谈者隐也……或问东方生，名过实者何也？曰：应谐不穷，正谏秽德。应谐似优，不穷似哲，正谏似直，秽德（不修细行）似隐。请问名（应以何名称之）？曰诙达恶比，曰非夷尚容，[①]依隐玩世，其滑稽之雄乎！或问柳下惠非朝隐者与？曰君子谓之不恭。[②]古者高饿显，下禄隐。

上面的话，主要是说东方朔不配称为隐者。万一算是朝隐禄隐，也是为古人所卑视（"下"）的。从东方朔《诫子书》中"明者处世，莫尚于中"，"圣人之道，一龙一蛇"等话来看，东方朔处世的态度及其处境，与扬雄并不相远。而扬雄的《解嘲》，实仿自东

---

① 东方朔《诫子书》中有"首阳为拙"，故谓之"非夷"；"柳惠为工"，故谓之为"尚容"。
②《孟子·公孙丑上》："伯夷隘，柳下惠不恭。隘与不恭，君子不由也。"

方朔的《客难》。扬雄何以特对东方朔作此酷评，实不可解。可能的解释是因为他自己是"口吃不能剧谈，默而好深湛之思"。所以特别不喜欢东方朔这种型态的人。或者因为"朔上书陈农战强国之计……其言专商鞅、韩非之语也"，[①]与扬雄的老、儒思想，大相刺谬，而又负有盛名，故特加以贬责。扬雄对东方朔的态度，在《汉书·东方朔传》中已有所改正。如说"朔虽诙笑，然时观察颜色，直言切谏，上常用之。自公卿在位，朔皆敖（傲）弄无所为屈"。但依然受了扬雄很大的影响。因为扬雄说东方朔不配称为隐者，所以前引褚少孙《补传》中的一段重要材料，班氏弃而不录。褚氏"仕元成之间"，时代较与东方朔为接近。他由"好读外家传语"所得的材料，不能谓为无据。而班氏更详录扬雄上条的话，以为《东方朔传》赞，仅在文字上，稍有异同增减。他自己在赞的前后所加的几句话，亦皆为贬抑之辞。更由此可证明扬雄的观点，对《汉书》作者所发生的巨大影响。扬、班既皆以东方朔为"其滑稽之雄乎"，史公则以"伟"字赞《滑稽列传》中诸人，亦必以"伟"字评东方朔。此亦《史》、《汉》观点不同的一端。

大概子云对他三世不迁的以执戟为务之郎，有深刻的屈辱感；所以除在他《自序》中，提到"待诏承明之庭"外，却无一字提到他自己的官职，班固只好在传赞中补出。由这种屈辱感的反射，在以评论人物为主的《渊骞》篇，由"或曰渊骞之徒恶乎在"开一篇之端，以"不屈其意，不累其身……不夷不惠，可否之间也"的蜀人李仲元，为一篇之殿，盖所以寄其微尚。同时，他对其他势利可以淡泊，但对名誉则看得很重，在上引一条中说"高饿显"，

---

① 《汉书》六十五《东方朔传》。

是尊贵穷饿而名显的。"或问渊骞之徒恶乎在，曰寝（湮没不彰）。"此盖以"渊骞之徒"自居，而深悲身名之不显。又"或曰，渊骞曷不寝？曰，攀龙鳞，附凤翼……如其寝，如其寝"。此即史公在《伯夷列传》中所感叹的"伯夷、叔齐虽贤，得夫子而名益彰。颜渊虽好学，附骥尾而行益显。岩穴之士，趣舍有时，若此类，名埋灭而不称，悲夫"一段话的意思。于是他在"或问子蜀人也"条中，为李仲元着实宣扬了一番，说他是"世之师也"。本条凡二百四十三字，殆《法言》中字数最多的一条，由此可见扬氏郑重叮咛之意。但观《高士传》及《华阳国志·蜀郡士女》赞所记，仲元乃一矫情不识大体之人，不足副子云所称。班氏《汉书》未曾提及，可知班氏于受影响之中，仍有裁断之力。

形而上性格的扬氏，他似乎不是从具体生活及社会生活的曲折中去把握历史；所以概括地说，他对历史的事象与人物所给与的评价，对历史变革期所给与的评价，较史公为狭为少。

七、扬雄的政治思想

两汉知识分子的一切活动，无不归结到政治问题之上，这是因为由政治暴流而来的对一切人的巨大冲激压力，始终无法使其得到"安澜"的途径；尤其是自大一统的专制政治成立后，政治的压力对任何人来说，皆无所逃于天地之间。西汉知识分子对此特为敏感。扬雄是最重视人生祸福的人，也是对政治较为疏离的人。他以草《玄》来逃避政治，但《太玄》中依然反映出他对当时政治问题的批评。兹以八十一首中的第四首"䷀闲"为例。因为我以为这完全是反映哀帝时的政治问题的。哀帝即位（纪前六年），防嫌王氏权势太甚，令王根就国，免王况为庶人，旋罢王莽大司马使就国，宠信董贤，卒用为大司马。然此时王莽之姑王元后，虽外为敛抑，而自成帝以来，培养王氏外戚势力，已根深蒂固，实虎视眈眈，随时要夺回权力。所以哀帝一死，王元后立刻召王莽主丧事，逼董贤自杀，王莽再以大司马领尚书事主政。

扬氏设"礥"（音贤，艰险之意）"闲"两首，皆所以准《易》的屯卦的。闲，《说文》十二上，"阑也"。王筠《说文句读》"养牛马圈也。引申其义为防闲"。由"养牛马圈"之本义，亦应引申为禁闭保护等义。"闲首"兼用此两引申义。下面的解释，略去象数这一方面的说法。

闲，阳气闲（禁闭）于阴，礥然物咸见闲。

按上即所谓首辞，犹《易》之卦辞。阳气闲于阴，言皇权被夺于外戚，即被夺于王氏。形势艰险，一切都受到外戚权力的拘附。盖自成帝以来，即是如此。

初一，蛇伏于泥，无雄有雌，终莫受施。

按此即所谓赞辞，犹《易》之爻辞。王元后在幕后主政，外戚专权，皇帝失了真正的统治权，犹龙变为伏于泥中之蛇，此时只有王元后而无皇帝，故"无雄有雌"。王氏极力收买人心，但纲纪大坏，故天下终莫受其施。以上乃说哀帝即位时之大势。

测曰：蛇伏于泥，君不君也。

《测辞》犹《易》之《小象》。

次二，闲（保护）其藏，固珍宝。
测曰：闲其藏，中心渊也。

按上乃指哀帝即位后，王元后"诏王莽就第，避帝（哀帝）外家"（《王莽传》）而言。

次三，关无键，舍（捨）金管（钥匙）。
测曰：关无键，盗入门也。

按上乃指当时丞相虚设，以大司马主政而言。大司马属于皇帝的内朝，人选势须落入于外戚之手。

次四，拔我鞔軏，小得利，小征。
测曰：拔我鞔軏，贵以信也。
次五，碛而闲而，拔我奸而，非石如石，厉（凶）。
测曰：碛、闲、如石，其敌坚也。

按上乃指防闲王氏，而用外戚丁傅，又宠用董贤，以贤为大司马卫将军，直同儿戏。王氏并非难去。但哀帝的措施如此，便使本不是石的却变成如石之坚了。

次六，闲黄埵（音锥，五堵城也）；席（藉）金第（床版）。

测曰：闲黄垓，以德固也。

按上所说的似指王太后所凭借之固。

次七，跙跙（音疽，行不正）闲于籧篨（传舍），或寝之庐。
测曰：跙跙之闲，恶在舍也。

按上乃指哀帝以不正之方法欲防闲王氏于外，而王元后实得而纳之室内。

次八，赤臭播（布）关，大君不闲，克国乘（取袭）家。
测曰：赤臭播关，恐入室也。

按赤臭指董贤。哀帝建平二年（西纪前五年）"待诏夏贺良等言赤精子之谶。汉家历运中衰，当再受命，宜改元易号"。《补注》引齐召南曰："谶字始见于此……赤精子之说，亦起于此。"而哀帝因宠贤，至欲传之以位，故扬氏斥之为赤臭。元寿元年（西纪前二年）十二月，以董贤为大司马卫将军，时贤二十二岁，以这种"赤臭"部署（播）在巩卫朝廷的职位（关）上，大君当然不能得其防闲，以招致国为所胜（克），家为所取（乘）之祸。

上九，闲门以终虚。
测曰：闲门以终虚，终不可实也。

按《汉书·哀帝纪》赞谓哀帝"睹孝成世禄去王室,权柄外移,是故临朝屡诛大臣,欲强主威,以则武宣",是其欲防闲于门。但因举措乖方,反促成王莽篡汉之势,岂非欲闲于门而终归于虚吗?

《太玄》中当然还有许多反映当时政治现实与扬氏的政治见解。但过去的人,都认为只是刺莽而不会刺汉,以表白扬氏对汉室之忠。据《自序》,他草《玄》正当哀帝丁傅、董贤用事之时,其中纵有刺莽之意的,但更主要的是以成哀时为对象。并且在扬雄,可能只谈政治的是非,而没有忠于汉或不忠于汉的问题。

《太玄》系草于丁傅、董贤用事之时,而《法言》则应当是着笔于王莽得势之日,写成于王莽篡汉之后。当朝代兴替之际,对汉室,可在回顾中作较完整的反省;对新室,则在递变的适应中,也可作较深切的展望。此二者皆可令扬雄谈到政治的根本问题。同时在《法言》中讥刺汉室的很少,因为这已成为过去。讥刺王莽的反较多,因为这是他面对的现实。《法言》中讥刺王莽的部分前面已略曾提到。下面只提到《法言》中比较根本的政治观点。

儒家在政治思想上有一个大传统,政治是为了现实而具体活着的大多数人民。法家的法,在两汉中依然保持有系统的传承。但两汉较好的知识分子,没有不反对法家的。这不是抽象的思想斗争,当时也很少有人对法家思想作全面的检讨。而只是秦国早杂西戎之俗,风俗比较野蛮,建国第二代的文公"法初有三族之罪"。在中原杀人殉葬,早经绝迹的时代中,《史记·秦本纪》便纪录有两次大规模杀人殉葬的事。一是秦武公卒,"从死者六十六人",这约略当于鲁庄公十六年。秦缪公卒"从死者百七十七人",

秦之良臣奄仲等三人，亦在从死之列，时为鲁文公六年。秦孝公用商鞅变法，将战时战场所用的法，作为平时治民之法，积累至始皇而愈酷愈烈。汉代政治，不曾接受法家之所长，[①] 只承法家刑罚的酷烈，给人民以莫大的灾祸。汉儒的反秦反法，皆针对此一现实而言。王莽打着当时居于思想主导地位的儒家以篡汉，但其性格的残酷与躁妄，人民所受的残害，如水益深。扬雄面对此种现实，所以他的政治思想，首先表现在反法家方面。《问道》篇："申韩之术，不仁之至矣。若何牛羊之用人也！若牛羊用人，则狐狸螻蚓，不腰腊也与。[②] 或曰：刀不利，笔不铦，而独加诸砥，不亦可乎？曰：人砥，则秦尚矣。"按法家思想最大的毒害，不是以国家富强为具体人民的工具，而是以具体人民为国家富强的工具，与二十世纪的纳粹、法西斯同途合辙。扬雄亲见人民所罹的荼毒，有如三十年代西方许多人士所历纳粹、法西斯的惨酷，是同样的心境。所以他才说出了这样深悲巨痛的话。此与第二次世界大战后反纳粹、反法西斯，全无二致。法家及法西斯的借口，认为不如是，政治便没有效能，不能达到国家的崇高目的，所以只好严刑峻罚去加以砥砺，或人"刀不利"之问，即是这种意思。扬雄的答复是，把人拿到磨刀石上去磨（人砥），则秦国正是这样做，你去尊重秦好了。因为西汉人都是反秦的。《五百》篇说申韩"险而无化"的话，也说得很深刻。《法言》中提到申韩凡有七条，最有意义的是上面所引的。《五百》篇："周之人多行（有好的品行），秦之人多病（瑕疵）。行，有（同右，尊重之意）之也。病，曼

---

① 法家在历史中的最大贡献，为破除身份制的贵族封建的残余。
② 俞樾："寻扬子之意，直以申韩之法，则人死者多，尸相枕藉，狐狸螻蚓，得餍食其肉，如人遇臘（八月之节）腊，有酒食醉饱之乐。"

扬雄论究

（同慢，轻慢之意）之也。周之士也贵，秦之士也贱。周之士也肆，秦之士也拘（多拘忌）。"这虽不是对申韩思想而言，但与申韩思想有密切关系。这种由实际生活体验所说出的话，真是意义深远。

《法言》中有的话，是反映当时现实的。《先知》篇："或问民所勤（苦），曰民有三勤……政善而吏恶，一勤也。吏善而政恶，二勤也。政吏骈（并）恶，三勤也。禽兽食人之食，土木衣人之帛，谷（农）人不足于昼，丝人（织妇）不足于夜，之谓恶政。"《先知》篇："法无限，则庶人田侯田，处侯宅，食侯食，服侯服，人亦多不足矣。"《汉书》卷七十二《贡禹传》："元帝初即位，征禹为谏大夫……禹奏言……今大夫僭诸侯，诸侯僭天子，天子过天道，其日久矣……方今齐三服官，作工各数千人，一岁费数巨万。蜀广汉主金银器，岁各用五百万，三工官费五千万。东西织室亦然……今民大饥而死，又不葬，为犬猪所食，人至相食，而厩马食粟，苦其大肥……诸侯妻妾，或至数百人。豪富吏民，畜歌者至数十人。"扬雄上面所说的，正指由朝廷豪侈所引起的政治社会问题。汉代列侯，是政治中最大的封建结构，是社会中专凭特殊身份的残酷剥削者。在扬雄"田侯田，处侯宅"的几句话中，似乎认为豪富的庶人不可作这种享受，"侯"则是应当的，未免有些奇怪了。

《先知》篇："或苦乱，曰纲纪……大作纲，小作纪。如纲不纲，纪不纪，虽有罗网，乌得一目而正诸。"这很明显是指成帝以来的情形说的。《先知》篇："或问政核（实效），曰真伪。真伪（辨别真伪）则政核。如真不真（自称为真者并不真），伪不伪（指人为伪者并非伪），则政不核。"这分明是指王莽各种作伪的情形说的。《孝至》篇："或问忠言嘉谋，曰：言合稷契之谓忠，谋合皋陶之谓嘉。"这可能是指王莽伪装周公辅成王，而自谓忠言嘉谋来说的。又"尧舜之道皇兮。夏殷周之道将兮。而以延其光兮……尧舜以其让，夏以其功，殷周以其伐"。这分明是揭穿王莽托儒家的政治理想，而实则完全与之相反的情形来说的。又"或问泰和。曰：其在唐虞、成周乎！观书及诗温温乎，其和可知也"。又《先知》篇："甄陶天下者其在和乎？"这是针对王莽篡汉后的乖戾阴毒，弄得当时危揑不安的情形说的。若了解他说话的背景，便可了解《法言》中这一类的话，并非迂阔之谈。

扬雄论政，在原则上重礼乐，并重法度，尊二帝三王，更重随时因革。

（一）允治天下不待礼文与五教，[①]则吾以黄帝尧舜疣赘。（《问道》篇）

（二）或问八荒之礼，礼也乐也，孰是？曰：殷（隆）之以中国。或曰孰为中国？曰：五政（即五教）之所加，七赋（李轨注：五谷桑麻）之所养，中于天地者为中国。过此而往者人也哉。（同上）

（三）圣人之治天下也，碍（凝）之以礼乐。无则禽，异则貉……（同上）

（四）川有防，器有范，见礼教之至也。（《五百》篇）

（五）吾见玄驹（蚁）之步，雉之晨雊也，化其可以已哉。（《先知》篇）

（六）或曰：太上无法而治，法非所以为治也。曰：鸿

[①]《汉书·百官公卿表》云："离作司徒，敷五教。"应劭注："五教：父义、母慈、兄友、弟恭、子孝也。"

荒之世，圣人恶之。是以法始于伏羲而成乎尧。匪伏匪尧，礼义哨哨（犹哓哓），圣人不取也。（《问道》篇）

（七）或曰：因秦之法，清而行之，亦可以致平乎？曰譬诸琴瑟，郑卫调，俾夔因之，亦不可以致箫韶矣。（《寡见》篇）

（八）秦之有司，负（背）秦之法度。秦之法度，负圣人之法度……（同上）

（九）为国不迪（蹈）其法，而望其效，譬诸算乎。（《先知》篇）

（十）或问道，有因无因乎？曰：可则因，否则革。（《问道》篇）

（十一）为政日新。或人敢问日新？曰：使之利其仁，乐其义，厉之以名，引之以美，使之陶陶然，之谓日新。（《先知》篇）

（十二）或曰：以往圣人之法治将来，譬犹胶柱而调瑟，有诸？曰：有之。曰：圣君少而庸君多，如独守仲尼之道，是漆也。曰：圣人之法，未尝不关盛衰焉。昔者尧有天下，举大纲，命舜禹。夏殷周属其子，不胶者卓矣。唐虞象刑惟明，夏后肉辟三千，不胶者卓矣。尧亲九族，协和万国。汤武桓桓，征伐四克，由是言之，不胶者卓矣。礼乐征伐，自天子所出。春秋之时，齐晋实与（孔子实嘉许齐桓、晋文），不胶者卓矣。（《先知》篇）

按由（一）到（四），都是强调礼乐在政治中的重大意义，（五）则在点出人民之可以教化，而礼乐的功用便在于教化。（二）

承认中国以外的八荒也有礼乐，但应以中国的礼乐为准绳，加以调饰，这是反映当时"四夷宾服"的中国在世界中的崇高地位，但与《淮南子·齐俗训》中，以中国与外夷之礼俗，在价值上是平等的思想，可作强烈的对照。因两者在此问题上的思想不同，故刘安谏伐南越，而扬雄则美汉的恢宏疆宇。（六）和（九）特别提法的重要性，道家好言"太上"，扬雄特指出所谓"太上"，只不过是"鸿荒之世"，而"鸿荒之世，圣人恶之"，其中含有进化及重视文化的意义。无法而空言礼义（礼义哨哨），为圣人所不取，这是很落实的说法。但这里我们应当注意的是，扬雄的所谓法，主要是就政治制度及政治纲纪而言，故又称法度（八）。这是由《论语·尧曰》章"谨权量，审法从"而来。与"律令"之法并不相同，亦即与仅就刑罚以言法，并不相同。所以提到律令时，他总是出之以贬抑的态度。如《先知》篇："或曰：君子不可不学律令。曰：君子为国，张其纲纪，谨其教化。导之以仁，则下不相贼。莅之以廉，则下不相盗。临之以正，则下不相诈。修之以礼文，则下多德让。此君子所当学也。如有犯法，则有司在。"此处所说的纲纪、教化，即扬氏之所谓法。又"载使子草律，曰吾不如弘恭"。这也是反映出律不是扬氏的所谓法。

（十）的"或问道"的道是指包括法在内的治道。治道所以适应人民的要求。人民的要求，随时随地而变，并非一律，所以治道必须有所因，也要有所革。这是本于孔子的因革损益的历史观。[1]《太玄·玄莹》下面的话，说得更清楚。

---

[1]《论语·为政》："子张问十世，可知也？子曰：殷因于夏礼，所损益，可知也。周因于殷礼，所损益，可知也。其或继周者，虽百世，可知也。"

夫道有因有循，有革有化（变化）。因而循之，与道神之。革而化之，与时宜之。故因而能革，天道乃得。革而能因，天道乃驯（顺）。夫物不因不生，不革不成。故知因而不知革，物失其则。知革而不知因，物失其均。革之匪时，物失其基。因之匪理，物丧其纪。因革乎因革，国家之矩范也，矩范之动，成败之效也。

扬氏处朝代交替之际，而王莽又是主张"矫枉者过其正"的人，[1] 所以对权衡于因革之际，特致其郑重。（十一）的"为政日新"，乃指因革得宜，切合人民的现实需要而言。把仁义当作一个抽象的理想，要人民削足适屦地去适合此理想，则人民必以仁礼为害为苦，政治亦必停滞枯萎。仁义即是人民需要的实现，此外无所谓仁义。如此，人民乃以仁为己之利，以义为己之乐。再赏罚得当，而激励之以名，文之以礼乐，而引之以美，使百姓欢欣鼓舞（陶陶然），大家感到"日月光华"，而不是阴风苦雨，这才算是政治的日新。杨氏的话，乃针对着王莽专政以后的阴霾气象而言。

（十二）是完全针对王莽的情形说的。王莽与刘歆们根据自己的想法，杂糅若干古礼、古传说及汉制，以编造出一部《周官》，说这是周公致太平之书，以此为最高根据，照本宣科地大事改革；一方面是革而不因，另一方面对周官而言，又是胶柱鼓瑟，弄得天下大乱，使今日读《王莽传》的人，怀疑他在发神经病。而在他自己，则认为他是在实现政治最高理想。扬雄当时并不知道《周

---

[1]《汉书》卷九十九上《王莽传》："莽又令太后下诏曰：……故国奢视之以俭，矫枉者过其正。"

官》是王莽、刘歆们所玩弄的一套假把戏，而只指出"不胶者卓矣"。

《先知》篇："或问何以治国？曰立政。曰：何以立政？曰：政之本，身也，身立则政立矣。"《孝至》篇："或问大，曰小。问远，曰迩。未达。曰：天下为大，治之在道，不亦小乎！四海为远，治之在心，不亦迩乎！"政治要由统治者的生活（身）思想（心）处立根基，这是直承《大学》的系统。《先知》篇："或问为政有几（要），曰：思（为民所思）斁（为民所厌）……或问何思（民何所思）何斁（民何所厌）？曰：老人老，孤人孤，病者养，死者葬，男子亩（男子能安于田亩），妇人桑（妇人能安于蚕桑），之谓思。若污人老，屈人孤，病者独，死者逋（弃），田亩荒，杼柚空，之谓斁。"此处之所谓"思斁"，即《大学》之所谓"民之所好好之，民之所恶恶之"的好恶，扬雄只是变一个说法。以人民的好恶决定政治的方面，这是千载不磨之论。

《孝至》篇："君子者务在殷（富）民阜财，明道信义。"要殷民阜财，便必须改革田制和税制。所以他在《先知》篇"什一（十分取一），天下之中正也。多则桀，寡则貊"。又"井田之田，田也。肉刑之刑，刑也。田也者与，众田之。刑也者，与众弃之"。这都反映出当时土地兼并，人民受到各方面剥削的事实。

在中国的疆域问题上，扬雄一方面主张保持汉武以来的成就，另一方面反对无限制的扩张，及减少人民因此所受的牺牲，但决不许"蛮夷猾夏"。《孝至》篇："汉德其可谓允怀矣。黄支（在日南之南）之南，大夏之西，东鞮（会稽海外之国）北女（不详），来贡其珍。①汉德其可谓允怀矣。世鲜焉。"这是对中国成为当时世界中心的赞美。又"芒芒圣德，远人咸慕，上也。武义璜璜（同洸洸，武也），兵征四方，次也。宗夷猾②（乱）夏，蠢迪（妯，动也），王人，屈国丧师，无次也"。哀帝建平四年（西纪前二年）匈奴单于上书请朝，公卿以虚费府帑，可且勿许。单于使辞去，扬雄上书谏，以为"夫百年劳之，一日失之，费十而爱一，臣窃为国不安也"。"惟陛下稍留意于未乱未战，以遏边萌之祸。"乃从扬雄言许之。《孝至》篇："或曰，訩訩北狄，被我纯缋，带我金犀，珍膳宁（当作曼，美也）饪（言赏赐之盛），不亦享（俞：厚字之误）乎？曰：昔在高文武，实为兵主（为用兵之主要对象）。今稽首来臣，称为北蕃，是为宗庙之神，社稷之灵也。可不享（厚）？"即指此而言。又《孝至》篇："龙堆以西，大漠以北，鸟夷兽夷，郡劳王师，汉家不为也。""朱崖之绝，捐之之力也。③否则介鳞易我衣裳（衣裳之民）。"不劳民以事边远，这是汉代儒生的共同见解。然朱崖之叛，及以后来东汉河西诸羌的扰攘，主要是来自地方政治的残暴。贾捐之、扬雄未探及此一问题之本源，只以罢郡为得计，非立国之道。此将另有论述。

---

① 哀帝元寿二年（西纪前一年）正月，匈奴单于，乌孙大昆弥皆来朝。时西域五十国，佩汉印绶者三百七十六人。平帝元始二年（西纪二年），黄支国献犀牛。
② 《注疏》引曾广钧云："《魏英乂夫人碑》书蛮作宗，与宗形近。此文本作宗夷，传写误作宗耳。"
③ 《汉书·贾捐之传》："元帝初元元年，珠崖又反，发兵击之。诸县更叛，连年不定。上与有司议大发兴军，捐之建议以为不当击……遂下诏罢珠崖郡。"扬雄盖指此事而言。

王充论考

一、引言

一个人的思想的形成,常决定于四大因素。一为其本人的气质,二为其学问的传承与其功夫的深浅,三为其时代的背景,四为其生平的遭遇。此四大因素对各思想家的影响力,有或多或少的不同;而四大因素之中,又互相影响,不可作孤立的单纯的断定。气质可以影响一个人治学的方向;而学问亦可变化一个人对气质控御的效能,这是可以得到一般的承认的。处于同一时代,受到同一遭遇,因气质与学问功力的不同,各人的感受、认取、心境,亦因之而各异。反之,时代及遭遇,对于人的气质的熏陶,与学问的取向,同样可以发生很大的影响,这也应当可以得到一般的承认。

切就王充而论,他个人的遭遇,对于他表现在《论衡》中的思想所发生的影响之大,在中国古今思想家中,实少见其比。此点后面还要特别提到。尤其是两汉思想家的共同特性,是对现实政治的特别关心。所以在各家著作中,论政都占有重要的地位。就《论衡》来说,不仅论政的比例占得少。并且在内容上,除了以他自己的遭遇为中心,反映了一部分地方政治问题外,对于当时的全般政治的根源问题，根本没有触到。在政治方面，他还有《备乏》、《禁酒》、《政务》三书，没有传下来；但就《论衡》中的《对作》、《自纪》两篇所陈述的三书内容，实属政治上的枝叶问题，其意义恐亦微不足道。且《论衡》中以极大的分量，从事于歌功颂德，这在古今值得称为思想家中，实系最特出的现象。我的解释，除了他过分力求表现的气质以外，和他身处乡曲，沉沦下僚，没有机会接触到政治的中心，因而也没有接触到时代的大问题，有不可分的关系。人情上，凡在追求想象中，不仅没有得到，并且也没有实际接触到的事物，便自然是容易加以美化的事物。所以王充在政治方面写下了繁复而异乎寻常的歌功颂德的文章，不必是他的品格上的问题，而实际是由他的遭遇限制了他展望时代的眼界。这种限制，也影响到他思想的其他方面。例如《论衡》中，许多是争其所不必争的文章；他以最大的自信力所开陈的意见，事实上许多直可称为乡曲之见。因为他个人的遭遇，对他的思想发生了这样大的作用，所以对《后汉书·王充列传》中错误的考正，便不仅是故事性的考正，而且是了解他的思想的一个关键。

二、《后汉书·王充列传》中的问题

王充的生平，《论衡》中有他自己写的《自纪》篇，作了有系统的陈述。他在《自纪》篇中说："年渐七十，时可悬舆……乃作养性之书凡十六篇……命以不延，吁嗟悲哉。"从这段话看，在《自纪》篇写成以后，王充没有其他重要的活动。再参稽《论衡》全书，凡直接间接关涉到他自己的生平时，亦无不与《自纪》篇所记的相符合。王充的性格，颇好夸矜矫饰，所以《自纪》篇中虽自称"充性恪澹，不贪富贵"；但从全书看，他是一个非常重视名位的人，对于与名位有关的自己行迹，都记录了下来。他一生最高的名位，要算在他六十一岁左右，当了郡刺史的治中，即是郡守的幕僚，他自以为"材小任大，职在刺割"，等于郡守的总文案。由此我们可以推定，在他一生中如若有更大意义的经历，他是不会遗漏的。

《后汉书》卷四十九《王充列传》，略采《自纪》篇，而又杂录谢承、袁崧《后汉书》以成文。其中为《自纪》篇所无，且显相抵迕者，均牵涉到他的思想的形成的问题。今人好言王充，而未尝讨论其列传中之不实之处，故特先加以辨证。兹录列传原文于下：

> 王充字仲任，会稽上虞人也（《自纪》篇：建武三年充生）。其先自魏郡元城徙焉。充少孤，乡里称孝。后到京师，受业太学，师事扶风班彪。好博览而不守章句。家贫无书，常游洛阳市肆，阅所卖书，一见辄能诵忆，遂博通众流百家之言。后归乡里，屏居教授。在郡为功曹，以数谏争不合去。充好论说，始若诡异，终有理实。以为俗儒守文，多失其真。乃闭门潜思，绝庆吊之礼。户牖墙壁，各著刀笔。著《论衡》八十五篇，二十余万言，释物类同异，正时俗嫌疑。刺史董勤，辟为从事，转治中，自免还家。友人同郡谢夷吾，上书荐充才学。肃宗特诏公车征，病不行。年渐七十，心力衰耗，乃造性书十六篇。裁节嗜欲，颐神自守。永元中，病卒于家。

以下把有问题的地方，逐一加以考查。

（一）乡里称孝的问题

按"充少孤，乡里称孝"，惠栋等已引《自纪》篇证为不可信。我这里只特别指出，王充在《自纪》篇中所以诋及其祖与父，乃因为在王充思想中，根本没有孝的观念。孝的观念的形成，乃出于对父母生我的感恩报德之念。但王充在《物势》篇中说："夫天地合气，人偶自生也。夫妇合气，子则自生也，非当时欲得生子，情欲动而合，合而生矣。"他在这里所说的，固系事实；但把父母生子完全作一种纯事实的判断，当然从这里产生不出孝的观念。他自己没有孝的观念，如何会有"乡里称孝"的事情。且如后所述，王充晚年因受到乡里的谴责而避难他乡，所以他正是"大不理于众口"的人，更不会有乡里称孝的声誉。"户牖墙壁，各著刀笔"，亦为情理所无。

（二）受业太学师事班彪的问题

近人黄晖《论衡校释》附编二，附有《王充年谱》。把王充受业太学，师事班彪，著记于光武建武三十年，时充二十八岁。胡适则在《年谱》光武建武二十年，王充十八岁下附记谓"王充在太学，约在此时；可能还更早。受业于班彪，也约在此时"。王充在《自纪》篇所述的学历如下：

> 六岁教书，恭愿仁顺；礼教具备，矜庄寂宁，有巨人之志。父未尝笞，母未尝非，闾里未尝让（责让）。八岁出于书馆。书馆小童，百人以上，皆以过失袒责，或以书丑

得鞭。充书日进,又无过失。手书既成,辞(请)师受《论语》、《尚书》,日讽千字。经明德就,谢师而专门,援笔而众奇。所读文书,亦日博多。才高而不苟作,口辩而不好谈论。非其人,终日不言。其论说始若诡于众;极听其终,众乃是之。以笔著文,亦如此焉。

从王充矜夸的口气中,假定他曾受业太学,岂有不加叙述之理。

班彪乃当时的"通儒上才",[①]若王充曾出其门下,何以在《自纪》篇说自己"未尝履墨涂,出儒门"呢?《论衡》一书,大约有九处提到班氏父子;其中特别提到班彪的如:

《超奇》篇:班叔皮续《太史公书》,百篇以上,义浃理备,观读之者以为甲,而太史公乙。

《佚文》篇:班叔皮续《太史公书》,载乡里人,以为恶戒。

《案书》篇:孔子生周,始其本;仲舒在汉,终其末。班叔皮续《太史公书》,盖其义也。

《对作》篇:《太史公书》,刘子政序,班叔皮传,可谓述矣。

从上面的文字看,他把班彪的地位是看得很高的;但没有丝毫师生的意味在里面。至于他提到班固时,则欣羡之情,真有云泥分隔之恨。如《别通》篇:"是以兰台之史,班固贾逵杨终傅毅之徒,名香文美,委积不绁。"又如《案书》篇:"今尚书郎班固,兰台令杨终、傅毅之徒,虽无篇章,赋颂记奏,文辞斐炳,赋象屈原、贾生,奏象唐林、谷永;比以观好,其美一也。"乃谢承及

[①]《后汉书》四十上《班彪列传》赞语。

司马彪《后汉书》谓："班固年十三，王充见之，拊其背谓彪曰，此儿必记汉事。"[1] 极傅会荒唐之能事。

再从班彪方面说，王充受业太学，师事班彪，必须班彪与太学有关系。按《汉书·叙传》班固对其父的叙述是"河西大将军窦融嘉其美德，访问焉。举茂材为徐令，以病去官。后数应三公之召，仕不为禄，所如不合"。可知他的一生，与太学并无关系。《后汉书》四十上《班彪列传》，对其随窦融入洛的行迹，叙述较详。兹录要如下：

> 及融（窦融）征还京师（建武十三年），光武问曰："所上章奏，谁与参之？"融对曰："皆从事班彪所为。"帝雅闻彪材，因召入见，举司隶茂材，拜徐令，以病免。后数应三公之命，辄去。彪复辟司徒玉况府（按建武二十三年王况为司徒）。
>
> 后察司徒廉（孝廉），为望都长，吏民爱之。建武三十年，年五十二，卒官。

按望都在河北省。胡适所以反对黄晖把王充入太学师事班彪，系在建武三十年下，乃因他发现了班彪是年死于望都长的官所。若王充此时入太学受业，不可能看得到班彪，所以便改系在建武二十年下。殊不知在班彪入洛后的行迹中，根本与太学无缘；并且传中详细记录了班彪从事著作的情形，而未提到私人讲学的情

---

[1]《后汉书·班固列传》注引谢承书；《北堂书抄》引司马彪书，并同。又《意林》引《抱朴子》，意亦相近。

形。在《后汉书》中，是把私人讲学当作一个人的重要行迹而常加以记录的。

王充既未尝到京师，则传中所有这段有关的记录皆不可信。至于说"后归乡里，屏居教授"，这在《论衡》全书中皆无痕迹可寻，且有强力的反证。王充在《书解》篇中，以"著作者为文儒"的文儒自居，认为文儒高出于说经的世儒。他假设"或曰，文儒不若世儒。世儒说圣人之经……故在官常位……门徒聚众，招会千里……文儒为华淫之说，于世无补，故无常官。弟子门徒，不见一人……答曰不然……文儒之业，卓绝不循……业虽不讲，门虽无人，书文奇伟，世人亦传"。这不是很清楚说他不曾"屏居教授"吗？

（三）谢夷吾推荐的问题

列传中说"友人同郡谢夷吾上书荐充才学"，亦绝不可信。

谢夷吾，《后汉书》卷八十二上列于《方术列传》中。据传，他是会稽山阴人。第五伦于建武二十九年为会稽太守，[①] 而夷吾由郡吏擢为督邮。是时与地，皆可与王充相接。但谓因谢夷吾之荐而"肃宗特诏公车征，病不行"，这便大有问题了。现在先就《自纪》篇，把他仕进的情形录下：

> 在县，位至掾功曹。在都尉府，位亦掾功曹。在太守，为列掾五官功曹行事。入州为从事。

---

① 见《后汉书》三十一《第五伦列传》。

上面是总的叙述。但就下面的话看，他的仕进并不顺畅。

> 见污伤，不肯自明。位不进，亦不怀恨……得官不欣，失位不恨。
>
> 俗材因其微过，蜚条陷之，然终不自明，亦不非怨与人……不鬻智以干禄，不辞爵以吊名……遭十羊胜，谓之无伤。
>
> 充性恪澹，不贪富贵。为上所知，拔擢越次，不慕高官。不为上所知，贬黜抑屈，不恚下位。比为县吏，无所择避。
>
> 充仕数不耦，而徒著书自纪。

从上面的文字看，他是犯过"微过"，而被人污伤，因而在仕途上是几经波折的。他在文字上表现得很恬淡通达，好像不在是非得失上计较；但就《论衡》全书看，却恰恰相反，可以说是隐痛在心，随处流露，这是了解他思想形成的一大关键，在后面还要提到。《自纪》篇：

> 充以元和三年徙家辟，诣扬州部郡丹阳、九江、庐江。后入为治中，材小任大，职在刺割。笔札之思，历年寝废。章和二年，罢州家居。年渐七十，时可悬舆。

据《案书》篇："建初孟年，中州颇歉，颖川、汝南民流四散。圣主忧怀，诏书数至。《论衡》之人，奏记郡守，宜禁奢侈，以备困乏。言不纳用，退题记笔，名曰《备乏》。酒縻五谷，生起盗贼……奏记郡守禁民酒。退题记草，名曰《禁酒》。"《后汉书》三《章帝本纪》，章帝于永平十八年八月即皇帝位。是岁"京师及三州大旱，诏勿收兖豫徐州田租"。明年改元为建初元年，两次诏书恤农救乏。王充上文所指者正系此事。是王充在明帝之末，章帝之初，五十岁前后（建初元年五十岁）"在太守府为列掾五官功曹行事"，向太守陈述了备乏禁酒的意见，未见采用，退而作《备乏》、《禁酒》两篇。接着大概就被人"蜚条陷之"，不为太守所容，黜居乡里。《自纪》篇下面的一段话，正说的是黜居乡里的一段情形。

> 俗性贪进忽退，收成弃败。充升擢在位之时，众人蚁附。废退穷居，旧故叛去。志俗人之寡恩，故闲居作《讥俗》、《节义》十二篇。冀俗人观书而自觉。故直露其文，集以俗言。
>
> 充既疾俗情，作《讥俗》之书；又闵人君[①]之政，徒欲治之，不得其宜，不晓其务；愁精苦思，不睹所趋，故作《政务》之书。又伤伪书俗文，多不诚实，故为《论衡》之书。

可知王充黜退乡居的十年左右时间，他写了《讥俗》、《政务》两书，

[①] 两汉时，太守与其僚属，亦以君臣相称。此处之所谓人君，及《论衡》中涉及时事而称君者，皆指太守而言。又《论衡》书中对"将"之责望特重，此"将"不仅指都尉，亦指国相及太守，《程材》篇称东海相宗叔犀，陈留太守陈子瑀为"两将"，此其明证。又与《第五伦传》互证，更可明了。《自纪》篇不为"利害见将"，正指都尉及太守言之。乃黄晖释为"将犹从也。言不为利害动"，大谬。光武已废都尉，惟边郡尚加保存，故会稽尚有都尉府。

而《论衡》虽属稿于明帝永平之时，但成书实亦在此数年中事。尤其歌功颂德的无聊作品，皆成篇于此十年之内。[①]他既以浅俗之文，讥弹了他的乡里，必引起强烈的反击，使他在故乡住不下，所以在他六十岁（元和三年）的时候，便不得不徙家避难。又因为他以太守为对象，写了《政务》之书，所以在避难中又有机会参与扬州刺史的幕僚工作。一直到他六十二岁的章和二年，罢州家居。

我们可以推定，从"在县位至掾功曹"的"位至"两字看，他开始的职位，当然比掾功曹低得多。他由县掾功曹而至都尉府掾功曹，而至太守府的五官功曹行事，这是由走入仕途，到五十一二岁时的官历；在这段官历中，断无因谢夷吾之荐，被征召而因病不起的事。由六十岁到六十二岁，避难徙家，充扬州刺史幕僚，此时若有征召，在情理上也无"病不行"的可能。肃宗（章帝）卒于章和二年二月壬辰，是他在六十二岁时，已没有被肃宗征召的可能。六十二岁以后，更不待说。并且六十二岁罢州家居以后，一直到他"年渐七十"写《自纪》篇时，他还慨叹于他的"仕路隔绝，志穷无如，事有然否，身有利害。头白齿落，日月逾迈，俦伦弥索，鲜所恃赖"。说明他是上进无门，并且也没有朋友；更可证明由六十岁以迄他之死，决无因荐被召的事。他在这段期间，"虽惧终徂，愚犹沛沛"，健康的情况良好，无"病"可言。而以他的性格，假定真正被召，就是死在路上也是甘心的。只有从五十一二岁，到六十岁这段时间，是因谗罢仕家居的这段时间，值得考虑。现在看他在这段时间情形如何。

[①]《论衡》各篇成书年代，可参考黄晖《论衡校释》附编二《王充年谱》章帝元和二年项下，黄氏所考定。

如上所述，王充在五十一、二岁以后，废黜家居，正是他大事著作之时。据黄晖考定，《状留》、《效力》等篇，是章帝时所作。《状留》篇有：

> 世人怪其仕宦不进，官爵卑细……（及）长吏妒贤，不能容善，不被钳赭之诛幸矣，焉敢望官位升举，道理之早成也？

这是他沉滞幕僚时所作。《效力》篇：

> 文儒之知，有似于此。文章滂沛，不遭有力之将，援引荐举，亦将弃遗于衡门之下，固安得升陟圣主之庭，论说政务之事乎。

从"遗弃于衡门之下"一语观之，此篇是作于废黜家居的时候。《超奇》篇是同一时期前后的作品，里面说：

> 诏书每下，文义（按当作"章"字之讹）经传四科。诏书斐然，郁郁好文之明验也。上书不核实，著书无义指；万岁之声，征拜之恩，何从发哉……群诸瞽言之徒，言事粗陋……不蒙涛沙之谪幸矣；焉蒙征拜为郎中之宠乎。

《须颂》篇把他在这时期所写的歌功颂德的文章的动机与目的略有说明。

> 汉家功德，颇可观见。今上（章帝）即命，未有褒载。《论衡》之人，为此毕精，故有《齐世》、《宣汉》、《恢国》、《验符》。
>
> 国德溢炽，莫有宣褒。使圣国大汉，有庸庸之名。咎在俗儒不实论也。
>
> 圣者垂日月之明，处在中州（中州指洛阳，当时的京师。此二句指皇帝而言）。隐于百里（此句有脱字），遥闻传授；不实形耀，不实难论（此四句就王充自己不能直接依日月之明而言）。得诏书到，计吏至，乃闻圣政。是以褒功失丘山之积，颂德遗膏腴之美。使至台阁之下，蹈班贾之迹，论功德之实，不失毫厘之微……道立国表，路出其下。望国表者昭然知路。汉德明著，莫立邦表之言，故浩广之德，未光于世也。

他这样迫切地想见知于朝廷的目的，是认为他到了朝廷以后，能更进一步地歌功颂德。而受知于朝廷以后想做的官，乃是俸禄一百石的兰台令史的芝麻绿豆大的官。所以上文的台阁二字，乃兰台二字之误。他在《别通》篇说：

> 或曰：通人之官，兰台令史，[①] 职校书定字，比夫太史太祝，[②] 职在文官……是以兰台令史班固、贾逵、杨终、傅

[①]《汉官仪》"兰台令史六人，秩百石，掌书核奏"，按书者乃钞写。职掌钞写核奏之文。
[②] 按太史、太祝，秩六百石，兰台令史何能与之相比。盖王充僻居下郡，不明当时政制，故尔妄言。

毅之徒……无大用于世。曰：此不继（然）……令史虽微，典国道藏。通人所由进。犹博士之官，儒生所由兴也。

他在这段时间，写了古今无出其右的歌功颂德的文章。甚至他在《讲说》篇中再三以"凤凰骐骥难知"，而斥以凤凰等为祥瑞的虚伪，这是他原来的观点。但在最后却反转来说"案永平（明帝年号）以来，迄于章和（章帝改元之年号，不及两年而崩），甘露常降，故知众瑞皆是，而凤凰骐骥皆真也"。他何以这样的无聊呢？无非想由此而得到朝廷的知遇。在这段时间，岂有因荐被召而病不行之理？且当时荐士，只有两条途径。一是朝廷的三公九卿及分位略同的命官。二是本州本郡本县的长吏。谢夷吾既未跻身朝列，亦未莅长乡邦，他是没有资格推荐王充的。

三、王充的遭遇与思想的关连

因王充不理于乡邦之口，晚年避难他徙，所以时间一久，乡里对其平生便不知其详。但得蔡邕的宣扬，到东汉末期，声名鹊起，乡邦又引以为荣。加以当时喜缘饰先贤以为地方光宠的风气盛行，于是把汉人认为有面子的事情，涂饰到王充身上去，这便是《后汉书·王充列传》将他加以美化的许多错误之所由来。把上述美化的伪装揭穿了，还原他为一个矜才负气的乡曲之士，对他思想的了解，是一个大的帮助。乡曲之士，要突破乡曲之见以形成超越扩大的精神境界，有待于人格的特殊修养，及学问上特殊的成就；但王充并非其人。王充这一类型的乡曲之士的特点，他所能反映的只是他所能接触到的乡曲的环境。因为他的矜才负气的关系，便首先将自己的才与气，和乡曲的环境对立起来，以建立他个人的思维世界。在他的思维世界中，对无现实权势的学术问题，每有过分的自信，而其实，许多都是辽东之豕。对有现实权势的政治问题，则又有过分的自卑，而朝廷便成为他毕生梦想的天国。这种过分的自信与自卑，结合在一起，形成他的内心深刻的矛盾，便不能不运用他自身的才气，来加以解除；在这种解除的说法中，取得自我精神的保护。这便是《论衡》一开始的《逢遇》、《累害》、《命禄》、《幸偶》、《命义》等诸篇所以成立的根源。由此而推演上去，便成为他一套特殊的唯气论的自然宇宙观与人生观。[①] 胡适氏在他所写的《王充的论衡》一文中，不曾从根源地、全面地去把握王充的思想，而只采用摭摘片断字句的方法，以建立自己的论点。对于他所完全不了解的两汉思想，轻轻加上"骗子"两字；而对于性格与他有些相近的王充，轻轻加上"科学"两字。这恐怕不是以科学精神治思想史的态度。下面试就王充的遭遇对他的思想的关连，举若干例证。

（一）命运论的形成

《自纪》篇"充仕数不耦"，"涉世落魄，仕数黜斥"，"俗性贪进忽退，收成弃败"，又"俗材因其微过，蜚条陷之"。所以《逢遇》篇便说：

今俗人既不能定遇不遇之论，又就遇而誉之，因不遇而

[①] 从王充对天的成因是气或体的争论，他有时把气与形体分为二，而与战国末期以来，以气生形、气贯彻于形之中的观念不同。

毁之。各据见效，案成事，不能量操审才能也。

《累害》篇：

夫乡里有三累，朝廷有三害。累出于乡里，害发于朝廷。古今才洪行淑之人，遇多此矣。

夫不原士之操行有三累，仕宦有三害。身完全者谓之洁，被毁谤者谓之辱，官升进者谓之善，位废退者谓之恶。完全升进，幸也，而称之；毁谤废退，不遇也，而訾之。用心若此，必为三累三害也。

夫采玉者破石拔玉。进士者弃恶取善。夫如是，累害之人，负世以行；指击之者，从何往哉。

《命禄》篇：

仕宦不贵，治产不富……伐薪逢虎之类也。
故贵贱在命，不在智愚，贫富在禄，不在顽慧。

《幸偶》篇：

物善恶同，遭为人用，其不幸偶，犹可伤痛。况含精气之徒乎。

《命义》篇：

> 故人之在世，有吉凶之命，有盛衰之禄，重以遭遇幸偶之逢。获从生死而卒其善恶之行，得其胸中之志，希矣。

本来关于人的行为与结果，偶然的因素很大。偶然的因素，不是人自身可以把握得了的。尤其是在封建与专制的政治社会结构之中，权势常挟不合理的事情以强加于各种各样的人的身上，贫贱富贵，更不易由行为与结果的因果关系来加以解释；所以在春秋时代，便已出现命运之命的观念。接着便有骨相学的兴起。至秦大一统的专制政治成立，一般人更成为被动的存在，这些观念，便更为发展。但像王充这样，为了保护自己，而将此种观念发展成为一个理论的系统，以为尔后命相学奠基础，在思想家里面，却是非常之少的。

（二）对谗佞的痛恨

对佞人谗人的痛恨，这是应当的。但王充在这一点上不是作原则性的论述，而依然不出于他自身遭遇的直接反映。如《答佞》篇：

> 问曰：佞人好毁人，有诸？曰：佞人不毁人。如毁人，是谗人也。何则？佞人求利，故不毁人……妒人共事，然后危人。其危人也，非毁之；而其害人也，非泊之。誉而危之，故人不知；厚而害之，故人不疑。
>
> 假令甲有高行奇知，名声显闻，将恐人君召问，扶而胜己；欲故废不言（佞人欲借故废之，但不言于口，黄释误），常腾誉之。荐之者众，将议欲用，问佞人；佞人必对曰：

甲贤而宜召也。何则？甲意不欲留县，前闻其语矣。声望欲入府，在郡则望欲入州。志高则操与人异，望远则意不顾近。屈而用之，其心不满；不则卧病。贱而命之则伤贤；不则损威……自耐下之，用之可也。自度不能下之，用之不便。夫用之不两相益，舍之不两相损。人君（按汉郡守与僚属间称君臣，故《论衡》中凡论时事而称人君，皆指郡守或都尉。黄不知此义，以为当作"将"，非是）畏其志，信佞人之言，遂置不用。

上面的话，可以推知王充在县，曾经有人想推荐他，而为妒嫉者以巧言所阻，因而须次甚久，几经周折，乃能入郡尉府。又如《言毒》篇，说明"天下万物，含太阳气而生者，皆有毒螫。毒螫渥者在虫则为蝮、蛇、蜂、虿……"接着便说：

其在人也为小人。故小人之口，为祸天下。小人皆怀毒气。阳地小人，毒尤酷烈。故南越之人，祝誓辄效。

毒螫之生，皆同一气，发动虽异，内为一类。故人梦见火，占为口舌；梦见蝮蛇，亦口舌。火为口舌之象。口舌见于蝮蛇，同类共本，所禀一气也。

辩口之毒，为害尤酷。何以明之，孔子见阳虎，白汗交流……故君子不畏虎，独畏谗夫之口；谗夫之口，为毒大矣。

因为他是在会稽本郡曾受到"俗材因其微过，蜚条陷之"；会稽，古之南越，气候较中原为炎热，便由此构出"含太阳气而生者皆为毒螫","阳地小人，毒尤酷烈"的一套理论。在他这套理论中，否定了阳善阴恶的汉儒的通说，同时也充满了许多社会迷信。

（三）儒生文吏之争

当时地方政府的僚属，由两种人构成。一是儒生，一是文吏。王充以儒生进用，在簿书乃至政治实务上，大概不及同僚的文吏，他便写下《程才》、《量知》、《谢短》、《效力》等篇，以与文吏较长挈短。《程才》篇说：

> 论者多谓儒生不及彼文吏；见文吏便利，而儒生陆落（按迂阔貌），则诋訾儒生以为浅短，称誉文吏，谓之深长，是不知儒生，亦不知文吏也。
>
> 儒生有阙，俗共短之；文吏有过，俗不敢訾；归非于儒生，付是于文吏也。夫儒生材非下于文吏也，又非所习之业，非所当为也。然世俗共短之者，见将（郡将）不好用也。将之不好用之著，事多已不能理，须文吏以领之也。

《量知》篇：

> 文吏儒生，皆为掾吏，并典一曹。将（郡将）知之者，知文吏儒生笔同；而儒生胸中之藏，尚多奇余。不知之者，以为皆吏，浅深多少同一量；失实甚矣。

《谢短》篇：

《程才》、《量知》，言儒生文吏之材，不能相过。以儒生修大道，以文吏晓簿书。道胜于事，故谓儒生颇愈文吏也。

儒生与文吏在地方政治中的对立，也算各地方政治中的一个问题；本来也可以提出来谈谈的。但王充却把"道"与"事"相对立地来谈，而且谈得这样的叮咛繁复，还是为了自己的进身出路的问题。

他在《谢短》、《效力》两篇后，接着是《别通》、《超奇》两篇，辩解他既是儒生，为什么不能以经学名家呢？因为他瞧不起专经之儒，而自己是通儒；并且他是能从事著作的超奇之儒；希望能"蒙征拜为郎中之宠"。接着是《状留》篇，一开始便感慨地说：

论贤儒之才，既超程矣（按即指他自己而言）。世人怪其仕宦不进，官爵卑细，以贤才退在俗吏之后，信不怪也。

贤儒俗吏，并在世俗，有类于此。遇暗长吏，转移俗吏，超在贤儒之上；贤儒处下，受驰走之使。

夫贤儒所怀，其犹水中大石，在地金铁也。其进不若俗吏速者，长吏力劣，不能用也。

像王充这种乡曲之士，对问题不从客观的把握上出发，而只从自己遭遇的反映上出发。因此，占《论衡》很大分量的这类文章，实际不是由客观的分析综合以构成原则性的理论，而只是为了辩解自己、伸张自己，所编造出的理由。我们要衡论他的学术，不仅应把这一部分划出于学术范围之外,而且应时时记着他的这一态度,影响到他的全部思想。他为了伸张自己,不惜在《定贤》篇中,把当时一切衡定人品的标准,完全推翻,而只归于"立言"之上;因为他除了立言这件事以外,一切都与当时论人的标准不合。正因为他没有进过太学,并与京师不能通声气的关系,所以当时学术上最大的五经同异的问题,[①]他都没有触到。而《正说》篇中所述的经学情形,亦多未可为典要。他标榜"疾虚妄",当时最大的虚妄是图谶;他为了想得到朝廷的青睐,只驳了有关孔子的两条纬书,而对图谶反以符瑞相傅会。他所疾的虚妄,除《论死》、《订鬼》、《薄葬》数篇,有学术价值外,其他多系世俗迷信,及书传中之神话乃至文学上常有的夸饰,辩之固然可以表示他很注意这些问题;但不辩的人,并非即可证明在理知上是相信这一套。先把王充的"人"弄清楚了,再进而论其学术。

四、王充学术思想的特点

以下略论王充在学术思想上的特点。

(一) 重知识不重伦理道德

王充所追求的学术趋向有二:一为"疾虚妄",[②]一为求博通。这两者皆出自求知的精神。两汉思想家,多以人伦道德为出发点,由人伦道德的要求以构成知识系统。王充则以追求知识为出发点,

---

[①]《后汉书》三,建初四年,章帝诏诸儒:"会白虎观,讲议五经同异。"
[②]《佚文》篇:"《论衡》篇以十数,亦一言也,曰疾虚妄。"

顺着知识的要求而轻视人伦道德。可以说，王充在"自我保护"时，常常提到人伦道德；但在他的人格中，在他的著作中，人伦道德的观念，实际是很薄弱的。换言之，在王充的心目中，并没有真正的人伦道德的问题。要指出王充思想的特性，首先应当把握到这一点。自孔子以来，没有不重知识的；但都是以知识为达到人伦道德的手段，所以最后总是归宿于人伦道德，连特别重视知识的荀子也不例外。我们就王充的平生以细读他的著作，在两汉思想中，确是一个例外。他有点近于扬雄；但求学的机缘及个人的才力，则远为不逮。《谢短》篇下面的一段话，最值得注意。

> 夫儒生之业，五经也。南面为师，旦夕讲授章句，滑（熟）习义理，究备于五经可也。五经之后，秦汉之事，无不（不字衍文）能知者，短也。夫知古不知今，谓之陆沉；然则儒生所谓陆沉者也。五经之前，至于天地始开，帝王初立者，主者为谁，儒生又不知也。夫知今不知古，谓之盲瞽。五经比于上古，犹为今也。徒能说经，不晓上古，然则儒生所谓盲瞽者也。

按王充上面的一段话，是把五经当作代表在古与今之间的一段历史知识来看，亦即是把经当作史来看。经与史的分别，本来不在典籍的自身，而在读者所取的角度，及对它所提出的要求。从历史知识的角度去看五经，以得到历史知识为目的去读五经，则五经本来就是历史资料。但五经经孔子的整理，经孔门的传承，其目的不是在讲历史知识，而是在讲文武之道，在建立政治、社会、人生之道。换言之，是出于人伦道德的要求，而不是出于历史知识的要求。两汉经学，不管在内容上杂入了许多驳杂的东西，但在精神上，乃是五经得以成立的原始精神的高度发挥。尤其是汉宣以后，以迄王充的时代，经过许多儒生的努力，渐渐把五经成为规范朝廷政治行为的大经大法。例如东汉外戚之盛，始于章帝。第五伦以后族过盛，上疏谏争，认为"不应经义"。[1] 等于现代人说不合宪法。此种例子甚多。王充心目中的五经，实际只代表一段历史知识。这可以说明两点：第一点是在王充的精神中，伦理道德的根器至为稀薄；但追求知识的欲望则极为热烈。第二点，这正是他不曾入过太学，不曾沾染到博士系统的学风，[2] 所以能不为所囿限，而可自由活动的结果。所以他瞧不起当时之所谓师法。例如《谢短》篇："夫总问儒生以古今之义，儒生不能知，斯则坐守师法，不颇博览之咎也。"

（二）否定行为与结果的因果关系

因重视伦理道德，必重视行为。在汉代，伦理道德中的最大问题，为大一统的专制政治中的皇帝的行为问题。当时流行的天人感应之说，主要是说由皇帝的行为而与天发生感应，终于得到或吉或凶，为祸为福的结果。在骨子里面，依然是由统治者的行为所招致的结果；这中间只加上由天的意志而来的灾异，以作为凶或祸的结果的预报，让人臣有讲话的机会，让人君有改变行为的时间。这种出于人伦道德对行为善恶的要求，无所谓科学不科学。若谓天人感应之说不可信，由政治行为以决定政治结果，这

---

[1] 见《后汉书》四十一《第五伦列传》。
[2] 博士系统的流弊，以刘歆《让太常博士书》，言之最为深切。

是政治、社会中的真实，而不能不加以肯定。但因王充只有知识的要求，没有人伦道德的要求，便不仅把汉儒控制皇帝已发生相当效果的感应说推翻，连由行为善恶所招致的吉凶祸福的因果关系亦加以推翻了。

《偶会》篇：

> 推此以论，人君治道功化，可复言也。命当贵，时适平。期当乱，禄遭衰。治乱成败之时，与人兴衰吉凶适相遭遇。
>
> 世谓韩信、张良辅助汉王，故秦灭汉兴，高祖得王。夫高祖命当自王，信、良之辈时当自兴，两相遭遇，若故相求。

这便把人君主动求贤任能的要求取消了。

《异虚》篇：

> 故人之生死，在于命之夭寿，不在行之善恶。国之存亡，在期之长短，不在于政之得失。

《答佞》篇：

> ……仪（张仪）秦（苏秦）排难之人也。处扰攘之世，行揣摩之术，当此时，稷、契不能与之争计，禹、皋陶不能与之比效。若夫阴阳调和，风雨时适，五谷丰熟，盗贼

衰息，人举廉让，家行道德之功，命禄贵美，术数所致。非道德之所成也。

《治期》篇：

> 孔子曰：道之将行也与？命也。道之将废也与？命也。由此言之，教之行废，国之安危，皆在命时，非人力也。
>
> 人皆知富饶居安乐者命禄厚，而不知国安治化行者皆历数吉也。故世治非贤圣之功，衰乱非无道之致。国当衰乱，贤圣不能盛；时当治，恶人不能乱。世之治乱，在时不在政。国之安危，在数不在教。贤不贤之君，明不明之政，无能损益。

他上面的说法，把推动政治社会向善去恶的行为动机与要求，一起推翻了。表面看，这是出于他的命相哲学；但其命相哲学之所以会这样的推类至尽，正由在他的精神中缺乏人伦道德的真实感。但他在《非韩》、《答佞》、《程材》、《谢短》、《效力》等篇中，有时又特别强调道德操行的重要，这说明他之所以能强自树立，还有赖于在这种时代文化中有所感受；但此种感受，乃在他与僚属中的文吏相对立，吃了文吏的亏，而须要加以抵抗、辩护时，才显了出来，这可以说不是从根本中来。

（三）反博士的学术系统

自汉武成立五经博士，并设立博士弟子员后，"专经"成为朝廷的官学，"师法"又成为官学的护身符；在专经与师法两大口号交织之下，自然形成当时最有势力的博士学术系统，及以章句为主的学术风气。但卓荦特出之士，多不以博士系统的学风为然，要求在学术中得到更大的自由天地，以扩大知识的范围。他们都尊经尊孔；但他们对经的态度，是主张通而不主张专，是主张义理而瞧不起章句；主张理性的判断，而轻视师法的传承。更重要的是，他们在经学之外，同时也重视先秦诸子，给先秦诸子以重要的地位。他们在人事的传承及主张上，不一定成一个学派；但在反博士系统而主张学术开放的这一共同点上，我们不妨称之为自由学派。研究两汉学术的重点，应当放在这一自由学派上面。但乾嘉以来，以迄王国维们，却都放在博士系统上面，乾嘉学术之固陋，其根本原因在此。属于自由学派的人，当然受到博士系统通过朝廷政治势力的压迫，因而有许多人会泯没不彰，或不愿以学术自见。但在今日还可以看到的有如扬雄、刘歆、桓谭们，都是自由学派中的杰出人物，此当另有专论。王充在学术的成就上，在人品的规模气象上，都不能与扬雄们相比；但因为他没有沾上博士系统的边，且因为他是知性型的人物，在学问上主要以追求知识为主，则自然走上贵博贵通而轻视专经师法的一条路；因之，他应当算是草莽中的自由学派。在这一点上，我们应当肯定他在学术史上的地位。

王充《论衡》中之所谓儒生，范围颇广："法律之家，亦为儒生。"（《谢短》篇）但若仅就学术问题而言，则多指博士系统下的儒生而言。他在《谢短》篇中，已讥儒生为陆沉，为盲瞽。他代为儒生之言曰："上古久远，其事暗昧，故经不载而师不说也。"即系指出儒生为经与师所封闭。又谓："儒生不能都晓高下，欲各别说其经（按即指专经而言）；经事义类，乃以不知为贵也？事不晓，不以为短。"此言儒生的专经，也不能通其义类，把书上的章句和问题隔绝起来，遂不自知其短。接着向儒生提出五经本身的各种常识的问题以考验儒生，而嗤笑其不能知；遂总结以"夫总问儒生以古今之义，儒生不能知；别名（各）以其经事问之，又不能晓；斯则坐守师法，不颇博览之咎也"，"夫儒生不览古今，何（所）知不过守信经文，滑（熟）习章句，解剥之错，分明乖异"。按当时博士系统的学问的病根不仅在不博览，但王充总算提出了许多病根中的一个重要病根。

他在《别通》篇中，更把儒生与通人作相对的论述。他说：

> 夫富人不如儒生，儒生不如通人。章句之儒，不览古今，论事不实。

所谓"章句之儒"，指的即是博士系统的儒生。通由博而来，他当然反对博士们的专经之业。他说：

> 或以说一经为是，何须博览？夫孔子之门，讲习五经，五经皆习，庶几之才也。颜渊曰：博我以文……颜渊之曰博也，岂徒一经哉？不能博五经，又不能博众事，守信一学，不好广视，无温故知新之明，而有守愚不览之暗，其谓一经是者其宜也。

下面的话，都是特别为治学应由博而通来说的：

> 故血脉不通，人以甚病。夫不通，恶事也。故其病变致

不善……是故良医服（用也）百病之方，治百人之疾。大才怀百家之言，故能知百族之乱。(《别通》篇)

倮虫三百，人为之长。天地之性人为贵，贵其识知。今闭暗脂塞，无所欲好，与三百倮虫何以异？……诸夏之人，所以贵于夷狄者，以其通仁义之文，知古今之学也。如徒作（任）其胸中之知以取衣食，经历年月，白首没齿，终无晓知，夷狄之次也。（同上）

世儒易为，故世人学之多，非事可析第，故官廷设其位。文儒之业，卓绝不循；人寡其书，业虽不讲，门虽无人，书文奇伟，世人亦传。彼虚说，此实篇；折累二者，孰者为贤？(《解书》篇)

王充在《超奇》篇中，把当时的读书人分为四等；在四等中，以博士系统的儒生为最下：

故夫能说一经者为儒生；博览古今者为通人；采掇传书，以上书奏记者为文人；能精思著文，连结篇章者为鸿儒。故儒生过俗人，通人胜儒生，文人逾通人，鸿儒超文人。故夫鸿儒，所谓超而又超者也。以超之奇，退与儒生相料……其相过远矣。

在上面的话中，很显然地他是以鸿儒自居，由鸿儒以卑视博士系统的儒生。他这种衡断，虽然主观的意味很重，但在客观上，也可以成立。而鸿儒虽超过通人两等，但鸿儒必由通人而来，是可断言的。

王充论考

他在《书解》篇中，却称儒生为世儒，称鸿儒为文儒。在二者对比中，也表现出卑视博士系统之业。"著作者为文儒，说经者为世儒。或曰：文儒不如世儒。世儒说圣人之经，解贤之传……故在官常位，位最尊者为博士；门徒聚众，招会千里，身虽死亡，学传于后……文儒为华淫之说，于世无补，故无常官；弟子门徒，不见一人。身死之后，莫有绍传……答曰：不然……"

王充主张博，则求知的范围，必由五经而推及诸子。他以能著作为鸿儒，从事于著作者为诸子。所以从这两点上，他必推重诸子。《超奇》篇把谷永、唐子高推许在博士儒生之上；把司马迁、刘向，推许在谷永、唐子高之上；把陆贾、董仲舒推许在司马迁、刘向之上；又把阳成子长的《乐经》，扬雄的《太玄经》，推许在陆贾、董仲舒之上；因为陆贾和董仲舒的著作，"浅露易见"，而《乐经》、《太玄经》是"极育冥之深"。总之，这些人都在"诸子"之列。他于是下评断说：

> 孔子作《春秋》以示王意，然则孔子之《春秋》，素王之业也。诸子之传书，素相之事也。观《春秋》以见王意，读诸子以睹相指。

他在《书解》篇，伸张诸子之意，更为明显：

> 或曰：古今作书者非一，各穿凿失经之实，违圣之质；故谓之蕞残，比之玉屑。故曰蕞残满车，不成为道；玉屑满车，不成为宝……答曰……俱贤所为，何以独为经传是，他书记非……他书与书（传）相违，更造端绪，故谓之非

……若此者题是于五经；使言非五经，虽是不见听……今五经遭亡秦之奢侈，触李斯之横议，燔烧禁防。伏生之休（徒），抱经深藏。汉兴，收五经，经书缺灭而不明，篇章弃散而不具；晁错之辈，各以私意分析文字，师徒相因相授，不知何者为是……秦虽无道，不燔诸子。诸子尺书，文篇具在，可观读以正说，可采掇以示后人。后人复作，犹前人之造也。夫俱鸿而知，皆传记所称，文义与经相薄（近也），何以独谓文书失经之实。由此言之，经缺而不完，书（诸子之书）无佚本；折累二者，孰与叢残？《易》据事象，《诗》采民以为篇，《乐》须不（民）欢，《礼》待民平；四经有据，篇章乃成。《尚书》、《春秋》，采掇史记。史记与书无异。以民事一意，六经之作皆有据。由此言之，书（诸子之书）亦为本（因出自民间），经亦为末。末失事实，本得道质。折累二者，孰为玉屑。知屋漏者在宇下，知政失者在草野，知经误者在诸子。诸子尺书，文明实是。说章句者终不求解明，师师相传。初为章句者，非通览之人也。

上面的话，实在把诸子推而置于六经之上；而以六经皆出于"民事"的要求，故"以民事一意"，在当时不仅是石破天惊的说法，并且在这种说法中，也表现出他的特识。而这种特识，只有身在草莽的人始可以发出的。

五、王充在学问上的目的

既已了解王充的学术特点，是在由博由通以追求知识，则为学精神态度的崇疑、重证，以知性的判断，代替偶像权威，并由此以立真破妄，此皆顺理成章之事。《问孔》篇：

> 世儒学者，好信师而是古，以为贤圣所言皆无非；精书讲习，不知难问。夫贤圣下笔造文，用意详审，尚未可谓尽得实。况仓卒吐言，安能皆是？不能皆是，时人不知难；或是，而意沉难见，时人不知问。案圣贤之言，上下多相违；其文，前后多相伐者；世之学者不能知也。

这段话，很明显地表明他不为圣贤的偶像所蒙混，而必须凭知性的要求以追问到底，这是很难得的。

《佚文》篇：

> 《诗》三百，一言以蔽之，曰思无邪。《论衡》篇以十数，亦一言也，曰疾虚妄。

《对作》篇：

> 是故《论衡》之作也，起众书并失实，虚妄之言胜真美也。虚妄之语不黜，则华文不见息。华文放流，则实事不见用。故《论衡》者所以铨轻重之言，立真伪之平，其本皆起人间有非，故尽思极心，以讥世俗……若夫《九虚》、《三增》，《论死》、《订鬼》，世俗所久惑，人所不能觉也……冀悟迷惑之心，使知虚妄之分。实虚之分定，而华伪之文灭。华伪之文灭，则纯诚之化，日以孳矣。

> 今《论衡》就世俗之书，订其真伪，辩其实虚。
>
> 况《论衡》细说微论，解释世俗之疑，辩照是非之理……俗传蔽惑，伪书放流……浮妄虚伪，没夺正是。心溃涌，笔手扰，安能不论。

上面的话，已可说明王充学术活动的积极目的，是在疾虚妄，求真实，因而写下了《九虚》、《三增》之类的文章。这类的文章，应当代表他在学术上的正面的成就。但我首先应指出的是，疾虚妄，求真实，是正常学术活动中的共同目的。历史上许多殉教的人，今日认为他所信的是迷信，但在他本人则认为是绝对的真实。眭孟、京房等所言的术数，今人皆可谓其为虚伪，但他们以生命殉其所信，在他们自己皆认为是绝对的真实。岂能如胡适样，一口骂尽他们是骗子。并且知识上的真实，道德上的真实，文学艺术上的真实，其对象、界域，各有不同；不可以知识上的真实，否定道德文学艺术上的真实。王充和一般人不同之点，在于他人的疾虚妄，求真实，不一定像王充样的，强烈标举出来，而只在表出自己所信的一面。尤其是，有疾虚妄求真实的目的，不一定便能得到疾虚妄求真实的结果。结果如何，关系于所用的方法；而方法的效率，又关系于学问造诣的程度。亦即是对问题的理解能力。方法可以限定理解能力，理解能力又可以限定方法运用的效能。后面是先对王充在学问上的理解能力作例证性的考查。

六、王充的理解能力问题

要查考王充的理解能力，首先我们注意到的，在王充的生命中，完全缺乏艺术感、幽默感；不仅文献中凡稍带有艺术气氛的陈述，他都不能感受，有如《语增》、《儒增》、《艺增》诸篇中所争辩的问题，皆属于这一类。并且稍带偶然性的，幽默性的纪录，他也全不理解。例如《问孔》篇对《论语》"子之武城，闻弦歌之声"的故事，提出了问难；但他全没有注意到孔子"杀鸡焉用牛刀"的话，是在"莞尔而笑曰"的情形下所说的，是在欢欣中带点幽默的话。《论衡》中此类例不少。

对一般的理解能力，他也不算高明，试以《问孔》篇为例。他问难孔子以"无违"答孟懿子问孝为不明确，这是他不理解孔子教诲弟子，特重启发；贵介子弟，常轻问而轻忘。孔子希望以一听不甚了解的"无违"两字，激起他的发问，以加深他的印象。但他终于不问，所以孔子只好转而告诉樊迟。我的推测，樊迟与孟懿子为同门，是可以将孔子的话转告的。

王充更以孔子"父母唯其疾之忧"答孟武伯问孝，答得比较明白，反以此来论难答孟懿子之是非，并推测是因为"懿子权尊，不敢直言"；他全不了解孔子因材施教之意。季康子的权，比列于门人之列的孟懿子尊得多了，但孔子对季康子问盗的答复是"苟子之不欲，虽赏之不窃"，这算不算直言呢？这种问难，可以说近于胡闹了。

王充对《论语》"贫与贱，是人之所恶也，不以其道得之，不去也"，而大发议论说："夫言不以其道得富贵，不居可也。不以其道得贫贱，如何？……去贫贱何之？"他完全不理解：若是一个人不勤不俭，无学无才，因此而既贫且贱，这是理当贫贱，这是自己招致的贫贱，便应由勤俭及努力学问等以去掉得到贫贱的原因。若在自身无致贫贱之理，即是"不以其道得之"；"不去也"，是不作非分之想，而安于贫贱。王充费了很大气力与文字来问难，这说明了什么呢？

对"公冶长，可妻也。虽在缧绁之中，非其罪也"的事，以为"孔子不妻贤，妻冤"；因为孔子之称公冶长"有非辜之言，无行能之文；审不贤，孔子妻子，非也"，而加以非难。按"可妻也"三字，当然已把可妻的条件包括在里面。"虽在缧绁之中"二句，乃解除社会的误解。有普通理解力的人，对此不应引起非难。

对"子谓子贡曰：汝与回孰愈"的故事，而非难"孔子出言，欲何趣哉"；又谓孔子曾直言颜渊之贤，此处不当以子贡激之。殊不知《论语》称子贡方人，"子曰，赐也贤乎哉，夫我则不暇"，孔子盖以方人者常忽于自知；此处特在闲谈中与子贡以激励，而又嘉子贡之能自知；于此亦可见孔门师弟平日相与之乐，值得非难吗？

对"宰我昼寝"，孔子责以"朽木不可雕也；粪土之墙不可污也"的故事，而引"人之不仁，疾之已甚，乱也"的话，及"《春秋》之义，采毫毛之善，贬纤介之恶"的话，加以非难。把师弟间的关系，把师对弟子的要求，当作一般人的关系，当作对一般人的要求。更谓"人之昼寝，要足以毁行？毁行之人，昼夜不卧"，来作为对孔子的反驳；却对孔子"发愤忘食"，"学如不及，犹恐失之"的为学精神，及以此精神期望于门弟子的教育意义，全无理解。又谓"且论人之法，取其行，则弃其言，取其言，则弃其行"，以为宰予作辩；对孔子要求言行一致的教义，也全无理解。胡适氏在这一条上面批道"此章责孔子最有理"，这真有点令我惘然了。

对孔子许令尹子文以忠而不许以仁，而谓"孔子谓忠非仁，

王充论考 545

是谓父母非二亲，配匹非夫妇也"，王充不能了解孔子之所谓仁，并不足责；但他应当想到孔子除许颜渊"三月不违仁"以外，不许其他高弟以仁；自己也说"若圣与仁，则吾岂敢"，由这些地方稍知有所启发，稍知有所用心，何至冒然出此无知之语。

对孔子叹息颜回的"不幸短命死矣"，而认为"言颜渊短命，则宜言伯牛恶命。言伯牛无命，则宜言颜渊无命"，像这类胡闹的话，触目皆是。兹再引胡适氏批为"此间甚有理"的一条稍加考查，以作结束。

"子贡问政，子曰：足食足兵，民信之矣。曰：必不得已而去，于斯三者何先？曰：去兵。曰：必不得已而去，于斯二者何先？曰：去食。自古皆有死，民无信不立"这一段话，古来本多误解；我曾写一专文解释。王充说"夫去信，存食，虽不欲信，信自生矣。去食存信，虽欲为信，信不立矣"；在他上面的话中，除"信自生矣"一句，于事为不通外，的确在他所有问孔诸条中，是比较合理的一条。但他已引有"子适卫，冉有仆"的故事，知道孔子本是主张先富后教的；他却不能由此作文义的反省，由反省以导出正确的解释。首先孔子所说的"足兵"，是就政府而言，因为人民没有兵；由此可以推知"民信之矣"的"之"字，必就政府身上说，即是"人民信任政府"，才可讲得通顺。这两句既都是就政府身上说，即可推定"足食"也是就政府身上说。去兵是去政府之兵，去食乃去政府之食，即是停止征收赋税；则"民无信不立"，乃说的是人民不信任他的政府，则政府站不起来；岂不是文字与义理皆很条畅了吗？

由上面王充对孔子所提出的问题，可以断定他的理解能力是相当的低，而且持论则甚悍；并且他始终没有把握到学术上的重要问题。他的《刺孟》篇所表现的内容，还不及《问孔》篇；因为他未尝不承认孔子的地位，所以对孔子所用的心，应较孟子为多。

七、王充所运用的方法问题

现在要考查其疾虚妄所运用的方法问题，略条分如下：

1.《对作》篇：论则考之以心，效之以事。

按这两句话，应当是他所运用的方法的总纲。考之以心，是心知的合理思考、判断。若傅会一点地说，这是合理主义的意义。效之以事，是客观事物的证验；若傅会一点地说，这是经验主义的意义。把二者合在一起来运用，这可以说是基础相当巩固的方法论。

2.《薄葬》篇：事莫明如有效，论莫定于有证。
《自然》篇：道家论自然，不知引物事以验其言行。

这是发挥"效之以事"的论点，是绝对正确的。但王充应用起来，常把耳目直接所及的现象，拿来解释本非耳目所能及的问题，有如《说日》篇的采证方法，这便反而阻塞了进一步去追求真实之路。古希腊的自然学，出于冥想，因而启发了科学的发展；他们是用冥想，以由耳目所及，追问耳目所不及的。其次，耳目所及的现成现象，不一定是真确的现象；必须由设定的条件进行实验，才能通向科学之路。经验哲学之父的培根，因自己把火鸡装进冰雪，以试验气温与物体腐烂的关系，因而感冒致死，他才是开近代科学之门。这本来不应以此责之于近两千年前的王充，但近人却要把王充捧成科学家，所以不能不稍加分析。

3.《薄葬》篇：夫论不留精澄意，苟以外效立事是非，信闻见于外，不诠订于内，是用耳目论，不以心意议也。夫以耳目论，则以虚象为言。虚象效，则以实事为非。是故论是非者，不徒耳目，必开心意。墨议不以心而原物，苟信闻见，则虽效验章明，犹为失实，失实之议难以教……此墨术之所以不传也。

按上面这段话，是发挥"考之以心"的。在这段话中，便发现了王充在方法上的便宜主义，而使他所运用的方法发生破绽。当心知的主观判断与经验事实发生矛盾时，若无法前进一步去求解决，则还是依据主观判断以否定客观事实呢？还是依据客观事实以改变主观判断呢？这是科学精神与非科学精神的大分水岭。站在王充的立场，应当属于后者。但王充处理的问题，是反驳墨家明鬼；墨家明鬼的根据，是举出杜伯这类的鬼故事。杜伯这类的鬼故事，正是由耳闻目见而来，换言之，是由耳目而来的经验事实。王充对这种耳闻目见的鬼故事，不从这究竟是偶然的，不确定的，其本身即不能再诉之于经验证明去着想；而遽谓"虽效验章明，犹为失实"，这是他不能坚持经验法则，在方法的运用上，表示了一个不应有的歪曲。

4.《语增》篇：凡天下之事，不可增损。考察前后，效验自列。自列则是非之实，有所定矣。

按由呈现在面前的客观经验，以作考察判断，可适用于自然现象。用在政治社会问题方面，便感到不完全。应用到历史问题上面去，更感到无能为力。王充所提出的"考察前后"，即是在行为与结果的因果系列中，加以推演，以推定某历史问题之真伪。这是"效之以事"的方法，向历史方面的转用。这是正确的方法。但历史的因果系列，不同于自然的因果系列。自然的因果单纯，容易认定何者是因，何者是果。历史则有远因、近因、直接之因、间接之因、附加之因、疑似之因、横入而偶然之因；所以确定某果是出于某因，乃极困难之事。但是王充把历史问题都单纯化了，所以对此一方法，运用得并不高明。例如《语增》篇驳世称纣力能缩铁伸钩，及武王伐纣，兵不血刃两事的自相矛盾，而谓"今称纣力，则武德贬；誉武王，则纣力少；索铁不血刃，不得两立"。这是很合于逻辑中的矛盾律的论法。但他忘记了，纣与武王之战，不是个人对个人的对打。又如《实知》篇斥"孔子将死，遗谶书曰：不知何一男子，自谓秦始皇；上我之堂，踞我之床，颠倒我衣裳，至沙丘而亡"，为不可信，这判断是绝对正确的；但他论证的方法是"案始皇本事，始皇不至鲁，安得上孔子之堂……乎"；但始皇曾封泰山、禅梁父，何以能断定他"不至鲁"？我所以提出来，用意不在挑剔王充，而只想提醒处理与历史有关的问题时，方法虽然对了，但运用起来却非易事。

5.《实知》篇：凡圣人之见祸福也，亦揆端推类，原始见终。""放象事以见祸，推原往事以处来事。

按直接"效之以"由耳闻目见的"事"，这不仅在当时没有特别闻见工具的发明，而受到很大的限制；且在王充所讨论批评的许多对象中，不是可以诉之于直接经验的。于是只好采用间接采证的类推方法，即是"效之以"间接之"事"。上面引的几句话中，除"原始见终"，用的是由始以推演其终的演绎方法以外，都可用"推类"两字加以概括。这是汉代讲灾异的人所通常运用的方法，也是《论衡》中用得最多的方法。于是这里便发现一个奇妙的现象，对同一灾异问题，正反两面，都用的是同一的方法；这并不是由于哪一方面用得高明或不高明，而是由于此一方法的自身，因不能建立确定的大前提，因而也不能建立确实的推理关系；换言之，方法的本身即是混乱的。《论衡》中许多牵强附会的论证，多由此而来。

6.《雷虚》篇：人以雷为天之怒，推人道以论之，虚妄之言也。

按推人道以论天道，这是类推法的具体应用；也是汉人所普遍使用的方法。但一般由人道以论天道，多由两点立论：（一）人之性乃由天所命，故人之性与天为同类，因而由性德以推天道。（二）天与人同为阴阳五行之气，故人之气与天为同类，因而可由人之气的活动以推论同为一气的关连感应。但王充的性格，总是要把较为抽象的东西，换为更具体的东西；于是由人道以推论天道，乃是从人的形体以推论天道；仅就人的形体说，何以能看出是与天同类呢？不能说明人的形体与天是同类，于是结果变为异类间的推论，即是在不同的大前提下的推论。所以王充应用起来，便觉得幼稚可笑了。例如《雷虚》篇"审隆隆者天怒乎？怒用口……口之怒气安能杀人？人为雷所杀，询其身体，若燔灼之状也。如天用口怒，口怒生火乎？……天之怒与人无异，人怒声，近人则声疾，远之则声微。今天声近，其体远，非怒之实也"。他在《自然》篇中分明说："何以知天之自然也，以天之无口目也。"天的形体无口目，而人则有，如何能用人的怒用口，以推论天用口怒的情形？又说："且夫天地相与，夫妇也，其即民父母也。子有过，父笞之致死，而母不哭乎？今天怒杀人，地宜哭之。能闻天之怒，不闻地之哭。如地不能哭，则天亦不能怒。"又如《自然》篇："春观物之生，秋观其成，天地为之乎，物自然也。如谓天地为之，为之宜用手，天地安得万万千千手乎？"我们可以承认王充的结论是正确的；但这是没有方法作基础的结论，是由事实直感而来的结论。他所运用的方法，反而没有他的论敌的健全。论敌的感应说的不可信，乃是大前提中的实质问题，而不是大前提下的推演问题。凡不由正确方法所得的结论，结论虽对，只是偶然性的对，不能称之为出于科学。胡适在这种地方大大恭维王充的科学，我不能了解。

因为王充在方法的运用上，有时是混乱拙劣；再加上他的理解能力，并不高明，所以他不能贯彻知性的要求，反而经常笼罩在各种偶像之下，不能自拔。政治对他是最大的偶像。为了此一偶像，积极方面，因"颂汉"而不惜承认当代所出现的祥瑞的真实性；又写《顺鼓》、《明雩》两篇，"为汉应变"，[①]公开违反他全盘的论点。消极方面，为了解释自己的何以不遇，而建立一套命相哲学的观念上的大偶像。他并不能了解扬雄的《太玄》，但扬雄

---

① 见《讲瑞》篇。

在他心目中是一个偶像，便给《太玄》以很高的地位。尤其是董仲舒在他的心目中，更是居于偶像的地位，他在《超奇》篇说："文王之文在孔子，孔子之文在仲舒。"所以特写《乱龙》篇，为仲舒"设土龙以招雨"的迷信作辩护。董氏的思想，有极合理的，有半合理的，有全不合理的，他所辩护的，恰是全不合理的。章太炎斥董仲舒为"神人大巫"，而谓王充是"汉得一人焉，足以振耻"，①而不知此"一人"正是屈伏于大巫之下的一人。对古人典籍，不深究其实，而自足于依稀想象之辩，瞽说横流，诚非无故。王充自谓"《论衡》者论之平也"，各人皆有其是，有其非，是还他一个是，非还他一个非；而不为任何偶像所屈，此之谓"论之平"，这是理性主义的态度。王充站在理性主义的面前，实在有点"色厉而内荏"了。

八、王充疾虚妄的效率问题

现在再进一步考查王充疾虚妄的效率。首先引起我注意的是，疾虚妄即是破除迷信。越地本为迷信特浓之地；而当时以行动破除迷信者为第五伦。据《后汉书》四十一本传，第五伦以建武二十九年为会稽太守，王充时二十七岁。至永平五年"坐法征"，时王充三十六岁；应当是王充在县任吏职之年。《论衡》书中反复对郡将②的责难，第五伦当然也包括在内。第五伦不仅是东汉有数的贤太守，而且他破除迷信的情形是：

---

① 见章氏《检论》卷一。
② 请参阅注四（编者注：现为页五二一注①。），实将太守包括在内。

> 会稽俗多淫祀,好卜筮,民尝以牛祭神,百姓财产以之困匮。置其自食牛肉而不以荐祠者,发病且死,先为牛鸣;前后郡将莫敢禁。伦到官,移书属县,晓告百姓。其巫祝有依托鬼神,诈怖愚民,皆案论之。有妄屠牛者吏辄行罚。民初颇恐惧,或祝诅妄言。伦案之愈急,后此遂绝,百姓以安。

第五伦的作风,应与王充为同调;但《论衡》书中,未尝片字提及,可知他是一个彻底的"自我中心"论者,如此而欲论之平,是不容易的。

综计王充的疾虚妄,有的是疾其可不必疾,这在前面已约略提到。兹再略作考查如下:

《书虚》篇主要是辩延陵季子呼披裘而薪者拾路上遗金等故事之虚。《变虚》篇主要辩宋景公荧惑守心的故事之虚。《感虚》篇辩尧时十日并出,尧射去其九等故事之虚。《福虚》篇是辩楚惠王食寒菹而得蛭,因遂吞之等故事之虚。《祸虚》篇是辩曾子责子夏因丧子而丧明等故事之虚。以上皆系辩典籍中之虚。上面的这些故事,有的是出于传说傅会,有的则完全是神话。传说故事中的性质,不可一概而论。本是历史的真实,如齐桓公有姑姊妹七人不嫁的故事,王充以桓公功业之盛而遽断其虚,实际是以他当时的家族及社会观念去看齐桓公时的家族及社会的观念。桓公虽也同姓不婚,但没有东汉时的严格,所以他对于齐桓公的故事的否定是轻率的。其次,本是事实,但在传说中把偶然的因素,强调为必然的因素。其次是本有一部分事实,在流传中逐渐傅会上些虚构的东西。还有传的是毫无事实,只是适应人们好奇的要求，尤其是适应感情上的要求，由想象而造作出来的。这便是神话。这类东西，流传于典籍之中，尤其是流传于先秦诸子及《韩诗外传》、《淮南子》、《新序》、《说苑》之中，并不是大家辩伪的能力不及王充，也不是他们存心好伪。而都是把某一故事作某种意义的象征，作某种感情的象征，而加以使用，以为加强某种意义、感情之用。庄子并且随手创造神话。他们对这类故事，不是在历史事实上去认取真实的，实际都是在某种意义感情上认取真实。所以各民族的神话，不因科学的兴起而归于消灭。王充是道德感情、艺术感情很稀少的一个人；他便只在象征物的本身去着眼，而完全不从被象征的东西上去着眼，并由象征物的破坏，以破坏被象征的东西；这不仅在学术史上并不代表什么特别意义，并且王充的这种态度，只能使历史中的"人的世界"，趋于干枯寂寞。

《道虚》一篇，系辩斥神仙家的神话。《龙虚》、《雷虚》等篇，是辩斥民间的迷信。在历史中，对这类迷信的辩难，是表示合理主义的伸张，当然有其意义。但我国文化，自周初以来，一直是走着以合理主义消解原始宗教，以道德理性主义弥补宗教所留下之空缺的道路。两汉虽阴阳五行之说大行，对这一套虚伪的宇宙架构，王充并不曾突破。而王充所突破的，只要顺着中国文化中合理主义之流以看问题时，都很容易突破。最重要的是要看王充在消极的"破"以后，如何作积极的"立"，这才是衡量他的成就的尺度，这即是他对问题所提出的解答。下面对这点略加考查：

（一）《书虚》篇辩"舜葬于苍梧，象为之耕；禹葬于会稽，鸟为之田"为虚。他所作的解答是"苍梧多象之地，会稽众鸟所居……象自蹈土，鸟自食草；土蹴草尽，若耕田状。坏靡泥易，人随种之；世俗则谓为舜禹田"。

（二）又辩"孔子当泗水之（而）葬，泗水为之却流"之为虚。他的解释为"是盖水偶自却流。江河之流，有回复之处……则泗水却流，不为神怪也"。

（三）《变虚》篇中他对宋景公时荧惑守心，景公不从子韦之言，而徙三舍，景公增年二十一的解说是"或时星当自去，子韦以为验，实动离舍，世增言之。既空增三舍之数，又虚生二十一年之寿也"。

（四）《感虚》篇对"仓颉作书，天雨粟"的解释是"夫云出于丘山，降散则为雨矣。人见其从上而堕，则谓之天雨水也……夫谷之雨，犹彼云布之，亦从地起，因与疾风俱飘集于地。人见其从天落也，则谓之天雨谷"。

（五）《福虚》篇对楚惠王食寒菹而得蛭，因遂吞之，是夕蛭自后出，心疾亦愈的解释是"或时惠王吞蛭，蛭偶自出……腹中热也，初吞，蛭犹未死……蛭动作，故腹中痛。须臾蛭死腹中，痛亦止。蛭之性食血，惠王心腹之积殆积血也，故食血之虫死，而积血之病愈"。

（六）《雷虚》篇对雷的解释是："实说，雷者太阳之激气也。何以明之。正月阳动，故正月始雷……盛夏之时，太阳用事，阴气乘之。阴阳分事（争），则相校轸；校轸则激射，激射为毒，中人辄死……何以验之，试以一汁水灌冶铸之火，气激襞裂，若雷之音矣。或近之，必灼人体。天地为炉火矣，阳气为火猛矣，云而为水多矣。分争激射，安得不迅？中伤人身，安得不死？"

王充论考

"何以验之,雷者火也。以人中雷而死……中头则须发烧燋……临其尸,上闻火气,一验也。道术之家,以为(衍文)雷烧石色赤;投于井中,石燋井寒,激声大鸣,若雷之状,二验也。人伤于寒……腹中素温。温寒分争,激气雷鸣,三验也。当雷之时,雷光时见大(火)……四验也。当雷之击时,或燔人室屋,及地草木,五验也。"

(七)《论死》篇对枯骨在野,时鸣呼有声的解释是"人死口喉腐败,舌不复动,何能成言。然而枯骨时呻鸣者,人骨自有能呻鸣者焉,或以为秋(妖)也"。

(八)《纪妖》篇对各带神话性之故事,皆以妖作解说。

(九)《订鬼》篇对鬼的解释是:

①凡天地之间有鬼,非人死精神为之也,皆人思念存想之所致也。致之何由,由于疾病;人病则忧惧,忧惧则鬼出。

②一曰:人之见鬼,目光卧乱也……

③一曰:鬼者人所得病之气也……

④一曰:鬼者老物精也。

⑤一曰:鬼者本生于人。时不成人,变化而去。天地之性,本有此化,非道术之家所能论辨。

⑥一曰:鬼者甲乙之神也。甲乙者天地之别气也,其形象人。人病且死,甲乙之神至矣。

⑦一曰:鬼者物也,与人无异。天地之间有鬼之物,常在四边之外,时往来中国,与人杂则(厕),凶恶之类也。故人病且死者乃见之。

⑧一曰：人且吉凶，妖祥先见。人之且死见百怪；鬼在百怪之中。

（十）王充又以"鬼之见也，人之怪也"；王充很相信妖。他在《订鬼》篇中对妖的解释是"天地之气为妖者，太阳之气也"。

妖的情形是"妖或施其毒，不见其体。或见其形，不施其毒，或由其声，不成其言。或明其言，不短其音"。然则妖何以是太阳气为之？王充的解释是"太阳之气，天气也。天能生人之体，故能象人之容。夫人所以生者，阴阳气也。阴气生为骨肉，阳气生为精神……太阳之气，盛而无阴，故徒能为象，不能为形。无骨肉，有精气。故一见恍惚，辄复灭亡也"。将上面所引诸例，略加分析，可得出下列各结论：

一、由（一）至（五），王充虽以书传所记者为虚，但亦承认虚必由某种"实"而来；他的解释都是由文字记载之虚，而求其所以致此虚之实。此一意义，用另一语言表示，即是承认伪中有真。而他便是要在伪中求真。此一态度，不仅是非常合理，而且在研究传说性的历史时，是非常必要的。古史辨派的先生们，生于王充将近两千年之后，尚不能了解到此。

二、但王充所用以虚中求实的方法，则多出于想象。想象可以作虚中求实的启发，而并不能作为求实的判断的根据。所以在他的想象中，有的近于情理，如（二）（三）（四）；有的则不近于情理，如（一）（五）等。凭想象作判断，多是出于方法运用上的放恣，王充尚不能反省到此种程度。

三、（六）对雷的解释，是把当时流行的阴阳运行于十二月之中的思想，和他耳目所直接得到的现象，结合起来所作的解释。

王充论考

这也是他所说的"考之以心，效之以事"互相结合的范例。因此，这应当算在他所作的各种解释中是最好的解释。但他由耳目所直接得到的现象，并不是从被解释的事物的自身得来，而是由他所认为类似于被解释的事物，再转用到被解释的事物上去。这是他用得最多的方法。但类似终是类似，科学绝不能从类似的转用中得出结果。何况王充在此处以外，常常把并非类似的东西看作类似的东西，问题便更严重了。但在他这类的解说中，可以看出他对于耳目所能直接得到的现象，很肯留心加以观察，这应当是很有意义的。

四、在（九）对鬼的解释中，①②两项皆相当的合理；但由⑦⑧⑨看来，他不信鬼而信妖，遂至连他的无鬼论也不能坚持下去，这便从此一迷信圈，跳入彼一迷信圈，构成王充人格与思想的矛盾与混乱。至于（十），妖出于太阳之气所作的进一步的解释，乃是以虚幻事物（妖）为基础所作的想象，更难有学术上的意义。

九、王充的天道观

汉代学术上所要解决的问题，就其统宗而言，在现实上是要解决大一统的专制下的各种政治问题。在其理念上，则系要解决天人性命的问题。这是遥承子贡所不得而闻的性与天道，汉儒却要求能够得而闻。并且此一问题，自邹衍阴阳五行之说扩展以后，一直是顺着阴阳五行这条线索以求得各自的解答；所以我可以用"唯气论"这个名词来概括他们这一方面的学术方向。王充的理念，或者称为王充的哲学，更明确表现出唯气论的特性。但他不同于汉代一般唯气论者的，乃在于：（一）一般唯气论者是以气来贯通天人，由此而以人知天。王充则以气隔断天人关系，而认为天人不能互知。(二)汉人言气，逐渐将阴阳五行组成一个系统，以阴阳五行为气。并且多以阳为善，以阴为恶。但王充间或继承了阴阳的观念；但他对阳的看法并不太友好，他以为妖，毒物的"毒"，小人之口，都由受太阳之气而来，所以他实际想用"元气"代替阴阳之气；并且在天地生物的历程中，排除五行的观念。(三)一般唯气论者虽然认为气凝结而为形体；但凝结为形体以后，气仍贯注于形体之中，发生独立性的作用。但王充则以气既凝结而成形体，气的作用，即由形体而见。因此，他实际由唯气论落实而为"唯形论"；在这一点上，他与荀子的"非相"，恰恰站在相反的立场。(四)一般的唯气论，虽早有命运的观念，并且可以早推到《论语》、《孟子》中之所谓命，① 但谈到性与命时，依然是守住《中庸》"天命之谓性"的构造，命乃"命令"之意。所以由天所命令于人的成为人之性，在顺序上，应当是命先而性后。而天命之命是理性的，命运之命是盲目的。但王充之所谓命，完全说的是命运之命；命与性，是属于两种不同的性格，而是在男女性交受胎时，同时所决定的。因此，他援引古典上的命字时，多有语意上的转换。由王充著作的心理动机言，应先由他的遭遇而命而性而天道。所以《论衡》开始几篇都是谈命运。现在把他这一方面的思想排成一个系统，依然按着天人性命的顺序，从他的天道观说起。

---

① 我在《中国人性论史·先秦篇》中，对《论语》之所谓命与天命的不同性格，用归纳的方法，已解释得清清楚楚。

（一）天是气抑是体？

因为王充的性格，喜欢把一切问题，从具体方面去把握，而不喜欢从抽象方面去把握，所以他对天的自身，提出了到底是气还是体的问题，而偏向于天是体。他之所谓体，乃有形体，有坚度的体质之体。他在《谈天》篇说："且夫天者气邪？体邪？如气乎，云烟无异。"《变虚》篇说"使天体乎，耳高不能闻人言。使天气乎，气若云烟，安能听人辞"。这好像他对于天到底是体是气，尚未决定。但在《谈天》篇中又肯定地说："儒者曰：天，气也。……如实论之，天体，非气也。"《变虚》篇中也肯定地说："夫天，体也，与地无异。"在《道虚》篇更肯定地说："天之与地，皆体也。地无下，则天无上矣。"《祀义》篇说："夫天者体也，与地同。"

他这种说法，本身有许多困难，使他不容易坚持下去，所以有时游移其词，有时又引一般流行的"清轻者上浮而为天，重浊者下沉而为地"的说法。但他何以要偏向于天是体的看法？因为第一，当时流行的唯气论，主张"同类通气，性相感动"（《偶会》篇）。他反对这种感动说，所以他对于上说的答复是"若夫事物相遭，吉凶同时，偶适相值，非气感也"。他不否定灾异及妖祥等等的真实性，而只反对这是由气感而来，天是体而不是气，他觉得便把"气感"说的根子拔掉了。第二，是为了人是体，天也是体；但天的体显然与人的体不同，由此以说明人有欲而天无欲，所以人有为而天无为、自然，且由此以说明天与人不能相知（见下）。

（二）天道自然

王充对天自身的性格，亦即是所谓"天之道"，可用"自然无为"四字加以概括。

《初禀》篇：自然无为，天之道也。

《寒温》篇：夫天道自然，自然无为……使应政事，是有为，非自然也。

《谴告》篇：夫天道，自然也，无为。如谴告人，是有为，非自然也。黄老之家，论说天道，得其实矣。

在《自然》篇，更集中这一论点，并列明其根据。

何以知天之自然也？以天无口目也。案有为者口目之类也。口欲食而目欲视，有嗜欲于内，发出于外，口目求之，得以为利欲之为也。今无口目之欲，于物无所求索，夫何为乎？何以知天无口目也？以地知之。地以土为体，土本无口目。天地，夫妇也；地本无口目，亦知天无口目也。使天体乎？宜与地同。使天气乎？气若云烟；云烟之属，安得口目。

此皆自然也（按指河出图，洛出书，张良遇黄石公授《太公书》等）。夫天安得以笔墨而与图书乎？天道自然，故图书自成。晋唐叔虞、鲁成季友生，文在其手……宋仲子生，有文在其手……三者在母之时，文字成矣；而谓天为文字，在母之时，天使神持锥墨笔刻其上乎？自然之化，固难疑知；外若有为，内实自然……黄石授书，亦汉且兴之象也。妖气为鬼，鬼象人形，自然之道，非或为之也。

春观万物之生，秋观其成，天地为之乎？物自然也。如为天地为之，为之宜用手乎？天地安得万万千千手，并为万万千千物乎？诸物在天地之间也，犹子在母腹中也；母怀子气，十月而生……自然成腹中乎？母为之也？偶人千万，不名为人者，何也？鼻口耳目，非性自然也。

夫寒温、谴告、变动、招致，四疑皆已论矣（指《论衡》有此四篇皆已辨其为虚）。谴告于天道尤诡，故重论之（按《自然》篇上文重论谴告之事）。论之所以论别也（者），说合于人事，不入于道意。从道不随事，虽违儒家之说，合黄老之义也。

（三）天生物的情形

天是形体，天之道（性格）是自然无为，但王充并不否定天生万物，天生万物，依然是由天之施气。不过一般以阴阳二气为生物之气。王充亦偶然说到阴阳二气，如前所引《订鬼》篇。《说日》篇："天地并气，故能生物。"这是他所说的当时一般的观念。但他则以为生物仅由天施气于地，地只是以土承受天的气，并不是以阴气承受天的阳气，所以他认为天生一般之物的气是"元气"，而生圣人的气是"和气"。他之所谓元气，他在《物势》篇中，亦称为"一行之气"；换言之，只是"一样气"，而没有两样以上的。不能作阴阳未分以前之气去理会。他有时说"天地合气"，只是说天合气于地，而不是说天地阴阳之气相合。

《幸偶》篇：俱禀元气，或独为人，或为禽兽。

《无形》篇：人禀元气于天，各受寿夭之命，以立长短之形。

《论死》篇：人未生，在元气之中。既死复归元气。

《四讳》篇：夫妇之乳（按犹生）子也，子含元气而出。元气，天地之精微也。人含气，在腹肠之内；其生十月而产。其一元气也，正月与二月何殊？五月与六月何异？而谓之凶也？

《齐世》篇：夫天地气和，即生圣人。

他既不喜欢用阴阳二气以言生物，当然更反对把五行之气掺杂到生物的功能里面。但他并不是否定五行之气，而只是把五行之气，限定在人的身体里面，更不承认五行相胜相生之说，五行以相胜相生而运行。不承认其相胜相生的作用，即否定了五行的"行"，完全失去了言五行的意义。

《物势》篇：或曰：五行之气，天生万物。以万物含五行之气，更相贼害。曰：天自当以一行之气生万物，令之相亲爱；不当令五行之气，反使相贼害也。或曰：欲为之用，故令相贼害。贼害相成也。故天用五行之气生万物……不相贼害，不成为用。曰：天生万物，欲令相为用，不得不相贼害也？则生虎狼蝮蛇及蜂虿之虫，皆贼害人，天又欲使人为之用邪？且一人之身，含五行之气，故一人之行，有五常之操。五常，五行之道也。五藏在内，五行气俱……一人之身，胸怀五藏，自相贼也？

天生物的情形，完全是自然无为。他承认人禀天之元气以生，这只是最早的人。以后的人,不复直禀天之气,这是一个很新的说法。虽然,他有时不曾坚持此种说法。

《奇怪》篇:天地,夫妇也。天施气于地以生物。人转相生;精微为圣,皆因父气,不更禀取。

《感虚》篇:天主施气,地主生物。有叶实可啄食者,皆地所生,非天所为也。

《物势》篇:儒者论曰:天地故生人。此言妄也。夫天地合气,人偶自生也。犹夫妇合气,子则自生也……且夫妇不故生子,以知天地不故生人也。然则人生于天地也,犹鱼之于渊,虮虱之于人也。因气而生,种类相产。万物生天地之间,皆一实也。

《自然》篇:天地合气,万物自生。犹夫妇合气,子自生矣……或说以为天生五谷以食人,生丝麻以衣人,此谓天为人作农夫桑女之徒也,不合自然。

天者普施气。万物之中,谷愈饥而丝麻救寒,故人食谷衣丝麻也。夫天之不故生五谷丝以衣食人,由(犹)其有灾变不欲以谴告人也。

天之动行也,施气也。体动,气以出,物乃生矣。由(犹)人动气(按当作"体")也;体动气乃出,子亦生也。夫人之施气也,非欲以生子,气施而子自生矣。天动不欲以生物,而物自生;此则自然也。施气不欲为物,而物自为;此则无为也。儒家说夫妇之道,取法于天地。知夫妇法天地,不知推夫妇之道,以论天地之性,可谓惑矣。夫天覆于上,地偃于下,下气蒸上,上气降下,万物自生其中间矣。当其生也，天不须复与也。由（犹）子在母怀中，父不能知也。物自生，子自成，天地父母，何与知哉。

（四）天人不相知

王充以天之生物，乃出于自然无为，其目的在于说明天之自身，只由形体的运动而施气，施气并不是以生物为目的，物乃在施气之下偶然自生，天并不知道，更无所要求于它所生的物；所以天所生之物，与天毫不相干；而物既生之后，人与天的地位既悬隔，人之体又与天之体全不相同，由此而导出天人不相知，天人不相感，以彻底否定汉代所流行的灾异说。

《感虚》篇：夫天去人，非徒层台之高也。汤虽自责，（天）安能自知而与之雨乎？

《雷虚》篇：人在天地之间，物也。物亦物也。物之饮食，天不能知；人之饮食，天独知之？

天神之处，犹王者之居也……王者与人相远，不知人之阴恶。天神在四宫之内，何能见人暗过？王者闻人过，以人知。天知人恶，亦宜因鬼。使天闻过于鬼神，则其诛之宜使鬼神。如使鬼神，则天怒，鬼神也，非天也。

《明雩》篇：人不能以行感天，天亦不随行而应人。

《商（适）虫》篇：天道自然，吉凶俱会。

《指瑞》篇：或言天使之（指骐麟凤凰）所为也。夫巨大之天，使细小之物，音语不通，情指不达，何能使物？物亦不为天使。

（五）王充之天道观与老子之天道观

按王充的自然无为的天道观，他在《自然》篇一开始便说是"依道家论之"。在王充的思想里面，是把道家安放在儒家之上，把老子、文子，安放在孔子、颜渊之上。但若以老子所说的天道，即是王充所说的天道，便是莫大的误解。第一，在春秋以前所说的"天生蒸民"的天，是宗教性格的天。此种起源甚早的宗教性格的天，至春秋时代，已演变而成为道德法则性格的天。道德法则性格的天，可以满足人间道德根据的要求，但不一定能解答天如何能创造万物的要求。老子的道，首先是代替原始宗教来解答道或天是如何来创造万物的。我在《文学与自然》一文中，曾指出老子之所谓自然，有四种意义。[①] 第一个意义是说明道的形成，是自本自根，自己如此，是宇宙万物的第一因，以此来正定道的创造地位。第二个意义是说明道创造万物，"但生而不有，为而不恃，长而不宰"（五十一章），使万物不感到是被创造的，而是自己如此的。但老子虽未明说道创造万物的必然性，不过他对道的创造作用所作的描述，如"用之不勤"，"独立而不改，周行而不殆"，"逝曰反"等的描述，既保证了道的永恒创造的性格，因而也保证了道的永恒创造的作用。孔子是从"四时行焉，百物生焉"来体会天道；老子实际是以"用之不勤"等的永恒创造来体认道。换言之，道与创造是不可分的，创造对道而言，是必然的。他所说的自然无为，实际是为了成就万物而自然无为。到了庄子，便常常以"天"的地位代替老子里面"道"的地位；而他的重点，已由天转到人；但天的基本性能，与老子并无所异。可是王充所

---

① 此在《自然》篇中，已表白得很清楚。

说的天的生物，只是一种偶然。他所说的自然无为，乃是天自己照顾自己，有如夫妇交媾时只是为了自己满足自己的情欲一样，这是掷弃万物的自然、偶然。他常以夫妇交媾比天地合气，但他从来不继续推比下去，夫妇的交媾只为了满足一时的情欲，可是由交媾而怀了孩子以至生下孩子，此时夫妇对怀妊及生下的孩子，在正常情形之下，都是百般爱护的；则天对它所生的万物又将如何呢？

第二，老子的道乃至天，虽然没有人格神的意志，但它的性格却是最高理性的存在，是至善纯美的存在；因而也是人世的善与美的最后根据，最高准绳。老子对它的形容，"惚兮恍兮，其中有象。恍兮惚兮，其中有物。窈兮冥兮，其中有精，其精甚真，其中有信"（二十一章）。"信"指的是可信赖的秩序，与《中庸》"诚者天之道也"同义。《庄子》中对天的纯美至善的形容，更为突出。在此种描述的后面，当然是以人能体认、把握到天道为其根据。但王充所描述的天道，及天道的自然无为，却完全是混沌幽暗的东西。他绝对不感到道家之所谓道或天，与普通一般的人，是属于两个层次不同的存在。人只有通过一种工夫的努力而始能"体道"，始能"与天为徒"。他经常把天扯下来与人相比，但实际天并赶不上人；因为人还有心思，还可以凭学问求博通，而天则只是既无耳目口鼻，又无心思才智的混沌物。我始终认为人对形上的把握，实际是由人的精神所投射出去的价值判断。站在这一观点来说，王充的精神状态，和老子等道家人物的精神状态，真是天壤悬隔。

第三，老子的道或天的创生万物、创生人，虽不是出之于意志，但它创生人乃至万物时，即把自己的至善纯美的性格，分化于各人各物的生命之中，而成为人及物之德之性①，这便成为人与物的共同依据、保证；规定了人类前进的大方向。并且道或天虽对自己所创生的东西"生而不宰"，一任其自然。但道或天的性格，既已成为创生物的德、的性，亦即成为人与物的本质，则人与物的本质，也自然要求向道或天的回归。所以老子说："夫物芸芸，各复归其根。归根曰静，是曰复命。"（十六章）又说："道之尊，德之贵，夫莫之命，而常自然。"（五十一章）更由此而推进一步，则人的吉凶祸福，虽不是出于道或天的监视、执行；但合于道或天之道的则吉则得福，背反于道或天之道的则凶则得祸，因为这是在最高理法之内的适应不适应的问题，这也是很自然的，所以在《老子》一书，在许多地方都就人的吉凶祸福以言天道，以言天道对于人世的要求。例如"不窥牖，见天道"（四十七章），是以天道为可见。"天将救之，以慈卫之"（六十七章）。"勇于敢则杀，勇于不敢则活。此两者或利或害。天之所恶，孰知其故？"（七十三章）"天之道，不争而善胜……""天网恢恢，疏而不漏"（同上）。"天之道，其犹张弓与，高者抑之，下者举之，不足者补之。天之道，损有余而补不足"（七十七章）。"天道无亲，常与善人"（七十九章）。"天之道，利而不害"（八十一章）。虽然不是人格神的意志，却是最高法理的自然要求。因此，道家的天人性命关系，是天人一贯的关系。从这一点说，也可以推演出天人的感应。若不考虑到具体内容而仅考虑到这种天人关系的格架，则儒道两家，可以说是相同的。但在王充，虽偶然也说"形、气、性，天也"（《无形》篇）；但他心目中的天，只是一种混沌而不可为人

---

① 《老子》及《庄子·内篇》之所谓德，即《庄子·外篇》、《杂篇》之所谓性。

生依据之天，所以他所说的命，只是一种不可知的盲目的命运之命。并且只有"原人"才直接禀天之气以生，此后的人，并不直接禀天之气，而只是在父母合气时禀父母之气以生，于是人的性与命，乃禀受于父母合气之时（见后）；所以天人性命的关系，是分成两截，缺乏贯通统一的分割性的关系。他以此为依据而彻底地否定天人感应的观念。

综上所述，王充虽依附于道家，但他的不了解道家，对老子的庸俗化，和他的不了解儒家，对孔子的庸俗化，完全是一样。

（六）王充天道观的目的

王充假托于道家的自然无为所建立的天道观，主要是为了否定当时流行的感应说。汉代的天人感应说，亦即是灾异说，主要不是对一般人而言，而是在政治上对皇帝而言。自元帝起，灾异增强了对皇帝的压力。以中国幅员之大，可以随时都有灾异。灾异一出现，做皇帝的人，最低限度，在表面上便要诚惶诚恐一番，人臣便借此大讲皇帝一顿，有如刘向、谷永之徒。可以看出灾异说把皇帝的精神压得透不过气来。尽管成帝想办法转嫁到三公身上，而他的荒谬行为，并不因此而真有所改变；但在气氛上，灾异说的压力并无所改变。光武以图谶代灾异，所以灾异说的影响，在东汉的分量，不及西汉元帝及其以后的严重；但其对皇帝行为的约束性，依然相当存在的。皇帝、朝廷，是王充精神中的理想国，是他千方百计所追求的。一旦由他的自然的天道观，把感应灾异之说打倒了，而一切归于不可知，亦无可奈何的命运，这对于皇帝，对于朝廷，的确是精神上的一大解放，同时在政治上也是他的一大贡献。《自然》篇以"谴告于天道尤诡"[①]数语作结,正说明他建立此种天道观的目的之所在。当然如前所说,里面也含有对他自己怀才不遇的解释因素在里面。

但他并不是根本否定灾异,也不是否定灾异说者所举出的不德之行的事实,而只是,认为灾异与行为之间,没有感应的关系,他把这种关系说成是"适偶",即是适逢其会的偶然巧合。他以为这种为皇帝解除精神威胁,或可成为他进身朝列的凭借。

十、牵涉到的科学与迷信的问题

胡适氏在《王充的论衡》一文中,把汉代学术分为"灾异符瑞的迷信",亦即是儒教的迷信的系统及以实测效验为主的天文学的科学系统;而认为王充"著书的时候,正当四分历与太初历争论最烈的时期。他(王充)又是很佩服贾逵的人,又是很留心天文学上的问题,故不能不受当时天文学方法的影响(原注:如《说日》篇可为证)。依我看来,王充的哲学,只是当时的科学精神应用到人生问题上去"。这真是一种奇特的看法。

首先,我国天文学的成立,出于测候。测候是对天象所作的直接观察与推算。直接观察,是一切科学的起点。王充的《说日》篇中,完全不是以测候为出发点,而系以"夜举火者,光不灭焉","北方之阴,不蔽星光"等说法,类推到日象上面去,以辨正当时用阴阳观念对日象所作的解释。而他所建立的类推,实际是在不同类的基础上相推,这是最不科学的方法。所以凡是提到王充的

[①] 参阅《老子》一书所谓"天之道"。

天文学知识的人，可以说没有人不承认他在当时已经是非常落伍的浮说。[①] 王充在天文问题上，已不能表现一点科学精神，从何转用到人生问题上面去。

其次，贾逵是比较过太初、四分二历的；而《论衡》中曾将贾逵与班固等并称过两次。说得比较详细的是《别通》篇。《别通》篇中曾说过"是以兰台之史，班固、贾逵、杨终、傅毅之徒，名香文美，委积不绁"的话。这是由于对兰台令史的欣羡，因而把当过兰台令史一职的人说出，所以贾逵也被提到。但我曾把《论衡》中被王充所推重的西汉到东汉初的人物，作过概略的统计。提到陆贾的约十三次，提到贾谊的一次，提到淮南王安约五次，晁错约一次，董仲舒约二十二次，严夫子约一次，司马相如约四次，司马迁约二十三次，谷永约八次，刘向约十次，刘歆约二次，扬雄约十八次，桓谭约十一次，班氏父子共约十次，唐子高约七次，丁伯玉约一次，周长生约三次，成阳子长约一次，杨终约四次，傅毅约二次，吴君高约二次。[②] 其中每一个人在王充心目中的分量，皆较贾逵为重。而他推崇备至的董仲舒、谷永、刘向，皆可谓为灾异说的建立、发扬者。其他诸人，把贾逵也包括在里面，亦无一人认为国家的安危、个人的祸福，与政治及行为没有关系；这都是胡适所谓"迷信的儒教"。王充对这些迷信的儒教的人物，推重之如彼；而胡适却摈斥之如此，并把王充与这

---

① 黄晖《论衡校释》附编三引《晋书·天文志》对王充之论，驳之甚详。又引有贺道养《浑天记》，卢肇海《湖赋·前序》、《后序》等皆加以驳斥。又王充最佩服桓君山，《后序》谓"桓君山攻之已破，此不复云"。由其方法之幼稚，其结论固不足言也。
② 上面统计数字，恐有遗漏。故实际数字，或当较此处所列者为多，但决不会较此为少。

些人之间，代王充造成一道鸿沟。在《论衡》中，把贾逵夹在班固、杨终、傅毅中间提过两次，胡适认王充"是很佩服贾逵的人"，由此而王充便从贾逵身上得到了当时天文学的科学精神，以转用到人生问题上。这完全是胡氏颠倒王充本人的所轻所重，在自己主观中所虚构出的事实。

凡是属于事实判断的，皆属于科学知识范围之事。凡属于价值判断的，皆属于道德、艺术范围之事。价值判断，当然亦以事实现象为基础。但对事实作如何认定而赋予以何等价值，实皆出于判断者自身道德、艺术精神的要求。从正面肯定道德艺术，固然是价值判断；从正面反对道德艺术，不管他以何为借口，依然是价值判断。因为站在纯科学的立场，对价值问题，是无从肯定，也无从否定的。对于天的问题，只由注意"天象"所得的结论，这都是事实判断，这即是中国很早所开始的天文日历之学；虽然有时夹杂有价值判断在里面，尤以汉代的太初历三统历为甚；但这只是混入的性质，其本身依然是属于事实判断。由"天象"而转到"天道"，即转入到天之所以为天之道，由此所得的结论，虽千差万殊，都是价值判断，都是出于判断者由自己的精神状态对天所作的要请。古代对天帝的信赖，是价值判断。西周幽厉时代诗人对天的诅咒，是由失望而来的价值判断。春秋时代以礼为天之经、地之义，是价值判断。孔子以"四时行焉，百物生焉"证明"天何言哉"；以"天何言哉"说明"余欲无言"的意义，是价值判断。老子的自然无为，是加上形上学的解释所作的价值判断。荀子"惟圣人不求知天"，这倒可以说是科学的态度。他把价值判断安放在"圣人由积伪而生礼义"的上面。汉儒以董仲舒为中心的"天道之大者在阴阳"，由阴阳以贯通天人性命，由此以言天人相与的感应，及作为感应表现的灾异，是价值判断。《论衡》中的《谈天》、《说日》两篇，是事实判断。但他以自然无为为中心的天道观，表面上看，是反当日的道德价值判断；但在反道德价值判断企图下所作的判断，依然是价值判断而不是事实判断。等于现代否定一切的虚无主义所作的纯否定的判断，依然是一种价值判断而不是事实判断，是同样的道理。天人感应的价值判断，是出于对大一统的专制政治的皇帝所提出的要请。换言之，这是出于政治伦理道德所提出的要请。他们这种天道观，虽发生许多流弊；当时救这种流弊，乃在反而求之于经义，王充也有这一点意思。[①]但大体上，若将感应说与王充反感应说两者加以比较，则一为有根蒂之人生，一为漂浮之人生。一为有方向之政治社会，一为混沌之政治社会。一为有机体之统一世界，一为无机体之分割世界。一为对人伦道德的严重的责任感，一为对人伦道德的幽暗的虚无感。一为要求对专制政治之控御，一为要求对专制政治之放恣。《汉书·艺文志·数术略》"历谱"下有谓"患出于小人而强欲知天道者，坏大以为小，削远以为近，是以道术破碎而难知也"。这几句话，好像恰恰是批评王充天道观所用的"非类相推"的情形一样，这倒是一件奇怪的事情。在这种地方，不可轻易安上科学与迷信的帽子。

[①]《谴告》篇："六经之文，圣人之语，动言天者，欲化无道，惧愚者，言非独吾心，亦天意也。及其言天，犹以人心，非谓上天苍苍之体也。"按自成帝时，以经义正术数之失，乃大儒中之通义。当另有专文加以阐明。

十一、王充的命运观

(一) 天命与命运的发展与演变

因王充的幽暗混沌的天道观,形成漂浮的人生、政治、社会观,于是他势必将人生、政治、社会,一举而投入于机械而又偶然的不可测度的命运里去,剥夺了人一切的主体性,一听此机械而又偶然的命运的宰割。此即《论衡》一开始所最强调的"命"。

西周及其以前之所谓命,都是与统治权有关的天命。到了春秋时代,扩大而为"民受天地之衷以生,所谓命也"[①]的一般人的命;即是天所命于人的不仅是王者的政权,更进而成为一般人民道德根据的命;这是天命观念划时代的大发展。"天地之衷"所命于人的,在孔子,在子思的《中庸》,便称之为"性",在老子、在《庄子·内篇》便称之为德。这是在一般人生的道德要求上所新建立起来的天人关系,这可以说是道德自主性的觉醒。

在上述的道德自主性的觉醒中,人也发现道德的自主性对人的现实生活而言,并没有全盘的主宰能力;如贫贱、富贵、寿夭等,既不是人力所能控制,也不是当时的人智所能解释,冥冥中仿佛有一股不可抗拒的力量在发生支配作用,这便在春秋时代出现了命运之命的观念,作为人力所能自主与不能自主之间的一条分界线。这两种性格完全不同的命,在《论语》中将前者称为"天命",将后者仅称为"命"。《中庸》则只言天命,不言命运。在孟子则将前者称为"天",将后者称为"命",也间或有将两者混淆的。《老子》书中,无命运的观念。《庄子》一书,则极少数地方,

---

[①]《左传·成公十三年》:"刘子曰:吾闻之,民受天地之衷以生,所谓命也。"

将天与命混淆了；但就全书看，他和孟子相同，将前者称为天，将后者称为命。只有在《外篇》、《杂篇》中出现的"性命"一词，与《易传》中"尽性以至于命"的"性命"观念符合，即是此处的性与命的关系，乃"天命之谓性"的关系。《墨子》一书，将前者称为"天志"，将后者称为"命"。此后命运的命，更普及于社会大众之间；而性命之命，乃成为汉代学术所追求的大标志。

（二）王充命运论的特色

王充之所谓命，乃完全继承、接受命运之命的观念，亦即是与作为人生本质之"性"全不相干的观念。但因为他把人生的主体性，政治的主动性，完全取消了，而一凭命运的命来加以解决、解释，这便形成他的命运论特色。

他首先把命与性划定界域。《命禄》篇："故夫临事智愚，操行清浊，性与才也。仕宦贵贱，治产贫富，命与时也"，"夫性与命异，或性善而命凶，或性恶而命吉"。《命义》篇："操行善恶者性也。祸福吉凶者命也。"

其次，他对命的内容作了详细的规定。《命禄》篇："凡人遇偶及遭累害，皆由命也。有生死寿夭之命，亦有贫贱富贵之命。"命与天的关系，他有时混而为一，有时又分而为二。《命禄》篇："孔子曰（按此误以子夏之言为孔子之言）：死生有命，富贵在天……孔子圣人……称言命者，有命，审也。"此处分明是命与天是一，所以他又说："命则不可勉，时则不可力，知者归之于天。"《命义》篇："死生者无象在天，以性为主。禀得坚强之性，则气渥厚而体坚强，坚强则寿命长……故言有命，命则性也。至于富贵所禀，犹性所禀之气，得众星之精。众星在天，天有其象。得富贵象则富贵，得贫贱象则贫贱。故曰在天……天施气而众星布精，天所施气，众星之气在其中矣。"这段话里面，把性与命混而为一，把命与天又分而为二。《论衡》中经常出现这种混乱的情形。但如后所说，他此处所说的性，是指初生时的生的状态而言。他所说的天的性格，实同于命的性格。而命与性，同样决定于父母合气时的气，所以"天"与"命"的关系，在王充，则天是虚拟而没有实质意义的东西。所以在了解上，可把王充在这种地方（与命性相对称时）的天，根本划入括弧中去。他在这里所以特地把天凸显出来，实际是要把星相学中的"星"包含在命中去；这是他理论上一时的歧出，可以置之不论。我们只顺着他根本的意义去疏导。

《命义》篇谓："故国命胜人命，寿命胜禄命。"他提出国命的观念，压盖在人命之上，政治行为的意义与主动性，完全被他取消了，传统的"君相造命"的话，完全被他否定了，于是命对人的决定性也就是更完全了。

为了使命的观念能对现实人生，发挥更大的解释能力，便须把命的观念更细分下来，以适应现实的各种情况。《命义》篇说："人有命、有禄，有遭遇、有幸偶。命者，贫贱富贵也。禄者，盛衰兴废也。""遭者，遭非常之变。""遇者，遇其主而用也。""偶也（者）谓事君有偶也。""故夫遭遇幸偶，或与命禄并，或与命禄离。"按此处之所谓"禄"，亦即《逢遇》篇之所谓"时"。人的命应当是统一的；但人的一生，却有各种盛衰的变化，特赖时或禄的观念加以弥缝。遭、遇、幸、偶四个观念，虽内涵的吉凶祸福，各不相同，但在"偶然"、"突然"的意义上，则完全一致。因这些都是"后验"的（事后应验）；既是后验的，于是预定的命，又不易为人所预知，而时常感到是突然偶然的变化。所以王充又提出这四个观念来加以补救。在"与命禄并"或"离"之间，便可以产生许多便宜的说法。

王充为了贯彻命运对人生的支配力量，便反对当时流行的三命之说，特别反对三命中的"随命"之说。《命义》篇：

> 传曰：说命有三。一曰正命，二曰随命，三曰遭命。正命谓本禀之自得吉也……随命者，戮力操行而吉福至，纵情施欲而凶祸到，故曰随命。遭命者，行善得恶，非所冀望。逢遭于外，而得凶祸，故曰遭命。

按随命之说，乃在命运的观念中保持人的若干自主性，也是对人生前途所提供的保证。但这一说法，不能为王充所允许。他说：

> 使命吉之人，虽不行善，未必无福。凶命之人，虽勉操行，未必无祸。孟子曰："求之有道，得之有命。"性善乃能求之，命善乃能得之。性善命凶，求之不能得也……言随命，则无遭命。言遭命则无随命。儒者三命之说，意何所定？

于是他另规定三命的内容，是"正命者至百而死。随命者五十而死。遭命者初禀气时遭凶恶也"。这可以说是完全没有意义的说法。

（三）命之由气而形而骨的实现

然则命由何而形成？由何而见？从王充所提出的答复，更可以看出他的唯气论的特色。

《命义》篇：人禀气而生，含气而长，得贵则贵，得贱则贱。

《初禀》篇：人之性命，本富贵者，初禀自然之气；养育长大，富贵之命效矣。

这说得很清楚，命是由禀气而成。而所谓禀气，乃决定于生时所禀的气。

《幸偶》篇：俱禀元气，或独为人，或为禽兽。并为人，或贵或贱，或贫或富……非天禀施（黄晖以为当作"施气"是也），有左右也，人物受性有厚薄也。

《初禀》篇：命谓初生禀得而生也。

按王充以生为性，故所谓"受性"，实即是"受生"。

《初禀》篇说："命谓初所禀得而生也。人生受性，则受命矣。性命俱禀，同时并得；非先禀性，后乃受命也。"

所谓生时所禀之气，乃指父母交媾时而言。所以《命义》篇说："凡人受命，在父母施气之时，已得吉凶矣。"换言之，受胎之时，即受命之时，胎乃人的形体；气成为人之形体，故命即表现为人的形体，特别表现在形体中的骨相。命运决定论，一变而为人之骨相决定论。

《命禄》篇：夫命富之人筋力自强。命贵之人，才智自高。

《气寿》篇：强寿弱夭，谓禀气渥薄也。人之禀气，或充实而坚强，或虚劣而软弱。充实坚强其年寿。虚劣软弱，失弃其身。禀寿夭之命，以气多少为主性也。

《命义》篇："且命在初生，骨表著见……富贵贫贱，皆初禀之时，不在长大之后。

《无形》篇：人禀气于天，各受寿夭之命，以立长短之形……器形已定，不可小大。人体已定，不可减增。用气为性，性成命定。体气与形骸相抱，生死与期节相须。形不可变化，命不可减加。……人禀气于天，气成而形立；则（形）命相须，以至终死。

《骨相》篇：人曰命难知，命甚易知。知之何用（由），用之骨体。人命禀于天，则有表候（见）于体……骨法之谓也。非徒富贵贫贱有骨体也，而操行清浊亦有法理。贵贱贫富，命也。操行清浊，性也。非徒命有骨法，性亦有骨法。相或在内或在外。或在形体，或在声气。

《初禀》篇：文王在母身之中已受命也。王者一受命，内以为性，外以为体。

按由《荀子》的《非相》篇，可知骨相之术，在先秦已甚发达。西汉亦甚为流行。由命而落实于人的骨相，这在命理的子平术未出现以前，乃谈命运之术的必然归趋。王充的思想，正代表了此一归趋。兹将王充的这些繁复的说法试表列于下：

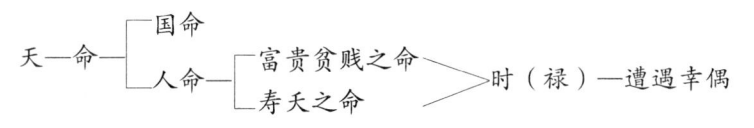

表一

天—命—┬—国命
　　　　└—人命—┬—富贵贫贱之命┐
　　　　　　　　└—寿夭之命　　┴—时（禄）—遭遇幸偶

表二

天施气→父母合气—受气—┬厚┬性┬善（厚）
　　　　　　　　　　　└薄┤　└恶（薄）
　　　　　　　　　　　　　└命┬寿（厚）夭（薄）
　　　　　　　　　　　　　　　└富贵（厚）贫贱（薄）▷形体—骨法

（四）王充命运论的缺口

在王充的唯气论的命运论中，还有两个特异的观念。一是求的观念。

　　《命禄》篇：天命难知，人不耐（能）审。虽有厚命，犹不自信，故必求之也……有求而不得者矣，未必不求而得之者也。精学不求贵，贵自至矣。力作不求富，富自至矣。

按顺着王充的命运论，则《异虚》篇所谓"故人之死生，在于命之夭寿，不在行之善恶。国之存亡，在期之长短，不在于政之得失"；这是他自然的结论。而且就《骨相》篇说，要能知命，在于审视各人的骨法，骨法是不能改变的。由他上述的结论，可以引出一个结论来，即是人应当完全过着安命的生活。但他在《命禄》篇又提出一"求"字来；求必有求的线索，于是他把与命运完全切断了的行为，又重新搭上一条线，以为求命的线索；这固然是他思想的矛盾，也可以说是他的思想的缺口。因为有了这一点缺口，才不至把人生完全闷死在命运的乾坤袋里，而王充本人，依然表现出十分积极性的人生。

但是上面由"求"的观念，将行为与命运搭上一条线，在王充全部思想中，是点缀性的，是非常薄弱的一条线。就一般人生而言，生活总希望能避祸而得福。避祸得福的途径，当然是凭自己的行为。人的行为是自己可以把握住的。在自己的行为上立基，而将不可知之命，置之于无足轻重之列，这才是《论语》上所谓"不知命，无以为君子也"的知命，由此而"居易以俟命"，"修身以俟之"，把命置于不足重轻，对人生不能发生干扰的作用。所以人生的主体性，依然是把握在自己手上，而形成坚定不移的人生态度。王充既非常动心于祸福利害，而又对行为失去信心，乃完全委任之于命运；命运并不能真正确定于骨相，而只能验之于事后。在未验之前，人生是茫然的。即在既验之后，人生也只是感到突然的。于是在王充的命运论中，第二个特异之点是逢遇幸偶的观念。所以论命的第一篇是《逢遇》，第二篇是《累害》，第五篇是《幸偶》，第十篇是《偶会》。他实际所感受的人生，都是偶然性的人生。他所强调的自然，也是偶然的性格。"偶然"的观念，贯通于他整个思想之中。例如：

《逢遇》篇：处尊居显，未必贤，遇也。位卑在下，未必愚，不遇也。不求自至，不作自成，是名为遇。

《幸偶》篇：凡人操行有贤有愚。及遭祸福，有幸有不幸。举事有是非。及触赏罚，有偶有不偶。

《命禄》篇：故人之在世，有吉凶之命，有盛衰之禄，重以遭遇幸偶之逢……

《指瑞》篇：物生为瑞，人生为圣。同时俱然，时其长大，相逢遇矣……其实相遇，非相为出也。

王充虽然在《命禄》篇说"凡人遇偶及遭累害，皆由命也"。但究不如《命义》篇所说的"故夫遭遇幸偶，或与命禄并，或与命禄离"二语之为确当。把生命完全安放在命运里面的人生，实即把生命安放在偶然里面的人生，也即是一种漂泊无根的人生，这是命运论自身的否定。

十二、王充的人性论

（一）唯气的人性论

王充人性论的构成格架，由前面的表二可以约略了解，与命的构成格架，完全相同，即是将唯气论贯彻到人的形体骨法之上。在命运论上，以禀气的多少说明命的有吉有凶；在人性论上，以禀气的厚薄，说明性的有善有恶；并且都可以从形体骨法上看出来的。《命禄》篇说："夫物不求而自生，则人亦有不求贵而贵者矣。人情有不教而自善者，有教而终不善者矣。夫性犹命也。"此处之所谓"性犹命也"，是就性对善恶的决定性，等于命对贵贱贫富的决定性一样而言。其所以有同样的决定性，正因为性的形成，同为唯气论的格架。

《命义》篇：性命在本。故礼有胎教之法……贤不肖在此时矣。受气时，母不谨慎，心妄虑邪，则子长大狂悖不善，形体丑恶。

《无形》篇：用气为性，性成命定。

《率性》篇：禀气有厚泊，故性有善恶也……人受五常，含五脏，皆具于身。禀之泊少，故其操行不及善人，犹（酒）

或厚或泊也……人之善恶，共一元气。气有少多，故性有贤愚。

《骨相》篇：非徒富贵贫贱有骨体也；而操行清浊亦有法理……非徒命有骨法，性亦有骨法。

《自然》篇：至德纯渥之人，禀天气多，故能则天自然无为。禀气薄少，不遵道德（按此指道家之道德），不似天地，故曰不肖。

按王充的基本意思只是性命之气，受自父母合气之时。受气多者性善而命吉，受气少者性恶而命凶。故就一般的情形而言，天并非直接施气于人，人亦非直接受气于天。但特出之人，则直接受气于天。《命义》篇，在建立了他自己的三命说以后，更谓"亦有三性，有正有随有遭。正者禀五常之性也，随者随父母之性（也），遭者遭得恶物，象之故也"。他这里所谓随父母之性，盖因受父母之气。由此可知"禀五常之性"，即上引《自然》篇之所谓"禀天气多"。这对于禀气厚薄，决定性之善恶的说法，在他的理论中，是一种歧出。又前引他提到古人重胎教的地方，以母的念虑，影响于子女的善恶，这在他的理论中，也是一种歧出。所以有这种歧出，一方面原于王充思想本来很驳杂；同时也是因为唯气论对人性的解释太单纯化了，难于顺着一条直线作解释的缘故。宋儒周敦颐、二程、朱元晦，皆受有汉儒唯气论的影响；而朱元晦特显出理气二元论，从某一角度看，这是汉儒唯气论的合理的发展，也解除了王充不自觉地所遭遇到的难题。

（二）人性论上的折衷态度及宿命论的突破

《本性》篇是王充对前人的性论，作有系统的批评，并把自己的性论，作有系统的陈述的一篇文字；也是《论衡》中较平实、较有意义的一篇文字。他对各家性论，在批评中并不一概加以抹煞，而认为"亦有所缘"；即系承认各人所根据的事实，而认定其局部的妥当性，这是很合于批评原则的。他最后的结论是：

> 实者人性有善有恶，犹人才有高有下也……谓性无善恶，是谓人才无高下也。禀性受命，同一实也。命有贵贱，性有善恶。谓性无善恶，是谓人命无贵贱也。凡州田土之性，善恶不均，故有黄赤黑之分，上中下之差……人禀天地之性，怀五常之气，或仁或义，性术乖也。动作趋翔，或重或轻，性识诡也。面色或白或黑，身形或长或短，至老极死，不可变易，天性然也……余固以孟轲言人性善者，中人以上者也。孙卿言人性恶者，中人以下者也。扬雄言人性善恶混者，中人也。若反经合道，则可以为教。尽性之理则未也。

王充将人性分为上中下，可能为韩愈《原性》将性分为三品之所本，也实是西汉思想家的通说。在《本性》篇中虽反驳了董仲舒性生于阳，情生于阴，故性善而情恶的说法。但在王充的人性论中，实受了董氏重大的影响。《本性》篇一开始"情性者人治之本，礼乐所由生也"的一段话，虽似儒家通说，然在董氏《天人三策》中，阐发得最为深切。又《论衡》中的《率性》篇一开始说：

>   论人之性，定有善有恶。其善者固自善矣；其恶者固可教告率勉，使之为善。凡人君父审观臣子之性，善则养育劝率，无令近恶。恶则辅保禁防，令渐于善。善渐于恶，恶化于善，成为性行。

由此而反复阐述教化之功，并结之以"由此言之，（善恶）亦在于教，不独在性也"。我以为这也是受了董氏的重大影响。王充的性论，按照其形成的格架看，善恶也和命的吉凶一样，是宿定而不可移易的。但在正面论到人性时，除中人之性可善可恶，固须教化而成以外，并在《率性》篇中为性恶也开出一条自立之路，这在他全盘的思想中，固然显得突出而不调和。但正赖有此一突出，使我们可以承认他的思想家的地位。